SNU SERI 연구총서 1

특수교육 연구의 실제

증거기반 교육실천을 위한 주제와 방법론

김동일 · 정광조 · 이기정 · 박춘성 · 이일화 · 김언아
이태수 · 최종근 · 홍성두 · 여승수 · 손지영 · 이호준 공저

학지사

본 저서는 2011년도 정부(교육과학기술부, 기초연구지원인문사회 일반연구)의
재원으로 한국연구재단의 지원을 받아 연구되었음(NRF-2011-32A-B00194).

머리말

서울대학교 대학원에 학제간 융합 과정으로 1999년 특수교육 전공이 개설되고 특수교육연구소(Seoul National University Special Education Research Institute: SNU SERI)가 설립된 지 10년이 훌쩍 넘었습니다. 그동안 서울대학교 특수교육 전공과 특수교육연구소는 학내에서 독특한 학사조직으로서, 연구 중심의 대학원 과정을 운영하며 서울대학교 장애학생지원센터에 참여하고, 국내외의 여러 학회를 창설하거나 직접적으로 지원하면서 굳건히 자리매김을 해 왔습니다.

그동안 뛰어난 제자들과 같이 지낸 운(!) 좋은 교수로서, 지금까지의 10년을 정리하고 앞으로의 10년을 위한 연구 방향을 모색하려는 뜻을 전하였던바, 고맙게도 서울대학교 특수교육 전공에서 박사과정을 밟은 경향 각지의 제자들이 자신들의 박사학위 논문의 주제를 요약·수정하고 방법론의 뼈대를 입힌 좋은 글을 정리하여 이 저작에 헌신적으로 참여하였습니다. 모든 저자의 정성과 마음을 모은 이 책은 결과적으로 특수교육연구소의 연구총서를 여는 첫 작업이 되었습니다. 앞으로 치열한 연구 작업이 지속되어 다양한 연구총서가 간행되길 기대합니다.

특수교육 연구는 교육실천을 위한 주제를 이해하고 걸맞은 방법론을 적용하는 과정에서 그 참다운 가치가 드러난다고 봅니다. 이 책의 독자도 부디 자신이 정한 연구 주제를 드러낼 수 있는 방법론으로 무장하여 특수교육 연구에 매진하길 바라며, 도움을 서로 나누기 위해서 이 책을 중심으로 연구방법론 워크숍을 기획하여 진행하려 합니다. 앞으로 많은 관심과 성원을 부탁드립니다.

이 책이 나오기까지 애써 주셨던 많은 분들을 기억해야 할 것입니다. 2008년부터 지금까지 최종근 교수, 홍성두 교수, 이기정 교수가 함께 기획하여 책 작업을 진행하였으며, 특수교육연구소 간사인 심성용 선생이 연락을 맡아서 수고하였습니다. 무엇보다도 즐겁게 공부했고 열심히 연구하고 있는 모든 서울대학교 특수교육 전공생을 격려하며 진심으로 고마움을 전하고자 합니다.

마지막으로, 지금은 고인이 된 배성직 교수(서울대학교 특수교육 전공, 석사 1회 졸업생)를 기리며 머리말을 마칩니다.

저자들을 대표하여
오름 김동일

차례

제4장
초등영재선별을 위한 평정척도의 타당화
확인적 요인분석을 활용한 다집단분석

제5장
읽기이해력검사의 타당화 및 위계적 중다회귀분석

제10장 CBM 음독검사와 독해력검사의 관계

다층 메타분석

제11장
장애학생을 위한 e-러닝 설계 전략
형성적 연구방법론

제12장
특수아동 부모교육 프로그램 평가
참가자 관점 평가척도의 개발 과정

제1장 특수교육 연구의 특수성과 보편성

특수교육 실천을 위한 주제와 방법론의 조화

1. 특수교육의 연구기반 교육실천: 증거의 위계와 준거
2. 특수교육 연구의 실천과 적용
3. 맺음말: 특수교육 연구의 새 지평을 위한 제언

특수교육 연구는 보편성을 지니고 있는 동시에 상당한 '특수성' 을 지니고 있다. 특수교육 연구의 특수성은 특수교육의 독특한 주제에 연계된 정책과 교육실천과의 관련성에서 잘 드러나게 된다. 최근 중재반응모형의 중요성이 강조됨에 따라 연구에 의하여 증거가 제시된 교육실천이 중요한 대안이 되는 증거기반 교육실천(Evidence-Based Practice)이 특수교육에서 주목을 받기 시작하였다. 이 장에서는 연구 증거의 위계와 준거를 살펴보고, 특수교육 연구의 실천을 위한 몇 가지 쟁점을 점검하였다. 지금까지 뼈대에 해당하는 연구방법론에 매몰되어 연구 주제에 대한 깊은 이해와 의미를 간과함으로써 본질적으로 교육실천에 기여하기 어려웠던 점을 확인하고, 특수교육 연구가 특수교육의 실천과 밀접하게 관련되어 수행되기를 기대한다. 앞으로 특수교육 연구의 보편성을 담보하는 연구방법론과 특수교육의 특수성을 지향하는 연구 주제라는 날줄과 씨줄을 엮어 연구의 새로운 지평을 제시해야 할 것이다.

연구(硏究)라는 용어는 다양한 해석을 포괄할 수 있다. 그러나 여기에서는 학문적인 연구의 맥락으로 국한되어 논의된다. 필자는 처음 교육학에 입문하였을 때부터 학문적 연구와 사회과학 연구, 교육학 연구, 그리고 특수교육학 연구의 공통성과 특수성에 대하여 상당한 논란을 경험하였다. 그렇기 때문에 이 주제는 필자에게 논리적 분석을 떠나 여러 가지 정서적인 반응을 불러일으킨다.

특수교육 연구는 보편성을 지니고 있는 동시에 상당한 '특수성'을 지니고 있다(김동일, 1999a). 특수교육 연구의 특수성은 특수교육의 독특한 주제에 연계된 정책과 교육실천과의 관련성에 잘 드러나게 된다. 특수교육 연구의 특수성에 대한 시사점은 저명한 특수교육 연구자인 Keogh(1993)가 미국 교육부 연구책임자 협의회에서 발표한 논문인 「What the special education research agenda should look like in the year 2000(2000년의 특수교육 연구 과제)」에 잘 나타나 있다. 그는 특수교육 연구의 세 가지 전제로서 다음을 제시했다. ① 정책(법령)과 교육실제는 사회적 가치와 사회-정치적 맥락에 기초한다. ② 연구보다 특정한 주제를 지향하는 정책(법령)이 특수교육 분야의 중요한 변화를 선도한다. ③ 연구는 정책(법령)과 교육실제를 구성하고 시행하는 데 충분조건은 아니지만 필요조건이다.

사회-정치적 맥락에 근거한 정책적 주제 개발이 특수교육 분야의 연구에 기폭제가 되었다. 특수교육 분야에서 가장 쟁점화되어 있고 활발한 연구가 진행이 되는 '통합교육'이라는 주제도 실제로 연구 이전의 가치 문제와 법적·제도적 교육실천과 밀접한 관련이 있다. 이 장에서는 특수교육 연구의 기반으로서 증거의 위계를 살펴보고, 특수교육 연구의 적용과 실천의 몇 가지 쟁점을 중심으로 특수교육 연구의 지속가능성을 점검하였다.

1. 특수교육의 연구기반 교육실천: 증거의 위계와 준거

특수교육 연구에서 가장 영향력 있는 연구 주제를 살펴보면, 미국 장애인교육법(IDEA 2004, P.L. 108-146)에서 강조된 중재반응모형(Responsiveness to

Intervention: RTI)이 특수교육 진단과 학습장애 영역에서 중요한 모형으로 대두된 것을 들 수 있다. 중재반응모형은 특수교육 대상자를 진단하고 판별하기 위한 대안의 하나로서, 교수 환경에 의해 제공되는 다양한 교육적 중재에 대한 아동의 반응을 연속적인 과정으로 평가하여 장애를 진단하는 모형이다(김동일, 이대식, 신종호, 2009). 예를 들면, 일정 기간 동안 투입된 효과적인 중재에도 불구하고 일정 수준 이상의 반응을 보이지 않는 학습자는 별도의 특별한 중재를 제공하고, 이 과정 속에서 초기값과 진전도를 활용한 이중불일치(dual discrepancy)를 통해 학습부진과 장애 여부를 진단하는 것이다. 이런 중재반응모형은 교육현장에서 상식적으로 수용되었던 과정으로서, 어떤 아동이 특수아동인가를 결정하기 전에 담임교사가 특별한 관심을 가지고 수업 중에 개별적인 중재를 한다든가 아니면 방과 후에 따로 지도를 일정 기간 해 보고 나서 별 효과가 없으면 특수교사에게 이 아동의 진단평가를 의뢰하는 문제해결 과정에서 비롯되었다.

중재반응모형의 중요성이 강조됨에 따라 연구에 의하여 증거가 제시된 교육실천이 중요한 대안이 되어야 하며, 공식적인 연구에 의한 검증 근거가 없는 경우는 중재 성과에 대한 연구자로서의 개별 교사가 학생의 성취를 확인할 수 있는 교육실천이 현장에서 적용되어야 한다. 이러한 맥락에서 증거기반 교육실천(Evidence-Based Instruction or Evidence-Based Practice)이 특수교육에서 주목을 받기 시작했지만, 이 '증거기반'이라는 표현은 원래 의학 연구 분야에서 먼저 나타났다. 이 개념은 1980년대 후반부터 1990년대 초반까지 David Eddy, Gordon Guyatt 그리고 David Sackett에 의해서 '증거기반 의료' 라는 명칭으로 의학 분야의 실제적인 방법론으로 자리 잡게 되었다(Evidence-Based Medicine Working Group, 1992). 이후 '증거기반' 이란 용어는 심리학, 경제학뿐만 아니라 사회과학 전반에 중요한 논쟁적 용어가 되었다. 교육실천 증거에 대한 다양한 시사점이 있지만, 연구 증거, 전문가의 의견, 대상자에게 있어서의 가치라는 세 가지 요소가 중심이다.[1)]

---

1) 이에 대한 보다 자세한 설명은 American Psychology Association(2005) 및 홍성두(2010) 발표 논문을 참조.

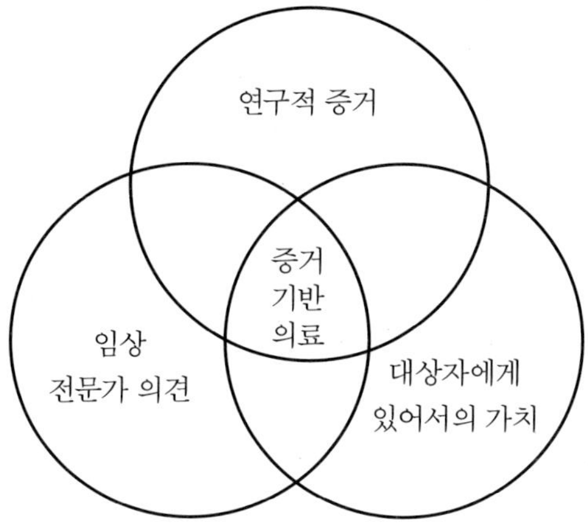

[그림 1-1] 증거의 3요소

출처: Sackett, Straus, Richardson, Rosenberg, & Haynes(2000).

여기서 연구 증거는 실험실과 임상현장에서의 중재 전략, 평가, 임상적 문제들 그리고 대상자 집단과 관련된 과학적 결과뿐만 아니라 관련 영역에서 이루어진 기초 연구가 임상적으로 반영된 결과를 말한다(American Psychology Association, 2005). 연구 증거는 중재와 교육실천의 효과성을 증명하는 다양한 연구 설계와 방법론을 통해 확보된다. 즉, 체계적 개관, 의미 있는 효과크기, 통계적 그리고 임상적 유의도, 임상적으로 타당한 연구로부터 얻어진다. 중재 연구로부터 얻어진 결과의 타당도는 임상적 관찰부터 무선통제 실험의 체계적인 개관까지 연속적으로 제시되는 증거 위계를 바탕으로 얻을 수 있다. 따라서 연구자와 현장 전문가들은 현장에서 타당한 연구를 진행하기 위해서 함께 노력해야 한다. 엄격한 통제에 의한 내적, 외적 타당성 증거를 확보하지 않은 중재가 무조건 비효과적이라고 무시하지 않아야 하지만, 여전히 그 효과성에 대한 증거를 지속적으로 축적할 필요가 있을 것이다. 연구방법에 따른 증거 위계는 [그림 1-2]와 같이 상정해 볼 수 있다.

사례 보고는 개별 대상에 대한 서술이다. 한 사례 혹은 매우 적은 수의 사례를 직접적으로 기술하며, 집단적인 비교 결과를 얻기 위한 통제 집단이 없으

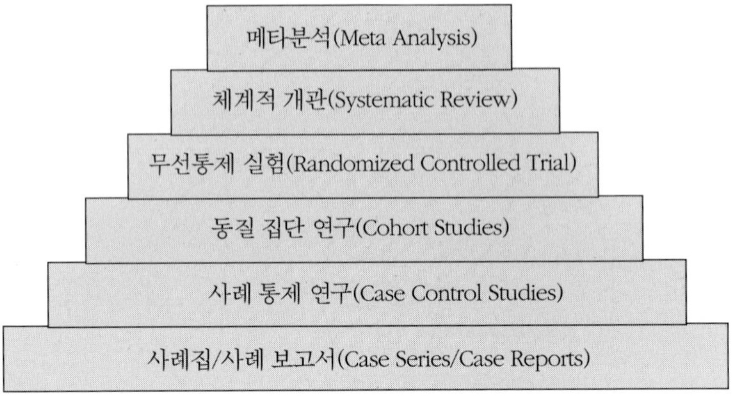

[그림 1-2] 연구방법에 의한 증거 위계

출처: Centre for Evidence Based Medicine(http://www.cebm.net/?o=5513).

며, 통계적 타당성을 이야기하기 어렵다. 사례집은 개별 대상자의 교육에 대한 보고를 모은 것이다. 사례 통제 연구는 특정 조건을 가지고 있는 대상자들을 그렇지 않은 대상자들과 비교하기 위한 연구다. 사례 통제 연구는 통계학적 연관성에 있어서 한 요인이 반드시 다른 요인의 원인이라는 것을 의미하는 것은 아니기 때문에 동질 집단 연구와 무선통제 실험에 비해서는 신뢰도가 낮을 수 있다. 동질 집단(코호트) 연구는 큰 표본을 활용하고 특정한 조건을 가지고 있거나 혹은 시간에 따라 특정한 처치를 받고 있는 집단과 개별 대상을 추적할 수 있다. 그러나 동질 집단 연구는 연구변인 외의 다른 변인(잡음)에 의해서 두 집단이 달라질 수 있기 때문에 내적 타당도가 위협받게 된다. 이러한 문제점을 해결하기 위해 고안된 무선통제 실험은 실제 대상자에 대한 실험하거나 치료의 효과에 대해 연구하는 신중하게 계획된 연구다. 이 실험은 무선표집과 무선배치로 중재 집단과 통제 집단 간의 비교를 가능하게 한다. 체계적 개관은 흔히 임상적 주제에 강조점을 두거나 특정한 질문에 대한 대답을 하는 것이다. 체계적 문헌개관은 한 가지 주제의 연구가 논리적으로 명확해질 수 있도록 한다. 이 연구들은 사전에 준거가 결정된 질문에 의해서 개관, 평가 그리고 요약된다. 메타분석은 많은 연구를 조합할 수 있는 통계적 방법을 사용하여 체계적 개관보다 더 일반적인 결론을 도출하는 연구방법이다.

다양한 연구방법에 의하여 도출된 결과로서 증거수준의 예는 〈표 1-1〉에 제시되어 있다.

〈표 1-1〉 연구기반 증거수준

수준	내용기준
Level 1^{++}	매우 체계적인 메타분석, 무선표집 연구에 대한 체계적 개관, 왜곡이 매우 적은 무선표집 연구
Level 1^{+}	적절히 수행된 메타분석, 체계적 개관, 왜곡이 적은 무선표집 연구
Level 1^{-}	메타분석, 체계적 개관, 왜곡이 많이 개입된 무선표집 연구
Level 2^{++}	사례 통제 연구 또는 동질 집단 연구에 대한 체계적 개관, 내적 · 외적 타당성이 높은 사례 통제 연구 또는 동질 집단 연구(인과관계 확률이 매우 높음)
Level 2^{+}	연구 디자인이 적절한 사례 통제 연구 또는 동질 집단 연구, 타당성이 확보된 사례 통제 연구 또는 동질 집단 연구(인과관계 확률이 중간 정도)
Level 2^{-}	타당성이 낮은 사례 통제 연구 또는 동질 집단 연구
Level 3	개별 연구(예: 사례 보고서, 사례집)
Level 4	전문가 개인 의견

출처: Centre for Evidence Based Medicine(http://www.cebm.net/index.aspx?o=1025).

2. 특수교육 연구의 실천과 적용

중재반응모형 연구에서 드러났듯이, 체계적인 연구 증거에 기반하여 수행되는 교육실천의 중요성이 강조되고 있다. 특수교육 영역에서 다양한 방법론을 적용한 많은 연구가 이루어지고 그 결과가 소개되고 있지만 여전히 공통적인 문제점이 나타다고 있다. 즉, 전문적인 훈련이 없이 직관, 열성, 감각에 의지하여 현장 연구가 수행되고 있거나, 연구방법론에 매몰된 연구 때문에 의미 있는 주제를 간과하기 때문에 오히려 교육현장에서 여러 가지 바람직하지 못한 결과를 낳게 되는 경우가 허다하다.

특수교육 연구에서 '교육실천'의 문제가 강조되는 것은 자연스러운 현상이다. 그러나 교육 연구가 교육현실을 반영하는 과정에서 근본적인 문제의식보다는 교사들이나 현장에서 돌출되는 사적인 사항에 초점을 맞추는 경우 또 다른 문제점을 낳을 수 있다. 이러한 문제점을 극복하기 위해서는 실천적 적용을 위한 연구에 대한 체계적 접근이 필요하다. 특수교육의 보편성을 견지하며 특수성을 드러내는 연구를 위하여 고려해야 할 점은 다음과 같다(김동일, 1999b).

1) 현장 적용의 문제

특수교육 연구의 결과를 이해하고 현장에 적용할 때에는 두 가지 측면에서 '평가' 해 보아야 한다. 즉, 연구 결과의 적용가능성(Acceptability)뿐만 아니라 연구 수행의 성실성(혹은 충실성, Integrity)도 같이 논의되어야 한다(Rathvon, 1999). 적용가능성이란 현장의 관계자에게 어느 정도 이해가 가능한 용어로 구체화되었는지(Witt, Moe, Gutkin, & Andrews, 1984), 혹은 비용, 시간적인 제약, 인적 자질, 물적 지원에 대하여 어느 정도 고려하였는지(Elliott, 1988), 그리고 현실을 무시하거나 오히려 위협하지는 않았는지(Witt & Elliott, 1985)에 대한 총체적인 이해와 조심스러움을 포괄한다. 성실성 혹은 충실성이란 연구의 수행과정에서 어느 정도 의도된 대로 성실하게 구현이 되었는지 점검해 보는 것을 의미한다. 어떤 연구가 제대로 수행하는 데 도움이 되고 더 나아가 교육문제를 잘 지적하고 질적으로 탁월한 해결책을 제공한다면, 즉 정말 훌륭한 연구라면 현장에서의 적용가능성뿐만 아니라 실행상의 성실성 또한 갖추어야 할 것이다.

연구의 적용가능성의 측면에서의 문제를 살펴보면 다음과 같다. 첫째, 현장 교사나 관련 집단이 교육 연구에 대해 명확하게 인식하지 못하거나 오해하는 것이다. 증거나 연구에 기반한 교육실천에 대하여 현장 전문가들의 폭넓은 이해가 전제되어야 함에도 불구하고, 연구 결과에 대하여 보편적 이해보다는 자의적 해석에 근거해 적용하고 있는 실정이다. 수행평가에 대한 잘못된 인식은 과외와 학원의 등장에서도 나타나고 있다. 둘째, 현장 전문가로서의 교사들에 대한 연구 훈련이 적절히 제공되지 못하였다. 교육 연구가 제대로 이루어지려면 교사 각 개인은 교과 전문가인 동시에 연구 전문가가 되지 않으면 안 된다. 이들 연구 역량은 일시에 갖추어지는 것이 아니기 때문에 무조건 연구를 강조하는 것은 심각한 갈등상황을 초래할 수 있다.

연구에 대한 실행 과정의 성실성(충실성) 측면에서 보면, 특수교육계에서 연구에 대한 여건과 인식이 나아지더라도 여전히 문제가 존재한다. 이러한 연구 성실성(충실성)에 대한 가장 큰 위협은 바로 교육현장에 적절하게 개발되어 쓸 수 있는 연구 디자인과 방법론이 체계적으로(가능한 한 문서화되고 연수와 함께) 제공되지 않는다는 점이다. 연구에 대한 진지한 고민 없이 '예전에 하던 것' 혹은 '지금 하는 것에서 약간만 바꾸어' 교사들에게 피상적인 조언을 제공하는 것은 연구 과정의 성실성에 가장 큰 해악이 될 수 있다.

2) 탁월한 링커

연구의 적용가능성과 성실성을 기대하기 어려웠던 것은 실제로 의미 있는 주제에 대한 심각한 고민 없이 외국의 이론이나 연구를 원용하여 적용하는 소개 위주의 연구가 주로 수행되었기 때문이다. 특수교육 연구라고 하면 연구방법론에 달통한 학자가 보편적인 입장에서 수행하는 것보다는, 교육현장에서 필요한 주제와 이러한 주제에 적절한 방법론을 결합하는 '특수교육' 연구의 특수성이 강조되는 연구 체제가 확립되어야 한다.

특수교육의 특수성만을 강조하면 독자적인 주제마다 분화된 연구 전문가가 필요할지도 모른다. 각 장애 영역뿐만 아니라 대상, 교육방법 등 각 영역에서(혹은 더욱 세분화하여) 독자적인 연구 전문가가 필요할 것이다. 학문이 전문화되고 분화되는 것은 일견 바람직하지만 이러한 특수성은 '현실적'인 어려움을 내포하게 된다. 이러한 어려움은 비단 특수교육 연구에만 국한된 것이 아니라 이론과 실제, 연구와 현장, 이념과 현실 사이의 간극에서 비롯된 경우가 많다. 그러므로 특수교육 연구의 현장성을 제고하고 소모적 논쟁을 벗어나기 위하여 이론과 실제의 가교 역할을 하는 링커(linker, 매개자)(김동일, 1999a; 황정규, 1998)에 주목해야 한다. 즉, 이론가와 실천가의 역할을 겸하는 탁월한 전문적 링커가 필요하다. 특수교육 분야를 보더라도 내용과 개념, 이론의 개발과 연구를 하는 집단과 학교, 가정, 사회 등 교육현장에서의 적용에 관심이 있는 집단이 있다. 이러한 집단들 사이에는 끊임없는 요구와 개입, 상호작용이 있게 된다. 이러한 상황에서 학자들이 관심을 두는 이론과 연구를 실천가가 바로 현장에 적용할 수 있다면 아무런 문제가 없다. 그러나 대개 이러한 직접적인 이행이 쉽지 않은 것은 어느 영역에서나 볼 수 있는 보편적 현상이다. 이론과 연구의 결과는 추상성 수준이 높아서 심층적인 이해가 없이 그대로 적용할 수 없게 되며, 경제성과 단순성을 특징으로 하는 이론은 현장의 구체적 상황을 충분히 고려하지 않기 때문에 적용 자체를 위한 구체적 계획과 설계를 다시 고려해야 한다.

이렇게 이론을 현실에 비추어 번역하고 접목하는 데 재능을 보이는 사람, 임상적 경험이 풍부한 이론가, 현실적 한계와 복잡성을 인정하고 가능성을 보는 사람, 자진해서 이와 같은 역할을 즐기는 사람의 층이 두터울 때, 특수교육 연구의 보편성과 특수성이 활성화된다. 그러나 현재는 전문가와 실수요자, 학자와 실천가라는 양극단의 집단이 존재하며 이를 이어 줄 가교의 층이 매우 얇다. 따라서 이론적 접근과 현실의 요구가 서로 유리된 채 접목점을 찾지 못하고 겉돌게 된다. 그러므로 이러한 탁월한 링커를 존중하고 역할을 인정해 주는 분위기가 선행되어야 특수교육 연구의 실천적 문제를 극복할 수 있는 계기를 마련할 수 있다.

3) 연구방법론의 확장 및 체계화

특수교육 연구에 대하여 자주 제기되는 비판 중의 하나는, 연구가 교육현장과 연계하여 믿을 만한 지식을 제공해 주지 못하며, 오히려 무시, 오해, 편견으로 인하여 현장과의 상호 교류가 어렵다는 것이다. 이러한 관점은 실천적 성격을 가지는 모든 학문이 당면한 문제다. 이러한 문제점을 극복하기 위하여, 특수교육의 실증적 지식을 축적을 지향하는 양적 · 질적 연구가 보다 다양화 · 정교화되어야 한다. 연구방법론이란 일종의 전문적인 상호 의사소통 기제로 볼 수 있다. 이러한 연구방법론을 통하여 연구자의 연구 결과를 제시하고 논증하고 논박하는 것이다. 최근 질적 연구에 대한 많은 관심으로 인하여 실증적 연구, 특히 자료분석에 대한 비판이 점증되고 있는 것이 현실이다. 그러나 적절하게 활용된다면 실제로 연구 결과를 일반화하고 모형화하며 체계적으로 제시하는 데 실증적 분석은 매우 유용한 수단이다. 앞으로 평가 연구방법론의 위상을 재정립하고 실증적 지식의 축적과 현장과의 의사소통을 극대화하기 위하여 다음과 같은 점이 강조되어야 한다.

(1) 분석 결과에 대한 접근의 용이성 증대

특수교육 현장 전문가들을 위하여 평가 연구 분석 결과를 쉽게 전달할 수 있도록 연구해야 한다. 교육대학원의 교육학 관련 석사 논문에서 나타나는 자료처리 관련 오류는 연구방법론(특히 분석방법)의 적용과 해석에서 가장 심각하다. 예를 들면, 가장 오해되고 오용되고 있는 대표적인 통계치가 상관계수다. r =.20은 r =.40에 비해 절반 정도의 상관관계만 존재한다는 식으로 이해하는 교사에게 상관계수는 비율적으로 증가되는 것이 아니라고 설명하고 r^2(결정계수)로 해석하여야 한다고 설명하여도 여전히 문제는 있다. 상관관계의 해석에는 공변량, 변산 등의 통계적 지식이 요구되기 때문이다. 상관계수를 통계적으로 설명하지 않고, 일상적인 용어로 풀어서 설명하는 것은 분석 결과의 제시와 이해에 큰 도움이 될 수 있다. 현장 전문가들에게 연구 분석 결과를 적절히 이해할 수 있도록 하는 것은 평가 연구에 대한 지속적인 관심과 지지를 위하여 필수적이다. 대기과학 분야에서 슈퍼컴퓨터 그리고 여러 분석 기법과 수리적인 모형을 활용하여 얻은 일기예보 결과에 대하여 일반인들이 이해할 수 없게 되면 아무런 소용이 없다. 기상예보는 그 분석 과정의 복잡함과 정교함과는 별개로 일반인들에게는 "내일 비 올 확률은 40%입니다"라는 식으로 간명하게 전달되어 우리 생활에 도움을 주고 있다.

마찬가지로 지능지수와 읽기성취도검사 결과 간의 상관계수가 .40이고 읽기성취의 변량의 16%를 지능이 설명한다는 것을 이해하기 위해서는 상당한 통계적 지식이 필요하다. 그러므로 이를 보다 일상적인 용어로 전달하기 위한 시도가 필요하다. 하나의 가능성을 예시하면, Dunlap(1994)은 적률상관계수(r)를 통상적으로 쓸 수 있는 효과지수(common language effect size indicator: CL)로 바꾸어 계산하는 공식을 제안하였다. 이를 간략히 제시하면 다음과 같다.

〈표 1-2〉 상관계수와 효과지수

r	.00	.10	.20	.30	.40	.50	.60	.70	.80	.90
CL	.500	.532	.564	.597	.631	.667	.705	.747	.795	.856

여기에서 지능지수와 읽기성취 간의 상관계수가 .40이라는 의미는, 대상 집단에서 두 학생을 임의로 뽑으면 그중 지능지수가 높은 학생이 읽기성취 수준도 높을 확률이 63%(.631)이라는 것이다. 만일, 상관계수가 .70이라면 지능지수가 높은 학생이 읽기성취 수준도 높을 확률이 75%(.747)이다. 앞으로 특수교육 연구의 발전을 위해서는 연구방법론 측면에서 현장 전문가의 접근을 쉽게 하고 분석 결과의 전달도 적절하게 이루어져야 할 것이다.

(2) 다양한 연구방법론의 적용

특수교육 현장 전문가들을 위하여 연구 결과에 대한 접근의 용이성을 증대하는 것과 동시에 연구 전문가들 사이에서 보다 다양하고 정교한 분석기법이 시도되어야 한다. 최근 10년 동안 정교하고 고도의 전문성을 지닌 방법론이 개발되어 연구에 적용되고 있다. 이러한 연구방법론에 대한 자세한 내용은 이 책의 다른 부분을 참조하기로 하며 대략적으로 개관하면 다음과 같다.

첫째, 연구 결과를 분석하는 통계기법의 측면에서, 고전적인 중다회귀분석이나 변량분석과 같이 집단수준의 분석뿐만 아니라 개인 내 차이와 개인 간 차이를 분석하는 다층분석(multilevel analysis) 방법을 적용할 수 있다(김동일, 1998). 읽기, 쓰기, 혹은 말하기 영역의 발달에 대하여 모수(parameter)수준의 발달지수는 집단의 대표값을 통하여 표시하였다. 그러나 이러한 집단수준의 발달모형은 개인 내 변화가 강조되는 개별화 수업에 그리 큰 의미가 없게 된다. 예를 들면, 읽기 교육 프로그램의 효과에 대하여 각 개인을 중심으로 형성적으로 평가하여 개별화 프로그램의 지속, 수정, 대치라는 교육적 의사결정을 하려고 할 때, 개인의 발달 · 변화 과정에 대한 정보는 필수적이고 이러한 변화 과정에 대한 개인수준의 명시적인 발달모형은 학습 진도에 대한 효율적인 예언을 가능하게 한다. 이러한 읽기 발달 및 변화 과정에 대한 분석모형은 단순히 측정수준에서 그치지 않고 교수-학습 과정에 연계되어 보다 포괄적인 수업체제의 중요한 요소로서 활용될 수 있다. 개인수준의 발달과 개인 간 차이에 대한 다층자료를 분석하는 기법은 다양하게 개발되고 있다. 가중최소자승화(Weighted Least Square) 회귀분석을 이용한 방법이나 Empirical Bayes, Fisher scoring algoritm, Iterative generalized least square의 추정방법을 이용한 HLM(Hierarchical Linear Modeling) 프로그램이 널리 쓰이고 있으며, 구조방정식 모형을 적용한 잠재성장모형분석도 활용되고 있다(김동일, 홍성두, 최종근, 이기정, 2009).

둘째, 측정학적인 측면에서 다양한 검사 제작을 위한 문항반응 이론(Item Response Theory)과 신뢰도, 타당도의 모형을 확장할 수 있는 일반화 가능도 이론(Generalizability Theory), 확인적 요인분석을 통한 중다특성-중다방법(Multitrait-Multmethod: MTMM) 접근이 활용될 수 있다(Kim, 2002). 예를 들면, 역동적이고 다차원적인 학습을 북돋고 이에 대한 올바른 평가를 하기 위해서 폭넓은 타당화 과정을 지향하는 MTMM분석에 주목하여야 한다. 모든 평가도구는 특성과 방법효과의 조합으로 구성되어 있다. 이는 타당도 연구에서 '타당한 요인(construct-relevant factor)'과 '타당하지 않은 요인(construct-irrelevant factor)'을 구별하여 그 영향을 잘 인지하여야 한다는 것을 의미한다. 모든 검사에서는 특별한 검사환경의 차이, 검사의 시기, 질문의 형태 차이 등 측정하려는 구인과는 관련 없는 방법요인들이 존재하는데, 이에 대한 체계적인 분석이 요구된다. 평가 연구에서 측정변인들이 관심 있는 특성이나 구인(이해도, 표현의 적절성, 쓰기 유창성)뿐만 아니라 방법특성(문항)에 영향을 받을 때 그 영향력을 적절히 분석해야 한다. MTMM분석은 인지되지 않았던 구인들을 찾아내고,

관련이 없는 요인들을 솎아내는 타당화 과정에서 적절히 적용될 수 있다.

3. 맺음말: 특수교육 연구의 새 지평을 위한 제언

특수교육 연구의 보편성을 담보하는 연구방법론과 특수교육의 특수성을 지향하는 연구 주제라는 날줄과 씨줄이 엮여서 연구의 새로운 지평이 열리기를 기대한다. 지금까지는 뼈대에 해당하는 연구방법론에 매몰되어 연구 주제에 대한 깊은 이해와 의미를 간과함으로써 본질적으로 교육실천에 기여하기 어려웠던 점을 인정해야 할 것이다.

앞으로의 특수교육 연구의 과제는 특수교육의 실천과 밀접하게 관련지어 제시할 수 있다. 첫째, 특수교육 실천과 더 나아가 정책(법령) 형성을 지원할 수 있는 구체적이고 광범위한 실증 자료와 연구기반 증거 구축이다. 이러한 증거는 특수교육 대상자 및 관련 집단에 대한 기술적(descriptive) · 발달적(developmental) 정보를 축적하는 것에서 시작될 수 있다. 둘째, 특수아동의 발달과 잔존능력(강점)의 발현에 영향을 미치는 개인수준과 가족 및 교육 환경 수준의 변인을 탐색하고 확인하여야 한다. 셋째, 특수아동을 위한 중재(교육방법) 및 중재 간의 상호작용 효과에 대한 체계적인 증거를 확보하여야 한다. 이러한 특수교육 연구는 매우 다양한 요구와 복잡한 대상이 교차되는 어려운 작업이며, 따라서 여러 가지 연구방법론이 필요하게 된다.

특수교육 연구의 특수성을 확보하고 보편성을 지향하기 위하여, 특수교육 공동체 내부적으로 연구에 대한 역량이 강화되어야 하며, 외부적으로는 특수교육 연구 주제에 대한 정책 방향(법령)이 구체적이며 안정되어야 하고, 특수교육 연구 결과를 기반으로 교육실천을 수행할 수 있는 연구와 교육 인프라가 구축되어야 한다.

✎ 참고문헌

김동일(1998). 구조방정식에 의한 발달 및 변화과정의 측정모형: 읽기장애아동을 위한 교육과정중심측정의 적용을 중심으로. 특수교육연구, 5, 85-99.

김동일(1999a). 특수교육연구의 과제에 대한 하나의 논의. 21세기를 향한 특수교육의 과제. 1999년 한국특수교육학회 춘계 학술심포지엄.

김동일(1999b). 수행평가의 문제점과 현장정착을 위한 토의. 영남대학교 수행평가 학술세미나.

김동일, 이대식, 신종호(2009). 학습장애아동의 이해와 교육(2판). 서울: 학지사.

김동일, 홍성두, 최종근, 이기정(2009). 학습장애 판별의 중재반응모형을 위한 다단계 성장모형의 활용가능성 탐색. 특수교육학연구, 44(1), 195-211.

홍성두(2010). 증거기반 교수의 개념과 이해. 2010년 한국학습장애학회 춘계학술대회.

황정규(1998). 교육심리학의 교육 현장 적용과 과제. 교육심리연구, 12(1), 27-34.

American Psychology Association. (2005). Policy Statement on Evidence-Based Practice in Psychology. Meeting for APA Council of Representative, 2005. August. from http://www.apa.org.practice/ebpreport.pdf.

Centre for Evidence Based Medicine. Level of medicine. from http://www.cebm.net/?o=5513

Dunlap, W. (1994). Generalizing the common language effect size indicator to bivariate normal correlations. *Psychological Bulletin, 116*(3), 509-511.

Evidence-Based Medicine Working Group. (1992). Evidence-based Medicine. A new approach to teaching the practice of medicine. *JAMA, 268,* 2420-2425.

Elliott, S. (1988). Acceptability of behavioral treatments: Review of variables that influence treatment selection. *Professional Psychology: Research and Practice, 19,* 68-80.

Keogh, B. (1993, July 15). What the special education research agenda should look like in the year 2000. Invited presentation to the U.S. Office of Education Research Project Directors Meeting, Washington, DC.

Kim, D. (2002). Application of confirmatory factor analysis on the validity study of a performance assessment: A multitrait-multimethod structure and its invariance across gender and grade. *The SNU Journal of Education Research, 12,* 161-197.

Rathvon, N. (1999). *Effective school interventions.* New York, NY: Guilford.

Sackett, D. L., Straus, S. E., Richardson, W. S., Rosenberg, W. M., & Haynes, R. B. (2000). *Evidence-based Medicine: How to Practice and Teach EBM.* London: Churchill-Livingstone.

Witt, J., & Elliott, S. (1985). Acceptability of classroom intervention strategies. In T. Kratochwill (Ed.), *Advances in school psychology* (Vol 4, pp. 251-288). Hillsdale, NJ: Erlbaum.

Witt, J., Moe, G., Gutkin, T., & Andrews, L. (1984). The effect of saying the same thing in different ways: The problem of language and jargon in school-based consultation. *Journal of School Psychology, 22,* 361-367.

제2장

직접교수 원리를 적용한 한글 읽기 프로그램의 효과 검증

t검증, 분산분석 및 공분산분석을 중심으로

이 장에서는 먼저, 미국에서 학습장애 학생의 읽기 지도에 효과적인 것으로 알려져 있는 직접교수의 정의와 효과에 대해 설명하였다. 그리고 미국의 직접교수를 실제 우리 교육현장에 적용하기 위한 방법으로 현장 연구방법을 제시하였다.

둘째, 통계방법으로 t검증, 변량분석인 일원변량분석, 이원변량분석, 다원변량분석 그리고 공변량분석의 적용 절차와 사용방법에 대해 소개하였다.

마지막으로는 직접교수의 원리를 적용한 한글 읽기 프로그램의 효과를 분석한 연구를 통해 t검증 적용 사례, 다변량분석의 적용 사례 그리고 마지막으로 공변량분석의 적용 사례를 제시하였다.

교육 전문가는 교육 연구를 통해 현장의 교육 현상을 기술, 설명, 통제, 그리고 예측하는 활동을 수행해야 한다. 이를 위해서는 교육 전문가는 연구 주제, 연구문제와 연구 가설을 설정하는 방법, 연구 대상 선정방법, 연구 설계, 검사도구 선정 및 개발 방법, 검사에 따른 자료 처리방법 그리고 이를 통계방법으로 검증하는 방법 등에 능숙해야 한다. 그리고 그다음에는 이를 연구 보고서로 작성하여 학회 등에 발표할 수 있어야 한다.

이 장에서는 교육 전문가들이 교육 연구를 수행하는 데 도움이 될 수 있도록 실제 연구 사례를 중심으로 연구 주제, 연구문제, 연구 가설 그리고 이와 같은 요소를 알아보기 위해 실시해야 하는 기본적인 통계방법들을 설명하고자 한다.

실제 사례 중심의 현장 연구방법론을 다루기 위해 필자의 박사학위 청구논문인 「직접교수(DI) 원리를 적용한 한글 읽기 프로그램의 효과 연구」를 실제 연구 사례로 제시하였다. 그리고 이 연구에서 적용된 독립변인인 직접교수, 실험설계 방법인 이질 집단 사전·사후 설계방법 그리고 종속변인인 읽기유창성, 교사의 읽기지도능력과 읽기 프로그램 만족도 그리고 마지막으로 특수학급 학생의 읽기성취능력을 중심으로 현장 연구방법론을 제시하고자 한다. 또한 직접교수와 현장 연구방법을 설명한 후에는 이들 연구들에서 적용된 통계방법인 t검증, 일원변량분석, 이원변량분석, 다변량분석 그리고 공분석방법의 적용 절차를 구체적인 그림을 통해 살펴보고 이들 통계방법을 실제로 사용할 수 있는 방법에 대해 설명하고자 한다.

마지막으로는 이와 같은 현장 연구방법론과 통계방법을 적용하여 연구보고서를 작성한 실제 사례를 제시하여 현장의 교사와 연구자들이 실제로 직접교수 원리를 적용한 한글 읽기 프로그램을 활용하여 연구 논문을 작성할 수 있도록 하였다.

1. 직접교수와 현장 연구방법론

1) 직접교수

(1) 직접교수의 정의

직접교수는 크게 명시적 교수법을 의미하는 'di'와 Engelmann과 그의 동료들에 의해 상품화된 'DI'가 있다(Miller, 2002). 최근에는 이 둘을 종합한 것으로 이해하고 있다.

이 둘의 차이점로는 먼저, 'DI'는 Siegfried Engelmann과 그의 동료들이 개발한 직접교수 프로그램이 상품화된 것을 말한다. 예를 들어, 이들에 의해 개발된 직접교수 프로그램인 Reading Mastery와 Corrective Reading 등이 'DI'인 것이다. 하지만 'di'는 명시적 교수법(explicit instruction), 즉 과제 지향적이고 고도로 조직화된 교사 중심의 교수를 의미한다. 예를 들어, 학업기술과 개념이 명확하게 제시되고 학생의 이해와 완전학습을 촉진하기 위해 직접적인 방법이 사용된다. 또 수업을 위해 명확한 목표가 설정되고, 목표에 대한 학생의 수행에 대한 점검이 이루어지며 피드백이 제공된다(Miller, 2002). 따라서 이 둘의 가장 큰 차이점은 Engelmann과 그의 동료들에 의해 상품화가 되었는지의 여부다.

하지만 'DI'와 'di'는 많은 공통점을 가지고 있다. 예를 들어, 행동주의 접근을 하고 있다는 점과 교사 중심의 수업방법이라는 점을 들 수 있다. 따라서 'DI'는 'di'의 방법과 내용을 거의 포함하고 있다.

(2) 직접교수의 적용과 효과

'DI'는 Siegfried Engelmann과 그의 동료들이 개발한 읽기, 쓰기, 수학 등의 프로그램을 말한다. 이와 같은 'DI'는 초기에 유아교육에서 시작하여 기초학습부진 그리고 학습장애로 적용 대상을 넓혀 왔다. 최근에는 자폐성 장애에도 'DI' 프로그램을 적용하고 있다.

'DI'가 미국의 특수교육 분야에 널리 적용되는 것은 미국의 교육부가 실시한 Project Follow Through 때문이다. 이 연구는 미국 교육부가 초등학교 학습부진 학생들에게 가장 효과적인 교수방법을 확인하기 위해 행동분석 모형, 인지-지향적 모형, 열린 교육 모형, 플로리다의 부모 교육 모형 등 여러 교수방법의 개발자들로 하여금 학습부진 학생에게 가장 효과적인 프로그램을 개발하여 적용하도록 하고 그 효과를 비교한 것이다. 이 Project Follow Through의 연구 결과, 직접교수 모형이 다른 모형들에 비해 기초학습기술, 인지-개념적 기술 그리고 정서적 기술에서 가장 효과가 높은 것으로 나타났다. 따라서 이 이후, 직접교수가 기초학습부진 학생들에게 적용되었으며 학습장애 등 특수교육분야에서도 활용되기에 이른 것이다.

직접교수의 효과에 대해서는 Project Follow Through 외에도 여러 연구에서 제시되고 있다. 예를 들어, Adams와 Engelmann(1996)가 실시한, 교수 모형에 대한 메타분석 연구를 들 수 있다. 이 연구에서도 직접교수법의 효과의 크기가 가장 큰 것으로 나타났다. 이것은 직접교수 프로그램이 다른 프로그램에 비해 그 효과가 높다는 것을 의미한다. 또, Adams와 Carnine(2003)은 직접교수 프로그램이 학습장애 학생들에게 효과가 있는지에 관하여 메타분석을 실시하였다. 그 결과, 직접교수 프로그램에 대한 효과의 크기는 모두 16개로 .75~1.26에 이르므로 효과가 있는 것으로 나타났다(Swanson, Harris, & Graham, 2003). 이와 같은 연구 결과에 따라 직접교수는 학습장애 분야에서 증거기반 교수로 인정되면서 중재반응모형의 Tier 1, 2, 3에 모두 적용될 수 있는 효과적인 중재로 활용되고 있다.

2) 현장 연구방법론

❏ 양적 연구와 단일 대상 연구

미국에서 학습부진 학생은 물론 학습장애 학생들에게 효과적인 교수방법으로, 그리고 증거기반 교수로 알려진 직접교수가 국내에서도 적용 가능한지를 알아보기 위해서는 현장 연구가 실시되어야 한다. 현장 연구방법에는 양적 연구와 질적 연구가 있을 수 있다. 양적 연구는 일반적인 원리나 법칙을 발견하기 위한 것이고 질적 연구는 특정 현상에 대해 이해하기 위한 것이다(백순근, 2004).

국내의 교육현장에서 직접교수가 적용 가능한지를 알아보기 위해서는 일반학교의 기초학습부진 학생과 특수학급의 학습장애 학생을 대상으로 현장 연구를 수행할 수 있다. 하지만 이와 같은 경우에 양적 연구에서 요구하는 연구대상을 표집하는 데 어려움이 있다. 왜냐하면 전통적으로 양적 연구에서 실험연구를 실시하는 경우에는 추리통계의 Z검증을 실시하거나 사례 수가 많지 않은 경우에는 추리통계의 t검증을 실시하는데, 이 경우에 연구 대상이 적어도 12명 이상이 되어야 가설 검정력이 있다고 할 수 있기 때문이다.

따라서 이와 같은 문제점을 해결하기 위해서는 단일 대상자를 중심으로 실험을 수행하는 단일 대상 연구방법을 적용할 수도 있을 것이다(이소현 외, 2000). 하지만 미국에서는 양적 연구를 통해 직접교수의 효과를 검증하고 있는 추세다.

3) 준실험설계와 이질 통제 집단 전후검사 설계

양적 연구를 통해 직접교수의 효과를 검증하기 위해서는 실험설계 방법과 준실험설계 방법 등의 두 가지 연구 설계방법을 고려할 수 있다. 먼저, 실험설계 방법은 실험 집단과 통제 집단을 무선표집하고, 변인을 통제하는 방법이다. 하지만 이와 같은 실험설계 방법은 변인 통제의 어려움으로 교육현장에서 교사들이 적용하기에는 많은 어려움이 있을 수 있다.

따라서 학교현장의 자연스러운 상황에서 실시하는 준실험설계 방법을 적용하는 것이 효과적이라 할 수 있다. 특히, 특수학급에 배치되어 있는 특수교육대상 학생들은 수많은 요인의 영향을 받고 있기 때문에 엄격한 의미의 실험설계 방법을 적용할 수 없으므로 준실험설계 방법이 많이 적용되고 있다.

직접교수의 효과를 검증하는 연구 설계 방법으로 준실험설계를 적용하는 경우, 실험 집단에는 직접교수 읽기 프로그램을 적용하고 통제 집단에는 현재 적용되고 있는 프로그램을 그대로 적용하는 것이 일반적이다. 이때 활용될 수 있는 방법은 교육현장에서 가장 많이 적용하는 이질 통제 집단 전후검사 설계다. 예를 들어, 학교나 학급과 같이 기존의 집단을 그대로 유지한 채 실험 집단과 통제 집단으로 나누어 연구에 이용하는 방법이다. 이를 도식화하면 다음과 같다.

O_1	X	O_2
O_3		O_4

O_1: 사전검사를 실시한 실험 집단　　O_2: 사후검사를 실시한 실험 집단
O_3: 사전검사를 실시한 통제 집단　　O_4: 사후검사를 실시한 통제 집단

이질 통제 집단 전후검사를 실시한 경우 두 집단의 동질화 문제가 발생할 수 있다. 예를 들어, 특수학급의 학습장애 학생을 연구 대상으로 하는 연구에서 가장 흔하게 범할 수 있는 문제는 특수교육 대상 학생의 장애 유형에 대한 고려를 하지 않고 두 집단을 같은 집단으로 가정하는 것이다. 그리고 이 외에도 학습장애 학생의 지능, 연령, 성, 그리고 사회경제적 지위 등에 대해 고려하지 않고 두 집단이 같은 집단인 것으로 가정한다면 통계적 의사결정에서 치명적인 오류를 범할 수 있다.

따라서 특수학급의 학습장애 학생을 대상으로 하는 연구에서 이질 통제 집단 전후검사를 실시할 경우에는 위의 변인들이 최대한 동일해지도록 무선적으로 통제 집단을 표집하는 등의 방법을 적용할 수도 있다.

이 외에 짝짓기 방법을 통해 실험 집단과 통제 집단을 동질화하는 것이 필요하다. 예를 들어, 장애 유형, 지능, 연령, 성 혹은 사회경제적 지위와 같은 변인에 따라 짝짓기하는 방법을 통해 최대한 두 집단이 동일한 집단이 될 수 있도록 하여야 한다. 그리고 이 외에 사전검사 결과를 가지고 점수 결과가 같은 두 사람을 짝짓는 것도 하나의 방법이 될 수 있다.

2. t검증

1) t검증의 적용 절차

t검증은 주로 두 집단 간의 평균 차이를 가지고 통계적 검증을 하는 방법이다. t검증의 종류에는 독립표본 t검증(Independent Samples t-test)과 대응표본 t검증(Paired Samples t-test)이 있다. 예를 들어, 수학검사에서 남자와 여자의 평균 차이를 알아보고자 하는 독립표집인 경우에는 독립표본 t검증을 사용한다. 하지만 같은 집단에게 사전검사와 사후검사를 실시하는 종속표집인 경우에는 대응표본 t검증을 사용한다.

(1) 절차 1: 데이터 열기와 분석에서 독립표본 t검증 선택하기

t검증은 [그림 2-1]에서 제시된 바와 같이 Spss의 분석(〈Analyze〉)에서 평균 비교(〈Compare Means〉)에 제시되어 있다. 사용자들은 이 중에서 독립표집인 경우에는 독립표본 t검증을, 종속표집인 경우에는 대응표본 t검증을 사용한다.

구체적인 t검증 사용 절차는 다음과 같다. 먼저, 데이터 입력 시 직접교수 원리를 적용한 한글 읽기 프로그램을 적용받은 집단은 1로, 그렇지 않은 집단은 2로 한다. 그리고 변인명은 group으로 설정한다. 둘째, 각 사례에 대한 사전검사 점수와 사후검사 점수를 입력한다. 셋째, 〈Analyze〉의 〈Compare Means〉를 클릭하고 여기서 〈Interdependent Sample-T test〉를 클릭한다. 넷째, 〈Test Variable〉 상자로 가서 〈Define Groups〉를 선택하고 변인을 1과 2로 입력한다. 참고로 1은 실험 집단을, 2는 통제 집단을 의미하니 잘 기억해 두어야 한다. 다섯째, Ok를 입력하면 독립표본 t검증이 실행되면 [그림 2-4]와 같은 내용이 나타나게 된다.

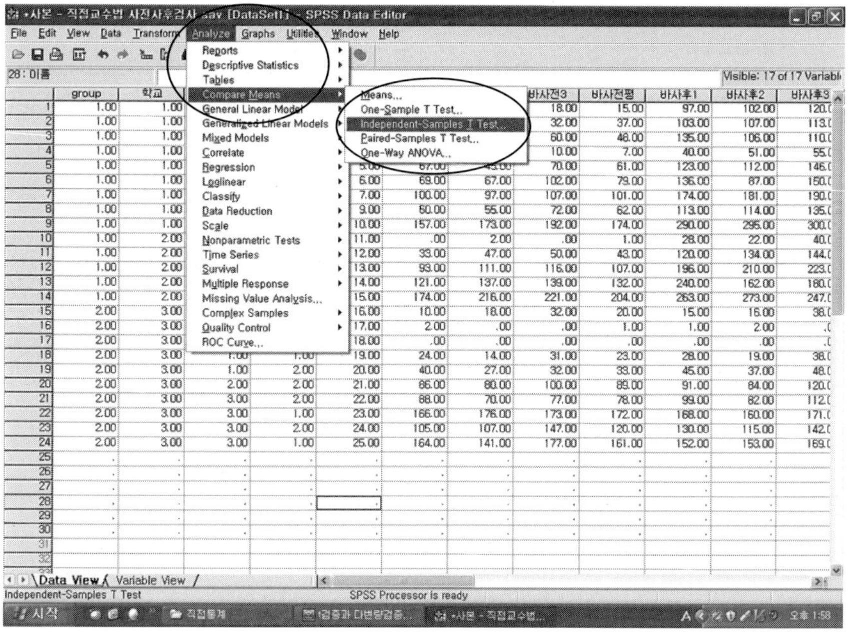

[그림 2-1] 독립표본 t검증 실행방법 1

(2) 절차 2: 집단변인 설정과 실행

두 집단의 변인과 측정점수를 코딩한 것에서 비교하고자 하는 집단변인을 설정한다. 이 경우에 비교하고자 하는 변인은 두 집단이어야 한다. 예를 들어, 남자와 여자, 혹은 실험 집단과 통제 집단과 같이 두 집단이어야 한다.

[그림 2-2]와 [그림 2-3]에서 제시된 바와 같이 변인 group은 1과 2로 코딩되어 있다. 이것을 〈Grouping Variable〉에서 정의해 주어야 한다. 그리고 〈Test Variable〉에 BASA 사전검사 또는 BASA 사후검사와 같은 검사점수를 입력한 다음 〈OK〉를 클릭하면 t검증이 실행되게 된다.

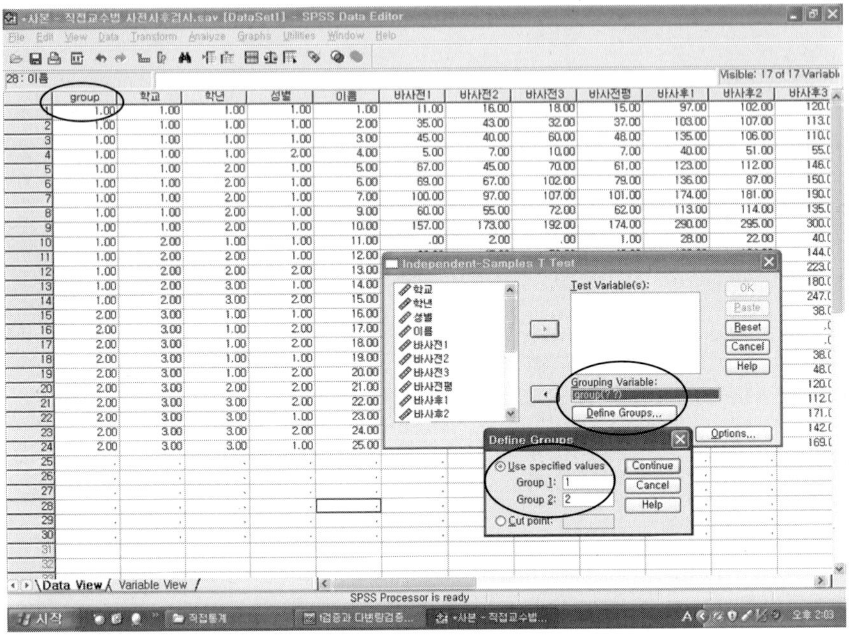

[그림 2-2] 독립표본 t검증 실행방법 2

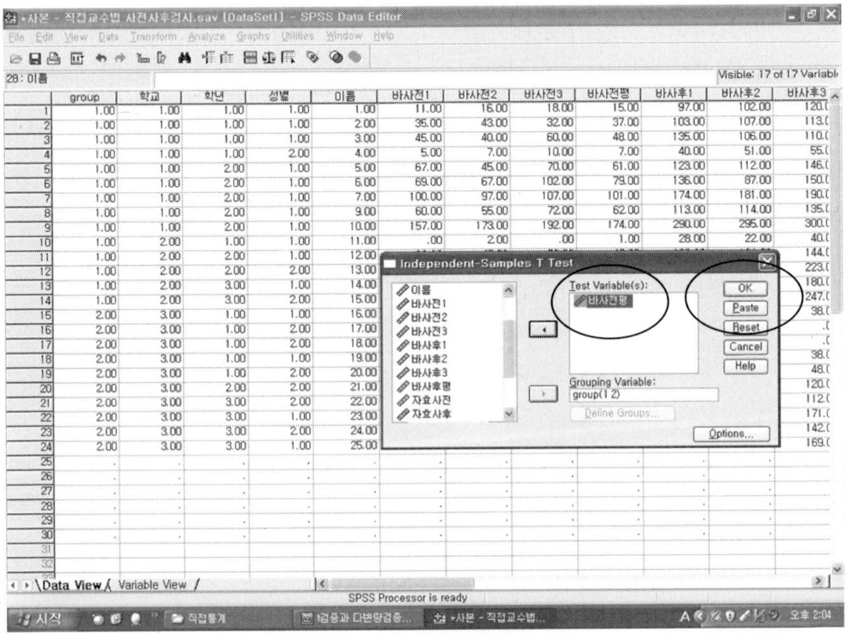

[그림 2-3] 독립표본 t검증 실행방법 3

(3) 절차 3: 결과 처리 및 해석

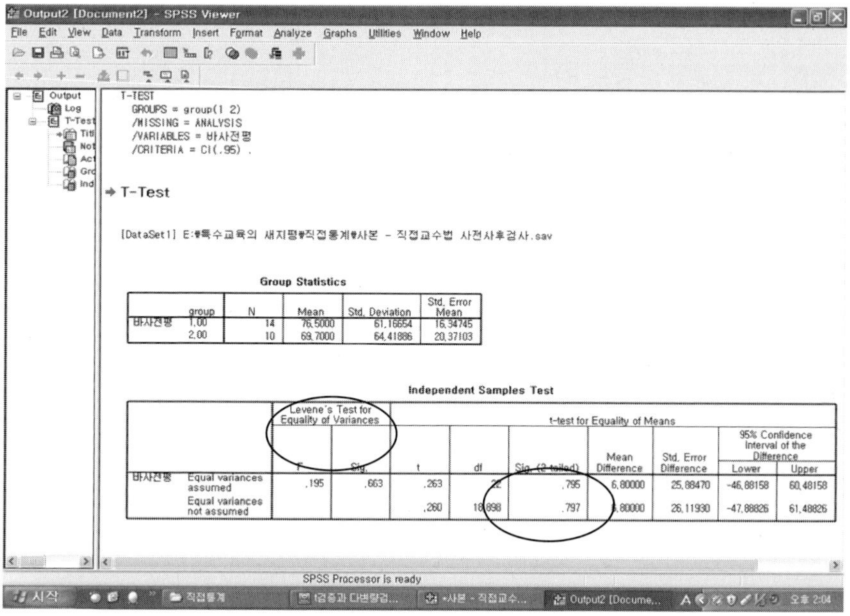

Group Statistics

	group	N	Mean	Std. Deviation	Std. Error Mean
바사전평	1.00	14	76.5000	61.16654	16.34745
	2.00	10	69.7000	64.41886	20.37103

Independent Samples Test

		Levene's Test for Equality of Variances		t-test for Equality of Means					95% Confidence Interval of the Difference	
		F	Sig.	t	df	Sig. (2-tailed)	Mean Difference	Std. Error Difference	Lower	Upper
바사전평	Equal variances assumed	.195	.663	.263	22	.795	6.80000	25.88470	-46.88158	60.48158
	Equal variances not assumed			.260	18.898	.797	6.80000	26.11930	-47.88826	61.48826

[그림 2-4] 독립표본 t검증 결과표

독립표본 t검증이 실행되면 [그림 2-4]와 같은 독립표본 t검증 결과표가 나타나게 된다. [그림 2-4]를 해석할 때, 가장 먼저 해야 할 일은 두 집단의 동변량성을 검증하는 일이다. Levene's Test의 F값이 0.05보다 작으면 두 집단의 동변량성을 가정할 수 없으므로 독립표본 t검증을 적용할 수 없다. 이 경우에는 데이터에서 극단점수를 삭제하는 등의 방법으로 두 집단의 동변량성이 가정될 수 있도록 하여야 한다. 예를 들어, [그림 2-4]에서는 Levene's Test의 F값이 .663으로 두 집단의 동변량성을 가정할 수 있다. 둘째, Sig의 값을 해석해야 한다. 예를 들어, .05보다 작게 나오는 경우에는 두 집단의 평균의 차이가 있는 것으로 해석할 수 있고 .05보다 크게 나오는 경우에는 두 집단 간에 평균의 차이가 없다고 해석된다. 셋째, 독립표본 t검증 결과, 평균의 차이가 있는지 없는지를 해석하고 이를 연구 결과에 제시한다. 구체적인 내용은 다음에 제시되는 t검증의 적용 사례에 제시하였다.

2) t검증의 적용 사례: 직접교수 읽기 프로그램이 기초학습부진 학생의 읽기유창성에 미치는 효과

일반학교에서 직접교수 읽기 프로그램을 기초학습부진 학생의 읽기유창성 향상에 적용하는 연구를 실시하고자 하는 경우에는 독립변인은 직접교수, 그리고 종속변인은 읽기유창성이 될 것이다. 이에 대한 연구문제 및 연구 가설[1]은 다음과 같이 설정할 수 있다. 참고로 연구 가설은 연구문제를 경험과학적인 방법을 활용하여 검증 가능한 형태로 발전시킨 것으로 주요 변인 간의 관계에 대한 추론이며, 연구문제에 대한 잠정적인 결론을 말한다(백순근, 2004, p. 73).

> 연구문제: 직접교수(DI) 원리를 적용한 한글 읽기 프로그램은 초등학교 저학년 읽기부진 학생의 읽기유창성을 향상시키는가?
>
> 연구 가설: 직접교수 원리를 적용한 한글 읽기 프로그램을 적용받은 집단은 그렇지 않은 집단에 비해 읽기유창성 점수가 높다.

위의 연구문제와 연구 가설을 분석하면 독립변인은 직접교수이고 종속변인은 읽기유창성임을 알 수 있다. 그리고 연구 대상은 초등학교 저학년 학생들임을 알 수 있다. 참고로 독립변인은 다른 변수에 영향을 주거나 다른 변수를 예측해 주는 변수를 말하고 종속변인은 독립변수에 의해 예측되거나 변화되는 변수를 말한다.

그리고 이 연구문제를 위한 실험설계 모형은 독립변인이 적용되는 집단인 실험 집단과 독립변인이 적용되지 않는 집단인 통제 집단의 비교를 통해 독립변인이 종속변인에 영향을 미쳤는지를 알 수 있도록 설계되어야 한다.

독립변인이 종속변인에 영향을 미치는지를 알아보기 위해서는 양적 연구방법에는 조사 연구와 실험 연구가 있다. 위 연구문제에 따른 이질 집단 사전·

---

1) 본 연구 주제는 필자의 박사학위 청구논문(정광조, 2006)에서 발췌한 것임.

사후 실험설계는 실험 연구다. 그리고 두 집단을 비교하기 위해서는 t검증을 적용해야 한다. 참고로 t검증은 가설검증(추리통계)에서 두 집단의 평균에 차이가 있는지 여부를 검증하기 위해 사용된다. 특히, t검증은 사례 수가 적을 때나 많을 때나 모두 사용되므로 Z검증보다는 t검증이 주로 사용된다(백순근, 2004, p. 225).

(1) 연구 대상

정광조(2006)의 연구에서는, 앞의 연구 가설을 검증하기 위해 초등학교 1학년, 2학년, 그리고 3학년 학생을 연구 대상으로 하였다. 그리고 표집은 유층표집을 선택하였으며, 실험 집단은 초등학교 2곳의 읽기부진 학생으로 의뢰 및 진단된 학생들을, 그리고 통제 집단은 초등학교 3곳의 읽기부진 학생으로 의뢰 및 진단된 학생들을 대상으로 하였다.

실험 집단의 『기초학습기능 수행평가체제: 읽기검사 2판』(김동일, 2008, 이하 BASA-reading)의 점수를 중앙치, 백분위 점수, 읽기수준, t점수 차이 그리고 t점수 변화[2]로 분석한 결과는 〈표 2-1〉과 같다.

〈표 2-1〉 실험 집단의 BASA 검사상의 읽기수준

학생	학년	성별	사전 중앙치	t점수	백분위 점수	읽기 수준	사후 중앙치	t점수	백분위 점수	읽기 수준	t점수 차이	t점수 변화
1	1	남	16	30.52	2	5단계	102	45.43	34	3단계	14.91	고
2	1	남	35	32.10	4	5단계	107	46.30	41	3단계	14.2	고
3	1	남	45	34.07	5	4단계	110	46.88	41	3단계	12.81	중
4	1	여	7	28.95	1	5단계	51	36.59	8	4단계	7.64	저
5	1	남	0	25.40	1	5단계	28	30.72	3	5단계	5.32	저
6	2	여	111	34.68	6	4단계	210	51.72	59	3단계	17.04	고

2) t점수 변화는 t값의 차이가 15점 이상은 '고', 15점 이하 10점 이상은 '중', 10점 이하는 '저'다. 하지만 읽기수준이 2단계를 넘는 경우에는 t점수 변화를 한 수준 올린다.

7	2	남	47	27.62	1	5단계	134	38.64	11	4단계	11.02	중
8	2	남	69	27.62	1	5단계	136	38.26	12	4단계	10.64	중
9	2	남	60	27.62	1	5단계	114	35.20	6	4단계	7.58	저
10	2	남	67	27.62	1	5단계	123	35.78	7	4단계	8.16	저
11	3	남	173	37.21	8	4단계	295	59.93	84	3단계	22.72	고
12	3	여	216	45.22	35	3단계	263	56.34	74	3단계	11.12	중
13	3	남	137	30.51	4	5단계	180	39.23	12	4단계	8.72	저

통제 집단의 BASA-reading 점수를 중앙치, 백분위 점수, 읽기수준, t점수 차이 그리고 t점수 변화로 분석한 결과는 〈표 2-2〉와 같다.

〈표 2-2〉 통제 집단의 BASA 검사상의 읽기수준

학생	학년	성별	사전 중앙치	t점수	백분위 점수	읽기 수준	사후 중앙치	t점수	백분위 점수	읽기 수준	t점수 차이	t점수 변화
14	1	남	18	30.86	2	5단계	16	30.52	2	5단계	-0.34	저
15	1	여	0	25.40	1	5단계	1	25.40	1	5단계	0	저
16	1	남	24	29.93	2	5단계	28	30.72	3	5단계	0.79	저
17	1	여	32	31.51	4	5단계	45	34.07	5	4단계	2.56	저
18	2	여	86	28.70	2	5단계	91	29.66	3	5단계	0.96	저
19	3	여	77	19.00	1	5단계	99	22.13	2	5단계	3.13	저
20	3	남	173	37.56	10	4단계	168	36.52	9	4단계	-1.04	저
21	3	여	107	24.92	2	5단계	130	28.59	3	5단계	3.67	저
22	3	남	164	35.69	8	4단계	153	33.39	5	4단계	-2.3	저

(2) 측정도구

종속변인인 읽기유창성을 측정하기 위해 읽기 학습부진 및 학습장애 학생을 진단하는 표준화된 검사도구인 BASA-reading(김동일, 2008)을 사용하였다. BASA-reading은 읽기능력의 지표를 제시하고 있는데, 준거 관련 타당도가 높고(대부분 .80 이상), 신뢰도도 높다(대부분 .82에서 .90 이상). 읽기검사는 검사자용과 학생용으로 달리 제작되었으며, 초등학교 저학년 수준의 이야기를 발췌하여 개인검사인 읽기검사 1과 집단검사인 읽기검사 2를 실시하게 된다.

(3) 분석방법

종속변인인 BASA-reading의 사전 · 사후 검사의 자료에 대한 통계처리는 SPSS를 활용하였으며, 통계방법은 t검증 방법을 적용하였다.

t검증이 적용된 이유는 위 연구가 이질 집단 사전 · 사후설계 방법을 적용하여 두 집단에 대한 사전 · 사후 검사의 평균을 가지고 두 집단의 변화를 비교하는 연구이기 때문이다.

(4) 연구 결과

t검증을 통해 제시된 연구 결과는 다음 〈표 2-3〉과 같다.

〈표 2-3〉 BASA 읽기검사 점수에 대한 독립표본 t검증 결과

	실험 집단(n=13)		통제 집단(n=9)		t
	M	SD	M	SD	
BASA 사전검사 점수	88.07	78.54	73.00	59.69	.490
BASA 사후검사 점수	154.50	86.17	81.22	61.55	2.207*

* $p < .05$

위 〈표 2-3〉에서 나타난 바와 같이, BASA 읽기 사전검사 점수에 대한 t검증 결과, t값이 .490으로 나타났다. 이것은 BASA 읽기 사전검사에서는 유의수준 5% 수준에서 두 집단 간에 통계적으로 유의한 차이가 없음을 의미한다.

하지만 BASA 읽기 사후검사 점수에서의 실험 집단과 통제 집단 간의 평균 차이검증 결과 t값이 2. 207인 것으로 나타났다. 따라서 BASA 읽기 사후검사에서는 유의수준 5% 수준에서 두 집단 간에 통계적으로 유의한 차이가 있었다.

3. 변량분석: 일원변량분석, 이원변량분석, 다변량분석

1) 일원변량분석의 적용 절차

F검증은 실험을 통해 통계적 검증을 하는 방법으로서 주로 두 집단 평균의 차이를 가지고 검증하는 방법이다. F검증을 이용하는 방법으로는 두 집단의 일원변량분석과 이원변량분석이 있다. 예를 들어, 일원변량분석은 수학검사에서 서울, 인천, 경기 등의 지역 간 평균 차이를 알아보고자 할 때 사용한다. 그리고 이원변량분석은 성별과 지역에 따른 수학검사에서의 평균 차이를 검증할 때 사용한다. 하지만 종속변인이 두 개 이상인 경우에는 다변량분석을 실시한다.

(1) 절차 1: 데이터 파일 열기와 분석에서 일원변량분석 선택하기

일원변량분석 F검증은 SPSS에서 실시할 수 있다. SPSS에서는 분석(Analyze)의 평균비교(Compare Means)로 제시되어 있으며 〈One-way ANOVA〉를 클릭하면 된다. 이에 대한 구체적인 내용은 [그림 2-5]와 같다.

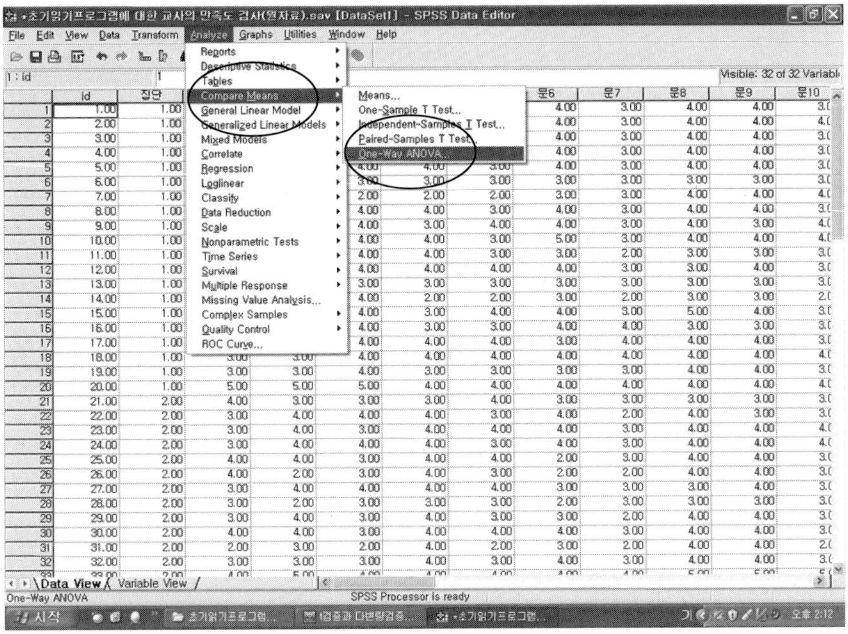

[그림 2-5] 일원변량분석 실행방법 1

참고로 일원변량분석은 집단의 평균값을 가지고 집단 간 차이를 통해 통계적 검증을 하는 방법으로 집단이 2개 이상이라는 점에서 집단이 2개일 때 적용하는 t검증과 차이가 있다.

(2) 절차 2: 요인과 종속변인 입력

구체적인 일원변량분석(〈One-Way ANOVA〉) 사용 절차는 다음과 같다. 먼저, 일원변량분석을 클릭하면 [그림 2-6]과 같은 창이 뜬다. 이때 〈Factor〉로 집단을 설정하고 〈Dependent List〉(종속변인)에 비교하고자 하는 검사를 입력하고 〈OK〉를 클릭한다. 참고로 사후검정을 하기 위해서는 〈Post Hoc〉를 사용하면 된다. 그리고 〈Options〉를 이용하면 기술통계 및 동질성 검증도 실행할 수 있다. 구체적인 내용은 [그림 2-7]과 같다.

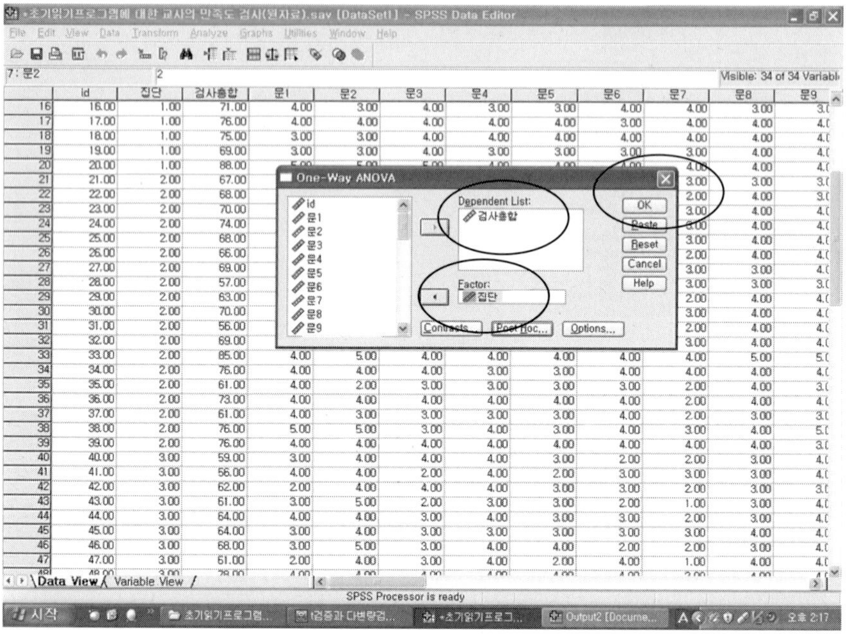

[그림 2-6] 일원변량분석 실행방법 2

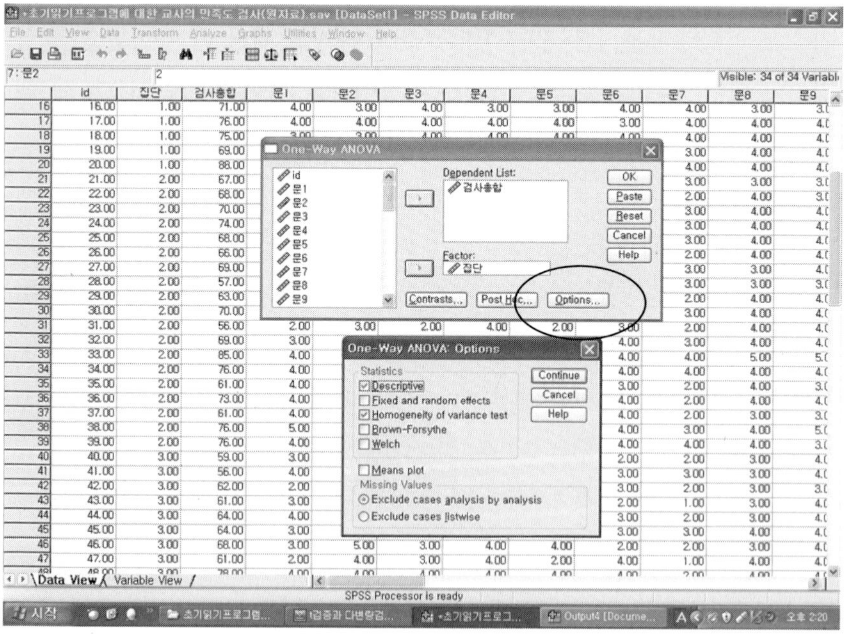

[그림 2-7] 일원변량분석 실행방법 3

2) 이원변량분석의 적용 절차

이원변량분석은 SPSS에서 다원변량분석과 같은 절차에 따라 실행된다. 특기할 점은 t검증, 일원변량분석에서는 평균비교(Compare Means)를 통해 통계적 검증을 실시한 것과 달리 이원변량분석은 일반선형모형(General Linear Model)을 방법을 통해 적용된다.

일반선형모형에는 독립변인이 2개 이상이고 종속변인이 1개일 때 사용하는 이원변량분석(Two-way ANOVA)과 독립변인이 1개 또는 2개 이상이고 종속변인이 2개 이상인 경우에 사용하는 다변량분석이 있다. 예를 들어, 이원변량분석은 수학검사에서 서울, 인천, 경기 등의 지역 간 차이와 성별의 차이 그리고 이들의 상호작용을 알아보고자 할 때 사용한다. 그리고 다변량분석은 성별과 지역에 따른 수학검사와 영어검사에서의 차이를 검증할 때 사용한다.

❑ 절차 1

이원변량분석 F검증은 Spss에서 실시할 수 있다. SPSS에서는 분석(〈Analyze〉)의 일반선형모형(〈General Linear Model〉)에서 〈Univariate〉를 클릭하면 된다. 이에 대한 구체적인 내용은 [그림 2-8]과 같다.

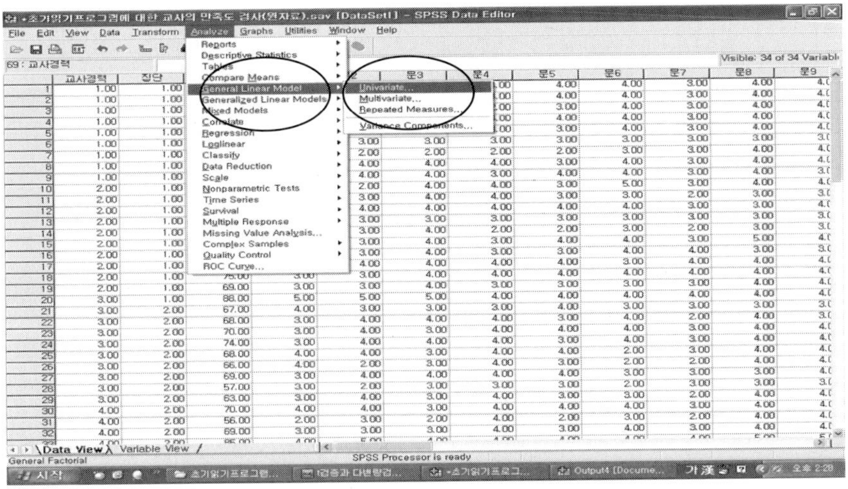

[그림 2-8] 이원변량분석 실행방법 1

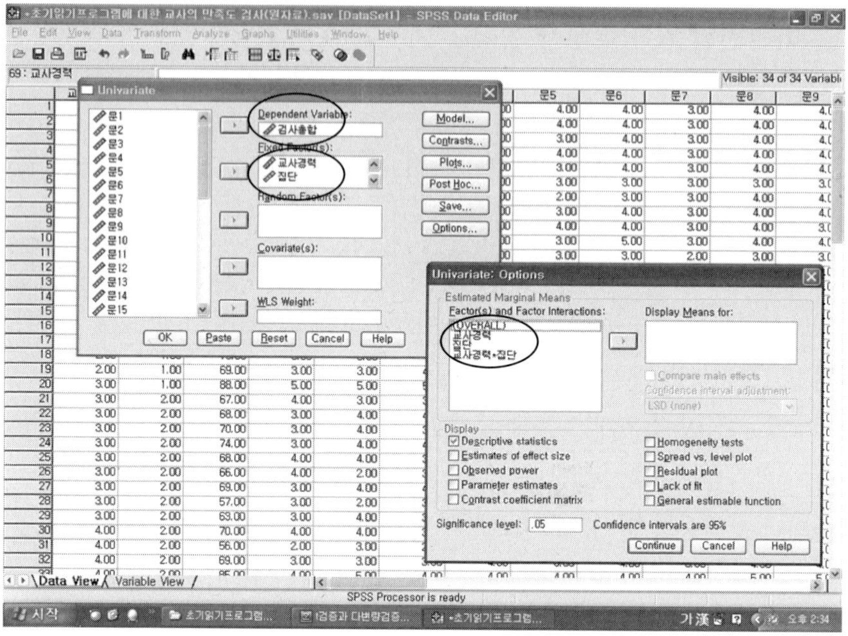

[그림 2-9] 이원변량분석 실행방법 2

[그림 2-8]과 [그림 2-9]에서 이원변량분석 F검증을 적용하는 방법은 먼저, 데이터 입력 시 직접교수 원리를 적용한 한글 읽기 프로그램을 적용한 교사의 집단은 1로, 총체적 언어 읽기 프로그램을 적용한 교사 집단은 2로, 그리고 나머지 교사 집단은 3으로 입력한다. 그리고 변인명은 group으로 설정한다. 둘째, 각 사례에 대한 사후검사 점수를 입력한다. 셋째, 〈General Linear Model〉를 클릭하고 여기서 〈Univariate〉를 클릭한다. 참고로 종속변인이 하나인 경우에는 〈Univariate〉를, 종속변인이 둘 이상인 경우에는 〈Multivariate〉를 클릭한다. 넷째, 종속변인에는 교사의 읽기 프로그램 만족도 검사의 총합을 선택하고 〈Fixed Factor〉에는 교사경력과 집단(그룹)을 입력한다. 다섯째, Model을 클릭하고 〈Full factorial〉을 선택한다. 여섯째, 〈Options〉를 클릭한 후, 기술통계량(〈Descriptive〉)과 동변량성 검증(〈Homogeneity-of-variance〉)을 클릭한다. 마지막으로 〈Continue〉를 하고 다시 〈Ok〉를 입력하면 이원변량분석 F검증이 실행되며 [그림 2-10]과 같은 분석 결과표가 제시된다.

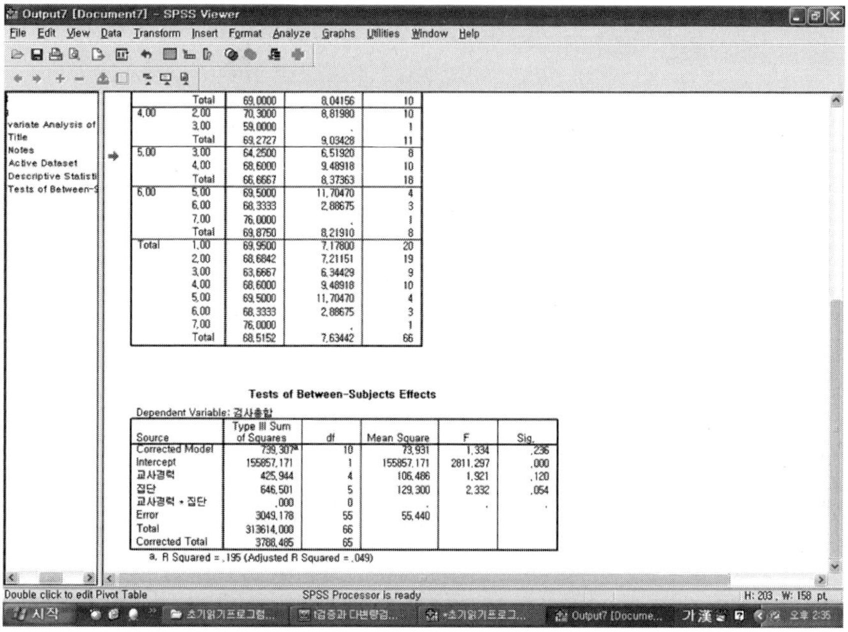

[그림 2-10] 이원변량분석 결과표

3) 다변량분석의 적용 절차

다변량분석은 종속변인이 2개 이상인 경우에 적용하는 통계방법이다. 예를 들어, 직접교수 읽기 프로그램을 적용한 교사의 경우에 읽기 지도능력 검사와 읽기 프로그램 만족도 검사를 실시한 경우에는 종속변인이 2개이므로 다변량 분석을 실시하여야 한다.

(1) 절차 1: 데이터 파일 열기와 분석에서 일원변량분석 선택하기

다변량분석 F검증은 SPSS에서 실시할 수 있다. SPSS에서는 분석(〈Analyze〉)의 일반선형모형(〈General Linear Model〉)을 선택하고 〈다변량〉을 클릭하면 다변량분석을 실시할 수 있다. 이에 대한 구체적인 내용은 [그림 2-11]과 같다.

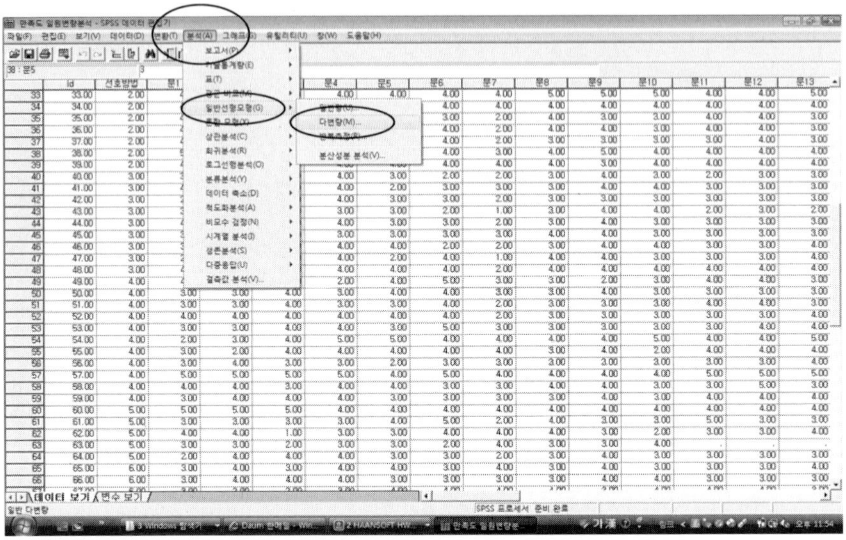

[그림 2-11] 다변량분석 실행방법 1

(2) 절차 2: 요인과 종속변인 입력

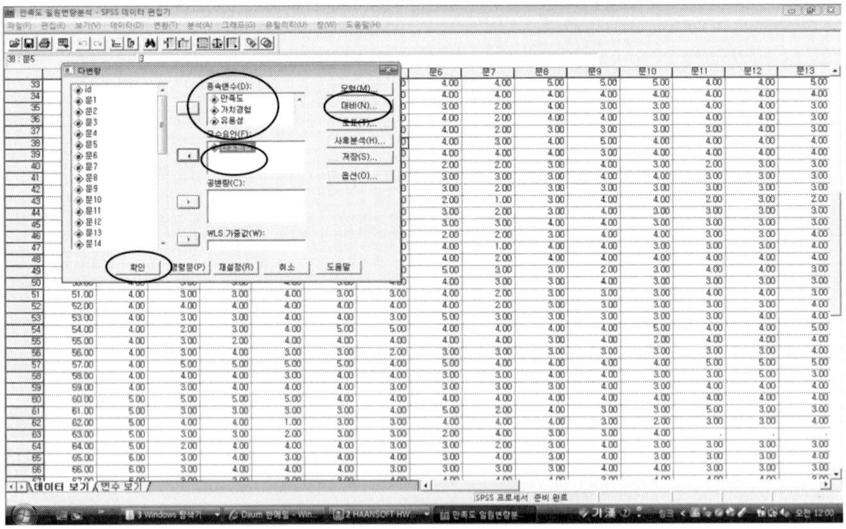

[그림 2-12] 다변량분석 실행방법 2

〈다변량〉을 클릭하면 [그림 2-12]와 같은 창이 뜬다. 이때 〈Factor〉로 집단인 선호방법을 설정하고 〈Dependent List〉(종속변인)에 비교하고자 하는 종속변인 검사인 하위요인들을 입력하고 모형을 클릭한다. 모형에서는 완전요인모형을 설정한 다음, 확인을 누르면 된다.

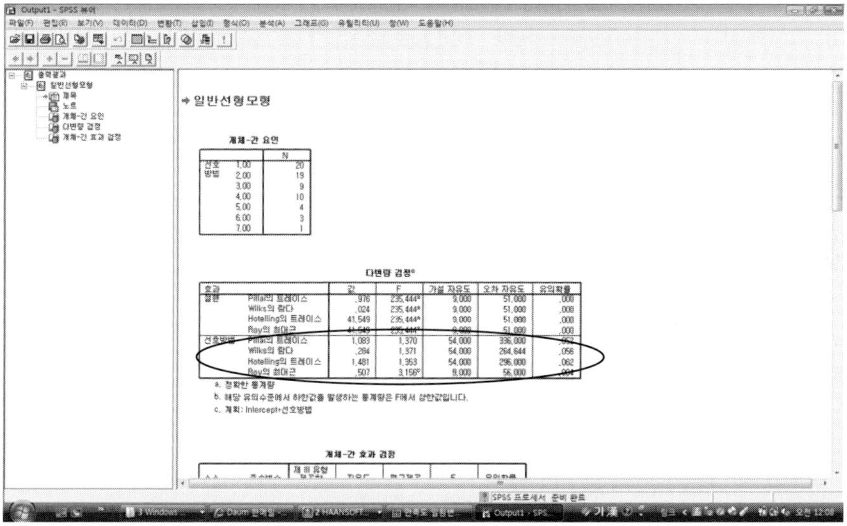

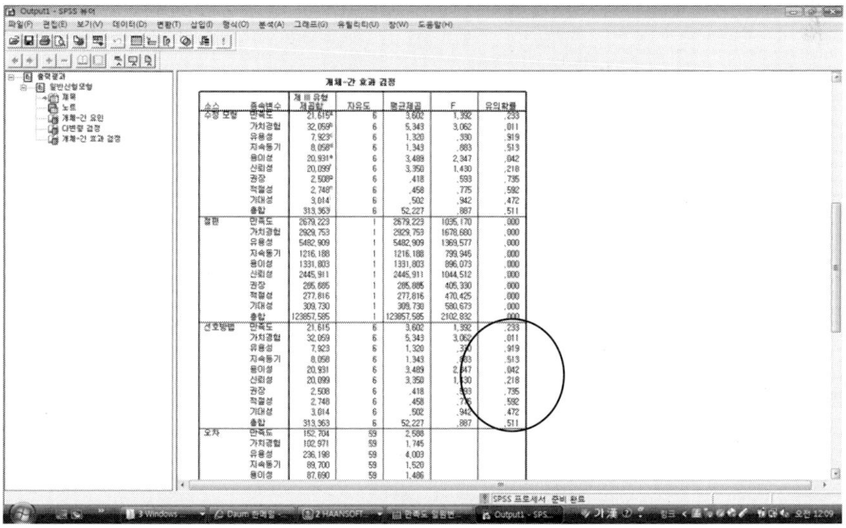

[그림 2-13] 다변량분석 실행 결과

Wilks의 람다의 값이 .284이고 유의확률이 .056으로 교사의 읽기 프로그램 만족도의 하위요인이 만족도를 결정하는 데 동일한 효과를 가지고 있지 않다는 것을 알 수 있다. 그리고 개체 간 효과 검정에서는 선호방법의 유의확률에서 가치경험과 흥미성만이 .05 수준에서 유의한 차이가 있는 것으로 나타났다.

4) 다변량분석의 적용 사례: 직접교수 읽기 프로그램이 교사의 읽기 만족도에 미치는 효과

교사가 직접교수 읽기 프로그램을 사용한 후에 교사의 읽기 프로그램 만족도와 읽기 지도능력에 효과가 있는지를 알아보는 연구가 이루어질 수 있다. 왜냐하면 직접교수에 관한 이론들은 교사가 학습부진 및 학습장애 학생에게 직접교수 읽기 프로그램을 실시하는 경우에 효과가 있다고 보고하고 있기 때문이다. 따라서 이 경우에는 독립변인은 직접교수 읽기 프로그램, 그리고 종속변인은 교사의 읽기 프로그램 만족도와 읽기지도능력이 될 것이다. 이에 대한 연구문제 및 연구 가설[3]은 다음과 같이 설정할 수 있다.

연구문제: 직접교수(DI) 원리를 적용한 한글 읽기 프로그램은 교사의 읽기 프로그램 만족도와 읽기 지도능력을 향상시키는가?

연구 가설: 직접교수 원리를 적용한 한글 읽기 프로그램을 적용받은 집단은 그렇지 않은 집단에 비해 읽기 프로그램 만족도와 읽기 지도능력이 높다.

위의 연구문제와 연구 가설을 분석하면 독립변인은 직접교수 읽기 프로그램이고 종속변인은 교사의 읽기 만족도와 읽기 지도능력임을 알 수 있다. 그리고 이 연구문제를 알아보기 위한 연구 가설을 분석하면 독립변인이 적용되는 집단, 즉 실험 집단과 독립변인이 적용되지 않는 집단인 통제 집단 등 두 집단으로 실험설계가 이루어졌음을 알 수 있다.

---

3) 본 연구 주제는 필자의 박사학위 청구논문(정광조, 2006)에서 발췌한 것임.

이 연구에서도 독립변인이 종속변인에 영향을 미치는지를 알아보기 위해서는 양적 연구방법을 적용하여야 한다. 그리고 양적 연구방법의 조사 연구와 실험 연구 중에서 실험 연구방법을 적용하여야 한다. 실험 연구방법 중에서 한 집단은 교사가 직접교수 읽기 프로그램을 가지고 수업을 하고, 다른 집단은 직접교수법을 적용하지 않은 집단과 비교하는 것이다. 그런데 이 연구에서는 종속변인이 교사의 직접교수 읽기 프로그램에 대한 만족도와 읽기 지도능력으로, 두 개 이상이므로 이런 경우에는 다변량분석을 실시하여야 한다.

(1) 대상

정광조(2006)의 연구에서는 위 연구 가설을 검증하기 위해, 초등학교 교사 중에서 직접교수 원리가 적용된 한글 읽기 프로그램을 활용한 12명의 교사와 그렇지 않은 다른 읽기 프로그램을 적용하고 있는 초등학교 특수교사 53명을 연구 대상으로 하였다.

(2) 측정도구

연구자가 직접 개발한, 교사의 읽기 프로그램 만족도 검사와 읽기 능력검사를 사후에 실시하였다.

(3) 분석방법: 다변량분석

다변량분석 결과는 다음 〈표 2-4〉와 같다.

〈표 2-4〉에 대한 해석은 다음과 같다. 다변량분석 결과, 직접교수(DI) 원리를 적용한 한글 읽기 프로그램을 적용한 경험 집단과 그렇지 않은 비경험 집단($F=3.814$) 사이에 1% 수준의 유의한 차이가 나타났다. 구체적으로 직접교수(DI) 원리를 적용한 한글 읽기 프로그램을 적용한 경험 집단과 그렇지 않은 비경험 집단 간 교사의 읽기 프로그램 만족도 검사에서는 읽기 프로그램 만족도 총합($F=47.636$), 하위요인인 전반적 만족도($F=31.713$), 가치 있는 경험($F=21.049$), 유용성($F=23.359$), 지속동기($F=10.470$), 용이성($F=15.016$), 적절성($F=12.602$), 신뢰성($F=45.995$), 권장($F=11.179$) 그리고 기대성

〈표 2-4〉 교사의 읽기 지도능력 및 읽기 프로그램 만족도에 대한 다변량 분석표

변량원	종속변수		제곱합	자유도	평균제곱	F	유의확률
집단	읽기 프로그램 만족도 총합		2720.513	1	2720.513	47.636**	.000
	하위요인	전반적 만족도	80.567	1	80.567	31.713**	.000
		가치 있는 경험	47.683	1	47.683	21.049**	.000
		유용성	77.593	1	77.593	23.359**	.000
		지속동기	17.395	1	17.395	10.470**	.002
		용이성	24.529	1	24.529	15.016**	.000
		적절성	6.145	1	6.145	12.602**	.001
		신뢰성	104.654	1	104.654	45.995**	.000
		권장	6.872	1	6.872	11.179**	.001
		기대성	9.090	1	9.090	20.416**	.000
	읽기 지도능력 전체 총합		5961.747	1	5961.747	15.223**	.000
	하위요인	핵심기술	198.277	1	198.277	10.902**	.002
		수업방법	202.734	1	202.734	8.740**	.004
		지도방법	168.082	1	168.082	4.303*	.042
		지도정책	386.261	1	386.261	13.758**	.000
		학습전략	33.853	1	33.853	3.486	.067
		원인과 결과	109.334	1	109.334	10.176**	.002
	읽기 지도능력 인식 총합		282.436	1	282.436	2.838	.097
	하위요인	핵심기술	2.477	1	2.477	.411	.524
		수업방법	7.859	1	7.859	1.203	.277
		지도방법	4.619	1	4.619	.479	.491
		지도정책	21.329	1	21.329	3.346	.072
		학습전략	1.500	1	1.500	.582	.449
		원인과 결과	19.681	1	19.681	6.062*	.017
	읽기 지도능력 실행 총합		3648.948	1	3648.948	21.862**	.000
	하위요인	핵심기술	156.431	1	156.431	17.605**	.000
		수업방법	130.760	1	130.760	10.444**	.002
		지도방법	116.971	1	116.971	8.559**	.005
		지도정책	226.058	1	226.058	18.233**	.000
		학습전략	21.102	1	21.102	6.075*	.016
		원인과 결과	36.240	1	36.240	12.995**	.001

*$p < .05$ **$p < .01$

(F=20.416)에서 1% 수준의 유의한 차이가 나타났다.

4. 공변량분석

1) 공변량분석의 적용 절차

공변량분석도 이원변량분석과 같이 SPSS에서 일반선형모형(〈General Linear Model〉)의 방법을 통해 적용된다. 특기할 점은, 공변량분석은 변량분석의 일종으로 특정 독립변인을 이용하여 이질적인 집단을 통계적으로 동질화한 다음 그 독립변인을 제외한 변인의 각 평균의 차이를 검증하고자 할 때 사용된다는 것이다(백순근, 2004, p. 238).

구체적으로 공변량분석의 F검증을 적용하는 방법은, 먼저 데이터 입력 시 직접교수 원리를 적용한 한글 읽기 프로그램을 적용한 실험 집단은 1로, 그리고 통제 집단은 2로 입력한다. 그리고 변인명은 group으로 설정한다. 둘째, 각 사례에 대한 사전 및 사후검사 점수를 입력한다. 셋째, 〈General Linear Model〉을 클릭하고 여기서 〈Univariate〉를 클릭한다. 이에 대한 구체적인 내용은 [그림 2-14]와 같다. 넷째, 종속변인에는 사후 읽기검사(BASA)를 입력하고, 〈Fixed Factor〉에는 집단(그룹)을, 그리고 〈Covariate〉에는 사전 읽기검사를 입력한다. 다섯째, 〈Model〉을 클릭하고 〈Full factorial〉을 선택한다. 여섯째, 〈Options〉를 클릭한 후, 기술통계량(〈Descriptive〉)과 동변량성 검증(〈Homogeneity-of-variance〉)을 클릭한다. 이에 대한 구체적인 내용은 [그림 2-15]와 같다. 마지막으로 〈Continue〉를 클릭하고 다시 〈Ok〉를 입력하면 공변량분석 F검증이 실행되어 [그림 2-16]과 같은 내용이 나타나게 된다.

(1) 절차 1

공변량분석 F검증은 SPSS에서 분석(〈Analyze〉)의 일반선형모형(〈General Linear Model〉)에서 〈Univariate〉를 클릭하면 된다. 이에 대한 구체적인 내용

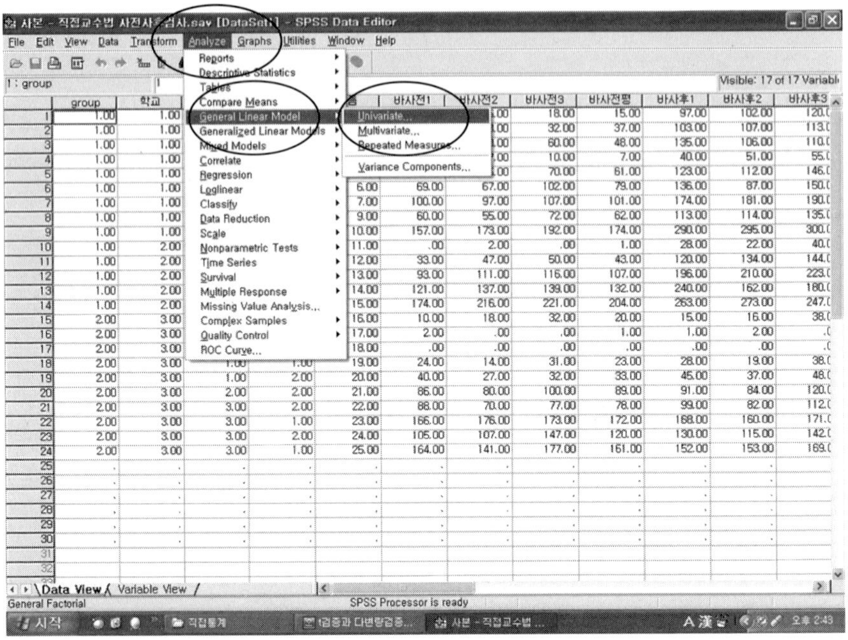

[그림 2-14] 공변량분석의 적용방법 1

은 [그림 2-14]와 같다.

(2) 절차 2: 변인과 종속변인 입력하기

[그림 2-15]에서 종속변인에는 사후검사를 입력하고 그 다음 모수요인(〈Fixed Factors〉)에는 집단(group)을 입력한다. 그리고 공변량(〈Covariate〉)에는 사전검사를 입력한다. 그리고 모델(〈Model〉)을 클릭한 후, 완전요인모형에서 〈계속〉을 누르고 아래의 〈OK〉를 누르면 된다.

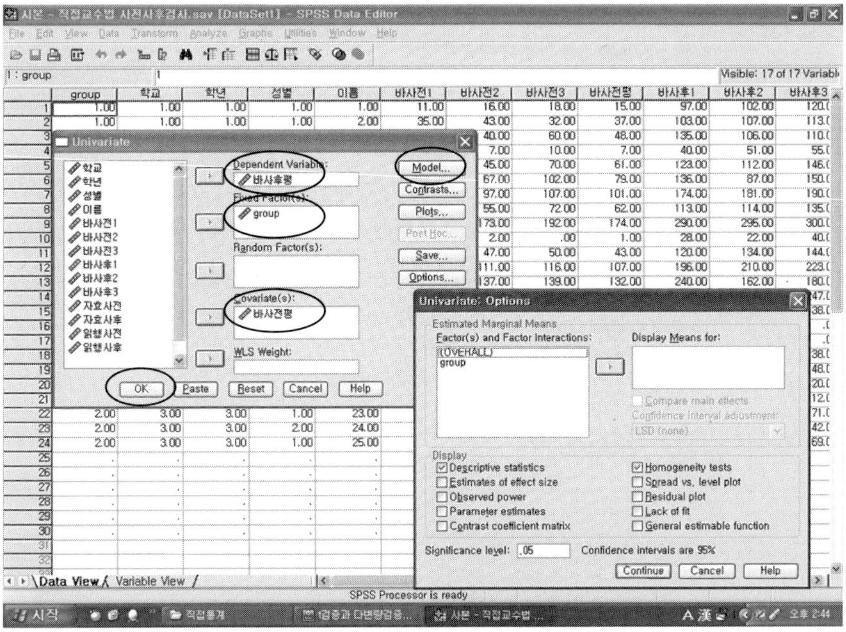

[그림 2-15] 공변량분석의 적용방법 2

(3) 절차 3: 결과표 해석하기

[그림 2-16]에서 사전검사의 유의확률은 .000으로 사후검사에 유의한 영향을 주고 있음을 알 수 있다. 그리고 집단의 경우에도 유의확률이 .000으로 집단에 따라 유의한 차이가 있음을 알 수 있다.

2) 공변량분석의 적용 사례: 직접교수 읽기 프로그램이 한글 읽기능력에 미치는 효과

직접교수 읽기 프로그램이 기초학습부진 학생 외에도 특수학급의 학생들의 한글 읽기능력 향상에 효과가 있는지를 알아보는 연구가 이루어질 수 있다. 예를 들어, 본 연구에서는 실험 집단과 통제 집단이 BASA-reading 사전검사 점수에서 통계적으로 유의한 차이가 없고 두 집단이 동질 집단이 될 수 있도록 준실험설계 방법을 통해 짝짓기 방법을 적용하였다. 참고로 짝짓기 방법은 실

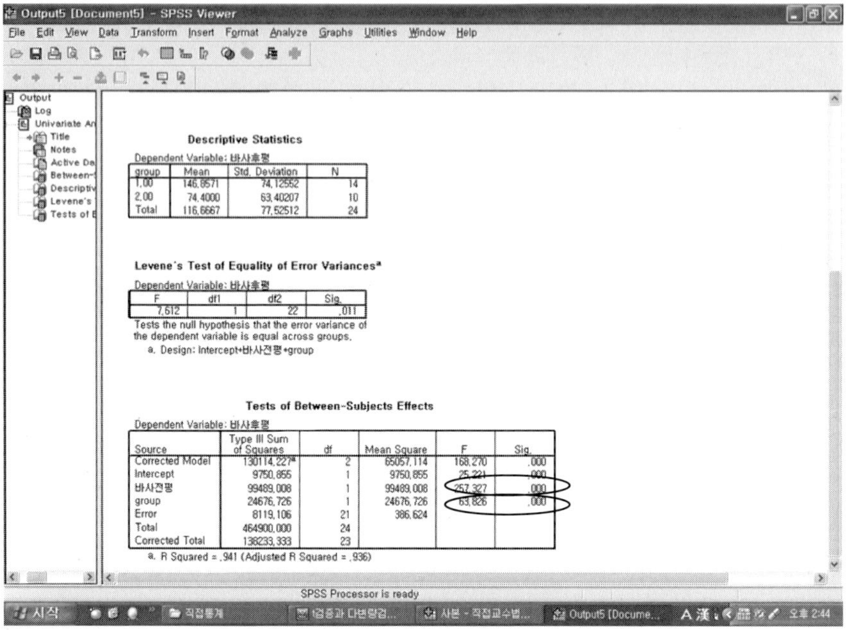

[그림 2-16] 공변량분석의 적용 결과

험 집단과 통제 집단의 연구 대상자들의 지능, 학교 성적, 연령, 성, 부모의 사회경제적 지위, 지역 등을 가능한 한 동일하게 하는 방법이다.

하지만 두 집단의 BASA-reading 사전검사 점수를 기술통계를 통해 살펴본 결과, 두 집단은 동질집단이 아니었다. 이와 같이 사전 점수에서 두 집단이 같지 않을 때는 t검증보다는 공변량분석을 실시하여야 한다. 왜냐하면 두 집단의 차이가 사전검사의 점수에 의해 이미 영향을 받고 있기 때문이다.

이와 관련된 연구 주제는 '독립변인인 직접교수가 종속변인인 한글 읽기능력에 어떤 영향을 미치는가?'이다. 이에 대한 연구문제 및 연구 가설[4]은 다음과 같이 설정된다.

---

4) 본 연구 주제는 김동일과 정광조(2007)의 논문인 「직접교수(DI) 원리를 적용한 한글 읽기 프로그램이 초등 특수학급 읽기장애의 학생들의 읽기능력에 미치는 효과」에서 발췌한 것임.

연구문제: 직접교수 원리를 적용한 한글 읽기 프로그램은 초등학교 특수학급 학생의 한글 읽기유창성능력 항상에 효과가 있는가?

연구 가설: 직접교수 원리를 적용한 한글 읽기 프로그램을 적용받은 집단은 그렇지 않은 집단에 비해 한글 읽기유창성능력 점수가 높을 것이다.

이 연구문제를 알아보기 위한 연구 가설을 분석하면 독립변인인 직접교수 원리를 적용한 한글 읽기 프로그램이 적용되는 집단, 즉 실험 집단과 독립변인이 적용되지 않는 집단인 통제 집단으로 이질 집단 사전·사후 실험설계가 이루어졌음을 알 수 있다. 그리고 이 연구에서는 원래는 독립변인이 2개이고 종속변인이 1개여서 t검증을 적용하여야 한다. 하지만 두 집단의 사전검사 점수가 동일하지 않으므로 공변량분석을 실시한다.

(1) 대상

이 연구에서는 초등학교 특수학급 학생들을 대상으로 하였으며 구체적인 내용은 〈표 2-5〉와 같다.

〈표 2-5〉 연구 대상 배경 정보

집단형태	특수학급	학생 수	학년						성별
실험 집단 (n=11)	A학교	n=6	1학년	·	3학년	3명	5학년	1명	남 4명
			2학년	2명	4학년	·	6학년	·	여 2명
	B학교	n=5	1학년	·	3학년	2명	5학년	·	남 3명
			2학년	1명	4학년	1명	6학년	1명	여 2명
통제 집단 (n=11)	C학교	n=8	1학년	·	3학년	2명	5학년	1명	남 6명
			2학년	3명	4학년	3명	6학년	1명	여 2명
	D학교	n=3	1학년	·	3학년	·	5학년	1명	남 2명
			2학년	·	4학년	2명	6학년	·	여 1명

(2) 측정도구

종속변인인 한글 읽기능력은 표준화된 검사도구가 없기 때문에 연구자가 비형식적인 검사인 한글 읽기성취검사(정광조, 김동일, 2007)를 직접 개발하여 적용하였다.

(3) 분석방법

본 연구에서는 두 집단이 사전검사 점수에서는 동질의 집단이라 하더라도 실제적인 평균 및 표준편차에서는 차이가 있었다. 따라서 사전검사 점수가 사후검사 점수에 미치는 영향을 제거하고 그 효과를 검증하는 공변량분석방법을 적용하였다.

(4) 연구 결과

직접교수(DI) 원리를 적용한 한글 읽기 프로그램을 적용받은 실험 집단과 그렇지 않은 통제 집단의 한글 읽기성취검사의 사전검사 점수를 t검증한 결과는 〈표 2-6〉과 같다.

〈표 2-6〉 한글 읽기성취검사의 사전검사 점수에 대한 독립표본 t검증 결과

	실험 집단(n=14)		통제 집단(n=10)		t	p
	M	SD	M	SD		
한글 읽기성취 사전검사 점수	43.09	15.72	46.55	5.99	-.681	.504

〈표 2-6〉에서 나타난 바와 같이, 실험 집단과 통제 집단의 한글 읽기 사전검사 점수의 집단 간 평균 차이는 5% 유의수준에서 통계적으로 유의미한 차이가 없는 것으로 나타났다. 그리고 실험 집단과 통제 집단의 등분산성의 검증 결과인 Levene's test의 F값이 사전검사는 .1152로 두 집단의 등분산성이 가정됨을 보여 주었다.

그리고 사전검사 점수를 고정한 후, 공변량분석을 실시하였는데, 그 결과는

〈표 2-7〉과 같다.

〈표 2-7〉 BASA 사전 · 사후 점수에 대한 공변량분석 결과

	제곱합	자유도	평균제곱	F	유의확률
BASA 사전검사 점수	75443.514	1	75443.514	1613.006	.000
집단 및 교정 모형	405.289	1	405.289	8.665	.000

〈표 2-7〉에서 나타난 바와 같이 BASA 사전검사 점수의 유의확률이 .000인 것으로 나타났으므로 BASA 사전검사 점수를 공변량으로 설정한 것이 적절하였다고 할 수 있을 것이다. 그리고 집단 및 교정 모형의 유의확률도 .000인 것으로 나탔으므로 직접교수(DI) 원리를 적용한 한글 읽기 프로그램을 적용받은 실험 집단은 그렇지 않은 통제 집단보다 BASA 사후검사 점수가 높다는 가설을 채택할 수 있다.

5. 맺음말

교육 전문가의 전문성은 교육 연구 수행능력에 달려 있다. 따라서 교육 전문가는 교육 연구방법을 이해하고 이를 현장에 적용하는 노력을 게을리해서는 안 될 것이다. 이전까지는 교육 연구를 수행하는 교육 전문가는 대학의 교수라고 인식해 온 것이 사실이다. 하지만 앞으로는 학교현장의 교사도 교육 연구를 수행하는 역할에 보다 많은 관심을 가질 필요가 있다. 그리고 이를 통해 새로운 이론을 자신의 교육현장에 적용하고 그 효과를 검증한 후, 이를 학계에 발표하는 노력을 통해 교사 자신의 전문성을 향상시키기 위한 노력에 관심을 가져야 할 것이다.

이 장에서는 최근 학습장애 분야에서 증거기반 교수로 인정되고 있는 직접교수에 대한 이론적인 고찰과 직접교수를 교육현장에서 연구할 수 있는 현장 연구방법론에 대해 설명하였다. 그리고 현장 연구에서 가장 많이 적용되고 있

는 t검증, 변량분석인 일원변량분석, 이원변량분석, 다변량분석 그리고 공변량분석의 사용방법과 절차 그리고 해석방법에 대해 설명하였다. 그리고 이들 통계방법들을 통해 실제로 연구논문을 작성할 수 있도록 실제 연구 사례를 함께 제시하였다.

앞으로 교육 전문가는 물론 교사들이 직접교수(DI) 원리를 적용한 한글 읽기 프로그램을 독립변인으로 하는 현장 연구를 기초학습부진 학생과 학습장애 학생은 물론 다른 특수교육 대상자들에게도 적용해 볼 것을 기대한다. 이를 통해 과연 직접교수(DI)가 증거기반 교수인지 그리고 이를 통해 중재반응모형에 적용할 수 있는지를 검증할 필요가 있다. 왜냐하면 앞에서도 제시한 바와 같이 중재반응모형에서 효과적인 중재로 직접교수(DI)를 추천하고 있기 때문이다.

그리고 종속변인으로는 읽기발달 단계 중에서 해독 다음으로 강조되고 있는 읽기유창성을 적용해 볼 것을 추천하다. 왜냐하면 학습장애의 읽기능력을 가장 잘 나타내 주는 지표가 바로 읽기유창성이기 때문이다. 그리고 이와 같은 읽기유창성을 측정할 수 있는 검사도구로 BASA-reading이 국내에서도 표준화되어 있기 때문이다(김동일, 2000). 참고로, 중재반응모형에서는 교육과정중심측정을 통해 효과적인 중재에 대한 학생들의 반응을 점검하는 방법으로 읽기유창성을 적용하고 있다.

현장 연구방법론으로는 양적 연구인 이질 집단 사전 · 사후 설계를, 학습장애 학생들의 읽기유창성을 검증하기 위한 방법으로 t검증을 적용해 볼 것을 권한다. 특히, 현장에서 학습장애 학생을 대상으로 양적 연구를 실시하기 어려운 점을 고려하여 학교별로 단일 사례 연구를 실시하고 교육청별로는 양적 연구로 준실험설계 방법인 이질 집단 사전 · 사후 설계를 해 볼 것을 권장한다.

이 외에 직접교수 읽기 프로그램이 과연 교사의 읽기전문성을 향상시키는지 그리고 직접교수 읽기 프로그램을 적용한 교사가 실제로 이 프로그램에 대해 만족하는지를 알아보기 위해 양적 연구를 실시하고 이를 일원변량분석, 이원변량분석을 통해 검증해 보길 권한다. 특히 종속변인이 2개 이상인 경우에는 다변량분석을 실시하고 사전검사 점수가 실험 집단과 통제 집단에 미치는 경우에는 이를 교정한 후에 두 집단의 평균의 변화를 비교하는 공변량분석 방법도 사용해 볼 것을 권한다.

그리고 새로운 이론을 교육현장에 적용하고 그 효과를 검증하는 방법으로서 앞에서 제시된 내용을 적용해 보길 바란다.

✎ 참고문헌

김동일(2008). 기초학습기능 수행평가체제: 읽기검사(2판). 서울: 학지사 심리검사연구소.

김동일, 정광조(2007). 직접교수(DI) 원리를 적용한 한글 읽기 프로그램이 초등 특수학급 읽기장애 학생들의 읽기 능력에 미치는 효과. 아시아교육연구, 8(1), pp. 169-196.

백순근(2004). 학위논문 작성을 위한 교육연구 및 통계분석. 서울: 교육과학사.

이소현, 박은혜, 김영태(2000). 교육 및 임상현장 적용을 위한 단일 대상 연구. 서울: 학지사.

정광조(2006). 직접교수(DI) 원리를 적용한 한글 읽기 프로그램의 효과 연구. 서울대학교 박사학위 청구논문.

Adams, G., & Carnine, D. (2003). Direct instruction. In H. L. Swanson, K. R. Harris, & S. Graham (Eds.), *Handbook of learning disabilities* (pp. 403-416). New York: Guilford Press.

Adams, G. L., & Engelmann, S. (1996). *Research on Direct Instruction: 25 years Beyond DISTAR*. Seattel: Educational Achievement Systems.

Bradley, R., Danielson, L., & Hallahan, D. P. (2003). *Identification of Learning Disabilities: Research to Practice*. Mahwah, NJ: Lawrence Erlbaum Associates, Inc.

Carnine, D. W., Sillbert, J., & Kameenui, E. J. (1997). *Direct Instruction Reading*. Engelwood Cliffs, NJ: Prentice-Hall.

Miller, S. P. (2002). *Validated practices for teaching students with diverse needs and abilities*. Boston: Allyn and Bacon.

Swanson, H. L., Harris, K. R., & Graham, S. (2003). *Handbook of Learning Disabilities*. New York: The Guilford Press.

제3장
수학 학습장애 아동의 조기판별을 위한 초기수학검사 개발
검사의 타당도와 신뢰도

1. 초기수학검사 개발
2. 초기수학(수감각)검사의 타당화 절차
3. 맺음말

좋은 검사는 그 검사의 수행 과정이나 해석을 명확하게 만드는 정확한 가이드라인을 가지고 있어야 하며, 측정하고자 하는 것을 명확하게 평가할 수 있어야 한다. 검사의 질을 평가하기 위한 하나의 방법이 검사도구의 신뢰도(reliability)와 타당도(validity)를 확인하는 것이다. 검사의 타당도란 개발된 검사가 원래 측정하고자 하는 것을 얼마나 정확하게 평가하고 있는지를 의미한다. 예를 들어 아동의 읽기유창성을 평가하기 위해 개발된 검사도구는 아동이 정해진 시간 동안 정확하고 빠르게 글을 읽을 수 있는지를 측정할 수 있도록 개발되어야 하며, 이를 잘 평가할 수 있다면 검사도구의 타당도는 높다고 말할 수 있다. 하지만 반대로 읽기유창성을 평가하기 위한 목적으로 개발되었으나, 아동이 글을 묵독으로 읽고 주어진 질문에 대한 답을 직접 쓰도록 한다면, 이는 읽기유창성보다는 읽기이해와 쓰기능력을 평가하는 검사라고 볼 수 있다. 즉, 원래 검사도구의 목적을 위배하기 때문에 검사도구의 타당도가 낮다고 할 수 있다. 또한 개발된 검사가 동일한 아동에게 실행되었으나 매번 다른 결과를 보인다든지, 혹은 검사의 앞부분은 읽기유창성을 평가하고 있으나 뒷부분은 쓰기나 읽기이해력을 평가하도록 개발되었다면 이는 검사의 신뢰도가 낮은 것이라 할 수 있다.

질 좋은 검사도구를 찾기 위하여 이러한 검사도구의 통계적인 정보를 확인하는 것이 검사자의 의무라면, 검사를 사용하는 사람들에게 이러한 정보를 제공하는 것은 검사 개발자의 의무라고 할 수 있다. 따라서 이 장에서는 검사도구를 개발하기 위하여 제시되어야 하는 검사의 신뢰도와 타당도를 추정할 수 있는 방법을 제시하고자 한다. 검사의 신뢰도와 타당도에 대한 일반적인 설명과 함께 이를 어떻게 추정할 수 있는지를 설명하고, 이후 검사 개발의 실례를 통하여 통계 프로그램을 이용한 검사도구의 타당화 방법을 제시하였다.

각 학교에서는 교사가 직접 개발하여 사용하는 퀴즈에서부터 중간고사, 기말고사까지 다양한 시험이나 검사가 실시되며, 뿐만 아니라 대학수학능력평가나 국가수준의 학업성취도 검사가 실시되곤 한다. 그러나 그 검사 중 무엇이 정말 좋은 검사일까? 예를 들어, A 초등학교 2학년 1학기를 마치고 실시된 수학검사 결과 학생의 전체 70%가 평균 이하의 수준에 있다면, 이 A 초등학교 2학년 학생들은 심각한 학업결손을 겪고 있다고 말할 수 있을까? 일반적으로 이러한 대답에 많은 교사들이 그렇다고 답할 수 있다. 하지만 이에 앞서 우리는 실시된 '수학검사'에 대하여 심각하게 고려해 보아야 할 것이다. 이 수학검사는 과연 2학년 1학기 동안 학습한 내용을 정확하게 평가하는 좋은 검사일까?

논리적으로 좋은 검사란 시행하고, 채점하며, 그 결과를 해석하기 위한 명확한 지시사항을 가지고 있으며, 이 과정이 경제적이어야 한다. 뿐만 아니라, 측정하고자 하는 것을 정확하게 평가할 수 있어야 하며, 이상적으로는 검사 결과가 피검자나 검사자 모두에게 삶의 질을 높여 줄 수 있어야 한다(Cohen, 1988). 이렇듯이 검사의 질을 평가할 수 있는 준거가 바로 검사의 타당도(validity)와 신뢰도(reliability)다. 이 장에서는 초기수학능력인 수감각을 측정하는 초기수학검사를 중심으로 검사의 타당도와 신뢰도의 정의 및 종류에 대하여 알아보고, 검사 개발 과정을 제시하고자 한다.

1. 초기수학검사 개발

1) 초기수학능력과 조기판별: 수감각을 중심으로

수학이란 사물, 사건, 시간의 관계를 표현하기 위해 사용되는 언어체계로, 수학적 언어에는 이러한 관계를 나타내기 위한 상징과 규칙들이 포함된다(Howell, Fox, & Morehead, 1993). 이러한 수학은 인간의 사고를 체계적으로 구조화하는 데 도움을 주며, 일상생활에서의 문제해결 시 실제적으로 적용할 수 있는 실용학문이다. 수학능력은 학령기 학업 성공뿐 아니라, 이후 직업, 수입, 생산성 등 인간 생활의 다양한 측면에 영향을 미친다(Rivera-Batiz, 1992).

수학능력은 유아기에서부터 발달한다. 미국의 가장 큰 수학 단체인 미국 수학교사 협의회(National Council of Teachers of Mathematics: NCTM)는 「Curriculum Focal Points for PreKindergarten through Grade 8 Mathematics: A Quest for Coherence」를 발간하였는데, 이전과는 달리 유치원 이전의 시기에서부터 학령기까지의 연계적인 수학교육 기준을 제시하였다(홍혜경, 이정욱, 정정희, 2006). 수학의 구조성과 계열성에 근거한 수학교육 과정 속에 유아기를 포함시켰다는 것은 유치원 이전의 단계에서도 수학능력이 발달하며, 교수될 필요성이 있음을 역설하는 것이라 볼 수 있다.

일반적으로 유아기는 비형식적 수학지식이 형성되는 중요한 시기로, 이때의 경험이 이후 형식적인 수학개념의 기초를 제공하며, 학령기 수학성취도 수준과 매우 밀접한 관련이 있다고 알려져 있다(Ginsburg, Klein, & Starkey, 1998). 예를 들어, 덧셈은 대표적인 형식적 수학지식으로 학령기 아동의 필수적 과제다. 이러한 덧셈개념은 학령기에 생성된다기보다 유아기부터 비형식적 지식에서 발달한다. 만 2~3세가 되면 덧셈에 대한 통찰력이 발달하기 시작하고, 4세가 되면 '모두 세어 보기(counting all)' 능력이 발달하면서 구체물을 활용한 덧셈이 가능하게 된다(Ginsburg, 1982). 즉, 이러한 비형식적 수학능력은 학교 입학 전 매우 급격하게 습득되며, 수의 양 비교, 더하기와 빼기, 모양과 크기, 상대적 빈도 등의 개념을 일반적으로 확립한다(Ginsburg, 1989).

이러한 비형식적 수학능력은 문화적 · 계층적 · 민족적으로 모두 비슷한 발달 패턴을 보여 준다고 알려져 있다(Klein & Starkey, 1988). 그러나 그 습득 속도에서 차이를 보이는 경우가 있다(Ginsburg & Russell, 1981). 특히 초등학교 입학 전 유아교육기관에서 2~3년 이상 교육을 받는 아동의 수가 증가하면서 이러한 비형식적 수학능력을 습득하는 속도의 차이는 점점 커지며, 몇몇 유아들은 이러한 수학에 대한 직관적인 이해가 완성되지 않은 채 정규학업 과정에 입학한다(Clarke & Shinn, 2004). 낮은 성취를 보이는 유아들은 문화적 · 사회적 배경이 좋지 않은 경우가 대부분이며(Griffin, Case, & Siegler, 1994), 이러한 수학적 개념 이해의 결손이 이후의 장기적인 수학 영역에서의 실패로 이어진다(Griffin & Case, 1996).

앞에서 논의한 바와 같이 수학능력은 매우 조기에 발달하며, 이러한 조기의 결손이 이후 학령기까지 영향을 미치기 때문에(Fuchs, Fuchs, & Karn, 2001), 조기중재를 위해서 유아의 수학능력이 어느 정도인지 파악하는 일은 매우 중요하다. 이러한 평가 과정은 유아의 수학능력 발달수준뿐 아니라, 현재 이루어지고 있는 교육적 중재의 효과성까지도 확인 가능하게 한다. 일반적으로 수학 영역뿐 아니라, 모든 학업 영역에서의 부진 및 장애를 극복하기 위하여 특수교육 분야에서는 조기교육(early intervention)과 아동 진보의 형성평가(formative evaluation)를 강조한다(Clarke & Shinn, 2004). 조기교육이란 부모와 함께 있는 유아기에서 학교에 입학할 때까지 이루어지는 교육으로 삶의 질을 유지시키거나 증진시키기 위해 가족 외부의 기관에 의해 형식적으로 이루어지는 노력이다(Karoly, 1998). 그리고 이러한 조기교육의 효과를 극대화하기 위해서는 필수 기술이 없는 아동 혹은 실패의 위험이 있는 아동을 가능한 한 빨리 판별하는 것이 필요하다.

많은 연구자들은 학령기 이후의 학습에서 어려움을 겪을 가능성이 있는 아동을 조기에 판별하는 과정의 중요성에 대해 강조한다. 조기판별은 이후 학교학습에 어려움을 겪을 위험이 높은 아동을 유아 및 유치원 단계에서 판별하는 것을 의미하며(Mercer et al., 1979), 위험아동의 학습에 방해가 될 수 있는 발달상의 문제를 결정하는 것이 가장 큰 목적이다(National Joint Committee on Learning Disabilities, 2006). 이러한 조기판별은 학령기에 대면할 수 있는 문제를 최소화시킬 수 있다는 장점을 가지고 있다.

수학 영역에서 비형식적 기술의 습득 여부를 조기판별하기 위한 지표로 비형식적 수학학습의 결과인 수감각이 자주 언급된다. 수감각능력이 수와 관련한 전체적인 이해를 의미한다고 간주했을 때, 학령기에 들어서서 표면적으로 시작하는 수학습이 효과적으로 수행되기 위해서 아동기에 필요한 수감각능력은 이미 습득되어야 있어야 한다. Gersten과 Chard(1999)는 수감각을 아동기

수준에서 정의하였는데, 즉 숫자에 대한 유동성 및 융통성, 숫자가 의미하는 것에 대한 감, 머릿속으로 수학적 계산을 수행하고 양자를 비교할 수 있는 능력이라고 정의하였다. 또한 Resnick(1989)는 수감각을 가진 아동은 수의 상대적인 크기를 인식하고, 사물과 사건을 측정하기 위한 기준을 사용하며, 융통성 있게 수를 다룰 수 있는 능력을 가진 아동이라고 설명하였다.

이러한 수감각에 대한 개념을 정립하고, 활용할 수 있는 능력을 개발하는 것은 매우 중요하다. 이는 이후 수학에서 실패를 경험할 위험이 있는 아동들을 선별하는 진단기준으로 사용될 수 있기 때문이다(Baker et al., 2002; Gersten & Chard, 1999). Gersten과 Chard(1999)는 수감각이 읽기에서의 음운론적 인식과 같은 기능을 한다고 보았는데, 이는 수감각이 학령기 이후 수학 능력을 예측할 수 있는 지표로 활용 가능하다는 것을 의미한다. 뿐만 아니라, 많은 연구자들이 수감각에서 어려움을 겪는 아동이 이후 수학 학습장애를 경험하게 되는 가능성이 높다는 증거를 제시하고 있다(Fuchs, Fuchs, & Karn, 2001). 유아기 수에 대한 개념 습득은 이후 학령기 수학학습의 기초가 되기 때문에(Ginsburg & Allardice, 1984), 수감각을 통한 조기판별은 학령기 수학학습에서의 어려움을 최소화하는 데 도움이 된다.

2) 타당도와 신뢰도

(1) 검사의 타당도

검사는 타당해야 한다. 즉, 그 검사가 측정하고자 하는 것을 평가하도록 만들어져야 하는데, 바로 이것이 검사의 타당도(validity)다. 이는 신뢰도와 마찬가지로 정도 혹은 수준으로 표시된다(Carmines & Zeller, 1979). 즉, '수용 가능한' 혹은 '낮은'과 같은 용어로 평가되며, 완벽하게 타당한 검사란 있을 수 없다. 따라서 검사 개발자는 검사 매뉴얼에 반드시 검사의 타당도를 제시함으로써, 검사 사용자가 제시된 검사의 타당도에 따라 그들의 목적에 맞는 검사를 정확하게 사용할 것인지에 대한 결정을 할 수 있도록 정보를 제공할 책임을 가진다.

검사의 타당도에는 세 가지가 있다. 즉, 내용타당도, 준거타당도 그리고 구성타당도가 그것이다. 이 세 가지 타당도에 대한 증거를 통하여 검사의 타당도 정도를 평가하게 되며, 자세한 정의 및 이들 타당도에 대한 정보 제공방법은 다음과 같다.

① 내용타당도

내용타당도(content validity)란 설계된 검사의 문항이나 질문이 측정을 위한 내용 영역에서 측정하고 싶은 전체를 얼마나 잘 대표하는지에 대한 정도를 의미한다. 예를 들어 초등학교 수학 연산능력을 측정하고자 하는 검사가 덧셈으로만 이루어진 경우 그 내용타당도가 낮다 할 수 있다. 수학연산능력검사는 덧셈뿐 아니라, 뺄셈, 곱셈, 나눗셈을 대표하는 문항이 다 포함되어야 내용타당도가 높은 검사이기 때문이다.

검사의 내용타당도는 검사를 개발하고 그 질을 평가하는 데 가장 중심적인 역할을 함에도 불구하고, 이를 객관적으로 측정하기에는 어려움이 있다. 일반적으로 내용타당도는 전문가의 평가를 통하여 얻어지기 때문에, 숫자로 정도를 나타내기에는 어려움이 있다. 그럼에도 불구하고 Lawshe(1975)는 검사의 내용타당도를 객관적으로 제시하기 위하여 문항에 대한 전문가 패널들의 평가를 통하여 제시하고자 노력하였다. 선정된 전문가 패널이 개발된 문항(기술 혹은 지식 등)을 읽고, 각 문항이 필수적인지, 필요하진 않지만 유용한 문항인지 혹은 아예 필요하지 않은지를 평가하도록 하여, 패널의 과반수 이상이 필요하다고 동의한다면 최소한 그 문항은 내용타당도를 가지는 문항이라고 평가하였다. Lawshe가 제시하는 내용타당도 공식은 수식 (1)과 같다. 더 자세한 내용은 Lawshe(1975)의 「A quantitative approach to content validity」를 참고할 수 있다.

$$\text{내용타당도} = 1 - \frac{n_e - N/2}{N/2} \quad \cdots\cdots\cdots\cdots\cdots\cdots (1)$$

n_e: 문항이 필요하다고 답한 패널의 수

N: 전체 패널의 수

2 준거타당도

준거타당도(criterion-related validity)란 이미 공인된 검사를 외적 준거로 활용하여 개발된 검사가 얼마나 타당한지를 평가하는 방법이다. 예를 들어, 대학수학능력평가 결과를 입시기준으로 사용하는 대학의 경우, 이는 대학수학능력평가 결과를 이후 대학 학업 및 생활 적응을 예언하는 검사로 활용한 것으로 이해할 수 있다. 이 검사가 타당한 검사라면, 대학수학능력평가 점수가 높은 학생일수록 입학 후 대학 적응수준이 높고 대학 평점도 높게 받을 것이다. 검사의 준거타당도는 개발된 검사와 준거(예: 대학수학능력평가와 대학 평점) 간의 상관의 정도로 평가된다. 즉, 준거타당도에 대한 증거를 제시하기 위한 유일한 방법은 두 검사의 총점 간의 상관을 제시하는 것이다(Carmines & Zeller, 1979).

준거타당도에는 두 종류가 있다. 공인타당도(concurrent validity)와 예언타당도(predictive validity)다. 동시타당도라고도 불리는 공인타당도는 현 시점에서 새로 개발된 검사와 이미 개발된 관련 영역의 검사 간의 상관으로 평가된다. 예를 들어, 국립특수교육원에서 개발한 KISE 한국형 개인지능검사(Korea Institute for Special Education-Korea Intelligence Test for Children: KISE-KIT)는 공인타당도를 평가하기 위하여 한국에서 이미 공인되어 활용되고 있는 WISC(Wechsler Intelligence Scale for Children) 지능검사를 함께 실시하여 두 점수 간의 상관을 공인타당도로 제시하고 있다. 즉, 새로 개발된 KISE의 공인타당도를 위하여 이미 타당성이 인정된 WISC를 활용하여 동일한 피험자에게 적용한 후, 두 검사 결과(점수)의 상관계수를 계산하여 타당도를 제시한다.

반면, 예언타당도는 개발된 검사의 점수와 미래의 어떤 행위와의 상관으로 평가되는 타당도다. 예를 들어, 적성검사에서 높은 점수를 받은 신입사원이 입사 이후 회사에서 잘 적응하고 그 능력이 뛰어나다면, 그 적성검사의 예언타당도는 높다고 평가될 수 있다. 검사도구의 예언타당도를 추정하기 위하여 피험자 집단에 새로 제작한 검사를 실시하고, 일정 시간이 흐른 후 검사 내용과 관련이 있는 피험자의 행동을 양적으로 측정하여 두 점수 간의 상관계수를 제시할 수 있다.

③ 구성타당도

구성타당도(construct validity)란 측정하고자 하는 추상적인 개념이 이론적 틀 속에서 타당하게 구성되었는지 평가하기 위해, 이를 경험적인 데이터로 제시하는 방법이다. 앞에서 언급한 바 있는, 국립특수교육원에서 개발한 KISE 한국형 개인지능검사에서는 지능이라는 추상적인 개념을 언어성 지능과 동작성 지능이라는 두 개의 소개념으로 나누었으며, 각각의 소개념을 측정하기 위하여 12개의 소검사를 개발하였다. 여기서 지능은 직접적으로 관찰이 불가능한 추상적인 개념이기 때문에 12개 소검사의 문항들로 대신하여 이를 관찰하게 되는데, 이러한 소검사는 지능을 구성하는 구인, 즉 심리적 요인이 된다. 일반적으로 지능이라는 추상적 개념을 언어성 지능과 동작성 지능 두 가지 구인으로 측정하기 위하여 여러 문항이 개발되는데, 이렇게 개발된 문항들이 얼마나 잘 구조화되어 있는지를 제시함으로써 구성타당도를 측정하게 된다.

구성타당도를 측정하기 위해서는 먼저 측정하고자 하는 추상적인 심리요인을 구성하는 요인(construct)을 문헌 연구 및 이론 등을 통하여 정의하고, 이를 실제 경험적으로 측정할 수 있는 문항을 개발한다. 개발된 문항은 다양한 절차를 거쳐서 다듬어지게 되며, 수정된 문항은 피험자에게 실시된다. 이렇게 제공된 결과는 다양한 방법을 통하여 분석될 수 있는데 일반적으로 요인분석을 통하여 구성타당도 결과가 제시된다. 요인분석은 다양한 변수 간의 상호관계를 분석하는 방법으로 상관이 높은 변수들을 각각 묶어 요인으로 나타내 주는 방법이다. 자세한 방법은 이후 수감각검사 도구의 구성타당도 분석방법을 참고할 수 있다.

(2) 검사의 신뢰도

검사의 신뢰도(reliability)는 개발된 검사가 동일한 샘플에게 반복적으로 실시되었을 때 얼마나 일관성을 보이는지에 대한 결과다. 예를 들어, 신체검사 시 자를 사용하여 키를 세 번 재었는데, 세 번 모두 161cm가 나왔다면 그 자는 매우 신뢰로운 도구일 것이다. 그러나 세 번의 시도에서 158cm, 161cm, 165cm로 다 다르게 측정되었다면 그 자는 신뢰롭지 못한 도구다. 마찬가지로 개발된 지능 검사가 이틀 단위로 실시되었으나 실시될 때마다 점수 차이가 크게 나거나, 기초선 테스트를 위하여 실시된 서너 번의 동형검사 결과가 큰 차이를 보인다면 그 검사도구는 신뢰도가 떨어진다고 할 수 있다.

타당도와 마찬가지로 신뢰도 역시 정도로 표현된다. 일반적으로 검사를 실시하였을 때, X라는 점수를 받는다면, 이 점수는 실제 검사를 수행한 피검자의 능력 혹은 진점수 T와 오차변산 E로 이루어진 점수다. 이를 공식으로 표현한다면 수식 (2)와 같다.

$$X = T + E \quad \cdots\cdots (2)$$

X: 아동의 점수

T: 진점수

E: 오차변산

신뢰도를 위 공식을 이용하여 설명한다면, 신뢰도란 전체 점수 X에 대한 T점수의 비율을 의미한다(Cohen, 1988). 전체 점수에서 T가 차지하는 비율이 높을수록 신뢰도가 높은 검사다. 이러한 신뢰도를 측정하는 방법에는 검사-재검사 신뢰도 방법, 동형검사 신뢰도 방법, 반분 신뢰도 방법, 내적 일관성 신뢰도 방법 등이 있다(Carmines & Zeller, 1979; Cohen et al., 1996; Kubiszyn & Borich, 1987). 상황에 따라 선택하여 신뢰도를 보고할 수 있으나, 일반적으로는 내적 일관성 신뢰도 방법이 많이 활용된다. 이는 내적 일관성 신뢰도 방법이 동형검사 신뢰도 방법이나 검사-재검사 신뢰도 방법보다 상관이 높기 때문인데(노용균, 2005), 이는 다른 방법을 사용한다면 시간이나 측정 대상자의 일시적 불안정성 등 외부 영향이 오차변산, 즉 수식 (2)의 E에 많은 영향을 미치기 때문이다.

① 검사-재검사 신뢰도 방법

검사-재검사 신뢰도(Test-retest Reliability Estimates) 방법은 동일한 검사를 동일한 사람들에게 각각 실시하여 두 점수 쌍 간의 상관을 측정함으로써 검사의 신뢰도를 제시하는 방법이다. 검사-재검사 신뢰도 방법은 가장 정확한 신뢰도 측정방법임에도 불구하고(Cohen et al., 1988), 몇 가지 주의해야 할 점이 있다. 예를 들어, 학습 내용을 평가하는 검사의 경우 검사를 반복적으로 실시하는 것 자체가 학습효과를 가지기 때문이다. 일반적으로 두 번째 검사의 경우 더 나은 점수를 받을 수 있는 가능성이 높기 때문에, 기억, 경험 등 연습효과가 거의 없고 시간변인에 안정적인 성격, 인성검사 개발 등에 효과적이다(Cohen et al., 1988).

② 동형검사 신뢰도 방법

동형검사 신뢰도(Alternative-Form Method) 방법은 개발된 검사와 동일한 유형의 검사를 개발하여 동일한 피검사자에게 실시한 후, 두 검사 간의 상관을 제시함으로써 신뢰도를 측정하는 방법이다. 이 방법은 주로 학업성취도 관련 검사 개발 시 사용하는 방법으로, 동일한 검사를 반복하여 사용하는 검사-재검사와 달리 연습효과를 피할 수 있다(Carmines & Zeller, 1979). 그러나 기본적으로 동형검사를 개발한다는 것 자체가 어려우며, 검사-재검사와 마찬가지로 두 검사가 실시되는 다양한 물리적 환경, 검사자 및 피검자의 태도, 동기 등을 동일하게 유지해야 하는 어려움이 있다. 따라서 하루에 동형검사를 실시하기 위해서 〈표 3-1〉과 같은 방법을 사용할 수 있다. 〈표 3-1〉과 같이 하루에 검사를 실시하면 검사 자체 이외의 다양한 상황, 즉 환경, 검사자 및 피검자 태도, 동기 등 점수에 영향을 미칠 수 있는 요인들을 제어할 수 있다(Kubiszyn & Borich, 1987).

〈표 3-1〉 하루에 동형검사를 모두 실시하기 위한 방법의 예

검사 시간 1	검사 시간 2
1~25번 아동 동형검사 A 실시	1~25 번 아동 동형검사 B 실시
25~50번 아동 동형검사 B 실시	25~50 번 아동 동형검사 A 실시

③ 반분 신뢰도 방법

검사 신뢰도를 평가하기 위한 세 번째 방법인 반분 신뢰도(Split-half Reliability Estimates) 방법은 하나의 검사를 피검사에게 실시한 후, 그 문항을 반으로 나누고 나누어진 두 검사점수 간의 상관을 통하여 신뢰도를 제시하는 방법이다. 일반적으로 Spearman-Brown 공식을 사용하여 신뢰도를 계산한다(Brown, 1910; Spearman, 1910; Carmines & Zeller, 1979 재인용). 먼저 피검자에게 검사를 실시하여 전체 문항을 반으로 나누고, 두 검사점수 간의 상관을 구한다. 이 상관은 전체 검사의 상관이 아니라 반으로 나뉜 검사의 신뢰도다. 전체 검사의 신뢰도를 구하기 위해서 반으로 나뉜 두 검사의 상관을 Spearman-Brown 공식에 대입한다. 공식은 수식 (3)과 같다.

$$\text{신뢰도} = 1 - \frac{2rxy}{1+rxy} \quad \cdots\cdots\cdots\cdots (3)$$

rxy: 반으로 나뉜 두 검사의 상관

반분 신뢰도 방법은 다른 방법과는 달리 한 번의 검사로 신뢰도를 측정할 수 있다는 장점이 있다. 하지만 이 방법을 사용하기 위해서는 검사 문항을 반으로 나누었을 때 두 검사가 동질해야 한다는 것을 기본으로 한다. 검사를 반으로 나눌 때에도 어떻게 나누는지(예: 20개 문항을 1-10, 11-20으로 나누기 혹은 홀/짝수로 나누기)에 따라 신뢰도가 달라질 수 있음을 기억해야 한다.

④ 내적 일관성 신뢰도 방법

내적 일관성 신뢰도(Internal Consistency) 방법은 검사를 구성하고 있는 문항들 간의 내적 일관성 혹은 합치 정도를 나타내는 방법이다. 이 방법 역시 한 번만 실시하여 신뢰도를 측정할 수 있다는 장점이 있다. 내적 일관성 신뢰도 방법에 의해 신뢰도를 측정하는 데에는 여러 방법이 있는데, 가장 많이 사용되는 방법으로는 Cronbach(1951)가 제시한 Cronbach α를 들 수 있다. Cronbach α계수를 구하기 위한 공식은 수식 (4)와 같다.

$$\text{Cronbach } \alpha = \left(\frac{k}{k-1}\right)\left(1 - \frac{\sum \sigma_i^2}{\sigma^2}\right) \quad \cdots\cdots\cdots\cdots\cdots\cdots (4)$$

k: 문항 수
σ_i^2: 한 문항의 변수
$\sum \sigma_i^2$: 각 문항의 변수 총합
σ^2: 전체 검사점수의 변수

현재에는 간단하게 통계 패키지로 Cronbach α계수를 구할 수 있다. SPSS의 경우, 분석(〈Analyze〉) 〉 척도(〈Scale〉) 〉 신뢰도 분석(〈Reliability Analysis〉) 순으로 클릭한 후, 구하고자 하는 변수를 설정해 주면 Cronbach α계수를 간단하게 구할 수 있다.

2. 초기수학(수감각)검사의 타당화 절차

1) 분석 과정

(1) 신뢰도 측정

수감각검사의 측정학적 정보를 제공하기 위하여 타당도와 신뢰도를 검증하였다. 초기수학검사의 신뢰도 검증을 위하여 내적 일관성 신뢰도 계수를 측정

하였다. 이는 검사 속의 한 문항 한 문항을 모두 독립된 한 개의 검사 단위로 생각하고 각 문항들의 일치성을 추정하고자 할 때 이용된다. 문항의 내적 일관성을 구하는 공식은 여러 가지가 있으나 자주 사용되는 Cronbach α를 사용하여 결과를 산출하였다.

일반적으로 Cronbach α를 구하기 위하여 통계 프로그램인 SPSS를 활용할 수 있으며, 다음과 같은 절차를 따른다.

① SPSS 15.0에서 데이터를 부른다. 이때 데이터는 각 문항에 대한 아동의 정반응과 오반응을 표시하여 코딩이 되어야 한다. 수감각검사의 경우, 아동이 정반응을 보인 경우 1을 오반응을 보인 경우, 0으로 입력하였다.

② [그림 3-1]과 같이, 메뉴바에서 분석(〈Analyze〉) – 〈Scale〉 – 〈Reliability Analysis〉 순서로 클릭한다.

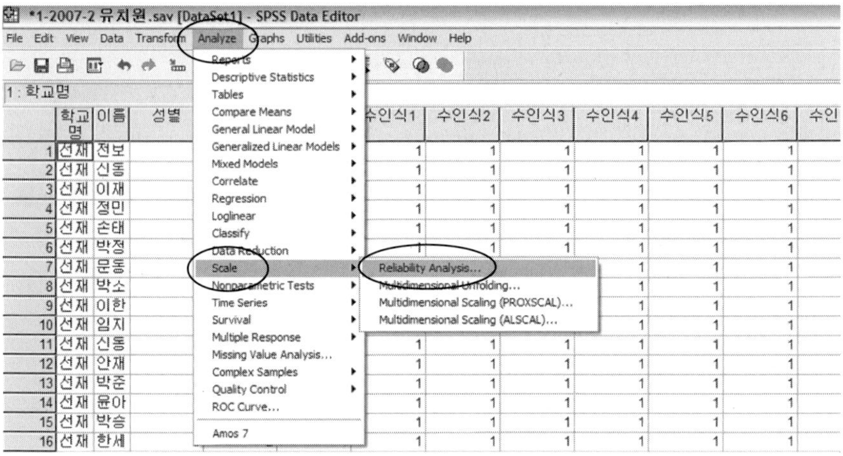

[그림 3-1] 메뉴 선택 화면

③ [그림 3-2]와 같이 나타난 대화창에 신뢰도를 구하기 위한 문항을 입력한다. 입력방법은 다음과 같다. 왼쪽 창에서 문항을 드래그 혹은 클릭하여 가운데 화살표 상자를 누르면 오른쪽 창(Item)에 옮겨진다. 원하는 문항을 옮긴 후, 〈OK〉 버튼을 누른다.

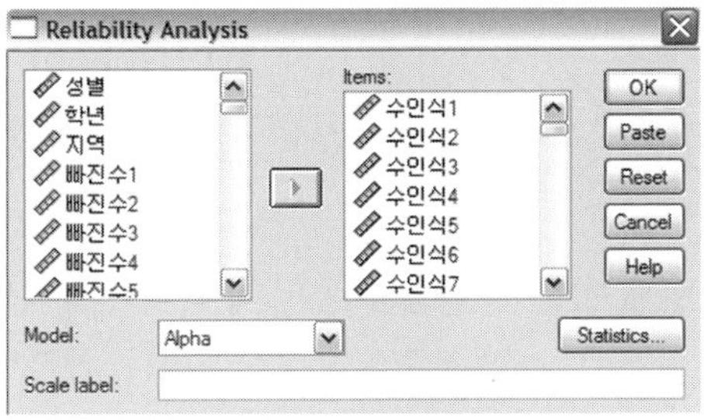

[그림 3-2] 대화창

④ [그림 3-3]과 같이 나타난 결과창의 결과를 해석한다(자세한 결과 해석은 실례에서 다루도록 하겠다).

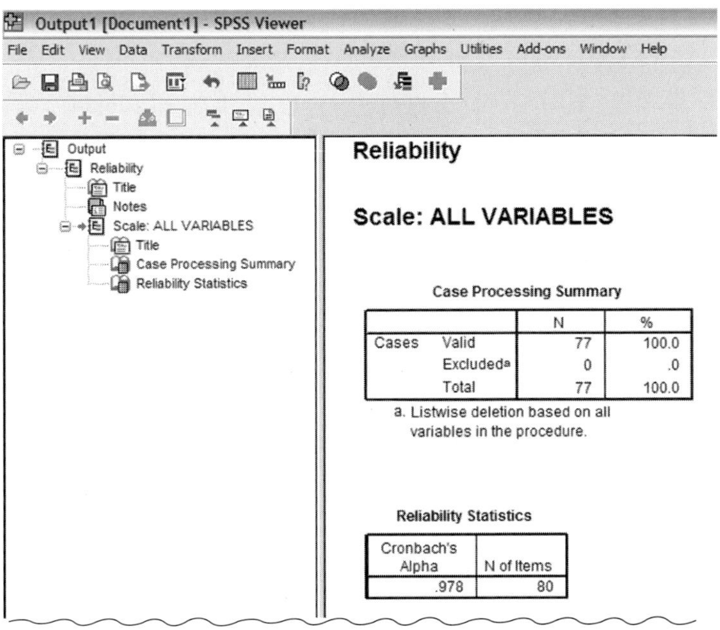

[그림 3-3] 결과창

(2) 타당도 측정

수감각검사의 타당도를 검증하기 위하여 내용타당도, 구인타당도, 그리고 공인타당도에 대한 검증을 실시하였다.

1 내용타당도

일반적으로 내용타당도는 전문가에 의해 확인된다. 이 장에서는 내용타당도 검증을 위하여 국내외 선행 연구 및 문헌, 유치원 교육과정에 대한 분석을 실시하여 문항을 개발하였다. 개발된 문항에 대해서는 특수교육 전문가와 수학교육 전문가로 구성된 전문가 회의를 통하여 타당성을 검증하였다.

2 구인타당도

수감각검사의 구인타당도 검증을 위하여 전체 집단을 대상으로 수감각검사의 하위 영역에 대한 주성분분석을 실시하였다. SPSS에서 주성분분석을 위한 절차는 다음과 같다.

① 처음 신뢰도를 위하여 각 문항의 정반응과 오반응을 입력하였다면, 타당도 분석을 위하여 각 소검사 점수의 합계가 필요하다. 메뉴바에서 〈Transform〉 - 〈Compute Variables〉를 활용하여 소검사 점수를 계산한다.

② [그림 3-4]에서 나타나듯 계산된 각 소검사의 총점으로 구인타당도(주요인분석)를 구한다. 메뉴바에서 〈Analyze〉 - 〈Data Reduction〉 - 〈Factor 〉 순으로 클릭한다.

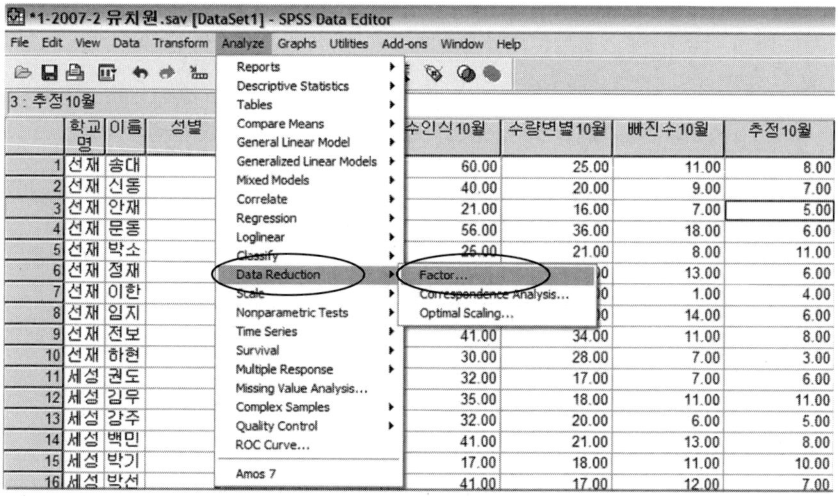

[그림 3-4] 메뉴 선택 화면

③ [그림 3-5]와 같이 나타난 창에 클릭 혹은 드래그를 하여 원하는 요인을 왼쪽으로 옮긴다. 이 경우에는 각 검사의 소검사 총합을 입력한다.

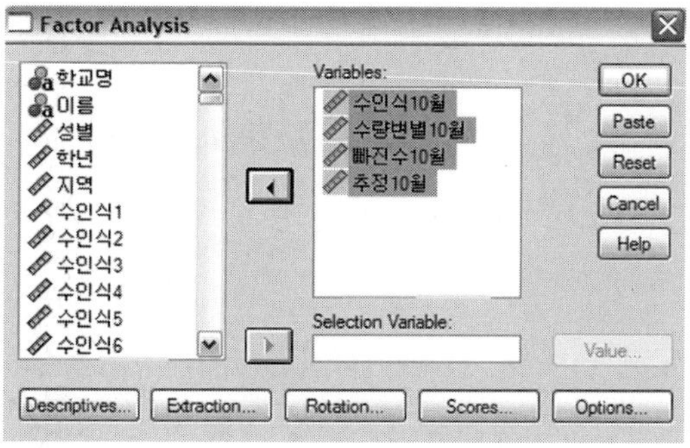

[그림 3-5] 대화창

④ [그림 3-6]과 같이 창에 나타난 결과를 해석한다(자세한 결과 해석은 실례에서 다루도록 하겠다).

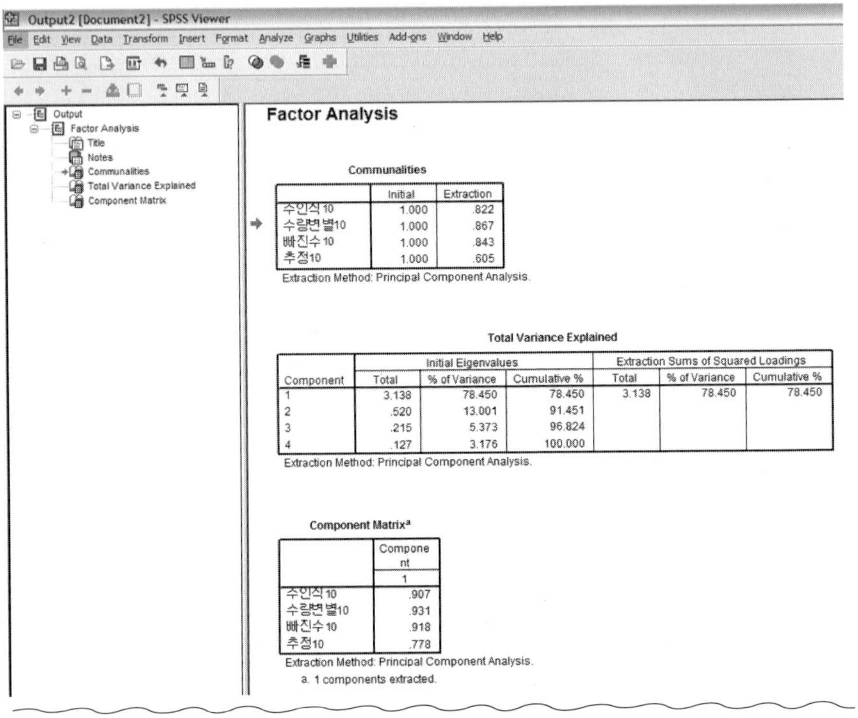

[그림 3-6] 결과창

3 공인타당도

공인타당도 검증을 위하여 수감각검사의 각 하위 영역 점수와 준거검사인 KISE-BAAT(수학)(가형의 범자연수 영역), K-WPPSI(산수 소검사), 『기초학습기능 수행평가체제: 수학검사』(김동일, 2006, 이하 BASA-math)(1단계 검사) 점수 사이의 상관관계를 Pearson 상관계수 r값을 산출하여 분석하였다. SPSS에서 상관계수를 제시하기 위한 절차는 다음과 같다.

① 공인타당도 검증을 위하여 각 검사의 총점을 구한다. 본 예에서는

BASA-math(1단계 검사)와 수감각검사의 상관을 구하였다.

② [그림 3-7]에서 나타나듯, 메뉴바에서 〈Analyze〉 - 〈Correlate〉 - 〈Bivariate〉 순으로 클릭한다.

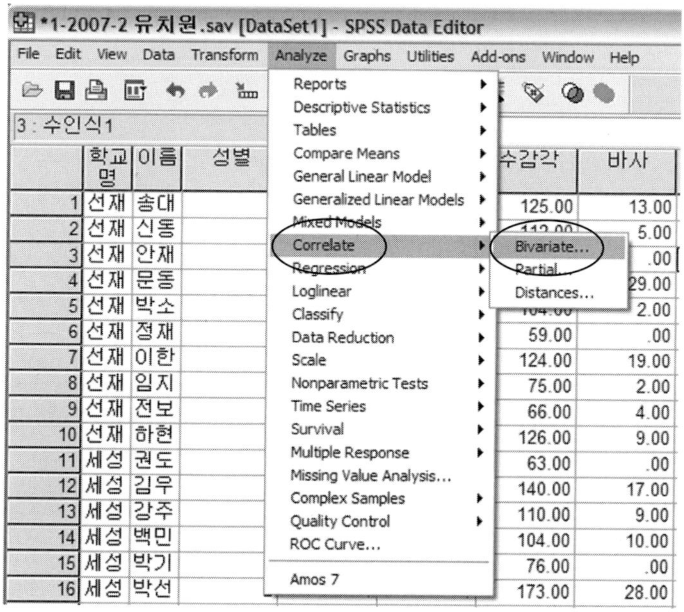

[그림 3-7] 메뉴 선택 화면

③ [그림 3-8]과 같이 대화창에서 원하는 두 검사를 클릭하여 〈Variable〉 창으로 옮긴다. 이 경우, 수감각과 BASA를 옮겼으며, 〈Correlation Coefficients〉에서는 〈Pearson〉을 클릭한다.

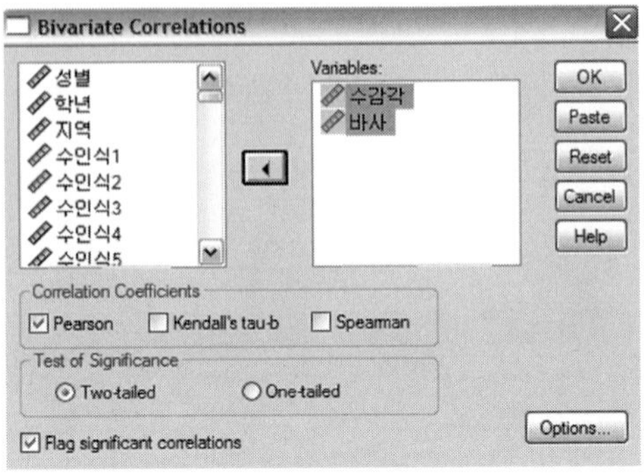

[그림 3-8] 대화창

④ [그림 3-9]와 같이 결과창에 나타난 결과를 해석한다(자세한 결과 해석은 실례에서 다루도록 하겠다).

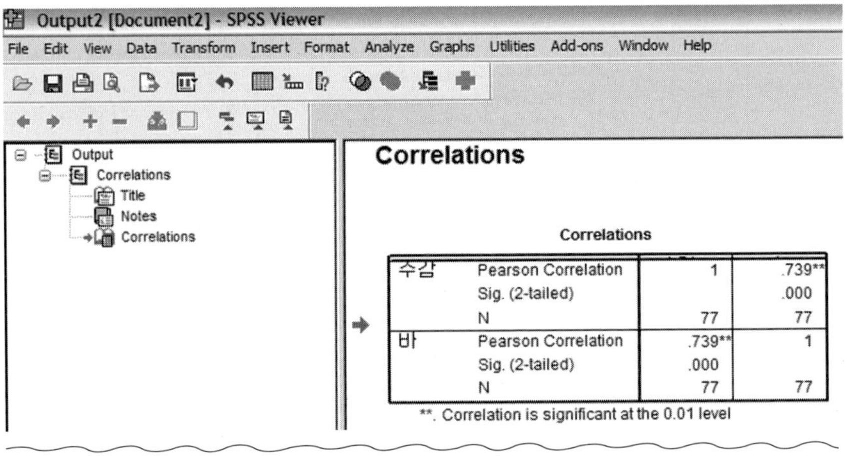

[그림 3-9] 결과창

2) 초기수학(수감각)검사 적합성 예시: 신뢰도와 타당도

수감각검사의 측정학적 적합성 연구를 위해 2007년 10월, 본 검사를 총 117명에게 실시하였다. 서울에 소재하고 있는 4개 유치원의 만 4세반, 만 5세반 아동과 서울과 경기도 소재의 4개 초등학교(서울 2개교, 경기도 2개교)의 1학년과 특수학급 저학년반에 재학 중인 아동 등 총 117명을 대상으로 하였다. 특수학급 저학년반 아동을 장애 유형별로 살펴보면 발달장애 3명, 자폐성 장애 2명, 학습장애 3명, 경도 정신지체 2명이다. 자세한 내용은 〈표 3-2〉와 같다.

〈표 3-2〉 연령별, 성별 학생 수

		남	여	총
유치원	만 4세	20	21	41
	만 5세	18	18	36
초등학교	만 6세	14	16	30
	특수학급 저학년반	7	3	10
	총	59	58	117

(1) 신뢰도

초기수학검사의 신뢰도 검증을 위하여 내적 일관성 신뢰도 계수를 측정하였다. 이는 검사 속의 한 문항 한 문항을 모두 독립된 한 개의 검사 단위로 생각하고 각 문항들의 일치성을 추정하고자 할 때 이용된다. 문항의 내적 일관성을 구하는 공식은 여러 가지가 있으나 자주 사용되는 Cronbach α를 사용하여 결과를 산출하였다. 초기수학검사의 하위 영역별 신뢰도 계수를 산출한 결

〈표 3-3〉 초기수학검사의 하위 영역별 신뢰도 계수

변수	유치원 만 4세반 (N=41)	유치원 만 5세반 (N=36)	초등학교 1학년 (N=30)	특수학급 저학년반 (N=10)	전체 (N=117)
수인식	.971	.972	.945	.976	.984
빠진 수 찾기	.922	.927	.857	.895	.965
수량변별	.952	.947	.608	.961	.974
추정	.654	.785	.786	.847	.858
초기수학검사 전체	.979	.979	.941	.982	.990

과는 〈표 3-3〉과 같다. 초기수학검사 전체의 Cronbach α는 .990으로 매우 높게 나타났다. 전체 집단에서 각 하위 영역별로 살펴보면 수인식이 .984로 가장 높았으며, 추정이 .858로 다소 낮았다. 모든 하위 영역 및 모든 집단에서 문항 내적 일관성 계수는 양호한 수준으로 나타났으며, 따라서 초기수학검사의 신뢰도는 우수한 것으로 볼 수 있다.

(2) 타당도

초기수학검사의 타당도를 검증하기 위하여 내용타당도, 구인타당도, 공인타당도에 대한 검증을 실시하였다.

① 내용타당도 검증

내용타당도 검증을 위하여 국내외 선행 연구 및 문헌, 유치원 교육과정에 대한 분석을 실시하여 문항을 개발하였다. 개발된 문항에 대해서는 특수교육 전문가와 수학교육 전문가로 구성된 전문가 회의를 통하여 타당성을 검증하였다.

② 구인타당도 검증

초기수학검사의 구인타당도 검증을 위하여 전체 집단을 대상으로 초기수학검사의 하위 영역에 대한 주성분분석을 실시하였다. 〈표 3-3〉, 〈표 3-4〉는 주성분 분석을 실시한 결과다.

〈표 3-4〉와 〈표 3-5〉에서 볼 수 있듯이 유치원과 초등학교 1학년, 특수학급 저학년반의 자료를 합쳐서 주성분분석을 실시한 결과, 하나의 성분이 추출되었고, 이것의 전체 분산의 85.471%를 설명하는 것으로 나타났다. 성분행렬을 살펴보면 빠진 수 찾기의 요인 적재값(factor loading)이 .949로 가장 높고, 수량변별이 .948, 수인식이 .936, 추정은 .863으로 다소 낮게 나왔다. 요인 적재값은 각 변수와 해당 요인 간의 상관계수로, 이들 하위 영역들은 추출된 요인과 높은 상관을 보이고 하나의 구인을 측정하는 것으로 나타났다. 따라서 수감각검사의 구인타당도는 양호한 것으로 보인다.

〈표 3-4〉 설명된 총분산

성분	초기 고유값			추출 제곱합 적재값		
	전체	% 분산	% 누적	전체	% 분산	% 누적
1	3.419	85.471	85.471	3.419	85.471	85.471
2	0.342	8.557	94.028			
3	0.134	3.342	97.370			
4	0.105	2.630	100.000			

추출방법: 주성분분석

〈표 3-5〉 성분행렬[a]

	성분
	1
수인식	.936
빠진 수 찾기	.949
수량변별	.948
추정	.863

요인추출 방법: 주성분분석
[a]추출된 1성분

3 공인타당도 검증

공인타당도 검증을 위하여 초기수학검사의 각 하위 영역 점수와 준거검사인 KISE-BAAT(수학)(가형의 범자연수 영역), K-WPPSI(산수 소검사), BASA-math(1단계 검사) 점수 사이의 상관관계를 Pearson 상관계수 r값을 산출하여 분석하였다. 상관계수를 구한 결과는 〈표 3-6〉, 〈표 3-7〉, 〈표 3-8〉, 〈표 3-9〉, 〈표 3-10〉과 같다.

〈표 3-6〉에서 볼 수 있듯이 유치원 만 4세반 아동의 경우, 세 개의 준거검사 점수와 초기수학검사 전체 점수와의 상관계수는 .638~.789로 유의한 상관을 보이는 것으로 나타났다. KISE-BAAT(수학)과의 상관관계가 가장 높았고, K-WPPSI(산수 소검사)가 가장 낮게 나타났다. 세 개의 준거검사 점수와 공통적으로 가장 높은 상관을 보인 영역은 빠진 수 찾기였고, 추정은 가장 낮은 상

〈표 3-6〉 초기수학검사의 하위 영역 점수와 준거검사 점수와의 상관(유치원 만 4세반, N=41)

	KISE-BAAT(수학) (범자연수 영역)	K-WPPSI (산수 소검사)	BASA-math
수인식	.678**	.504**	.612**
빠진 수 찾기	.810**	.706**	.775**
수량변별	.735**	.656**	.550**
추정	.420**	.318*	.416**
초기수학검사 전체	.786**	.638**	.689**

*p < .5 **p < .01

관을 보였다. 이처럼 준거검사와 추정의 상관관계가 낮게 나온 것은 추정이 만 4세반 아동들에게 난이도가 높아서 제대로 변별력을 가지지 못하기 때문인 것으로 볼 수 있다.

〈표 3-7〉에 의하면 유치원 만 5세반 아동의 경우, 세 개의 준거검사 점수와 초기수학검사 전체 점수와의 상관계수는 .636~.722로 유의한 상관관계를 보였다. BASA-math(1단계 검사)과의 상관관계가 가장 높았고, K-WPPSI(산수 소검사)가 가장 낮게 나타났다. BASA-math(1단계 검사)과의 상관 중에서 수량변별이 가장 높은 상관을 보였고, 추정이 가장 낮은 상관을 보였으며, 추정은 공통적으로 타 세 개 검사와의 상관 중 가장 낮은 상관을 보였다. 이 역시 만 4세반 아동들과 마찬가지로 난이도가 높아서 제대로 변별력을 가지지 못하기

〈표 3-7〉 초기수학검사의 하위 영역 점수와 준거검사 점수와의 상관(유치원 만 5세반, N=36)

	KISE-BAAT(수학) (범자연수 영역)	K-WPPSI (산수 소검사)	BASA-math
수인식	.615**	.602**	.639**
빠진 수 찾기	.541**	.470**	.621**
수량변별	.697**	.646**	.650**
추정	.430**	.331*	.569**
초기수학검사 전체	.686**	.636**	.722**

*p < .5 **p < .01

때문인 것으로 볼 수 있다.

〈표 3-8〉에서와 같이 초등학교 1학년 아동의 경우, 초기수학검사 전체 점수와 KISE-BAAT(수학) 검사와의 상관은 .525로 나타났고, BASA-math(1단계 검사) 점수와의 상관계수는 .370으로 나타났다. 그러나 K-WPSSI(산소 소검사)의 경우 상관이 유의하지 않는 것으로 나타났다. 초등학교 1학년 아동의 초기수학검사 점수와 준거점수와의 상관은 유치원 아동에 비해 떨어지는 것으로 보인다. 이는 초기수학검사의 난이도가 1학년 2학기 아동에게는 낮아 천정효과가 나타나는 것으로 보인다. 즉, 초등학교 1학년 아동의 경우 2학기에 들어서면서 초기수학검사보다는 BASA-math와 같은 연산검사를 통하여 더 잘 평가될 수 있는 것으로 보인다.

〈표 3-8〉 초기수학검사의 하위 영역 점수와 준거검사 점수와의 상관(초등학교 1학년, N=30)

	KISE-BAAT(수학) (범자연수 영역)	K-WPPSI (산수 소검사)	BASA-math
수인식	.435*	-.096	.208
빠진 수 찾기	.348**	-.060	.393*
수량변별	.090	-.132	.408*
추정	.461*	.060	.325
초기수학검사 전체	.525**	-.076**	.370*

*p＜.5 **p＜.01

〈표 3-9〉에서 볼 수 있는 것처럼, 특수학급 저학년반 아동의 경우, 초기수학 검사 전체 점수와 KISE-BAAT(수학)(범자연수 영역)과 K-WPPSI(산수 소검사)의 상관은 유의하다. 그러나 BASA-math(1단계 검사)과는 유의하지 않은데, 이는 연산형태의 검사가 특수학급 저학년 아동에게는 어려웠기 때문인 것으로 보인다.

마지막으로 〈표 3-10〉에서 볼 수 있듯이, 초기수학검사는 준거검사 모두와 유의하게 높은 상관(.777~.874)을 보인다. 같은 연령대 아동에게 실시되는 학업 관련 검사인 KISE-BAAT(수학)(범자연수 영역)와 가장 높은 상관을 보이고

〈표 3-9〉 초기수학검사의 하위 영역 점수와 준거검사 점수와의 상관(특수학급 저학년, N=10)

	KISE-BAAT(수학) (범자연수 영역)	K-WPPSI (산수 소검사)	BASA-math
수인식	.509	.720*	.419
빠진 수 찾기	.737*	.807**	.715*
수량변별	.843**	.888**	.513
추정	.698*	.691*	.264
초기수학검사 전체	.745*	.883**	.533

*p＜.5 **p＜.01

〈표 3-10〉 초기수학검사의 하위 영역 점수와 준거검사 점수와의 상관(전체, N=117)

	KISE-BAAT(수학) (범자연수 영역)	K-WPPSI (산수 소검사)	BASA-math
수인식	.823**	.781**	.724**
빠진 수 찾기	.853**	.808**	.807**
수량변별	.839**	.849**	.705**
추정	.736**	.655**	.688**
초기수학검사 전체	.874**	.839**	.777**

**p＜.01

있는데, 이는 동일 연령 아동에게 적절한 학업능력 진단검사임을 보여 준다.

3. 맺음말

학생 성취를 평가하는 일은 매우 중요하다. 평가는 학생이 얼마나 성취하였으며, 이후 무엇을 가르쳐야 할지, 그리고 교사가 잘 교수하고 있는 것인지를 평가하기 위한 것이다. 따라서 평가는 매우 세심하게 수행되어야 하며, 평가도구 역시 잘 만들어진 도구를 활용해야 한다.

잘 만들어진 평가도구를 선택하기 위한 정보로 타당도와 신뢰도를 살펴보아야 한다. 뿐만 아니라, 평가도구를 잘 만들기 위하여 이러한 타당도와 신뢰도를 정확하게 제시하여야 한다. 검사도구가 평가하고자 하는 것을 정확하게 평가하고, 그 평가 결과가 일관적일 수 있도록 만들어진 검사도구를 선택하는 것은 검사자의 의무이며, 이러한 정보를 사용자에게 충분히 제시하는 것은 검사 개발자의 의무인 것이다. 개발자와 사용자가 정확한 측정학적 정보에 의존하여 평가를 실시할 때, 학습자를 단순히 분류하는 것이 아니라 실제 학습에 도움을 제공할 수 있다.

이 장에서는 먼저 이러한 검사의 타당도와 신뢰도가 무엇인지, 그리고 왜 이러한 측정학적 요소를 검토해야 하는지에 대해 설명하였다. 그리고 수감각 능력을 활용한 초기수학능력평가 검사도구의 타당화 과정을 살펴봄으로써, 검사 개발자의 입장에서 이러한 정보를 어떻게 제시할 수 있을지에 대한 예를 제공하였다. 일반적으로 수감각이란 넓게는 수를 다를 수 있는 능력을 의미하지만, 학령기 전 수준에서의 수감각은 수를 읽고, 심적으로 수직선을 만들고, 수의 크기를 비교할 수 있는 능력을 의미한다. 이는 읽기에서 음운인식과 같이, 다른 수학적 능력을 대표하며, 학령기 이후 수학능력을 예측할 수 있는 큰 변인이다. 물론 다양한 연구를 통하여 수감각이 이후 비형식적 수학학습의 대표 요인이라고 밝혀져 있으나, 이를 활용한 검사가 다 훌륭한 검사일 수는 없다. 즉, 위에서 언급한 검사의 타당도와 신뢰도 정보를 바탕으로 해야 한다. 따라서 개발된 검사를 실제 아동들에게 어떻게 실시하고, 그 자료를 통계 프로그램인 SPSS를 활용하여 어떻게 측정하였는지를 살펴보았다.

앞에서도 언급한 바와 같이 평가는 교수-학습에서 매우 중요한 과정이다. 특히 다양한 형태로 발달하는 아동기의 학습자 중에서 '수학 학습장애 위험 아동을 선별' 하는 것은 매우 조심스러운 과정이다. 따라서 이 시기 아동의 수학발달을 민감하게 반영하면서도 실제 목적된 영역을 평가할 수 있는 검사도구를 선정하는 것은 매우 중요하다. 이러한 검사도구를 선택할 수 있도록 도와주는 것이 바로 검사도구의 타당도와 신뢰도 부분이다. 실제 통계기술의 발달로 이러한 측정학적 정보를 제공하는 방법은 매우 다양하고 심화되고 있으며, 따라서 이 장에서는 매우 기본적인 타당도와 신뢰도 측정방법만을 소개하고 있다. 그럼에도 불구하고 검사를 활용하는 사람들에게는 검사를 선정하는 정보로 활용되고, 검사 개발자에게는 최소한의 개발 가이드가 될 수 있기를 기대한다.

✎ 참고문헌

김동일(2006). 기초학습기능 수행평가체제: 수학검사. 서울: 학지사 심리검사연구소.

노용균(2005). 시험의 신뢰도와 타당도에 영향을 미치는 요소. 가정의학회지, 26(4), 324-330.

홍혜경, 이정욱, 정정희(2006). 유아 수학능력검사 도구 개발. 유아교육연구, 26(5), 377-400.

Baker, S., Gersten, R., Katz, R., Chard, D. J., & Clarke, B. S. (2002). Preventing mathematics difficulties in young children: Focus on effective screening of early number sense delays (Technical Report #0305). Eugene.

Brown, W. (1910). Some experimental results in the correlation of mental abilities. *British Journal of Psychology, 3,* 296-322.

Carmines, E. G., & Zeller, R. A. (1979). *Reliability and Validity Assessment.* Beverly Hills, CA: Sage.

Clarke, B. S., & Shinn, M. R. (2004). A Preliminary Investigation into the Identification and Development of Early Mathematics Curriculum-Based Measurement. *School Psychology Review, 33*(2), 234-248.

Cohen, J. (1988). *Statistical Power Analysis for the Behavioral Sciences* (2nd ed.). Hillsdale: Lawrence Erlbaum Associates.

Cronbach, L. J. (1951). Coefficient alpha and the internal structure of tests. *Psychometrika, 16*, 297-334.

Fuchs, L. S., Fuchs, D., & Karn, K. (2001). Enhancing kindergarteners mathematical development: Effects of peer-assisted learning strategies. *Elementary School Journal, 10*(1), 49-51.

Gersten, R., & Chard, D. (1999). Number sense: Rethinking mathematics instruction for students with mathematical disabilities. *Journal of Special Education, 33*, 19–28.

Ginsburg, H. P. (1982). The development of addition in the contexts of culture, social class, and race. In T. P. Carpenter, J. M. Moser, & T. A. Romberg (Eds.), *Addition and subtraction: A cognitive perspective*. Hillsdale, NJ: Erlbaum.

Ginsburg, H. P. (1989). *Children's arithmatic: How they learn it and how you teach it* (2nd. Ed). Austin, TX: Pro Ed.

Ginsburg, H. P., & Allardice, B. S. (1984). Children's difficulties in school mathematics. In B. Rogoff, & J. Lave (Eds.), *Everyday cognition: Its development in social context* (pp. 194–219). Cambridge, MA: Harvard University Press.

Ginsburg, H. P., Klein, A., & Starkey, P. (1998). The development of children's mathematical thinking: Connecting research with practice. In I. E. Sigel, K. A. Renninger (Eds.), *Handbook of Child Psychology* (Vol. 4). NY: Wiley.

Ginsburg, H. P., & Russell. L. R. (1981). Social class and racial influences on early mathematical thinking. *Monographs of the Society for Research in Child Development, 46*(6), 67–68.

Griffin, S., & Case, R. (1996). Evaluating the breadth and depth of training effects when central conceptual structures are taught. *Society for Research in Child Development Monograph, 59*, 90–113.

Griffin, S., Case. R., & Siegler, R. S. (1994). Rightstart: Providing the central conceptual prerequisites for formal learning of arithmetic to students at risk for school failure. In K. McGilly (Eds.), *Classroom lessons: Integrating cognitive theory and classroom practice*. Cambridge, MA: MIT press.

Howell, K. W., Fox, S. L., & Morehead, M. K. (1993). *Curriculum-based evaluation: Teaching and decision making* (2nd ed.). Pacific Grove, CA: Brooks/Cole.

John, A., Walle, D. V., & Watkins, K. B. (1993). Early development of number sense. In R. J. Jensen (Eds.), *Research ideas for the classroom: Early childhood mathematics*. NY: Macmillan.

Karoly, L. A. (1998). *Investing in Our Children: What We Know and Don't Know about the Costs and Benefits of Early Childhood Interventions*. California: Rand Corporation.

Klein, A., & Starkey, P. (1988). Universals in the development of farly Arithmetic cognition. In B. G. Saxe, & M. Gearhart, (Eds.), *Children's Mathematics* (pp. 27-54). San Francisco: Jossey-Bass

Kubiszyn, T., & Borich, D. (1987). *Educational Testing and Measurement* (2nd ed.). NY: John Wiley & Sons, Inc.

Lawshe, C. H. (1975). A Quantitative approach to content validity. *Personnel Psychology, 28*(4), 563-575.

Mercer, C. D., Algozzine, B., & Trifiletti, J. (1979). Early Identification: An Analysis of the Research. *Learning Disability Quarterly, 2*(2), 12-24.

National Joint Committee on Learning Disabilities. (2006). Learning disabilities and young children: Identification and intervention. Retrieved 2006, from LD online http://www.ldonline.org/article/11511.

Resnick, L. B. (1989). Developing mathematical knowledge. *American Psychologist, 44*, 162-169.

Rivera-Batiz, F. L. (1992). Quantitative literacy and the likelihood of employment among young adults in the United States. *Journal of Human Resources, 27*(2), 313-328.

Spearman, C. (1910). Correlation calculated from faulty data. *British Journal of Psychology, 3*, 271-295.

제4장
초등영재선별을 위한 평정척도의 타당화
확인적 요인분석을 활용한 다집단분석

1. 확인적 요인분석을 활용한 다집단동질성 검증
2. 연구방법의 실제 적용
3. 맺음말

이 장에서 다룰 방법론에 대한 예시는, 자기보고식 검사를 기초로, 영재선별을 위한 검사가 교사, 학부모, 학생 간에 일치하는가에 대해 기술한다. 자기보고식 검사는 응답자가 여럿인 경우 같은 특성을 측정할 때 서로 다른 관점에서 측정에 임하기 때문에, 이들의 측정이 동일한 것인가 그렇지 않은 것인가의 정보는 타당화 과정에서 중요한 정보원이 될 수 있다. 이는 모든 검사 상황에서 적용될 수 있는 의문으로, 예를 들어 지능검사를 제작하였을 때, 이 검사가 남학생과 여학생에게 동일한 의미를 지니는지에 대한 정보가 중요할 수 있다.

이러한 문제의식을 해결할 수 있는 방법은 다중집단 요인분석, 다집단분석, 동질성분석 등의 다양한 용어로 알려진 측정동질성 검증이다.

이하의 논의는 예시연구를 소개하고 분석방법을 제시하는 것으로 하였다. 본 분석에는 SPSS, AMOS를 사용하였으며, 하나의 실제 연구를 예시하면서 연구의 방법론을 함께 제시하는 형식으로 기술하였다.

이 장에서 연구방법론을 소개하기 위해 제시한 연구는 박춘성(2006)의 연구로, 영재선별을 위한 평정척도의 타당화 과정을 먼저 예시한다.

영재교육은 교육 내용에 적절한 영재를 선별하는 것으로 시작한다. 영재를 선별하는 방법 및 형식은 매우 다양하다. 그중에서 실시가 간편하며 생태학적 타당성이 있는 방법은 평정지를 이용하여 학생의 특성을 평가하는 방법이다.

영재들의 행동특성은 또래의 다른 아동과 비교하여 특색이 있다. 유아기에는 빠른 언어발달을 보이며, 학령기에는 인지적 · 정의적인 특성이 일반학생과 차이가 있다. 영재의 행동특성을 이용하는 방법이 영재선별평정검사다. 영재선별평정검사는 영재의 행동특성을 이용하여 평정하는 방식으로 영재성을 측정한다. 교사용, 부모용, 학생용 영재선별평정검사가 개발되었으며, 실시가 간편한 특징이 있다. 행동관찰에 기초한 평가가 실시되기 때문에 인위적인 평가 환경을 만들지 않고도 평가가 가능하다.

교사의 영재추천 방식은 여러 가지 문제가 있는 것으로 평가된다. 영재의 정의가 불명확하기 때문에 교사추천 시 말을 잘 듣고 교사에게 순종적인 학생을 추천하는 경향이 있다. 따라서 교사추천의 단점인 임의성을 제거하기 위해서는 학생의 행동에 기초한 평정검사를 활용하여 추천의 단점을 극복할 수 있다.

영재선별평정검사에 대한 이전의 연구들은 검사가 정확하다는 연구와 부정확하다는 연구로 나누어진다. 검사가 정확하다는 연구는 영재선별평정검사가 영재 집단을 정확히 예언하며, 행동특성에 바탕을 두기 때문에 표준화검사로 선발한 영재 집단에 비하여 영재교육 실시 후 학업성취가 높다고 한다. 그러나 부정확하다는 연구에 따르면, 영재선별평정검사는 학생의 특성을 잘 측정하지 못할 뿐만 아니라, 신뢰도가 낮기 때문에 영재선별에 사용하는 데 부적절하다고 한다. 평가 주체가 누구인가에 따라 평가 결과가 다르다는 점도 지적되고 있다. 이는 영재선별평정검사가 지닌 장점에도 불구하고 타당도와 신뢰도가 낮기 때문이라는 지적으로 요약할 수 있다. 이렇게 서로 다른 결론은 영재선별평정검사의 실제 사용을 막는 결과를 가져올 수 있다.

영재선별평정검사를 사용하기 위해서는 측정학적 타당도 및 정확성에 대한 검증이 있어야 한다. 예시 연구는 이러한 필요성에서 시작되었다. 즉, 예시 연구의 중요한 목적은 동일한 특성을 서로 다른 평정자가 같은 특성으로 보고 있는가를 검증하는 것이다.

이를 위하여 영재선별평정검사를 제작하였다. 이 검사 제작을 위해 「영재교육진흥법」상의 영재 정의에 따라 영재구인을 완성하였다. 「영재교육진흥법」에서 '영재'라 함은 재능이 뛰어난 사람으로서 타고난 잠재력을 계발하기 위하여 특별한 교육을 필요로 하는 자를 말한다. 영재의 특성으로 일반지능, 학문적성, 창의성, 예술적 재능, 신체적 재능, 동기와 지도력을 설정하여 영재성의 특성을 확정하였다.

이상의 검토를 거쳐 영재선별평정검사를 완성하였다. 완성한 영재선별평정검사는 교사용, 부모용, 학생용의 세 종류이며, 「영재교육진흥법」에 근거하여 영재구인을 산출하였다. 각각은 같은 형태의 동형검사로 제작하였으며 예비검사를 거쳐 신뢰도와 타당도를 확인하였고 문항수정을 실시하였다.

예시 연구의 연구문제는 세 집단에서 측정한 자료가 동일한 특성에 대해 같은 응답을 하는가를 검증하는 것이다. 연구문제를 해결하기 위하여 9개 영재학급과 8개 일반학급을 표집하였고, 각각은 319명, 293명이었다. 학생, 부모, 담임교사(원적학급)에게 영재선별평정검사를 실시하였다.

연구에서 영재선별평정검사의 측정학적 특징을 확인한 결과, 영재선별평정검사는 타당하고 신뢰로운 검사였다. 확인적 요인분석 결과 모형이 적합하였고, 측정동질성 검증을 실시한 결과 교사, 부모, 학생의 영재선별평정검사는 같은 영재특성을 측정하는 검사였다.

예시 연구는 표준화검사 또는 지필검사에 지나치게 의존하는 영재선별의 대안적 방법을 제시하였다는 데 큰 의의가 있다고 할 것이다. 영재선별평정검사는 측정학적으로 타당하며 정확성이 있기 때문에 대안적인 방법으로 영재선별에 사용할 수 있는 길을 개척하였다. 더 자세한 연구의 개요는 박춘성(2006)을 참고하기 바란다.

1. 확인적 요인분석을 활용한 다집단동질성 검증

1) 동질성 연구방법의 필요성 및 목적

집단을 대상으로 하는 연구들은 많은 경우 다집단(multi-group)을 대상으로 한다. 다집단에 관한 연구는 각 집단이 가진 특성과 집단의 고유성을 반영하기보다는 각 집단이 같은 집단이라는 가정하에서 진행되는 경우가 많다. 이 경우 다집단이 각기 다른 집단이었다면 연구 결과를 신뢰할 수 없게 된다. 따라서 집단의 특성이 같다는 증거는 다집단을 대상으로 한 연구에서 필수적인 요구사항이다(Byrne & Watkins, 2003).

그런데 이미 지적한 것처럼 많은 연구들이 다집단을 사용하여 연구를 진행하면서 이 집단들이 같다는 전제하에 결론을 도출하는 경우가 있으며, 이 경우 각 집단이 같다는 것을 밝혀야 할 것이다. 측정동질성 검증은 이러한 경우에 사용하는 방법이지만, 이 방법에 대한 소개는 아직 많이 이루어지지 않았다.

측정동질성 검증(Measurement Invariance Test)은 하나의 검사가 모집단이 다른 경우에도 같은 검사인가를 검증하는 것을 의미한다(김기영, 강현철, 2001; 설현수, 2002; Kim, 2002; Vandenberg & Lance, 2000). 예를 들어 집단지능검사를 제작하였을 때, 이 검사가 남자 집단과 여자 집단에서 동일한 요인구조 및 측정동질성을 가진 것으로 볼 수 있는가를 검증하는 방법이 있다. 지금까지의 비교방법들은 두 집단 이상에 하나의 검사를 실시하고, 그 평균 등을 비교하는 방법을 사용하여 검증하였으나, 변산이나 요인구조 등 검사의 특성과 밀접하게 관련된 특성들은 분석하지 못하는 한계가 있었다. 이러한 문제를 해결하기 위한 연구방법이 측정동질성 검증이다.

측정동질성 검증은 이미 1971년에 그 기본 개념이 알려진 후(Joreskog, 1971), 많은 연구에서 사용되거나 그 기법이 발전해 왔다(Vandenberg & Lance, 2000). Vandenberg와 Lance(2000)는 다양한 동질성 검증방법들이 존재함을 밝히면서 각 방법들의 특징을 설명하였다.

예시 연구에서는 교사용, 부모용, 학생용의 검사 3종을 개발하였고, 각각의 검사가 학생의 특징을 잘 나타내는가를 측정하였다. 따라서 교사용, 부모용, 학생용의 검사가 학생에게서 살펴볼 수 있는 같은 특성을 측정하였는지에 대해 검증할 필요가 있다.

2) 측정동질성 검증의 맥락

다중집단의 요인구조에 대한 연구는 요인분석의 방법을 사용하였는데, 전통적으로 각 집단별 직교해(orthogonal solution)를 유도하고 이를 회전시킨 후, 적합도 지수(fitting index) 등 요인구조의 유사성을 재는 지수들을 사용하였다(김기영, 강현철, 2001). 즉, 확인적 요인분석을 사용하여 같은 요인구조를 가졌는지를 검증하는 방법을 사용하였다. 그러나 이 방법은 측정오차를 그대로 분석에 투입할 뿐만 아니라(설현수, 2002), 집단 간 차이에 대한 명확한 결론을 내기에는 모든 분산-공분산을 고려하지 못하는 한계가 있다(Vandenberg & Lance, 2000). 이 문제는 구조방정식모형의 모수를 제한하는 방식을 사용함으로써 해결이 가능하다.

국내에는 측정동질성 관련 논문을 통하여 그 개념이 소개되고 있는 중이며, 최근에는 다양한 연구들에서 활발하게 사용되기 시작하였다. 여기서는 이 개념을 측정동질성 검증으로 부르기로 한다.

측정동질성 검증은 앞에서 지적한 것처럼 검사도구가 남녀, 인종, 배경, 척도, 배경 간의 차이를 반영하는가를 검증할 수 있는 방법이다. 즉, 검사가 집단 차이에도 불구하고 같은 요인구조를 측정하는가를 검증하는 것이다. 그러나 측정동질성 검증은 '동일하다 또는 아니다'의 문제이기보다는 그 측정모형들의 측정동질성 정도를 평가하는 과정으로 보아야 한다(손원숙, 2002). 따라서 예시 연구에서는 동일한 요인이 교사용, 부모용, 학생용 검사의 어느 부분에서 나타나는가를 검증하였다. 모수를 같다고 인위적으로 제약하였을 때, 모형의 적합도가 적절한 것으로 나타난다면 이는 학생의 특성에 대해서 교사, 부모, 학생이 같게 인식한다는 것을 의미한다. 그렇지 않다면 이것은 학생의 능력에 대해 교사, 부모, 학생은 각기 다르게 인식한다는 것을 의미한다.

3) 측정동질성 검증을 지칭하는 용어

측정동질성 검증은 요인구조 비교성 검증(Multi Group Factor Analysis)(설현수, 2002) 또는 Measurement Equivalence/Invariance(ME/I)(Vandenberg & Lance, 2000), Factorial Invariance(Kline, 1998), Group Invariance of Factorial Structure(Byrne & Campbell, 1999), 다중집단 요인분석(김계수, 2007)으로 불리기도 한다.

4) 측정동질성의 수준

측정동질성 검증의 방법은 다음과 같이 나누어 볼 수 있다(설현수, 2002; Vandenberg & Lance, 2000). 다음에 제시되는 순서는 일반적으로 분석이 진행되는 순서이고, 처음에 제시되는 측정동등성 검증이 선행되어야 다음의 분석이 의의가 있으며 만약 공변량 행렬이 동등하다면 이것은 같은 검사임을 의미하기 때문에 다른 측정동질성 검증은 필요가 없다고 지적하고 있다. 그러나 만약 공변량 행렬의 동등성이 검증되지 않았을 경우, 추가적인 분석이 행해져야 한다(Vandenberg & Lance, 2000). 이는 집단 간에 어떠한 동등성이 존재하는가를 찾아가는 과정이다(손원숙, 2002).

(1) 집단 간 공변량 측정동질성 검증(an omnibus test of the equality of covariance across group)

표집 공변량 행렬의 동등성을 검증하는 방법이다. 표집 공변량 행렬들 간에 같다면, 즉 $\Sigma^{g} = \Sigma^{\sqrt{g}}$ 이 되는 경우는 영가설이 기각되지 않은 경우로 집단 간 전반적 측정치들이 동등하다는 것을 의미한다. 그러나 만약 영가설이 기각된다면 어떠한 형태의 측정동질성이 존재하는지에 대한 추가분석이 필요하다. 만약 공변량 행렬의 측정동질성이 검증된다면 이후의 분석은 필요 없어진다. 따라서 집단 간 공변량 측정동질성이 확보되면 변수들 간의 구조적 관계가 두 집단에서 동일하다는 의미이므로 더 이상의 가설검증은 의미가 없다(김기영, 강현철, 2001; Vandenberg & Lance, 2000). 이 분석은 모형에 아무런 제한을 가하지 않은 상태에서의 적합도 지수를 통하여 검증 가능하다.

(2) 구조 측정동질성 검증(test of configural invariance)

이 검증의 영가설은 측정된 요소(즉, 문항)에 부과된 free와 fixed 요인 부하량이 집단에 걸쳐 동등한가를 검증하는 것이다. 즉, 경로계수가 동일한가의 분석이다. 분석의 절차는 먼저 개별 집단의 모형 적합도 검증 결과를 살펴본 후에 어떤 동일화 제약을 가하지 않은 상태에서 비교 집단을 동시에 투입하여 얻은 모형 적합도 검증값이 좋게 나오면 구조 측정동질성(configural invariance)이 성립한다고 볼 수 있다. 구조 측정동질성은 이후의 분석을 위한 필요조건이다. 만약 구조 측정동질성이 성립되지 않았다면 더 이상의 분석은 무의미하다(Vandenberg & Lance, 2000). 이 분석은 각 관찰변수(문항)와 잠재 요인을 연결하는 람다계수들이 두 집단에서 동일하다는 가설의 검증이다.

(3) 행렬 측정동질성 검증(test of metric invariance: $\Lambda_x^g = \Lambda_{x'}^{g'}$)

비교하고자 하는 집단 사이에 각 요인계수가 동일한지 검증하는 것으로서 어떠한 제약을 가하지 않은 상태에서의 기저모형 적합도값과 각각 요인구조에 동일화 제약을 가한 모형 적합도값 차이검사를 실시해서 차이가 통계적으로 유의한가 아닌가로 측정동질성을 검증하는 것이다. 만약 유의한 차이가 없다면 측정동질성이 성립된다고 할 수 있다. 행렬 측정동질성도 이후의 분석이 의미를 갖기 위해서 반드시 검증되어야 할 필요조건이며, 측정동질성이 확보되지 않으면 이하의 분석은 의미가 없다(설현수 2002; Vandenberg & Lance, 2000). 그러나 아직 이 문제는 논쟁 중인 사안이며, 전반적인 측정동질성의 영가설이 부정되어도 하위 분석을 통한 측정동질성 검증을 하여야 한다는 주장도 있다(Steenkamp & Baumgarter, 1998). Steenkamp와 Baumgarter(1998), Vandenberg와 Lance(2000)는 측정동질성이 확보되지 아니하였더라도 그 지수를 분석에서 제거하여 측정동질성 제한을 완화하는 방법을 쓸 수 있음을 밝혔다. 즉, 별로 중요하지 않은 지수(indicator)이거나, 이론적인 배경이 명확한 경우에는 그 지수(indicator)를 제거하여 추가분석을 사용할 수 있다.

(4) 스칼라 측정동질성-요인 평균비교(a test of 'scalar invariance': $\tau_x^g = \tau_x^{g'}$)

문항 intercept(즉, 회귀식의 상수항)가 집단 간에 동일한(스칼라 동일) 것인지를 가설검증하는 것으로 자주 사용되지는 않는다. τ 벡터가 X_{ij}(문항에 상응하는 ξ_j 값이 0일 때에 관찰된 문항의 값)의 지역모수이기 때문에, 이 검정은 집단 간 차이의 체계적 반응편향으로 해석할 수 있다. 예를 들면, 남자 집단과 여자 집단 간의 평균에 차이가 있다는 것은, 한 집단이 다른 집단에 비하여 평균이 높다는 것을 의미하며, 이것은 실제적으로 한 집단이 다른 집단보다 높은 수준을 유지한다는 의미다. 이하의 분석을 의미 있게 하기 위해서 반드시 스칼라 측정동질성-요인 평균비교가 선행되어야 한다.

(5) 집단 간 동일 문항 고유 변량의 측정동질성 검증(a test of the null hypothesis that like items' unique variance are invariant across groups: $\theta_\delta^g = \theta_\delta^{g'}$)

집단 간 unique 분산(대부분의 경우 공분산)의 측정동질성 검증에 대한 것이다. 일반적으로 θ_δ^g는 행렬의 대각선 부분으로 지수들의 고유성(공분산)이 상관되어 있지 않은 것으로 가정된다. $\theta_\delta^g = \theta_\delta^{g'}$ 검증은 대부분의 연구자들에게 집단 간 측정동질성 신뢰도의 의미로 처리되지만 $\theta_j^g = \theta_j^{g'}$ (즉, 요인분산이 집단 간에 불변이다)일 경우에만 측정동질성 신뢰도로 적정한 검증이다. 이 검증은 반드시 측정 및 스칼라 측정동질성(metric & scalar invariance)이 확보된 다음에 분석하여야 한다.

(6) 집단 간 요인 공분산 측정동질성 검증($\Phi_{jj}^g = \Phi_{jj}^{g'}$)

집단 간에 같은 요인 쌍의 공분산이 같다는 제한을 해서 검증한다. 이 방법은 요인 내적 상관의 동등성 검증에 가장 많이 사용되는 것이다. 예시 연구에서는 이를 Structural Covariance로 분석하였다. 이보다는 덜 사용되지만 두 번째 검증은 gamma 변화다. 특히 개념적 영역이 모든 집단에 걸쳐 고정적이라면 요인 사이의 관련성과 집단 간에 요인 사이의 관련성은 다르지 않다. 한편 개념적 영역이 다르다면 요인의 공변량은 차이가 있다. Vandenberg와 Lance(2000)에 의하면 이 방법을 적용하는 것은 분석을 통하여 얻는 장점이 적다고 지적하였다. 그 이유는 구조 측정동질성이 부정되었다면 각 집단별로 이미 요인 공분산의 형태가 다르다는 것을 확인한 것이며, 따라서 추가적인 분석은 필요 없기 때문이다.

(7) 집단 간 요인 평균의 측정동질성 검증($X^{g}=X^{g'}$)

이것은 동등한 요인 평균이 집단 간에 있는가를 검증하는 것이다. 전통적인 분석방법(예: ANOVA)과 같이, 잠재된 평균 간 차이검증은 집단 간 요인의 평균이 같다는 영가설에 대한 검증이다. 그러나 실제로 많이 사용되는 방법은 아니다.

2. 연구방법의 실제 적용

예시 연구에서 사용한 분석방법 중에서 핵심이 되는 내용인 측정동질성 검증을 위한 모형은 [그림 4-1]과 같다.

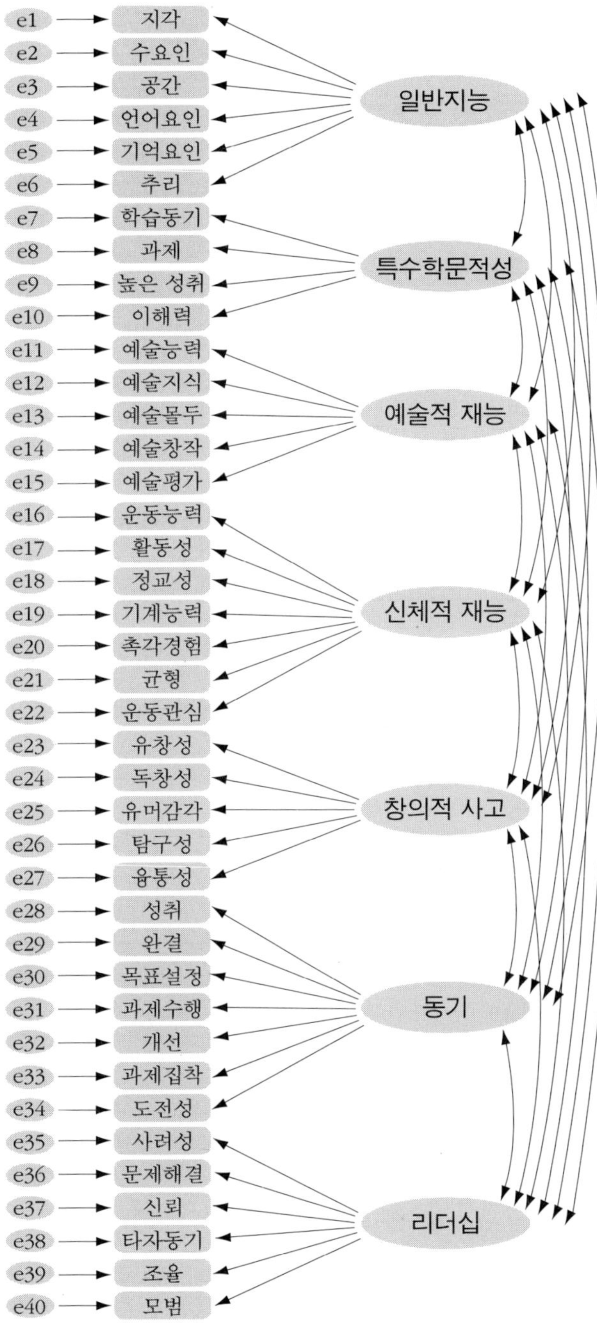

[그림 4-1] 교사용, 부모용, 학생용 영재선별평정검사 측정동질성 검증모형

이 모형의 분석에 사용된 자료는 〈표 4-1〉과 같다.

〈표 4-1〉 분석에 사용한 자료

학년	영재학급												일반학급			
	K 영재학급				Y 영재학급				C 영재학급							
	사례 수 (학급 수)	교사용	부모용	학생용	사례 수 (학급 수)	교사용	부모용	학생용	사례 수 (학급 수)	교사용	부모용	학생용	사례 수 (학급 수)	교사용	부모용	학생용
4	36 (2)	30	30	36	36 (2)	32	32	32	36 (2)	26	27	35	68 (2)	66	61	65
5	34 (2)	23	23	30	38 (2)	25	28	34	36 (2)	27	29	32	110 (3)	107	85	74
6	35 (2)	22	20	29	31 (2)	17	16	29	37 (2)	18	19	35	115 (3)	112	87	108
합	105 (6)	75	73	95	105 (6)	74	76	95	109 (6)	71	75	102	293 (8)	285	233	247

이 자료는 자기보고식 영재선별검사로서 교사용 영재선별평정검사, 부모용 영재선별평정검사, 학생용 영재선별평정검사 등의 3종으로, 각각의 검사는 〈표 4-2〉와 같은 내용으로 구성되었다.

〈표 4-2〉 예시 자료(영재선별검사)의 구인 및 문항 수

구인 이름	설명	문항 수
일반지능	지각, 수요인, 공간, 언어요인, 기억요인, 추리요인으로 구성	8문항
학문적성	학습동기, 과제, 높은 성취, 이해력으로 구성	8문항
예술적 재능	예술능력, 예술지식, 예술몰두, 예술창작, 예술평가로 구성	8문항
신체적 재능	정교성, 기계능력, 촉각경험, 균형, 운동 관심으로 구성	8문항
창의적 사고능력	유창성, 독창성, 유머감각, 탐구성, 융통성으로 구성	8문항
동기	성취, 완결, 목표설정, 과제수행, 개선, 과제집착, 도전성으로 구성	8문항
지도성	사려성, 문제해결, 신뢰, 타자동기, 조율, 모범	8문항

이 방법으로 분석하기 위하여 AMOS 5.0과 SPSS 11.0을 사용하였다. 세부적 연구 목적은 다음과 같다. 첫째, 교사, 부모, 학생의 평정 결과는 일치하는가? 둘째, 만약 일치한다면 어느 수준까지 일치하는가 ?

1) 준비하기

이 연구문제를 해결하기 위해서는 3개의 파일이 필요하다. 3개의 파일은 각각 교사, 부모, 학생들의 결과 파일이며, SPSS 파일의 형태로 되어 있어야 한다.

이때 주의하여야 할 점은, 각 파일들이 동일한 구인을 측정한 것이기 때문에 파일 이름이 같아야 한다는 것이다. 즉, 교사들이 일반지능 1에 응답한 결과를 SPSS로 코딩할 때 '일반지 1'로 하였으면 부모, 학생들의 SPSS 파일도 '일반지 1'로 코딩되어야 한다.

2) 단계 1: SPSS 활용

❏ SPSS 활용하여 데이터 확인하기

[그림 4-2]는 예시 자료가 들어 있는 SPSS 파일을 보여 준다.

모두 3개 집단의 동질성 검증을 하는 것이기 때문에, 3개 집단 각각의 파일이 필요하고, 각 파일은 같은 변인명으로 구성될 필요가 있다.

다음은 본 분석을 위한 파일 세 가지를 보여 주며, 각각은 교사, 부모, 학생 SPSS 파일이다.

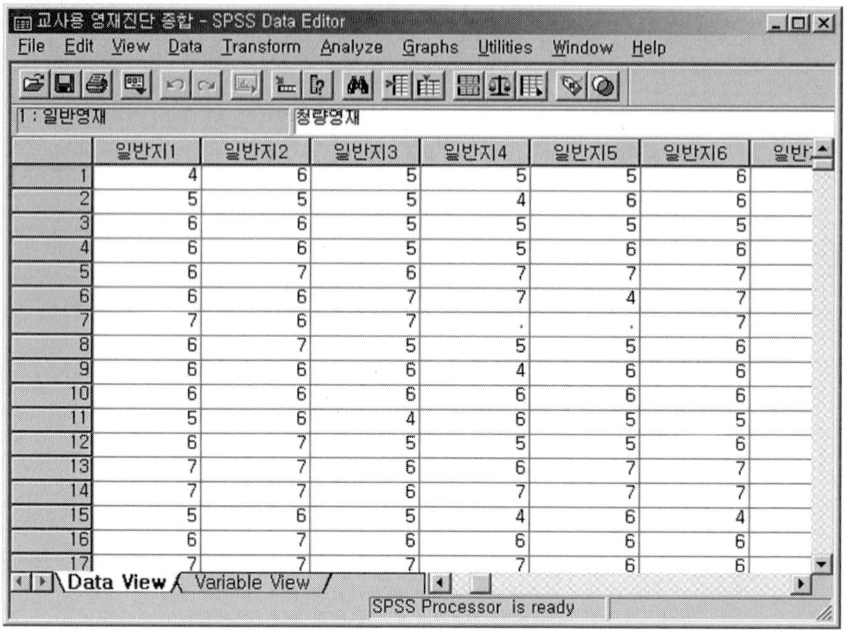

	일반지1	일반지2	일반지3	일반지4	일반지5	일반지6	일반
1	4	6	5	5	5	6	
2	5	5	5	4	6	6	
3	6	6	5	5	5	5	
4	6	6	5	5	6	6	
5	6	7	6	7	7	7	
6	6	6	7	7	4	7	
7	7	6	7	.	.	7	
8	6	7	5	5	5	6	
9	6	6	6	4	6	6	
10	6	6	6	6	6	6	
11	5	6	4	6	5	5	
12	6	7	5	5	5	6	
13	7	7	6	6	7	7	
14	7	7	6	7	7	7	
15	5	6	5	4	6	4	
16	6	7	6	6	6	6	
17	7	7	7	7	6	6	

[그림 4-2] 교사용 검사의 SPSS 파일 예시

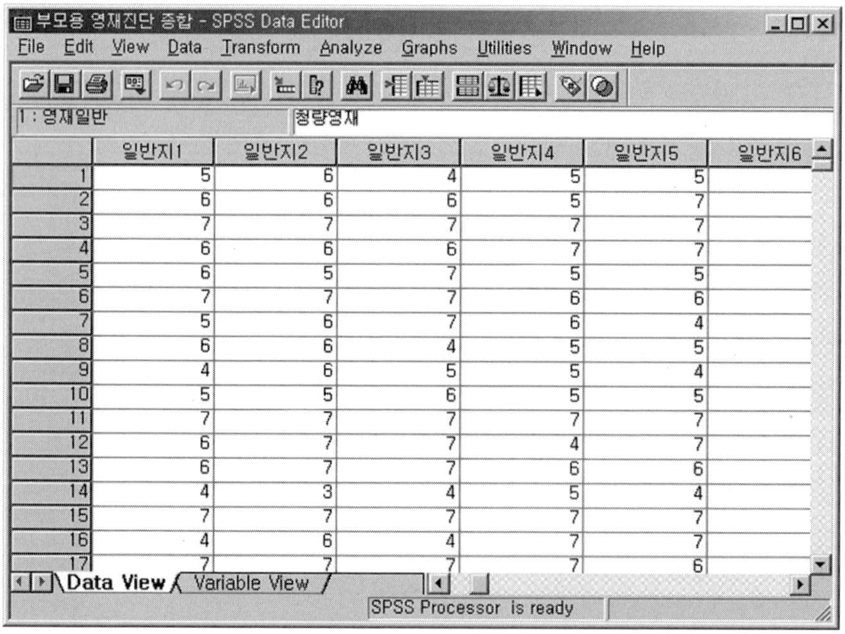

	일반지1	일반지2	일반지3	일반지4	일반지5	일반지6
1	5	6	4	5	5	
2	6	6	6	5	7	
3	7	7	7	7	7	
4	6	6	6	7	7	
5	6	5	7	5	5	
6	7	7	7	6	6	
7	5	6	7	6	4	
8	6	6	4	5	5	
9	4	6	5	5	4	
10	5	5	6	5	5	
11	7	7	7	7	7	
12	6	7	7	4	7	
13	6	7	7	6	6	
14	4	3	4	5	4	
15	7	7	7	7	7	
16	4	6	4	7	7	
17	7	7	7	7	6	

[그림 4-3] 부모용 검사의 SPSS 파일 예시

[그림 4-2], [그림 4-3], [그림 4-4]를 통하여 확인할 수 있는 것처럼, 세 가지 파일이 같은 변인 이름과 구조를 가지고 있다는 것을 알 수 있다(파란색 파일 이름을 통하여 3개의 파일임을 그림에서 다시 확인하기 바람).

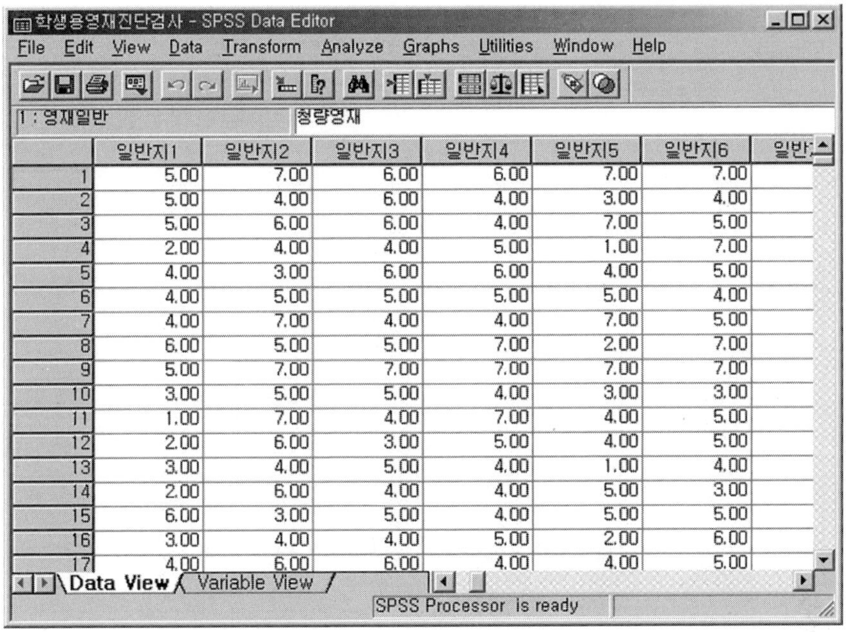

[그림 4-4] 학생용 검사의 SPSS 파일 예시

3) 단계 2: AMOS 분석

① 절차 1: AMOS 실행하고 기본 모형 완성하기

AMOS를 활용하여 분석에 필요한 요인구조모형을 작성한다. 예시 연구에 사용한 모형은 [그림 4-5]와 같다.

[그림 4-5]에서는 AMOS를 사용하여 연구모형을 작성하였다. 연구모형 작성은 한 번만 실시하면 된다. 한 번 작성한 연구모형은 3개의 파일을 동시에 고려하여 분석에 사용할 수 있다.

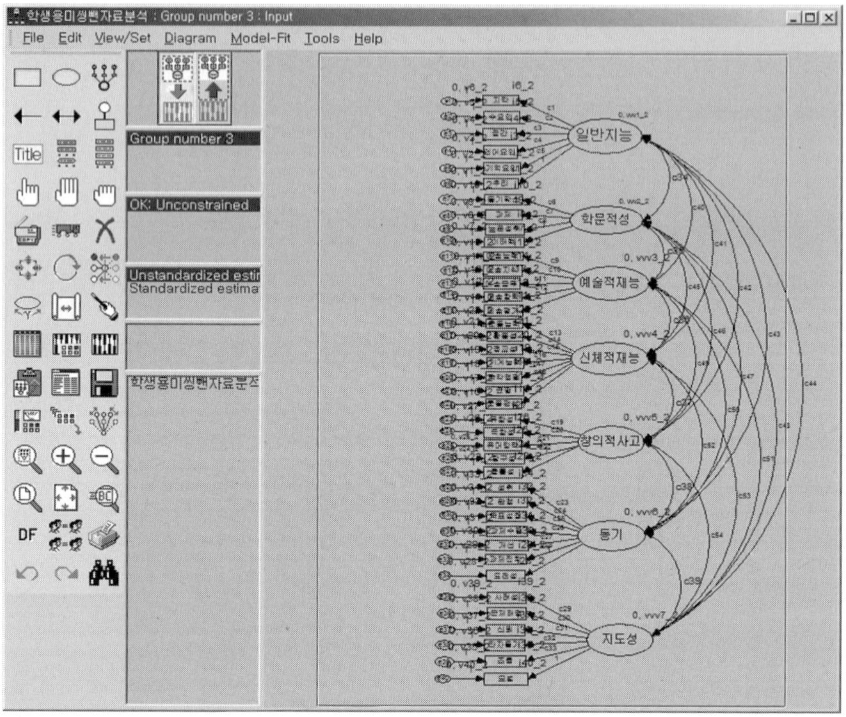

[그림 4-5] AMOS를 활용하여 연구문제 작성

② 절차 2: Multi Group 확인하기

위의 기본 모형을 이용하여 〈Multi Group〉 분석을 위한 준비를 한다. 두 가지 방법이 있는데, 메뉴를 선택하는 방법과 풀다운 메뉴를 이용하는 방법이 있다.

즉, 첫 번째 방법은  버튼을 선택하는 방법이다. 두 번째 방법은 툴바의 〈Model-fit〉 메뉴에서 〈Manage Groups〉를 클릭하는 것이다.

이 두 가지 방법 중에 어떤 것을 사용하여도 결과는 동일하며, 다음과 같은 창이 뜰 것이다.

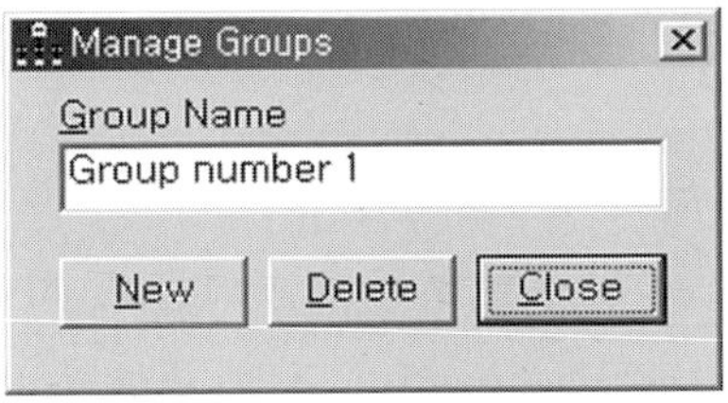

[그림 4-6] Multi Group 표현을 위한 활성 창

이 창에 그룹들을 표현한다.

예시 연구는 3개의 집단이 있기 때문에, 3개의 집단을 표현하고, 그 결과 [그림 4-7]과 같이 Group 1, 2, 3이 생성된다.

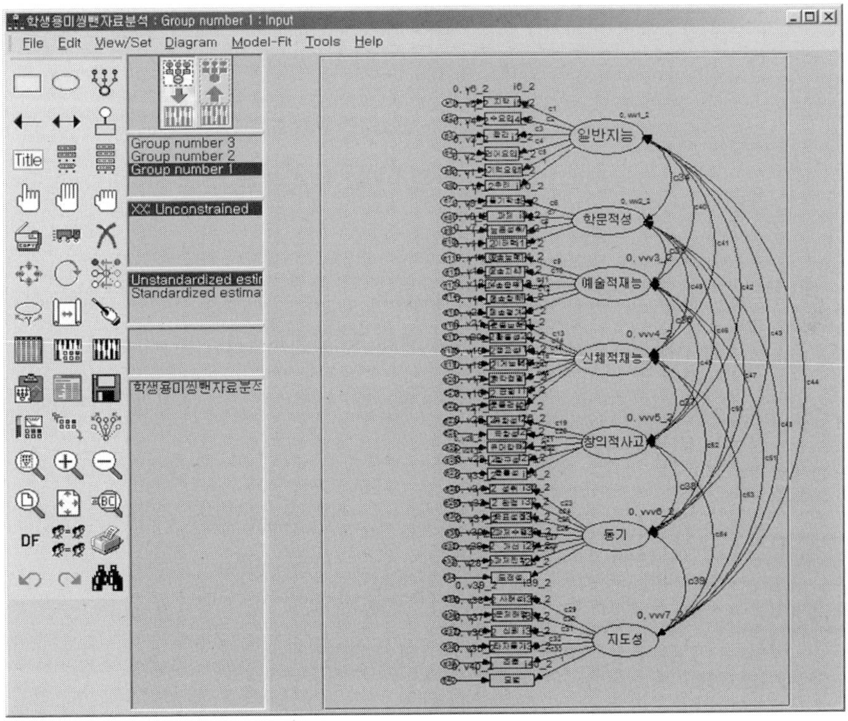

[그림 4-7] Multi Group이 설정된 모형

[그림 4-7]에서 볼 수 있는 것처럼 〈Multi Goup〉이 3개의 집단으로 설정되

었다(그림의 부분 확인 바람).

③ 절차 3: 각 그룹별 데이터 파일 확인하기

이제 다중집단 비교를 위해 모형이 설정되었고, 따라서 각 모형에 사용될 데이터가 무엇인지 확인해 주어야 한다. 이를 위해 툴바 메뉴의 〈File〉-〈Data Files〉를 클릭하면 다음과 같은 창이 활성화된다.

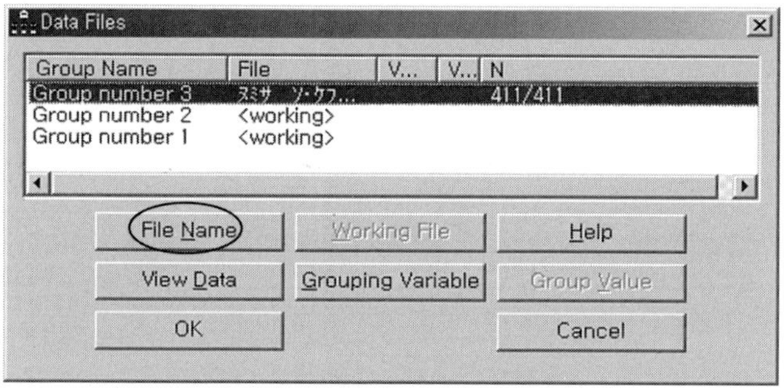

[그림 4-8] 데이터 파일 창 활성화

데이터 파일 창이 활성화되면 각 그룹의 파일들을 지정한다. 준비하기에서 준비한 3개의 데이터 파일을 이 메뉴에서 활용하여 집단별 데이터를 확인한다. 〈File Name〉 메뉴를 이용하여 해당 SPSS 데이터를 지정해 주고, 준비가 끝나면 〈OK〉 버튼을 누른다.

④ 절차 4: 다집단분석 준비하기

다집단분석을 위해서는 왼쪽 메뉴의  버튼을 누른다.

이 버튼을 누르면 [그림 4-9]의 창이 활성화된다.

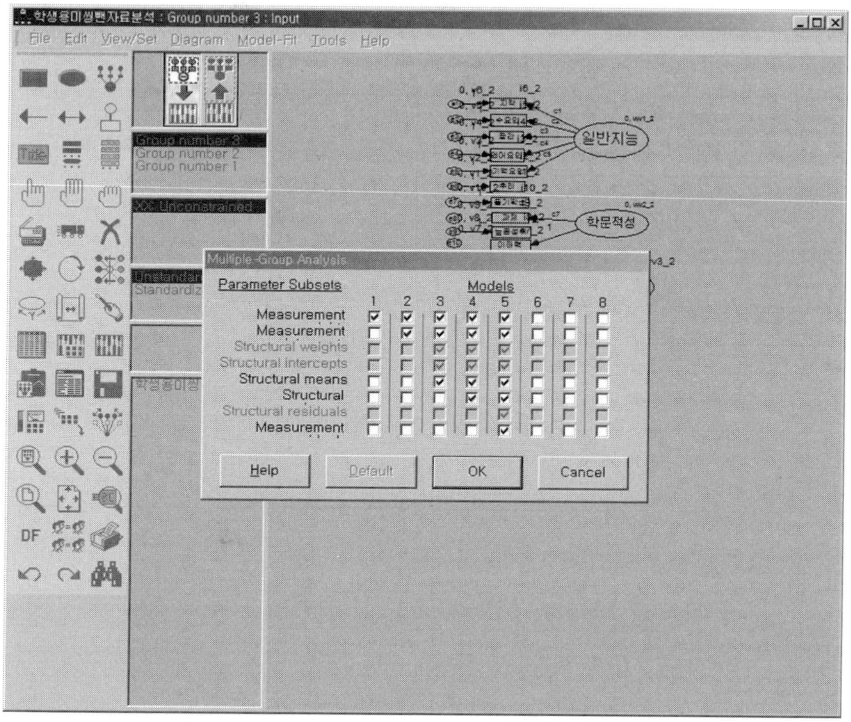

[그림 4-9] 다집단분석을 위한 창의 활성화

이 활성화된 창에서 분석에 필요한 동질성 검증의 정도까지 클릭한다(〈Multiple-Group Analysis〉 활성창). 처음에 제시된 것은 〈Measurement Weight〉이며, 요인부하량의 동질성 정도를 평가하는 방법이다. 2, 3, 4…으로 모델이 다양화되기 위해서는 1번 모델인 〈Measurement Weight〉이 확보되어야 다음 분석을 진행할 수 있다.

이 모델들이 의미하는 바는 〈표 4-3〉과 같다.

〈표 4-3〉 동질성 검증을 위한 모수의 제한

	Unconstrained	Measurement Weights	Measrement Intercepts	Structural Covariance	Measurement Residual
제한되는 모수	없음	a1=b1=c1 a2=b2=c2 a3=b3=c3 a4=b4=c4 a5=b5=c5 a6=b6=c6 a7=b7=c7 a8=b8=c8 a9=b9=c9 a10=b10=c10 a11=b11=c11 a12=b12=c12 a13=b13=c13 a14=b14=c14 a15=b15=c15 a16=b16=c16 a17=b17=c17 a18=b18=c18 a19=b19=c19 a20=b20=c20 a21=b21=c21 a22=b22=c22 a23=b23=c23 a24=b24=c24 a25=b25=c25 a26=b26=c26 a27=b27=c27 a28=b28=c28 a29=b29=c29 a30=b30=c30 a31=b31=c31 a32=b32=c32 a33=b33=c33	모형 1과 동일 i1_1=i1_2=i1_3 i2_1=i2_2=i2_3 i3_1=i3_2=i3_3 i4_1=i4_2=i4_3 i5_1=i5_2=i5_3 i6_1=i6_2=i6_3 i7_1=i7_2=i7_3 i8_1=i8_2=i8_3 i9_1=i9_2=i9_3 i10_1=i10_2=i10_3 i11_1=i11_2=i11_3 i12_1=i12_2=i12_3 i13_1=i13_2=i13_3 i14_1=i14_2=i14_3 i15_1=i15_2=i15_3 i16_1=i16_2=i16_3 i17_1=i17_2=i17_3 i18_1=i18_2=i18_3 i19_1=i19_2=i19_3 i20_1=i20_2=i20_3 i21_1=i21_2=i21_3 i22_1=i22_2=i22_3 i23_1=i23_2=i23_3 i24_1=i24_2=i24_3 i25_1=i25_2=i25_3 i26_1=i26_2=i26_3 i27_1=i27_2=i27_3 i28_1=i28_2=i28_3 i29_1=i29_2=i29_3 i30_1=i30_2=i30_3 i31_1=i31_2=i31_3 i32_1=i32_2=i32_3 i33_1=i33_2=i33_3 i34_1=i34_2=i34_3 i35_1=i35_2=i35_3 i36_1=i36_2=i36_3 i37_1=i37_2=i37_3 i38_1=i38_2=i38_3 i39_1=i39_2=i39_3 i40_1=i40_2=i40_3	모형 2와 동일 a34=b34=c34 a35=b35=c35 a36=b36=c36 a37=b37=c37 a38=b38=c38 a39=b39=c39 a40=b40=c40 a41=b41=c41 a42=b42=c42 a43=b43=c43 a44=b44=c44 a45=b45=c45 a46=b46=c46 a47=b47=c47 a48=b48=c48 a49=b49=c49 a50=b50=c50 a51=b51=c51 a52=b52=c52 a53=b53=c53 a54=b54=c54 vvv1_1=vvv1_2=vvv1_3 vvv2_1=vvv2_2=vvv2_3 vvv3_1=vvv3_2=vvv3_3 vvv4_1=vvv4_2=vvv4_3 vvv5_1=vvv5_2=vvv5_3 vvv6_1=vvv6_2=vvv6_3 vvv7_1=vvv7_2=vvv7_3	모형 3과 동일 v1_1=v1_2=v1_3 v2_1=v2_2=v2_3 v3_1=v3_2=v3_3 v4_1=v4_2=v4_3 v5_1=v5_2=v5_3 v6_1=v6_2=v6_3 v7_1=v7_2=v7_3 v8_1=v8_2=v8_3 v9_1=v9_2=v9_3 v10_1=v10_2=v10_3 v11_1=v11_2=v11_3 v12_1=v12_2=v12_3 v13_1=v13_2=v13_3 v14_1=v14_2=v14_3 v15_1=v15_2=v15_3 v16_1=v16_2=v16_3 v17_1=v17_2=v17_3 v18_1=v18_2=v18_3 v19_1=v19_2=v19_3 v20_1=v20_2=v20_3 v21_1=v21_2=v21_3 v22_1=v22_2=v22_3 v23_1=v23_2=v23_3 v24_1=v24_2=v24_3 v25_1=v25_2=v25_3 v26_1=v26_2=v26_3 v27_1=v27_2=v27_3 v28_1=v28_2=v28_3 v29_1=v29_2=v29_3 v30_1=v30_2=v30_3 v31_1=v31_2=v31_3 v32_1=v32_2=v32_3 v33_1=v33_2=v33_3 v34_1=v34_2=v34_3 v35_1=v35_2=v35_3 v36_1=v36_2=v36_3 v37_1=v37_2=v37_3 v38_1=v38_2=v38_3 v39_1=v39_2=v39_3 v40_1=v40_2=v40_3
제한된 모수에 대한 설명	교사, 부모, 학생의 공변량 간에 차이가 없다.	요인부하량 간에 차이가 없다. 즉, 요인부하량이 동일함.	모형 1을 포함하고 각 문항의 상수(절편: intercept) 간에 동일함.	모형 2의 내용을 포함하고 구조공분산이 동일함.	모든 모수가 집단 간에 동일함.

⑤ 절차 5: 다집단분석 실시하기

모든 준비가 끝나면 버튼을 눌러서 분석을 실시한다. 분석을 실시하기 전에 [그림 4-10]과 같이 ○ 부분에 모델들이 있다면 준비가 잘된 것이다.

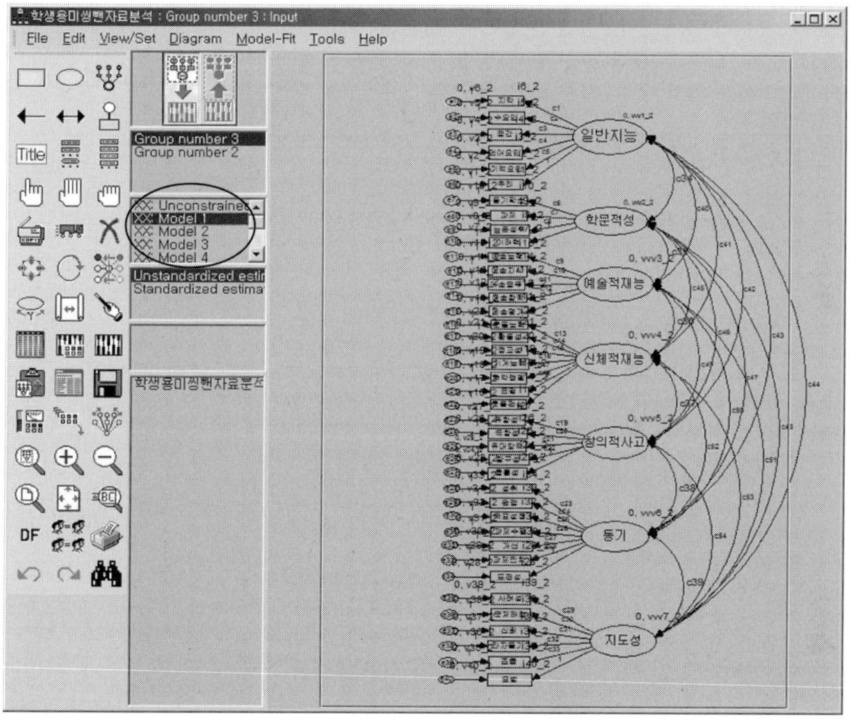

[그림 4-10] 다집단분석을 위한 준비 확인

4) 결과 해석하기

구조방정식의 모형 합치도(Fitting Index) 해석에 있어서 주의해야 할 점이 있다. 이것은 측정동질성에만 해당되는 것이 아니고 구조방정식모형의 해석에 일반적으로 적용되는 유의사항이다.

첫째, 다른 적합도 지수와 함께 χ^2 적합도를 보는 것이다. 통계적으로 유의미하지 않은 χ^2값은 모형이 잘 적합된다는 것이다. 구조방정식모형의 유의수준은 대개 .10 이상이며, 때로는 .30 이상의 상대적으로 큰 값이 설정되기도 한다(이기종, 2003). 그러나 집단 간 요인구조의 차이가 약간만 있어도 유의한 차이가 있는 경우가 있다(Vandenberg & Lance, 2000). 이런 경우는 표집 크기의 영향력에 기인한다. 즉, 표집이 클 경우 이러한 현상이 발생한다. 이는 χ^2 값이 표집의 크기에 영향을 받는 적합도 지수이기 때문이다(Vandenberg & Lance, 2000; Bollen & Long, 1993). 따라서 다른 적합도 지수를 함께 살펴보아야 한다.

둘째, 카이 검증 하나가 아니라 여러 가지 적합도 지수를 선택하는 것이다. 카이 검증 이외에 많이 추천되는 지수는 다음의 네 가지다.

① Tucker-Lewis Index(TLI): NNFI로 불리기도 한다. 표집의 크기에 체계적으로 관련되지 않았으며 .90 이상이면 모형이 잘 적합하는 것으로 본다.

② Root Mean Square Error of Approximation(RMSEA): 근사오차 제곱 평균 제곱근(RMSEA)은 모집단 공분산 행렬과 모형 공분산 행렬의 차이를 나타내는 합치 함수값에서 모형의 자유도를 표본의 크기로 교정한 값을 뺀 것이다. 크기가 작으면 모형에 잘 부합되는 것으로 본다. 일반적으로 .05 이하이면 모형에 잘 맞는 것으로 보나 .08을 상한선으로 보기도 한다. RMSEA의 특징은 이 값이 χ^2의 유의도와 함께 변동하는 특징이 있다는 것이다(이기종, 2003). 따라서 예시 연구의 적합도 결과 해석에서 중요하게 다룰 것이다.

③ NFI(Normed Fit Index): Saturated 모형(perfect fitting 모형을 말하며, 추정모수의 개수를 최대로 하였을 때의 모형)의 적합도를 100%, Independent 모형(terrible fitting 모형을 말하며, 추정모수의 수를 가장 작게 하였을 때의 모형)의 적합도를 0%로 하였을 때의 모형의 적합성 정도를 다루는 지수다.

셋째, 이 장에서 제시한 적합도 지수 이외에 다양한 적합도 지수가 존재하기 때문에 적절한 적합도 지수를 확인하여 자신의 모형에 대한 적합도 지수로 사용하기 바란다.

〈표 4-4〉 교사, 부모, 학생 측정동질성 검증 적합도 지수 요약

	χ^2 (p)	NFI	TLI	RMSEA
Unconstrained	8153.965 (.000)	0.959	0.965	0.043
Measurement Weights	8385.796 (.000)	0.958	0.966	0.043
Measrement Intercepts	9821.221 (.000)	0.951	0.959	0.046
Structural Covariance	10152.61 (.000)	0.949	0.959	0.047
Measurement Residual	16736.57 (.000)	0.916	0.927	0.062

예시 연구에서 검증한 측정동질성 검증의 모형은 교사, 부모, 학생용 검사로 각각 같은 경로를 가졌으며, 이 세 가지 모형을 구조방정식으로 동시에 분석하는 방법을 사용함으로써, 측정동질성 검증을 실시하였다.

예시 연구는 표집이 크기 및 요인 수에 영향받는 χ^2 및 관련 지수들을 살펴보았을 때, χ^2 통계치를 제외한 모든 적합도 지수들이 자료와 잘 부합되는 것으로 나타났다. χ^2 지수는 자유도가 클 경우 값이 커지는 특징이 있기 때문에 거짓부정의 문제를 유발한다. 따라서 자유도가 큰 경우 다른 적합도 지수들도 함께 검토해 보아야 한다. NFI와 TLI는 .90보다 커야 잘 부합하는 것으로, RMSEA는 .08보다 작아야 잘 부합하는 것으로 볼 수 있는데, 결과에 의하면 제시한 임계값에 비추어 보아 모형이 잘 적합한 것으로 볼 수 있다. 따라서 영재선별평정검사의 측정동질성은 확보되었다. 측정동질성이 확보된 검사는 교사, 부모, 학생 중 어느 집단에 사용하더라도 같은 영재성을 측정하는 검사를 의미한다.

3. 맺음말

동질성 검증에 대한 연구방법 적용은 아직은 흔히 사용하는 방법은 아니지만, 검사를 활용한 연구에서는 그 사용이 빈번해지고 있는 통계적 검증방법이다.

하나의 검사는 일반적으로 특정한 대상을 측정의 대상으로 정하는 것이 일반적이며, 그 대상의 선정도 많은 경우 나이 등으로 한정한다. 예를 들어 지능검사의 경우 각 나이별로 사용할 수 있는 지능검사가 제시되어 있지만, 남학생인가 여학생인가에 따라 나타나는 특성이 다르며, 특히 최근에 관심이 되는 비행, 이탈행동, 학습부진 등의 양태는 성별이 미치는 영향이 같지 않다는 것이 최근 연구들의 대체적인 결과다. 따라서 앞으로는 더 많은 측정동질성 검증이 이루어져야 할 것이다. 특수교육에서는 '특수한 집단'을 대상으로 한 교육을 실시하기 때문에 이 집단의 어떤 특성은 일반적으로 관찰할 수 있는 집단과 차이가 있다. 그런데 '특수한 집단'에서 관찰할 수 있는 특성이 실제로 '일반적 집단'과 차이가 있는지, 또는 '발달'과 함께 이러한 특성이 '특수한 집단'과 '일반적 집단' 간에 어떠한 차이를 보이는지에 대한 연구는 평균비교 등의 일차적 분석만으로 이루어진 경우가 많았다. 이 책에서 밝힌 '측정동질성 검증'은 집단 간 차이검증을 위해 사용할 수 있는 가장 최신의 방법론을 제외하였기 때문에, 이 방법론이 특수교육의 발전을 가져올 다양한 연구에 적용되기를 희망한다.

✎ 참고문헌

김계수(2007). AMOS 16.0 구조방정식 모형분석. spss아카데미 시리즈. 서울: 한나래 출판사.

김기영, 강현철(2001). 구조 방정식 모형의 분석. 서울: 자유 아카데미.

박춘성(2006). 초등영재선별을 위한 평정척도의 타당화 연구. 서울대학교 대학원 박사 학위 청구논문.

설현수(2002). 구조 방정식 모형을 이용한 집단 간 요인구조 비교성 검증. 교육평가 연구, 15(1), 317-343.

손원숙(2002). 성별에 따른 "수학에 대한 태도"의 차원성 연구: 다집단 확인적 요인 분석의 적용. 교육심리연구, 1(3), 235-253.

이기종(2003). 구조 방정식 모형에서 합치도 지수는 서로 상반되는가?. 교육학 연구, 41(3), 483-497.

홍세희(2001). 임상심리학 이론의 경험적 검증을 위한 최신 연구방법론: 구조방정식 모형을 이용한 매개모형과 잠재평균 모형의 분석. 한국임상심리학회 Workshop 자료.

Bollen, K. A., & Long, J. S. (1993). *Testing Structural Equation Model.* Newbury Park CA: Sage.

Byrne, B. M., & Campbell, T. L. (1999). Cross-curtural comparisons and the presumption of equivalent measurement and theoretical structure: A look beneath the surface. *Journal of Cross-Curtural Psychology, 30*, 555-574.

Byrne, B. M., & Watkins, D. (2003). The issue of Measurement Invariance revisited. *Journal of Cross-Curtural Psychology, 34,* 155-175.

Joreskog, K. G. (1971). Simultaneous analysis in several populations. *Psychometrika, 36,* 409-426.

Kim, D. (2002). Application of Confirmatory Factor Analysis to the Validation Study of a Performance Assessment. *The SNU Journal of EDUCATION RESEARCH, 12,* 161-197.

Kline, R. B. (1998). *Structural Equation Modeling.* NY: Guilford Press.

Steenkamp, J. E. M., & Baumgarter, H. (1998). Assessing measurement invariance in crossnational consumer research. *Journal of Consumer Research, 25*(2), pp 78-90.

Vandenberg, R., & Lance, C. E. (2000). A review and Synthesis of the measurement invariance literature: Suggestions, practices, and recommendations for organizational research. *Organizational research methods, 3*(4), 4-70.

제5장

읽기이해력검사의 타당화 및 위계적 중다회귀분석

1. 읽기이해력에 영향을 미치는 요인
2. 검사의 타당화 및 위계적 중다회귀분석
3. 맺음말

이 장에서는 읽기저성취 초등학생의 읽기이해력 발달에 영향을 미치고 교실현장에서 중재가 가능한 언어지식에 초점을 맞춘 연구 주제를 소개하고자 한다. 선행연구를 종합하면 읽기이해력은 음운 · 어휘력 · 구문론과 같은 언어지식, 텍스트와 관련된 선행지식 및 작업기억력과 같은 언어 관련 인지능력과 깊은 관계가 있다. 국내 선행 연구 중에는 극소수만이 언어지식에 초점을 맞추었고, 그 연구들도 몇몇 중요한 한계를 가지고 있다. 이에 읽기저성취 초등학생을 대상으로 인지변인(선행지식, 작업기억력)과 언어지식(음운지식, 어휘지식, 구문지식)을 동시에 고려하되 언어지식에 초점을 맞추어 읽기이해력과의 관계를 분석하는 연구 주제를 소개한다. 이 연구를 진행하기 위해서는 우선 읽기이해력검사 및 관련 검사를 개발하여 타당화할 필요가 있다. 이 장에서는 읽기이해력검사 개발 과정을 예로 들어 반응분포분석, 문항의 난이도, 문항의 변별도와 같은 문항특성분석과, 신뢰도 · 타당도와 같은 통계적 특성분석 과정을 설명한다. 또한 읽기저성취 초등학생의 인지변인과 더불어 언어지식이 읽기이해력을 얼마나 고유하게 설명하는지는 위계적 중다회귀분석을 실시하여 알아본다. 회귀분석에 대해 간략하게 소개한 후, 자료가 선형 회귀분석의 기본 가정을 충족시키는지를 확인하기 위하여 예비적 해석으로 산포도를 작성하여 관찰한다. 중다회귀분석 시 위계적 투입방법을 소개하고 독립변인들이 다중공선성 문제를 가지고 있는지의 여부를 분석하는 방법도 설명한다. 이와 같은 분석 과정을 거친 결과, 이 장에서 소개한 연구는 읽기저성취 초등학생의 읽기이해력을 인지변인은 22% 정도 설명하는 반면, 언어지식은 28% 정도 고유하게 설명하는 것으로 나타났다. 또한 읽기저성취 초등학생의 읽기이해력에 대한 음운지식의 t값은 1.05, 어휘지식은 3.40, 구문지식 2.94로 언어지식의 하위 요인 중에서는 어휘지식이 읽기이해력을 설명하는 데 가장 많이 기여하고 있었다. 이 장에서 소개한 연구 결과가 교육 현장에 주는 실제적인 시사점, 중다회귀분석에서 다중공선성의 문제를 해결하는 방법 또한 제시되어 있다.

21세기는 정보화 시대, 네트워크 시대라고 한다. 스마트폰, 웹북 등의 보편화로 시공간을 초월하여 원하는 정보를 손쉽게 얻을 수 있게 되었다. 과학기술의 발달로 정보를 얻는 방법에는 큰 변화가 있지만, 그럼에도 불구하고 실제의 정보는 여전히 문자의 형태로 제공되고 있다. 학령기 학생은 말할 것도 없고 성인 역시 문자에서 정보를 얻고 의미를 재구성하는 능력인 읽기이해력(reading comprehension)에서의 어려움, 즉 읽기저성취를 보이면 일상생활에서 큰 불편을 겪을 수밖에 없다.

학령기 학생의 경우에는 '읽기' 자체가 하나의 교과이면서 동시에 다른 교과 학습을 위한 중요한 도구다. 학령기 학생이 읽기저성취 상태이면 전반적인 학습부진(underachievement)으로 발전하게 된다. 학습부진이 계속하여 누적되면 교과학습을 넘어 또래 및 교사와의 관계에 부정적인 영향을 미치게 된다. 이처럼 학교생활 전체에 대해 흥미를 잃게 되면 그 학생은 전반적인 학교 부적응, 나아가 학교중도탈락에까지 이를 수 있다(Stanovich, 1986).

읽기저성취인 상태로 학교를 졸업하고 성인이 되면 일상생활, 특히 직업생활에서 어려움에 봉착하게 된다. 우선 현대인의 필수도구가 된 스마트폰이나 웹북 등을 통해 사회적 네트워크를 형성하기 어려워진다. 또한 도서보다 애용되는 인터넷을 통하여 개인의 관심사, 직업적인 성공을 위한 자기계발 정보를 취득하는 데도 문제가 생기게 된다. 결국 사회생활에서 뒤처질 수밖에 없는 상황이 되는 것이다. 아동기에 난독증(dyslexia)으로 진단된 성인 중 약 25%는 성인이 되어서도 읽기저성취 상태로 이와 같은 고통을 받는다(Ransby & Swanson, 2003). 그러므로 학령기 초기인 초등학교 시기에 읽기저성취를 진단하고 적절하게 중재하는 것은 전반적인 학습부진과 성인기 사회생활의 실패를 예방하는 활동이다.

이 장에서는 읽기이해력의 발달에 영향을 미치는 여러 요인 중 교실에서 중재가 가능한 언어지식에 초점을 맞춘 연구 주제를 소개하고자 한다. 이후에 구체적으로 다루겠지만, 읽기이해력의 발달은 다음 세 가지 요인과 깊은 관계가 있다. 첫째는 음운지식 · 어휘지식 · 구문지식과 같은 언어지식이고, 둘째는 텍스트와 관련된 선행지식이며, 셋째는 작업기억력과 같은 언어 관련 인지능력이다(김동일, 이대식, 신종호, 2009; Hallahan, Kauffman, & Lloyd, 1999).

읽기이해력의 발달에 영향을 미치는 여러 요인 중 언어지식에 초점을 맞춘 연구를 수행하기 위해서는 읽기저성취 초등학생의 읽기이해력을 민감하게 측정할 수 있는 읽기이해력검사 및 관련 검사를 개발하여 타당화할 필요가 있다. 또한 읽기이해력을 종속변인으로 중다회귀분석(multiple regression analysis)을 실시하여 읽기이해력의 발달에 영향을 미치는 여러 요인을 재확인하고 이 중 중재 가능한 주요 요인의 설명력을 분석할 필요가 있다. 이 주제를 연구하기 위하여 이 장에서는 위계적 투입방법, 즉 위계적 중다회귀분석(hierarchical multiple regression analysis 혹은 sequential multiple regression analysis)을 적용할 것이다.

이 장을 읽은 독자는 다음과 같은 학습목표를 달성할 것으로 기대된다.

① 읽기이해력의 발달에 영향을 미치는 여러 요인을 설명할 수 있다.
② 읽기이해력의 발달에 영향을 미치는 여러 요인 중 중재 가능한 주요 요인을 확인하고, 읽기이해력에 대한 설명량을 말할 수 있다.
③ 읽기이해력검사를 개발하고 타당화하는 방법을 이해하여 측정도구 개발에 적용할 수 있다.
④ 중다회귀분석을 이해하고 위계적 투입방법을 적용하여 자료를 분석하고 결과를 해석할 수 있다.

1. 읽기이해력에 영향을 미치는 요인

선행 연구들을 종합하면 읽기이해력은 독자가 언어지식과 인지능력을 동시에 사용하여 텍스트(글자)에서 의미의 이해로 나아가는, 텍스트와 독자가 상호작용하는 과정이다. 읽기이해력은 독자 외적인 요인(텍스트 응집성 등)과 독자 내적인 요인(언어지식 부족 등)이라는 두 요인에 의해 결정된다.

1) 독자 외적인 요인

(1) 텍스트 응집성

텍스트는 필자가 독자에게 통일된 의미를 전달하고자 작성한 글 덩어리로, 각 텍스트는 난이도 · 복잡성 · 길이 · 구조 · 표현의 측면에서 분명한 차이가 있다(손애영, 이인제, 이삼형, 서혁, 1996). 이러한 텍스트의 구조화를 평가하는 주요한 기준 가운데 하나가 텍스트 응집성(coherence)인데, Kintsch와 van Dijk(1978)는 텍스트 응집성을 지시적 응집성(referential coherence)으로 정의하였다. 즉, 두 문장 간에 응집성이 존재하기 위해서는 중복되는 단어 혹은 의미가 존재해야 한다고 본 것이다.

Britton과 Gulgoz(1991)는 Kintsch와 van Dijk의 정의를 바탕으로 텍스트의 구조화를 위한 세 가지 원리를 다음과 같이 제시하였다. 이 원리는 응집성이 높은 텍스트의 특징이기도 하다. 첫 번째 원리는 문장 간 공통 주어 원칙 혹은 대용어 사용 원칙이다. 두 번째 문장에 첫 번째 문장과 중복되는 명제가 없는 경우, 두 번째 혹은 첫 번째 문장의 명제를 다른 문장의 명제와 동일한 것으로 바꾸거나 혹은 동일한 명제를 삽입시킨다는 것이다. 두 번째 원리는 시제의 순연성이다. 문장의 진술 순서가 텍스트의 논리적 · 시간적 순서와 일치하지 않는 경우 첫 번째 문장과 연결이 자연스럽도록 두 번째 문장의 구성 순서를 바꾸어 준다는 것이다. 세 번째 원리는 적합한 단어의 사용이다. 하나의 단어도 문맥에 따라 다양한 의미를 지닐 수 있기 때문에 필자의 의도를 파악하여 단어를 좀 더 명확하고 쉽게 진술한다는 것이다. 여러 연구 결과는 응집성이 높은 텍스트를 읽은 독자들이 그렇지 않은 독자들에 비해 텍스트에 대한 이해 수준이 높다고 보고하고 있다(예: van den Broek, 1988).

(2) 교사요인

읽기이해력의 발달은 교사의 중재가 효과적인지에 따라 영향을 받기도 한다. Deshler와 Schmaker(1987)는 학습부진아에 대한 교사의 중재가 실패하는 이유를 다음과 같이 정리하였다. 이는 읽기이해력 발달의 지체, 즉 읽기저성취가 발생하여 유지되는 이유이기도 하다. 첫째, 교사는 기본적인 학습기능, 다시 말해 필기능력, 요점정리, 자기주도적인 학습능력 등을 지도하는 데 필요한 교수능력을 충분히 갖고 있지 못할 수 있다. 둘째, 교사는 기본적인 학습기능을 지도할 때 학습부진아가 필요로 하는 충분한 시간을 제공하지 못하는 경우가 많다. 셋째, 교사는 학습부진아에게 특히 요구되는 '보존력이 높은 교수방법'을 잘 알고 있지 못할 수 있다. 보존력이 높은 교수방법이란 학생이 교과 내용을 잘 이해하고 기억할 수 있도록 돕는 조직화된 교수기법을 말한다. 넷째, 교사는 동료 교사와 중재에 관하여 지속적으로 정보를 교환하지 않는 경향이 있어서 다양한 중재방법을 배울 수 있는 기회를 활용하지 못하는 경우가 많다.

2) 독자 내적인 요인

근래에는 읽기이해력의 발달에 영향을 미치는 독자 내적인 요인을 대개 다음 세 가지로 분류하고 있다. 첫째는 음운 · 어휘력 · 구문론과 같은 언어지식의 부족, 둘째는 텍스트와 관련된 선행지식의 부족, 셋째는 작업기억력과 같은 언어 관련 인지능력의 결함 등이다(예: 김동일 외, 2009; Hallahan et al., 1999). 이 요인들은 다시 언어지식과 인지변인(선행지식과 작업기억력)으로 재분류할 수 있는데, 이러한 분류는 교육현장에서 현실적으로 얼마나 중재가 용이한가라는 측면에 따른 것이다.

선행지식과 작업기억력과 같은 인지변인은 수업 중 교사가 상대적으로 통제하기 어려운 요인이다. 선행지식은 직접 경험(예: 견학, 실습) 및 간접 경험(예: 의견 나누기, TV나 인터넷 등의 다양한 매체를 통한 정보 획득)이 지속적으로 누적된 결과로 형성된다. 작업기억력 역시 그 용량 및 처리과정의 효율성을 향상시키기 위한 전략[예: 덩이 짓기 혹은 조직화(chunking)]이 있기는 하지만 그 전략을 효과적으로 활용할 수 있는 교사는 많지 않다. 더욱이 작업기억력 향상 전략을 활용할 수 있는 소수의 교사 중에서도 그 전략을 규격화된 학교수준의 교육과정 안에 삽입하여 적용하고 있는 교사는 일부에 지나지 않는 것이 현실이다.

반면 언어지식은 국어과 교육과정의 내용 영역이기 때문에 선행지식과 비교할 때 교사들이 교실 수업에서 상대적으로 다루기 쉽고, 작업기억력에 비하면 교사의 개인적 역량과 상대적으로 상관이 적다. 음운지식 · 어휘지식 · 구문지식 등과 같은 언어지식은 교사가 별도의 노력을 기울이지 않고 현재 실시하고 있는 해당 교육과정의 내용을 충실하게 중재하는 것만으로도 향상시킬 수 있다는 점이 큰 장점이다.

(1) 언어지식 부족: 음운지식 · 어휘지식 · 구문지식의 부족

음운에 대한 지식은 단어의 해부호화와 같은 읽기의 저차원적인 활동과 관계가 깊다. 비록 저차원적인 읽기활동에 영향을 미치지만 이후의 읽기이해 활동과 같은 고차원적인 인지 과정의 발달을 제한하기 때문에 중요하다(Ransby & Swanson, 2003). 그중 음운인식능력은 구어를 문어로 표현해 주는 기호체계인 자모(字母)의 기능에 대한 이해를 형성하는 데 중요한 역할을 한다. 학생이 학습을 통해 획득하게 되는 자모와 음소의 대응관계에 대한 지식, 그리고 이들 자모를 결합하여 하나의 소리 단위로 만들어 낼 수 있는 능력은 문자 해부호화와 관련하여 중요한 기초적인 능력이 된다. 하지만 다른 하위 기술들이 발달함에 따라 음운인식능력의 중요성은 점차 약해진다(Swanson & Howell, 2001).

어휘에 대한 지식은 개인이 경험하는 사물, 사건, 현상에 대한 이해와 관련하여 중요한 영향을 미친다. 어휘에 대한 지식은 일상적인 생활에서의 인지적 이해뿐만 아니라 학교에서의 성공적인 내용학습을 위해 요구되는 기본적인 학습 단위로서, 읽기이해력에 있어서도 중요한 의미를 갖는다. 몇몇 연구는 읽기이해력의 발달에 어휘에 대한 지식이 결정적인 요인이라고 주장한다(예: 심우엽, 1990; 이성영, 1990). 다른 연구들은 읽기이해력 발달의 지체가 부분적으로 어휘력의 부족과 관련되어 있다는 결과를 제시한다(예: 김유미, 2004). 어휘에 대한 지식이 결정적이든 부분적이든 읽기저성취 학생들에게 어휘학습을 시키면 읽기이해력도 향상되는 것으로 알려져 있다(Beck, Perfetti, &

McKeown, 1982).

구문에 대한 지식 역시 읽기이해력의 발달에 영향을 미친다(Hallahan et al., 1999). 문장분석의 핵심은 동사분석과 어순처리이기 때문에 문장구조의 변화는 때로 전달하고자 하는 의미의 변화를 초래하기도 한다. 또한 같은 단어를 사용해 문장을 구성하는 경우에도 어떤 문장 형태가 사용되었느냐에 따라 전달하는 내용에 차이가 있을 수 있다. 더욱이 구문론적인 규칙에 어긋난 문장은 그 문장을 지각하거나 저장하거나 인출하는 단계보다는 이해 단계에 주로 영향을 준다(Fillenbaum, 1973). 다른 언어지식과 마찬가지로 읽기저성취 학생들에게 문장구조에 대한 중재를 실시하면 읽기이해력도 향상되는 것으로 알려져 있다(Deshler, Ellis, & Lenz, 1996; 김동일 외, 2009에서 재인용).

(2) 텍스트 관련 선행지식의 부족

성공적인 읽기이해력의 발달에 중요한 영향을 미치는 요인 중 하나는 텍스트 내용에 대한 학생의 친숙성이다. 읽어야 할 내용과 관련해 적절한 선행지식을 가지고 있으면 텍스트 내용을 이해하는 것이 훨씬 용이할 수 있다는 것이다. 이와 관련된 연구들은 풍부한 선행지식이 읽기이해력을 향상시킨다는 일관된 결과를 제시한다(예: Anderson & Pearson, 1984). 더욱이 선행지식이 지능지수보다 더 중요한 역할을 한다고 보고한 연구도 있다(Recht & Leslie, 1988).

읽기이해력에 영향을 미치는 선행지식은 몇 가지로 구분된다. 독자의 선행지식이 텍스트에 기술된 사건이나 상태들을 연결해 주는 인과적 지식, 다양한 상황의 정보를 조직화하고 추상화하여 읽기이해력의 배경적 정보를 제공하는 일반지식 체계(예: 스키마, 스크립트), 복잡한 텍스트의 정보를 위계적으로 범주화하는 관례적 유형에 대한 도식인 이야기 문법(혹은 초구조) 등이 그것이다(van Dijk & Kintsch, 1983). 이들 지식은 텍스트의 지엽적인 수준보다는 전체 수준에서 텍스트의 정보를 일화적 기억에 응집적으로 표상하도록 작용하며 텍스트 정보의 기억 표상에 수반되는 추론과정을 주도하는 역할을 담당한다. 이와 같이 선행지식은 텍스트 내용을 단순히 기억하는 과제보다는 문제해결과 같은 고차원적인 과제와 관련이 깊다(Yekovich, Walker, Ogle, & Tompson, 1990).

읽기저성취 학생 중 일부는 선행지식이나 경험이 부족하여 심각한 읽기저성취를 겪는다(Mercer, 1991). 읽기저성취 학생의 누적된 학업 실패 경험은 지식 기반의 결함을 가져오게 되고 이것이 새로운 내용에 대한 이해에 부정적인 영향을 미친다. 경우에 따라서는 읽기저성취 학생이 읽어야 할 텍스트에 대한 선행지식이 있는 경우에도 그 학생은 전체 주제와 관련하여 자신의 선행지식을 연결시키기보다는 텍스트에 포함된 부분적 내용과 자신의 선행지식을 연결하려는 경향을 보인다(Hallahan et al., 1999).

(3) 언어 관련 인지능력의 결함: 언어 정보에 대한 작업기억력의 결함

작업기억력은 읽기이해력에 영향을 미치는 인지능력으로 주목받고 있다(예: Daneman & Carpenter, 1980; Engle et al., 1992; Masson & Miller, 1983; Swanson & Howell, 2001). 읽기이해 활동을 성공적으로 수행하기 위해서는 텍스트를 구성하는 내용들 간의 관계를 파악하는 것, 즉 이미 읽은 내용과 현재 읽고 있는 내용과의 관련성을 파악하는 인지활동이 필요하다.

작업기억력은 읽기이해 활동 중 현 과제에 적절한 장기 기억력의 내용을 인출하고 새로운 텍스트 정보를 이에 따라 조정 및 통합하여 새로운 정보를 발견하는 활동에 기여한다(Baddeley & Logie, 1999). 연구자에 따라서는 작업기억력의 역할이 이후의 텍스트 정보와 관련짓기 위해 최근의 텍스트 정보를 저장하는 것과, 텍스트 이해의 전반적인 모델을 구성하기 위해 정보의 요점을 유지하는 것이라고 설명하기도 한다(Engle et al., 1992).

최근의 연구는 작업기억력의 용량에 대해 저장(storage)의 역할과 아울러 처리의 효율성(processing efficiency) 측면을 강조하는데, 읽기폭(reading span)으로 측정된 작업기억력의 기능적 용량은 읽기이해력과 높은 상관관계가 있다. Daneman과 Carpenter(1980)의 연구에 의하면, 작업기억력의 용량이 피험자의 언어적 SAT 점수를 27% 정도 설명한다고 한다. Masson과 Miller(1983) 역시 작업기억력의 용량이 읽기이해력검사인 Nelson-Denny 검사의 결과를 유사한 수준으로 설명한다고 주장하였다. 이는 작업기억력의 용량이 큰 독자들이 적은 독자들보다 처리를 효율적으로 하므로 상대적으로 저장을 위한 공간을 많이 확보할 수 있기 때문에 가능한 것이다(이병택, 1995).

이상의 읽기이해력에 대한 선행 연구들을 종합하면, 읽기저성취는 음운지식 · 어휘지식 · 구문지식과 같은 언어지식과, 선행지식 · 작업기억력과 같은 인지변인의 영향을 받고 있다. 교실 수업에서의 현실적인 중재의 용이성 측면과, 읽기저성취 초등학생의 수준을 고려할 때 언어지식에 보다 관심을 기울일 필요가 있다. 그러나 읽기저성취 초등학생을 대상으로 하며 언어지식에 초점을 맞춘 국내의 연구는 극소수에 불과하고 그 소수의 연구들도 몇몇 중요한 한계가 있다(예: 신정화, 2002). 따라서 다음과 같은 구체적인 연구문제가 도출될 수 있다.

연구문제: 읽기저성취 초등학생의 언어지식은 읽기이해력과 어떠한 관계가 있는가?

문제 1. 인지변인과 더불어 언어지식은 읽기이해력을 얼마나 고유하게 설명하는가?

문제 2. 언어지식의 하위 요인인 음운지식, 어휘지식, 구문지식이 읽기이해력에 미치는 영향은 어떠한가?

이와 같은 연구문제를 해결하기 위해서는 우선 읽기저성취 학생의 읽기이해력을 민감하게 측정하는 읽기이해력검사와 관련 검사들을 개발하여 타당화할 필요가 있다. 그런 다음 읽기저성취 초등학생을 대상으로 인지변인(선행지식 · 작업기억력)과 언어지식(음운지식, 어휘지식, 구문지식)을 동시에 고려하되 언어지식에 초점을 맞추어 읽기이해력과의 관계를 분석할 필요가 있다. 읽기저성취 초등학생의 인지변인과 더불어 언어지식이 읽기이해력을 얼마나 고유하게 설명하는지는 중다회귀분석 시 위계적인 투입방법을 적용하여 계산한다. 다시 말해 선행지식, 작업기억력과 같은 인지변인들을 먼저 투입한 후에 음운지식, 어휘지식, 구문지식과 같은 언어지식을 나중에 투입하는 것이다.

2. 검사의 타당화 및 위계적 중다회귀분석

읽기이해력검사의 타당화 과정과 중다회귀분석 방법을 소개하기 위하여 필자의 연구(이일화, 2005)를 예로 들어 설명하고자 한다. 이 연구는 서울특별시에 소재한 한 초등학교에 재학 중인 4, 5, 6학년 읽기저성취 학생 101명을 대상으로 하였다. 읽기저성취 학생은, 학급 담임교사들이 읽기저성취로 추천한 학생들을 대상으로 고학년용 ACCENT 국어영역검사(서울대학교 교육연구소, 2004)를 실시하여 점수가 해당 학년의 하위 15% 이하인 학생들로 구성하였다. 읽기저성취 집단의 학년 및 성별 분포는 〈표 5-1〉과 같다.

1) 읽기이해력검사의 타당화

필자의 연구에서는 읽기이해력검사, 어휘검사, 구문검사, 선행지식검사 등 읽기이해력 관련 검사들을 개발하였다. 이 중 읽기이해력검사를 예로 들어 개발 및 타당화 과정을 설명하면 다음과 같다. 읽기이해력검사는 우선, 계획한 본검사문항 수의 약 2배 이상으로 1차 예비검사문항을 출제하였다. 그런 다음 관련 전문가[1)]와 교사 자문단[2)]의 검토를 거쳐 예비검사문항을 완성하였다. 또

〈표 5-1〉 읽기저성취 집단의 학년 및 성별 분포

학년	성별		계(%)
	남(%)	여(%)	
4학년	23(69.7)	10(30.3)	33
5학년	26(74.3)	9(25.7)	35
6학년	25(75.8)	8(24.2)	33
총계	74(73.3)	27(26.7)	101(100.0)

한 예비연구를 실시하여 예비검사의 문항특성 및 통계적 특성을 분석한 후, 분석 결과를 토대로 문항을 조정하여 본검사를 완성하였다. 이때 각 검사의 내용 영역별 문항의 구성 비율을 고려하였고, 문항형식은 예비검사 때 보인 학생들의 반응, 학급 담임교사들의 피드백 등을 참고하여 수정하였다.

읽기이해력검사 개발에서 문항특성과 통계적 특성의 분석과 같은 측정학적 적합화 과정을 설명하면 다음과 같다. 문항특성은 반응분포분석(distractor analysis), 문항의 난이도(item difficulty)(혹은 정답률), 문항의 변별도(item discrimination)[문항 전체 상관관계(item-total correlation)]로 분석하였다. 통계적 특성은 신뢰도와 타당도를 확인하기 위하여 분석하였다. 신뢰도는 문항 내적 일관성 지수인 Cronbach α계수와 측정의 표준오차로, 타당도는 표준화검사인 ACCENT 국어영역검사와의 상관관계 분석(준거타당도 측면)으로 검토하였다.

각 측정도구의 문항들은 다음과 같은 기준에 의하여 적격 여부가 결정되었다. 부적격한 것으로 판정된 문항들의 경우에는 삭제되거나 수정과정을 거쳤다. 첫째, 문항 형식이 선택형인 경우에는 반응분포를 분석하였는데, 선택지의 반응률이 거의 0에 가깝게 나타난 것은 수정하였다. 둘째, 문항 난이도의 적격 기준은 .2 이상 .8 이하로 정하였다. 셋째, 문항의 변별도는 문항 전체 상관계수로 분석하였는데, .2를 적격기준으로 정하였다(탁진국, 2003).

이상에서 설명한 읽기이해력검사의 개발과정을 요약하여 도식화하면 [그림 5-1]와 같다.

---

1) 읽기이해력검사 관련 전문가는 초등 국어교육 전공 석사학위를 소지하고 한국교육과정평가원, 에듀피아, 교원 등에서 초등학생용 읽기이해력검사 문항을 개발한 경험이 있는 교육 경력 10년 3개월의 현장 전문가였다. 담화/텍스트 전문가는 「대화의 담화/텍스트 언어학적 분석」이란 석사학위 논문을 썼고, 국어교육과 박사과정 4학기에 재학 중이었다. 또한 언어지식 전문가는 국어지식(문법)교육 전공 박사과정 3학기 재학 중이었으며, 제7차 고등학교 문법 교과서 개발 연구원을 역임하였다.

2) 교사 자문단은 특수교사 2명, 일반교사 3명, 학습부진강사 1명 등 총 6명으로 구성하였고, 교육경력은 3년 4개월에서 29년 6개월로, 평균 10년 7개월이었다. 이 중 2명은 석사과정에 재학 중이거나 석사학위를 소지하고 있었다.

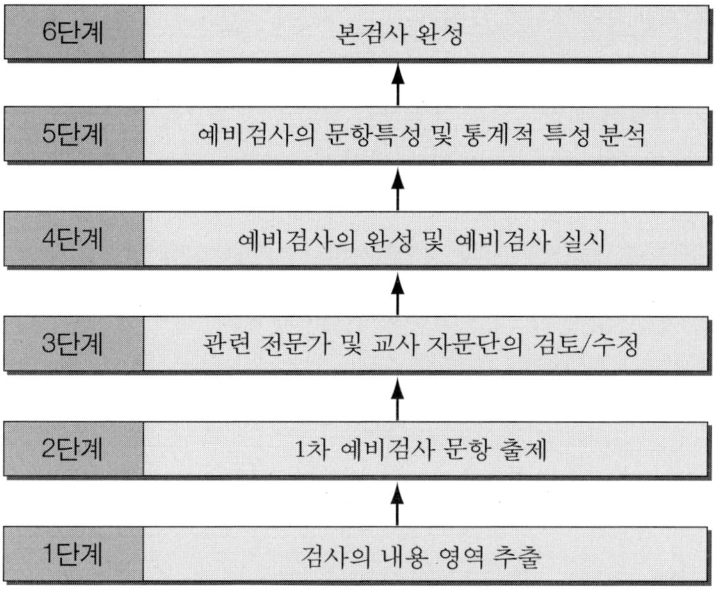

[그림 5-1] 읽기이해력검사 개발과정

(1) 읽기이해력검사의 텍스트 응집성

읽기이해력검사는 초등학생용 도서에서 발췌한 네 개의 텍스트에 대한 질문으로 구성하였다. 읽기이해력에 대한 텍스트 변인의 영향을 통제하기 위하여 선정한 텍스트들을 응집성이 높도록 조정하였다. 이때 Britton과 Gulgoz(1991)가 정리한 텍스트의 구조화를 위한 세 가지 원리를 활용한 후 담화/텍스트 전문가에게 텍스트들이 세 가지 원리에 비추어 볼 때 적합하게 조정되었는지를 검토받았다. 전문가는 텍스트들에 대해 각 원리에 10점씩, 총 30점 만점으로 텍스트 적절성 점수를 부여하였다. 그 결과 텍스트들은 25~30점의 적절성 점수를 받아서 읽기이해력검사에 사용된 텍스트들은 응집성이 높은 것으로 확인되었다.

읽기이해력검사는 이 네 개의 텍스트에 대해 사실적 이해력(17), 추론적 이해력(11), 비판적 이해력(8)을 묻는 총 36문항으로 제작되었다. 문항형식은 4지 선다형과 서술형이었다.

(2) 읽기이해력검사의 문항특성

읽기이해력검사는 36문항 중 34문항이 4지선다형이어서 우선 오답의 매력도가 없는 선택지가 있는지를 확인하기 위한 반응분포를 분석한다. SPSS 데이터 화면에 [그림 5-2]와 같이 읽기이해력검사의 원자료를 불러온다.

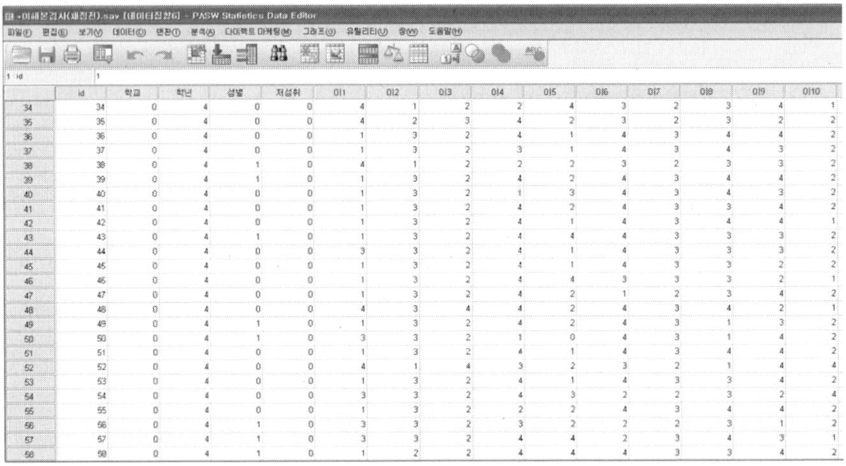

[그림 5-2] 읽기이해력검사 채점 전 원자료

메뉴에서 〈분석〉 - 〈기술통계량〉 - 〈빈도분석〉을 선택한다.

[그림 5-3] 반응분포를 분석하기 위한 빈도분석

대화상자가 나타나면 왼편 박스에서 오른편 박스인 〈변수(V)〉로 읽기이해력검사 문항들을 옮긴 후 〈확인〉을 선택한다.

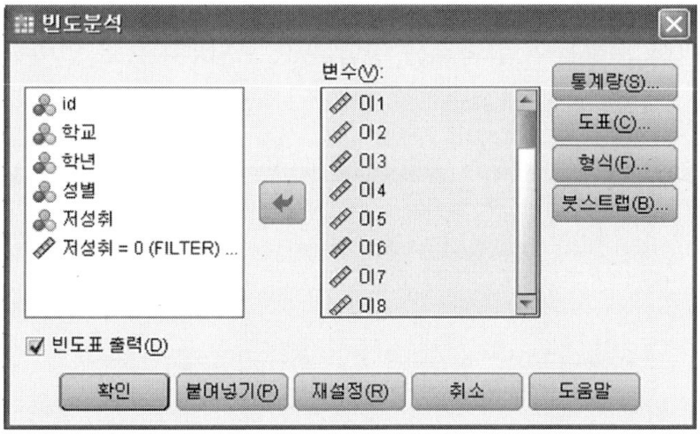

[그림 5-4] 반응분포를 분석하기 위한 빈도분석 대화상자

빈도분석을 통하여 읽기이해력검사 문항들의 반응분포를 분석한 결과는 [그림 5-5]와 같다.

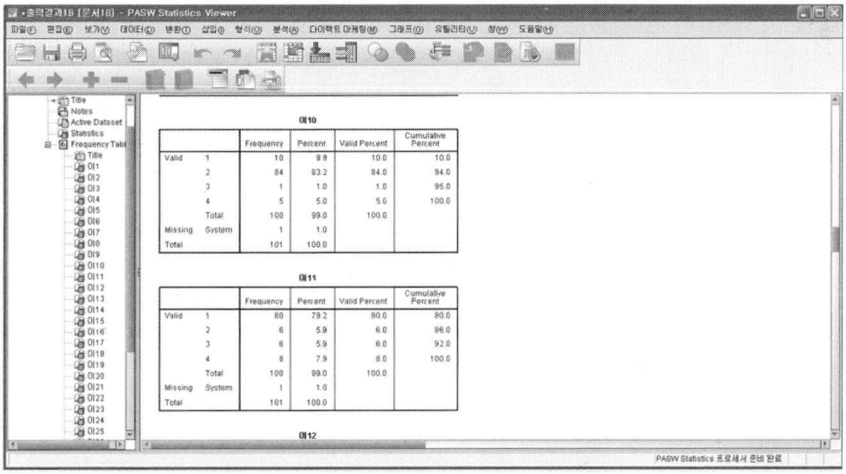

[그림 5-5] 빈도분석 결과(반응분포)

분석 결과, 읽기저성취 집단의 경우에 선택지의 반응률이 0%, 즉 오답으로서 매력이 없었던 선택지는 136개 중 4개뿐이었다.

또한 읽기이해력검사의 문항 난이도(정답률)와 변별도를 확인하기 위하여 읽기이해력검사 문항들의 원자료를 정답은 1, 오답은 0으로 입력하여 채점한 자료를 [그림 5-6]과 같이 만든다.

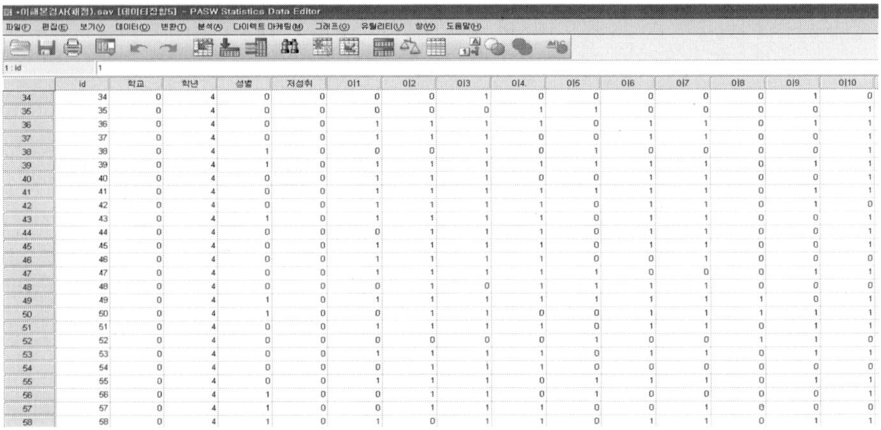

[그림 5-6] 읽기이해력검사 채점 후 자료

문항 난이도를 분석하기 위하여 메뉴에서 〈분석〉 - 〈기술통계량〉 - 〈빈도분석〉을 선택한다.

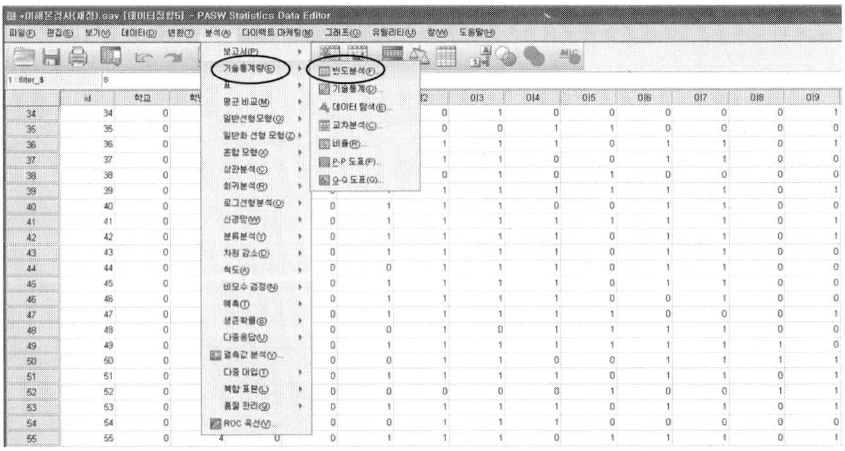

[그림 5-7] 문항 난이도를 분석하기 위한 빈도분석

대화상자가 나타나면 왼편 박스에서 오른편 박스인 〈변수(V)〉로 읽기이해력검사 문항들을 옮긴 후 〈확인〉을 선택한다.

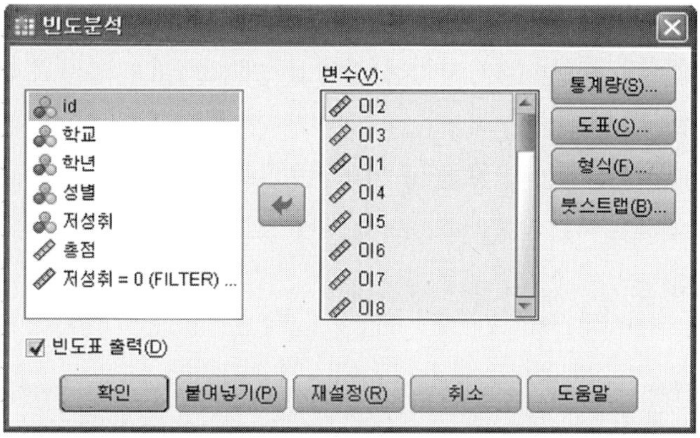

[그림 5-8] 문항 난이도를 분석하기 위한 빈도분석 대화상자

[그림 5-9]는 읽기이해력검사 문항들의 정답률, 즉 문항 난이도 결과다.

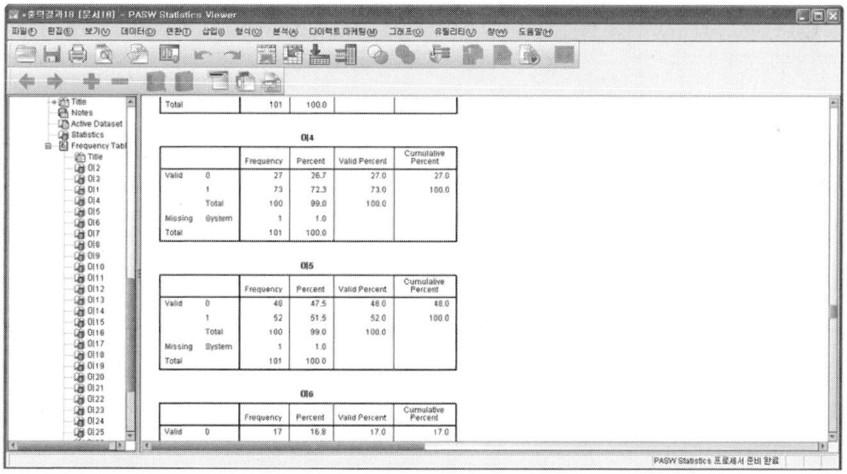

[그림 5-9] 빈도분석 결과(문항 난이도)

문항 난이도는 각 문항들의 정답률을 평균한 값이며, 읽기저성취 집단의 문항 난이도는 69.50%로 확인되었다. 읽기이해력검사와 같이 4지선다형으로 구성된 검사의 응답자가 추측을 해서 맞추는 경우를 고려한 이상적인 정답률은 62%, 혹은 그보다 좀 더 큰 값으로 알려져 있다(탁진국, 2003). 이에 비추어 볼 때 읽기이해력검사는 읽기저성취 집단의 능력을 잘 변별해 주는 난이도를 지니고 있었다.

또한 읽기저성취 집단의 문항 변별도, 즉 문항 전체 상관계수를 산출하기 위하여 읽기이해력검사 문항 간 상관계수를 구한다. 메뉴에서 〈분석〉 - 〈상관분석〉 - 〈이변량 상관계수〉를 선택한다.

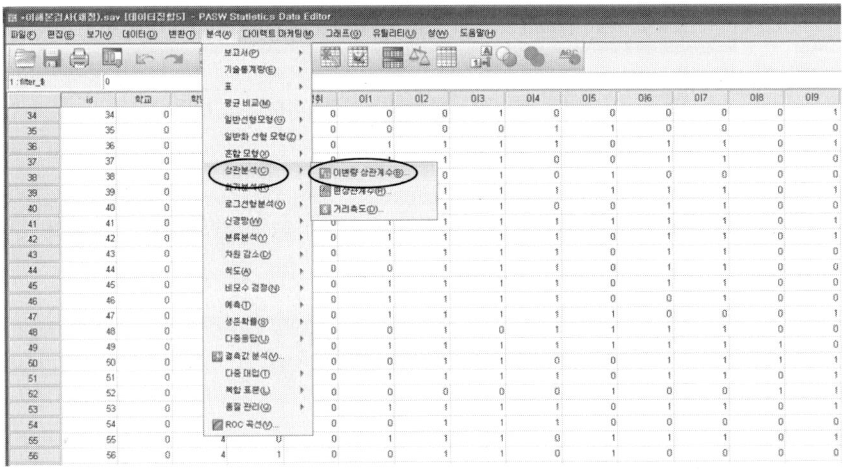

[그림 5-10] 문항 변별도를 분석하기 위한 상관분석

대화상자가 나타나면 왼편 박스에서 오른편 박스인 〈변수(V)〉로 읽기이해력검사 문항들을 옮긴다. 〈상관계수〉 〈유의성 검정〉 등은 초기값으로 선택한 후 〈확인〉을 클릭한다.

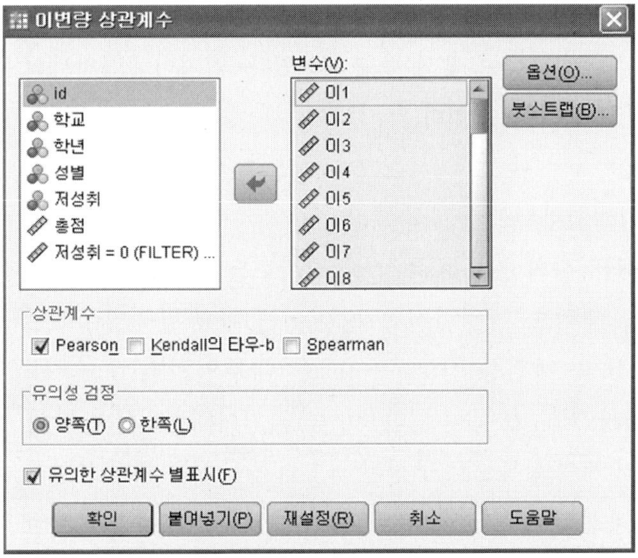

[그림 5-11] 문항 변별도를 분석하기 위한 상관분석 대화상자

읽기이해력검사 문항 간의 상관분석 결과는 [그림 5-12]와 같다.

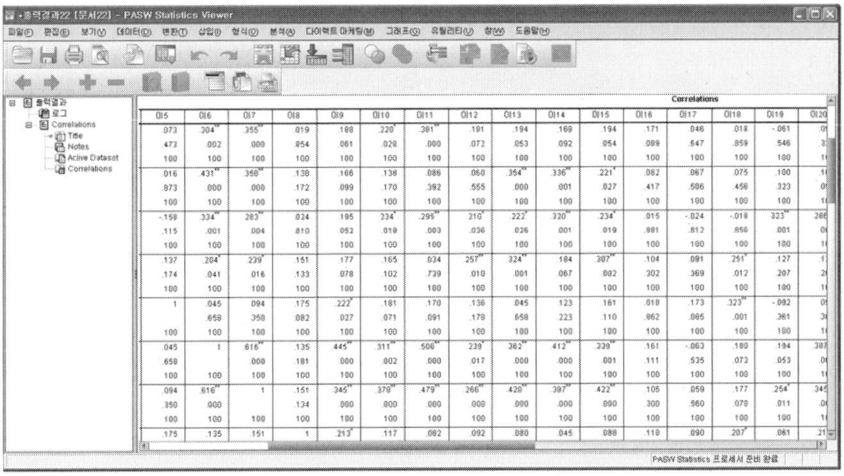

[그림 5-12] 문항 변별도를 분석하기 위한 상관분석 결과

읽기저성취 집단의 문항 전체 상관계수 범위는 .14~.62로, 문항 전체 상관계수가 .2 미만인 문항이 세 개에 불과하였다. 읽기이해력검사의 문항 변별도는 우수하다고 해석할 수 있다.

(3) 읽기이해력검사의 통계적 특성

읽기이해력검사의 통계적 특성 중 신뢰도를 알아보는 방법이다. 측정치의 신뢰도를 실증적으로 평가하는 방법에는 평행검증법(the parallel from method), 검증-재검증법(test-retest), 내부일치법(internal consistency method), Cronbach α 등이 있다. 이 중 읽기이해력검사와 같이 하나의 개념에 대해 여러 개의 항목으로 구성된 척도의 경우에는 해당 문항에 대하여 가능한 모든 반분신뢰도(split-half reliability)를 구하고 이들의 평균을 산출하는 Cronbach α계수가 적절하다. Cronbach α계수를 구하려면 〈분석〉 - 〈척도〉 - 〈신뢰도 분석〉을 선택한다.

[그림 5-13] 신뢰도 분석

〈신뢰도 분석〉 대화상자에서 왼편 박스에서 오른편 박스인 〈항목(I)〉으로 읽기이해력검사 문항들을 옮기고 〈모형〉은 〈알파〉를 선택한다.

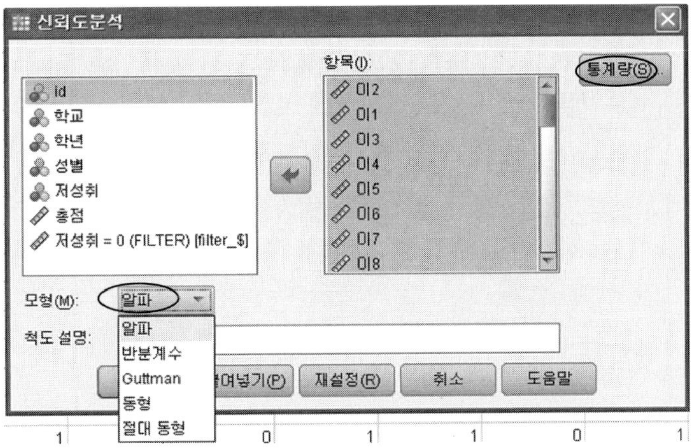

[그림 5-14] 신뢰도 분석 대화상자

또한 대화상자에서 〈통계량〉 - 〈다음에 대한 기술통계량〉 - 〈항목, 척도, 항목제거 시 척도〉를 선택한 후 〈계속〉 - 〈확인〉을 누른다. 통계량에서 항목, 척도, 항목제거 시 척도 등을 선택한 것은 읽기이해력검사의 각 문항을 제거했을 때 전체 신뢰도에 변화가 있는지를 알아보기 위한 것이다.

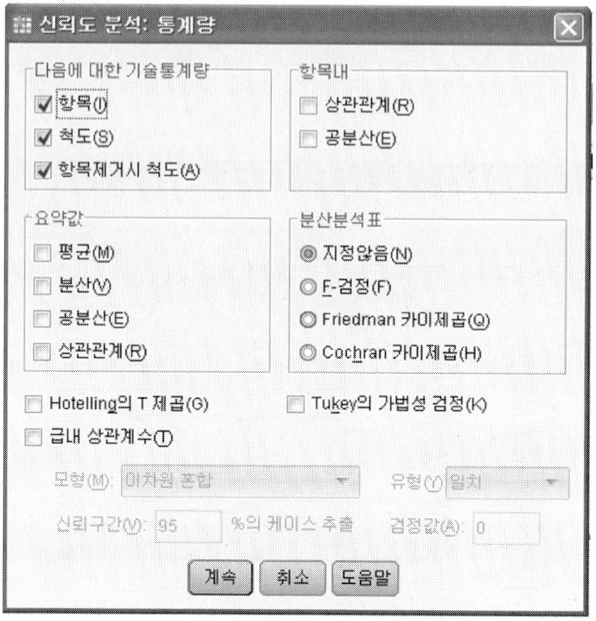

[그림 5-15] 신뢰도 분석: 통계량 대화상자

읽기이해력검사 전체 문항에 대한 Cronbach α계수와 각 문항제거 시의 Cronbach α계수가 [그림 5-16]과 같이 제시된다.

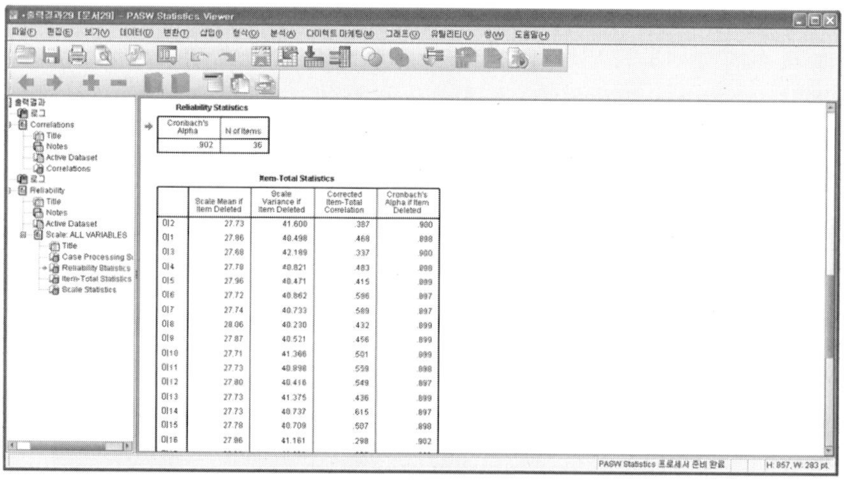

[그림 5-16] 신뢰도 분석 결과

신뢰도를 분석한 결과, 읽기이해력검사의 Cronbach α계수는 .90이었다. 일반적으로 Cronbach α계수가 .60 이상이면 측정도구의 신뢰도에 별 문제가 없는 것으로 알려져 있다(van de Ven & Ferry, 1980; 노형진, 2004에서 재인용). 한편, 읽기이해력검사의 측정의 표준오차[3)]는 2.07로 나타났다. 측정의 표준오차는 작을수록 신뢰성이 있는데, 읽기이해력검사는 36점 만점이기 때문에 약 2점의 오차는 크다고 할 수 없었다. 요약하면 읽기이해력검사는 신뢰도가 양호한 것으로 나타났다.

타당도란 측정도구가 측정하고자 의도했던 것을 얼마나 측정하고 있는지를 분석하는 것으로 내용타당도(content validity), 준거타당도(criterion-related validity), 구성개념 타당도(construct validity), 안면타당도(face validity) 등이 있다. 읽기이해력검사의 타당도는 기존에 개발된 검사(ACCENT 국어영역검사)와의 상관관계를 통해 분석하는 준거타당도로 평가하고자 한다. 우선, 읽기저성취 집단의 읽기이해력검사 점수와 ACCENT 국어영역검사 점수가 있는 [그림 5-17]과 같은 SPSS 데이터 화면을 띄운다.

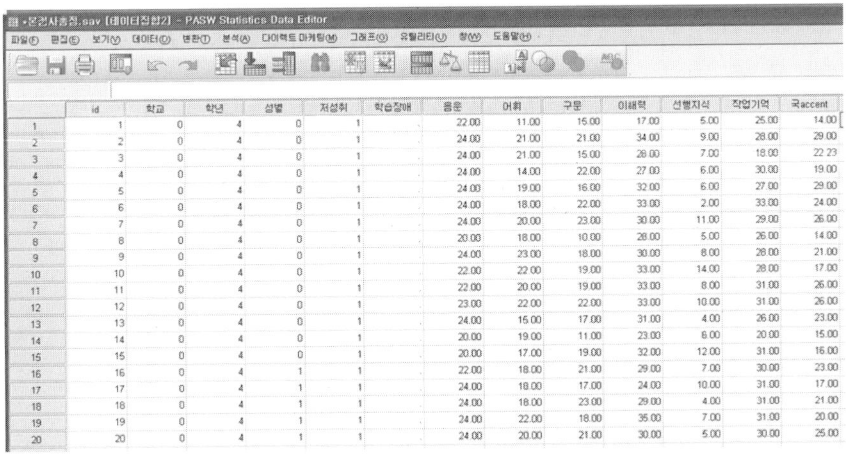

	id	학교	학년	성별	저성취	학습장애	음운	어휘	구문	이해력	선행지식	작업기억	국accent
1	1	0	4	0	1		22.00	11.00	15.00	17.00	5.00	25.00	14.00
2	2	0	4	0	1		24.00	21.00	21.00	34.00	9.00	28.00	29.00
3	3	0	4	0	1		24.00	21.00	15.00	28.00	7.00	18.00	22.23
4	4	0	4	0	1		24.00	14.00	22.00	27.00	6.00	30.00	19.00
5	5	0	4	0	1		24.00	19.00	16.00	32.00	6.00	27.00	29.00
6	6	0	4	0	1		24.00	18.00	22.00	33.00	2.00	33.00	24.00
7	7	0	4	0	1		24.00	20.00	23.00	30.00	11.00	29.00	26.00
8	8	0	4	0	1		20.00	18.00	10.00	28.00	5.00	26.00	14.00
9	9	0	4	0	1		24.00	23.00	18.00	30.00	8.00	28.00	21.00
10	10	0	4	0	1		22.00	22.00	19.00	33.00	14.00	28.00	17.00
11	11	0	4	0	1		22.00	20.00	19.00	33.00	8.00	31.00	26.00
12	12	0	4	0	1		23.00	22.00	22.00	33.00	10.00	31.00	26.00
13	13	0	4	0	1		24.00	15.00	17.00	31.00	4.00	26.00	23.00
14	14	0	4	0	1		20.00	19.00	11.00	23.00	6.00	20.00	15.00
15	15	0	4	0	1		20.00	17.00	19.00	32.00	12.00	31.00	16.00
16	16	0	4	1	1		22.00	18.00	21.00	29.00	7.00	30.00	23.00
17	17	0	4	1	1		24.00	18.00	17.00	24.00	10.00	31.00	17.00
18	18	0	4	1	1		24.00	18.00	23.00	29.00	4.00	31.00	21.00
19	19	0	4	1	1		24.00	22.00	18.00	35.00	7.00	31.00	20.00
20	20	0	4	1	1		24.00	20.00	21.00	30.00	5.00	30.00	25.00

[그림 5-17] 읽기이해력, ACCENT 국어영역검사 원자료

3) 측정의 표준오차 = 표준편차 × $\sqrt{1-\text{신뢰도 계수}}$

메뉴에서 〈분석〉 - 〈상관분석〉 - 〈이변량 상관계수〉를 선택한다.

[그림 5-18] 준거타당도 평가를 위한 상관관계 분석

대화상자가 나타나면 왼편 박스에서 오른편 박스인 〈변수(V)〉로 읽기이해력검사 항목과 ACCENT 국어영역검사 항목을 옮긴다. 〈상관계수〉 〈유의성 검정〉 등은 초기값으로 선택한 후 〈확인〉을 클릭한다.

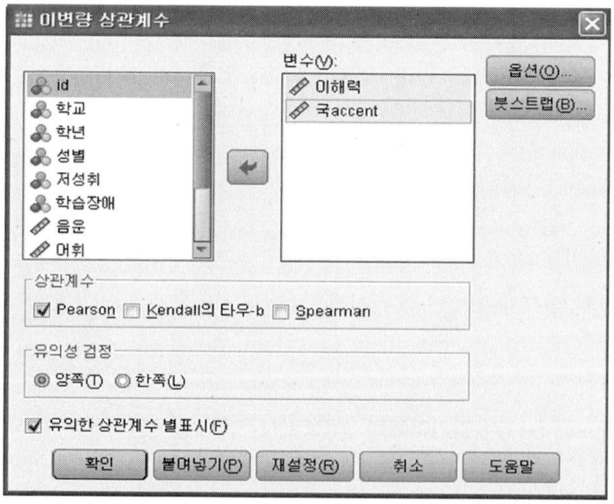

[그림 5-19] 준거타당도 평가를 위한 상관관계 분석 대화상자

이 연구에서 개발한 읽기이해력검사와 기존의 검사인 ACCENT 국어영역검사 간의 상관관계 분석 결과는 [그림 5-20]과 같다.

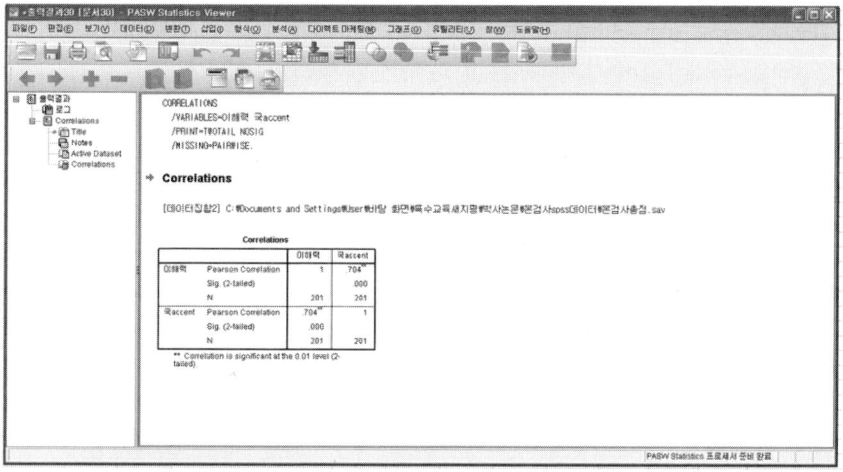

[그림 5-20] 준거타당도 평가를 위한 상관관계 분석 결과

[그림 5-20]에서 알 수 있듯이 읽기이해력검사와 ACCENT 국어영역검사 간의 상관계수는 .70으로 상관관계가 높은 편이었다($p<.01$). 이 결과는 읽기이해력검사가 준거타당도의 측면에서 양호함을 시사하는 것이다.

2) 위계적 중다회귀분석

회귀분석은 1개의 종속변인과 1개 혹은 그 이상의 독립변인들 간의 선형관계(linearity)를 파악하는 분석방법이다. 회귀분석은 종속변인을 독립변인(들)으로 설명하거나 예측하고 싶은 경우에 주로 이용되는 방법이다. 회귀분석을 하기 위해서는 종속변인과 독립변인이 등간척도나 비율척도로 측정된 변인이어야 하고, 종속변인과 독립변인(들) 간의 관계가 선형관계이어야 한다. 회귀분석에서는 '잔차 자승의 합계가 최소가 되는 직선'이 데이터에 가장 잘 들어맞는 직선이라고 생각하는데, 이와 같은 방법을 '최소자승법(least squares method)'이라고 한다. 이 개념이 회귀분석의 이론적 배경이다.

회귀분석은 종속변인의 척도, 독립변인의 개수, 종속변인과 독립변인의 선형성 등에 따라 몇 가지로 구분된다. 첫째, 단순회귀분석이다. 가장 기본적인 회귀분석방법으로, 종속변인과 독립변인이 각각 1개이고 등간척도나 비율척도로 측정된 변인이며 두 변인 간의 관계가 선형이라고 가정된 경우에 사용한다. 회귀식은 $\hat{y}=c+b_1$의 형태를 띤다. 둘째, 중다회귀분석이다. 단순회귀분석과의 차이는 독립변인이 여러 개라는 점이다. 이때 독립변인들끼리는 서로 독립적일 것이 요구된다. 회귀식은 $\hat{y}=c+b_1+b_2+\cdots\cdots+b_i$의 모양을 갖는다. 셋째, 더미회귀분석이다. 기본적으로 단순회귀분석 혹은 중다회귀분석과 같은 형태이나 독립변인 중에 명목척도가 있는 경우다. 넷째, 로지스틱 회귀분석이다. 독립변인은 명목 · 등간 · 비율척도가 모두 가능하나 종속변인이 명목척도인 경우다. 다섯째, 비선형 회귀분석이다. 단순회귀분석 또는 중다회귀분석으로서 종속변인과 독립변인이 선형관계가 아닌 경우에 사용된다.

이 장에서는 여러 회귀분석 중 중다회귀분석을 중심으로 설명하고자 한다. 연구문제가 읽기저성취 집단의 인지변인(독립변인)과 더불어 언어지식(독립변인)이 읽기이해력(종속변인)을 어느 정도 고유하게 설명하는지를 알아보고자 한 것이기 때문이다. 이때 위계적인 투입방법을 이용하여 선행지식, 작업기억력과 같은 인지변인을 먼저 투입한 후에 음운지식, 어휘지식, 구문지식과 같은 언어지식을 나중에 투입할 것이다.

중다회귀모형은 독립변인의 수가 적으면서도 모형 적합도가 높은 모형이 좋다. 최적 모형선택방법은 여러 가지가 있으나 주로 사용되는 방법은 다음 세 가지다. 첫째, 후진(backward)방법이다. 모든 변인이 포함된 완전모형에서 출발하여 모형에서 삭제되었을 경우에 회귀모형 적합에 가장 작게 기여하는 독립변인을 단계적으로 삭제시켜 나가는 방법이다. 둘째, 전진(forward)방법이다. 남아 있는 독립변인 중에서 모형에 추가되었을 때 회귀모형 적합에 가장 큰 기여를 할 수 있는[다시 말해, 기여율(R^2) 등을 최대로 증가시키는] 독립변인을 단계적으로 추가시켜 나가는 방법이다. 셋째, 단계(stepwise)방법이다. 앞의 두 가지 방법의 개념을 합한 것으로 회귀모형의 기여율을 증가시킬 수 있는 변인을 추가시키기도 하고 일단 모형에 추가되었어도 모형에 적합하지 않은 변인은 삭제하는 방법이다(노형진, 2004).

먼저 수집한 자료가 선형 회귀분석의 기본 가정을 충족시키는지 확인하기 위하여 '예비적 해석'을 할 필요가 있다. 회귀분석과 같은 다변량분석 방법은 일반적으로 이상치의 영향을 받기 쉽고 두 변수 간의 관계를 직선관계로 상정하고 있기 때문이다. 따라서 예비적 해석으로 이상치의 유무를 검토하거나 두 변수 간의 관계를 검토하는 것이 중요하다. 산포도(scatter diagram) 관찰은 예비적 해석에 유용하다.

다음은 SPSS 프로그램에서 산포도를 구하는 과정이다. 인지변인, 언어지식 등의 결과가 기록된 SPSS 데이터 화면을 띄우고 〈그래프〉 - 〈레거시 대화 상자〉 - 〈산점도/점도표〉를 선택한다.

[그림 5-21] 예비적 해석: 산포도

대화상자가 나타나면 〈단순 산점도〉 - 〈정의〉를 클릭한다.

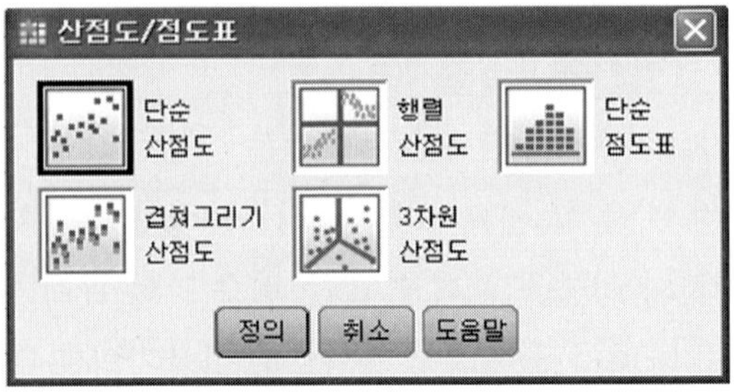

[그림 5-22] 산포도 대화상자

〈단순 산점도〉 대화상자에서 〈Y-축〉에 읽기이해력 점수를, 〈X-축〉에 구문 지식 점수를 넣은 후 〈확인〉을 누른다.

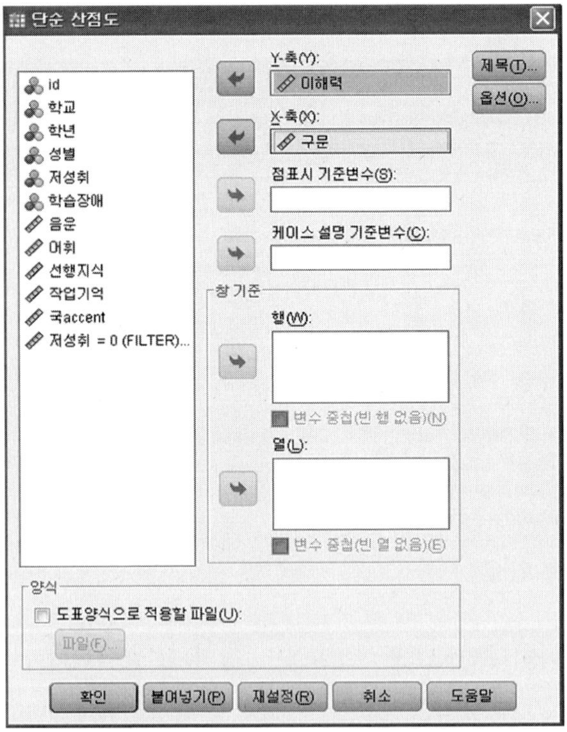

[그림 5-23] 단순 산점도 대화 상자

읽기저성취 학생들의 읽기이해력 점수와 구문지식 점수 간의 산포도는 [그림 5-24]와 같다. 산포도를 통해 읽기이해력 점수와 구문지식 점수 간의 선형관계를 시각적으로 확인할 수 있다.

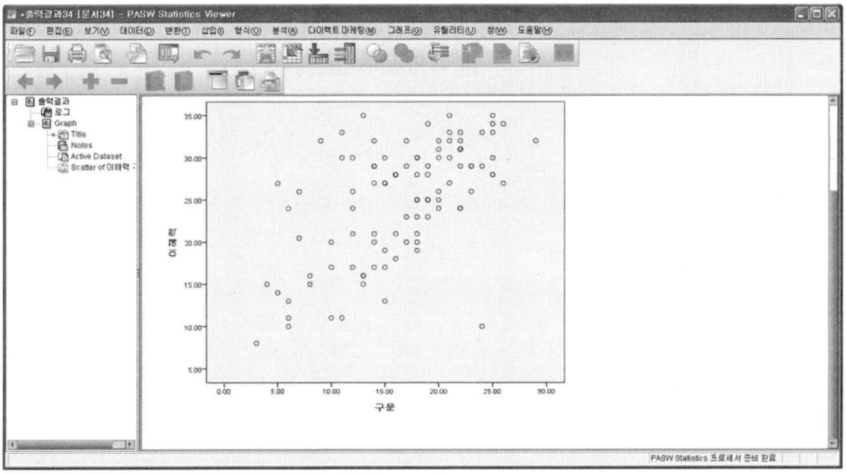

[그림 5-24] 읽기이해력과 구문지식 간의 산포도

산포도에 추정회귀선을 그려 넣어 선형관계를 구체화하고자 한다면 〈도표 편집기〉를 띄워야 한다. [그림 5-24]의 산포도상에서 점이 있는 곳에 마우스 포인터를 놓고 더블클릭하면 〈도표 편집기〉가 나타난다. 〈도표 편집기〉 화면에서 〈요소〉 - 〈전체 적합선〉을 선택한다.

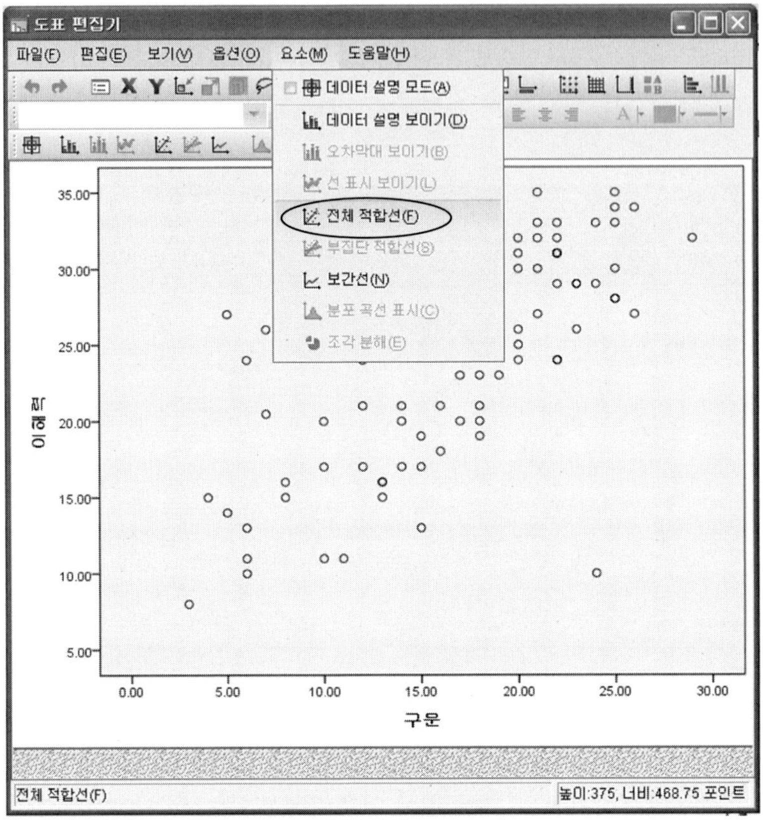

[그림 5-25] 도표 편집기 대화상자: 추정회귀선

읽기이해력검사 점수와 구문지식 검사 점수 간의 추정회귀선은 [그림 5-26]과 같다. 회귀선의 설명력을 나타내는 결정계수의 값(R^2 = .348)도 알 수 있다.

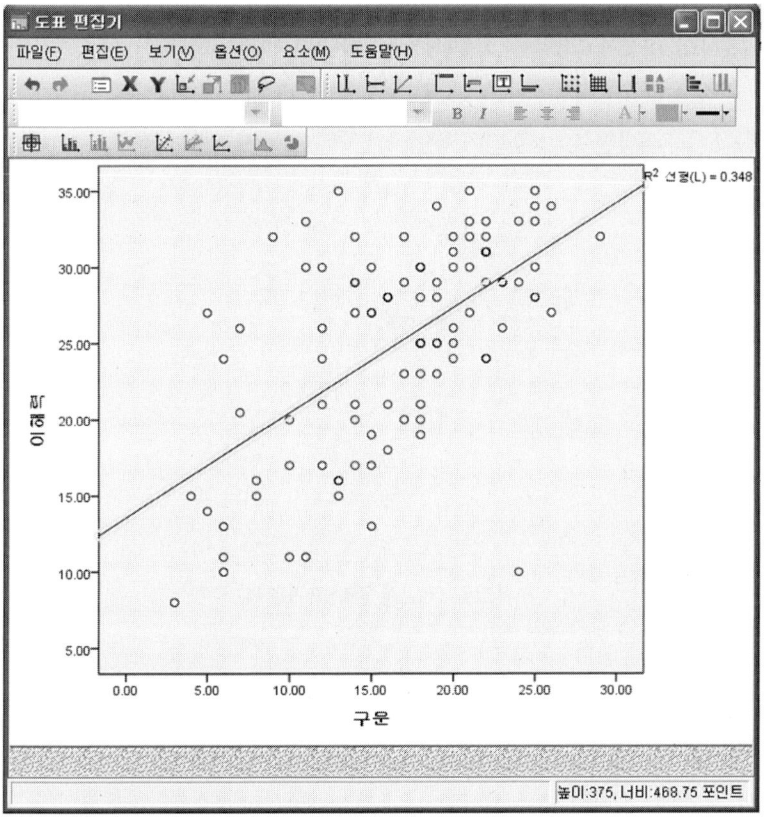

[그림 5-26] 도표 편집기 대화상자: 추정회귀선 결과

지금까지 설명한 방식으로 종속변인인 읽기이해력검사와 각각의 독립변인(음운지식, 어휘지식, 선행지식, 작업기억력) 간에 산포도를 작성하여 살펴본다. 산포도를 통해 양 변인이 선형관계에 있음을 확인한 후에는 중다회귀분석을 실시한다.

이 장에서 소개하는 연구문제는 읽기저성취 집단의 인지변인(독립변인)과 더불어 언어지식(독립변인)이 읽기이해력(종속변인)을 얼마나 고유하게 설명하는지를 알아보는 것이었다. 중다회귀분석 시 위계적 투입방법, 즉 인지변인을 먼저 투입하고 이어서 언어지식을 나중에 투입함으로써 인지변인과 언어지식 각각의 설명량을 분석할 수 있다.

읽기저성취 학생의 읽기이해력과 인지변인, 언어지식의 점수가 입력된 SPSS 데이터 화면을 띄운다. 〈분석〉 - 〈회귀분석〉 - 〈선형〉을 선택한다.

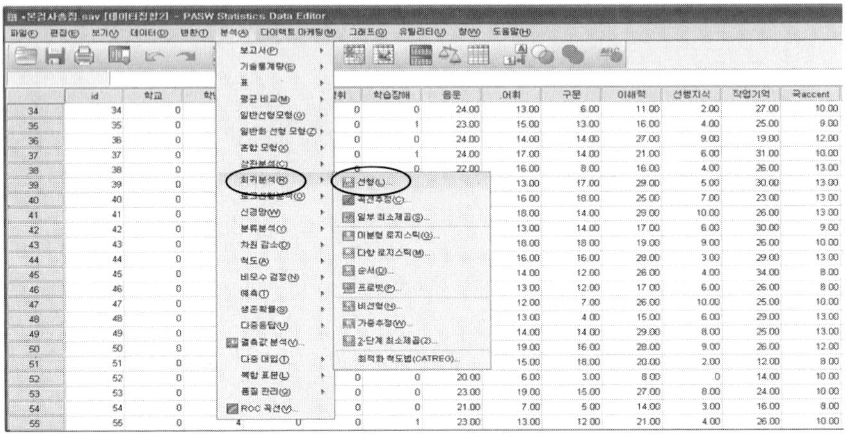

[그림 5-27] 중다회귀분석

〈선도표 회귀모형〉 대화창이 나타나면 〈종속변수(D)〉 칸에 읽기이해력 점수를, 〈블록(B)1대상1〉 - 〈독립변수(I)〉 칸에 선행지식, 작업기억력 점수를 클릭하여 옮긴다. 그런 다음 〈블록(B)1대상1〉에서 〈다음〉을 선택한다.

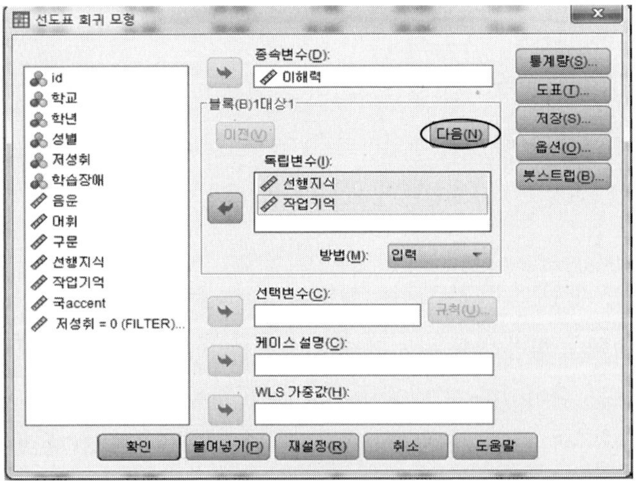

[그림 5-28] 중다회귀분석: 선도표 회귀모형 1

다시 〈선도표 회귀모형〉 대화창이 나타나면 〈블록(B)2대상2〉 - 〈독립변수(I)〉 칸에 음운지식, 어휘지식, 구문지식 점수를 선택하여 옮긴다. 이 과정이 바로 중다회귀분석의 위계적 투입방법이다. 독립변수의 진입방식은 〈방법(M)〉 란의 초기값인 〈입력〉을 선택한다.

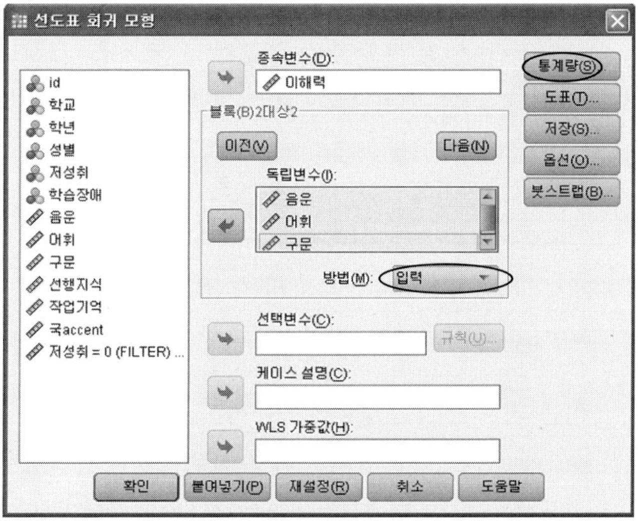

[그림 5-29] 중다회귀분석: 선도표 회귀모형 2

한편, 중다회귀분석은 독립변인들끼리 서로 독립적, 즉 서로 무관할 것을 요구한다. 그렇지 않으면 다중공선성(multicollinearity)의 문제[4]가 생길 수 있기 때문이다. 따라서 예제 데이터에 대해 다중공선성과 독립성 검정을 실시해 보자. [그림 5-29]의 〈선형 회귀분석〉 화면에서 〈통계량〉을 선택하면 [그림 5-30]과 같은 대화창이 나타난다. 〈선형 회귀분석: 통계량〉 대화창에서 〈회귀계수〉의 모든 항목, 〈잔차〉의 모든 항목, 〈모형 적합(M)〉 등의 모든 항목을 선택한 다음 〈계속〉을 클릭한다. 앞의 화면 〈선형 회귀분석〉으로 돌아가서는 〈확인〉을 선택한다.

---

4) 다중공선성 문제에 대해서는 이 장의 '맺음말' 부분을 참고하기 바란다.

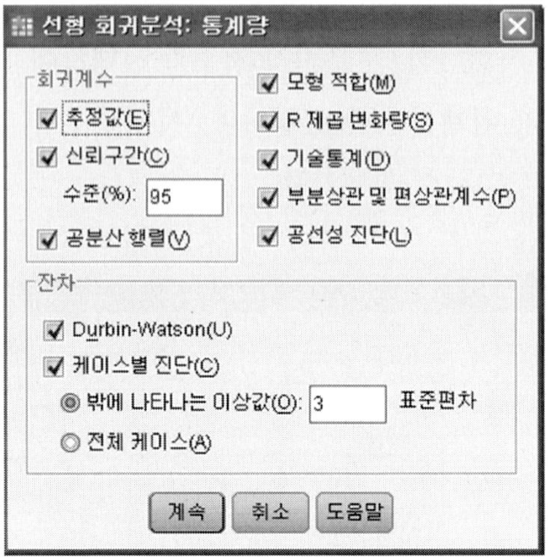

[그림 5-30] 선형 회귀분석: 통계량

이와 같은 과정을 거쳐 분석된 중다회귀분석 결과는 〈표 5-2〉에서 〈표 5-5〉와 같다. 〈표 5-2〉는 진입 혹은 제거된 변수를 보여 준다. 제1모형에서는 선행지식과 작업기억력이, 제2모형에서는 선행지식, 작업기억력과 더불어 음운지식, 어휘지식, 구문지식이 독립변인으로 진입하였음을 보여 준다.

〈표 5-2〉 진입/제거된 변수

Variables Entered/Removed[b]			
Model	Variables Entered	Variables Removed	Method
1	작업기억력, 선행지식[a]		Enter
2	음운지식, 어휘지식, 구문지식[a]		Enter

[a]All requested Variables entered
[b]Dependent Variable: 이해력

모형 요약인 〈표 5-3〉을 통하여 기여율(R^2)을 알 수 있다. 제1모형의 회귀식은 $\hat{y}$(읽기이해력) = c + b_1(선행지식) + b_2(작업기억력)이고 제2모형의 회귀식은 $\hat{y}$(읽기이해력) = c + b_1(선행지식) + b_2(작업기억력) + b_3(음운지식) + b_4(어휘지식) + b_5(구문지식)이다.

제1모형은 중상관계수 R = .463, 기여율 R^2 = .215, 자유조정도필 기여율(수정된 R제곱) R^{*2} = .199로, 제2모형은 각각 .707, .500, .474로 나타났다. 제1모형에서 기여율 .215의 의미는 읽기이해력이 가지고 있는 정보 중 약 22%는 선행지식과 작업기억력 정보의 변동으로 설명할 수 있다는 것이다. 따라서 제2모형의 기여율 .500을 통해 읽기이해력은 선행지식, 작업기억력, 음운지식, 어휘지식, 구문지식 등으로 50% 정도 설명 혹은 예측할 수 있음을 알 수 있다. 읽기이해력에 대한 언어지식(음운지식, 어휘지식, 구문지식)의 고유한 설명량은 제2모형과 제1모형의 기여율 차이로 계산하는데, 28%로 분석되었다.

회귀식의 유효성을 평가하기 위한 또 다른 지표는 추정값의 표준오차(잔차의 표준편차)다. 잔차는 실제의 y값과 회귀식의 의한 y의 예측치($\hat{y}$)와의 차이로서 잔차가 적은 회귀식일수록 유효하다고 해석한다. 제1모형의 추정값의 표준오차는 6.112, 제2모형은 4.954로 나타나서, 제1모형에 비해 제2모형이 보다 유효한 회귀식이라고 할 수 있다.

〈표 5-3〉 모형 요약

Model Summary[c]

Model	R	R Square	Adjusted R Square	Std. Error of the Estimate	Change Statistics					Durbin-Watson
					R Square Change	F Change	df1	df2	Sig. F Change	
1	.463[a]	.215	.199	6.11247	.215	13.396	2	98	.000	
2	.707[b]	.500	.474	4.95445	.285	18.055	3	95	.000	2.066

[a]Predictors: (Constant), 작업기억력, 선행지식
[b]Predictors: (Constant), 작업기억력, 선행지식, 음운지식, 어휘지식, 구문지식
[c]Dependent Variable: 이해력

회귀식의 통계적인 유의성 여부는 〈표 5-4〉의 분산분석 결과로 알 수 있다. 제1모형과 제2모형 모두 F의 유의확률 = .000 < 유의수준 = .001이므로 각 모

〈표 5-4〉 분산분석

ANOVA[c]						
Model		Sum of Squares	df	Mean Square	F	Sig.
1	Regression	1000.995	2	500.498	13.396	.000[a]
	Residual	3661.504	98	37.362		
	Total	4662.500	100			
2	Regression	2330.579	5	466.116	18.989	.000[b]
	Residual	2331.920	95	24.547		
	Total	4662.500	100			

[a]Predictors: (Constant), 작업기억력, 선행지식
[b]Predictors: (Constant), 작업기억력, 선행지식, 음운지식, 어휘지식, 구문지식
[c]Dependent Variable: 이해력

형의 회귀식은 통계적으로 의미가 있다.

편회귀계수의 유의성은 t값과 p값(유의확률)으로 확인할 수 있다. t값이 큰 변수일수록 종속변인 y를 설명 혹은 예측하는 데 기여도가 높다. 또한 p값에 의해서 편회귀계수의 유의성을 결정할 수 있다. 〈표 5-5〉의 제2모형 t값을 통하여 언어지식의 하위 요인인 음운지식, 어휘지식, 구문지식이 읽기이해력에 미치는 영향을 알 수 있다. 음운지식의 t값이 1.05, 어휘지식은 3.40, 구문지식은 2.94이다. 이 연구에서는 언어지식 중 어휘지식의 변동이 읽기이해력의 증감에 가장 큰 영향력을 미치고 있다.

또한 편회귀계수로 종속변인에 대해 독립변인이 유의하게 기여하는지를 알 수 있는데, 제1모형에서는 선행지식, 작업기억력 모두 유의한 것으로 나타났다($p<.05$). 그러나 제2모형에서는 선행지식, 어휘지식, 구문지식만이 유의하다($p<.05$).

다중공선성은 독립변인 간에 상관관계가 존재한다는 의미로, 공차한계(tolerance)[5]를 이용하여 확인할 수 있다. 다중공선성이 낮을수록 공차한계는 높게 나타나는데, 공차한계의 최대값은 1이다. 두 모형의 독립변인들은 대체

5) 공차한계는 '$1-R_i^2$'로, i번째 독립변수가 회귀분석에 투입되었을 때 이미 투입된 독립변수가 설명하지 못하는 총 변동 부분을 의미한다.

〈표 5-5〉 계수

Model		Coefficients[a]											
		Unstandardized Coefficients		Standardized Coefficients	t	Sig.	95.0% Confidence Interval for B		Correlations			Collinearity Statistics	
		B	Std. Error	Beta			Lower Bound	Upper Bound	Zero-order	Partial	Part	Tolerance	VIF
1	(Constant)	11.669	2.937		3.973	.000	5.840	17.499					
	선행지식	.865	.246	.324	3.512	.001	.376	1.353	.387	.334	.314	.942	1.062
	작업기억	.317	.111	.262	2.843	.005	.096	.538	.340	.276	.255	.942	1.062
2	(Constant)	-9.222	11.000		-.838	.404	-31.059	12.615					
	선행지식	.587	.203	.220	2.887	.005	.183	.991	.387	.284	.209	.907	1.102
	작업기억	.069	.097	.057	.710	.480	-.124	.261	.340	.073	.052	.819	1.221
	음운	.524	.498	.082	1.053	.295	-.464	1.513	.307	.107	.076	.867	1.153
	어휘	.713	.210	.330	3.402	.001	.297	1.129	.611	.330	.247	.561	1.784
	구문	.334	.114	.286	2.936	.004		.559	.590	.288	.213	.556	1.800

[a]Dependent Variable: 이해력

로 공차한계가 높은 편이어서 다중공선성의 문제를 고려할 필요가 없다.

3. 맺음말

이 장에서는 읽기이해력검사를 개발하여 타당화한 후 읽기저성취 초등학생을 대상으로 인지변인(선행지식, 작업기억력)과 언어지식(음운지식, 어휘지식, 구문지식)을 동시에 고려하되 언어지식에 초점을 맞추어서 읽기이해력과의 관계를 검토하였다. 선행 연구들의 한계를 고려하여 우선 전체 언어지식이 읽기이해력에 미치는 영향의 정도, 즉 설명량을 분석한 다음 언어지식의 하위 요인들이 읽기이해력에 미치는 영향을 비교하였다.

이 장에서 소개한 연구 결과의 의의 및 교육현장에 대한 실제적인 시사점을 간략히 정리하면 다음과 같다. 첫째, 읽기저성취 초등학생의 읽기이해력에 영향을 미치는 여러 요인, 즉 인지변인과 언어지식 등을 재확인하였다(읽기이해력을 50% 정도 설명). 둘째, 읽기저성취 초등학생의 읽기이해력을 향상시키고자 한다면 언어지식도 고려할 필요가 있다는 점을 입증하였다(읽기이해력을 28% 정도 설명). 이 결과는 특히 현실적인 중재의 용이성이란 측면에서 높이 평가될 만한 것으로 언어지식에 대한 교육 담당자들의 관심을 제고하는 계기가 될 수 있다. 마지막으로, 읽기저성취 초등학생이 해부호화를 정확하게 할 줄 안다면 언어지식의 여러 하위 요인 중 어휘지식이 읽기이해력에 가장 많은 영향을 미친다는 점을 밝혔다. 읽기저성취 초등학생의 교육 담당자는 우선 대상 학생이 해부호화를 정확하게 할 수 있는지의 여부를 진단한 후, 해부호화를 정확하게 할 줄 안다면 어휘지식의 축적에 초점을 맞춘 프로그램을 구성할 필요가 있다. 이와 같은 지침(guideline)은 읽기저성취 초등학생을 위한 중재 프로그램의 단계 및 내용이 될 수 있다.

한편 연구의 제한점 및 후속 연구에의 제언을 정리하면 다음과 같다. 첫째, 이 장에서 소개한 연구 결과에 의하면, 읽기저성취 초등학생의 인지변인과 언어지식은 읽기이해력을 50% 정도 설명한다. 읽기저성취 초등학생의 읽기이해력을 전부 설명하고자 한다면 다른 요인(들)이 필요한데, 한 연구에 따르면 읽기저성취 초등학생의 읽기이해력은 동기, 연습, 교사나 부모의 기대수준 등과 같은 정의적 변인에 의해서도 영향을 받는다고 한다(Stanovich, 1986). 후속 연구에서는 읽기저성취 초등학생의 읽기이해력이 인지변인, 언어지식, 정의적 변인으로 모두 설명 가능한지와, 만약 모두 설명할 수 없다면 읽기저성취 집단의 읽기이해력을 설명하기 위하여 어떤 요인이 추가적으로 필요한지를 밝힐 필요가 있다.

둘째, 이 연구에서는 읽기저성취 초등학생의 음운검사 정답률 평균이 매우 높았고, 읽기이해력과 음운지식 간에는 유의한 상관관계가 있었다($p<.01$). 음운검사의 높은 정답률을 고려할 때 해부호화 정확성 이외의 다른 요인, 즉 해부호화의 유창성이 영향을 미쳤을 가능성이 높다. 후속 연구에서는 읽기저성취 초등학생의 해부호화에 대한 정확성뿐만 아니라 유창성도 측정한 후 읽기이해력과의 관계를 살펴볼 필요가 있다.

셋째, 이 연구에서는 해부호화의 정확성을 획득한 읽기저성취 초등학생의 경우 어휘지식이 축적되면 읽기이해력도 향상될 가능성이 크다고 결론지었다. 이와 같은 결론은 읽기저성취 초등학생을 위한 중재 프로그램에 어휘지식을 확장시키는 내용이 포함되어야 함을 시사한다. 후속 연구에서는 이와 같은 시사점을 반영하여 읽기저성취 초등학생을 위한 중재 프로그램을 구안하고 그 프로그램의 효과를 검증할 필요가 있다.

마지막으로, 이 연구에서는 읽기저성취 집단을 담임교사의 추천과 표준화된 국어영역검사의 결과를 토대로 구성하였다. 그런데 읽기저성취 집단이 해부호화의 결함(정확성과 속도의 결함)에 의하여 읽기이해력이 지체된 경우인지 혹은 해부호화의 결함은 없지만 읽기이해력이 지체된 경우인지 등을 구분하지는 않았다. 읽기저성취 집단에 대한 다른 연구들(예: Rosenshine & Meister, 1994)은 읽기저성취의 원인이 해부호화의 결함인지 혹은 그 외의 원인인지에 따라서 같은 읽기저성취 집단이라 할지라도 다소 다른 특성을 보인다고 보고하고 있다. 후속 연구에서는 읽기저성취 집단을 해부호화의 결함 여부에 따라서 세분화하여 연구할 필요가 있다.

이 장에서 소개한 연구문제를 분석하기 위하여 우선 읽기이해력검사를 개발하여 타당화한 후 읽기이해력을 종속변인, 인지변인과 언어지식을 독립변인으로 하는 중다회귀분석을 실시하였다. 중다회귀분석은 독립변인들끼리 서로 독립적일 때 유효하다. 중다회귀분석에서 독립변인들이 서로 독립적이지 않을 때, 즉 상관관계가 있을 때 다중공선성의 문제가 생긴다. 즉, 독립변인 간에 상관관계가 있게 되면 독립변인 간에 선형관계가 존재하게 된다는 것이다. 이런 경우 각 독립변인이 종속변인에 미치는 영향을 구분하기 어렵게 된다. 극단적으로 독립변인 중에 상관관계가 −1이나 1인 경우와 같이 완전상관관계가 존재하면 모수가 추정되지 않는다. 또한 독립변인 중에 절대값이 .95 이상으로 높은 상관관계가 있을 경우에는 기여율은 높아지지만 추정된 베타값들이 유의하지 않은 형태로 나타난다. 반면 독립변인 간에 상관관계가 0인 경우에는 다중공선성의 문제는 없지만 중다회귀분석의 결과가 단순회귀분석 결과의 합으로 표시된다.

다중공선성은 고유값(eigen value)이나 조건지표값(condition number) 등으로 분석할 수 있다. 일반적으로 고유값이 .01 이하이거나 조건지표 값이 100 이상인 독립변인이 있으면 다중공선성이 있다고 판단한다. 또한 분산팽창요인(variance inflation factor)이 일반적으로 10 이상인 독립변인이 있는 경우에도 다중공선성이 있다고 결정한다. 공차한계가 0.1보다 작은 독립변인이 있는 경우에도 다중공선성이 있다고 해석한다.

다중공선성의 문제가 있을 때는 다음과 같은 방법으로 해결하는 것이 바람직하다. 첫째, 근본적으로 자료수집 과정을 다시 살펴보고 자료를 다시 수집한다. 둘째, 상관관계가 높은 독립변인 중 타당하거나 설명력이 높을 것으로 생각하는 변인을 제외하고 나머지 변인들을 모형에서 제거한다. 셋째, 주성분요인분석(principal component factor analysis)과 같은 방법을 이용하여 상관관계가 높은 변인들을 하나의 요인으로 처리한다. 넷째, 회귀분석의 투입방법 중 단계별 투입(stepwise)과 같은 변인제거 방법을 통해 다중공선성이 있는 변인들 중에서 가장 설명력이 높은 변인만을 모형에 포함시킨다(김충련, 2010).

〈읽을 자료, 논문, 웹사이트 추천〉

- 미국통계학회(ASA) - http://www.amstat.org
- 서울대학교 국어교육연구소 - http://korinst.snu.ac.kr
- 코네티컷 대학교의 Literacy Web - http://www.literacy.uconn.edu
- 한국초등국어교육학회 - http://gukeo.web.riss4u.net

✎ 참고문헌

김동일, 이대식, 신종호(2009). 학습장애아동의 이해와 교육(2판). 서울: 학지사.

김유미(2004). 읽기 부진의 양상과 지도 방안 연구. 서울대학교 일반대학원 석사학위 청구논문.

김충련(2010). PASW 데이터 분석. 경기도: 21세기사.

노형진(2004). 한글 SPSS 10.0에 의한 조사방법 및 통계분석. 서울: 형설출판사.

서울대학교 교육연구소(2004). ACCENT 국어 영역 검사의 개요 및 실시요강 저학년 · 고학년. 서울: 저자.

손애영, 이인제, 이삼형, 서혁(1996). 읽기 영역 교육과정 내용의 체계화 연구. 서울: 서울대학교 국어교육연구소.

신정화(2002). 읽기부진아동과 일반아동의 지능 및 해부호화 능력과 독해력과의 관계. 인천교육대학교 교육대학원 석사학위 청구논문.

심우엽(1990). 스키마, 단어 난이도 및 학습목표가 독해에 미치는 영향. 교육심리연구, 4(1), 5-36.

이병택(1995). 작업기억 용량에 따른 언어 이해 처리에서의 개인차. 서울대학교 일반대학원 석사학위 청구논문.

이성영(1990). 읽기 기능의 개념 정립을 위한 시론. 서울대학교 일반대학원 석사학위 청구논문.

이일화(2005). 읽기 저성취 초등학생의 언어 지식과 독해력과의 관계. 서울대학교 일반대학원 박사학위 청구논문.

탁진국(2003). 심리검사: 개발과 평가방법의 이해. 서울: 학지사.

Anderson, R. C., & Pearson, P. D. (1984). A schema-theoretic view of basic processes in reading comprehension. In P. D. Pearsons, R. Barr, M. L. Kamil, & P. Mosenthal (Eds.), *Handbook of reading research* (Vol. 1, pp. 255-291). New York: Longman.

Baddeley, A. D., & Logie, R. H. (1999). The multiple-component mode. In A. Miyake & P. Shah (Eds.), *Models of working memory: Mechanisms of active maintenance and executive control* (pp. 28-61). Cambridge, England: Cambridge University Press.

Beck, I. L., Perfetti, C. A., & McKeown, M. G. (1982). Effects of long-term vocabulary instruction on lexical access and reading comprehension. *Journal of Educational Psychology, 74,* 506-521.

Britton, B. K., & Gulgoz, S. (1991). Using Kintsch's computational model to improve instructional text: Effect of repairing inference calls on recall and cognition structures. *Journal of Educational Psychology, 83,* 329-345.

Daneman, M., & Carpenter, P. A. (1980). Individual differences in working memory and reading. *Journal of Verbal Learning and Verbal*

Behavior, 19, 450–466.

Deshler, D. D., & Schmaker, J. B. (1987). An instructional model for teaching students how to learn. In J. L. Graden, J. E. Zins, & M. J. Curtis (Eds.), *Alternative education delivery system: Enhancing instructional options for all students*. Natl Assn Sch Psychologists.

Deshler, D. D., Ellis, E. S., & Lenz, B. K. (1996). *Teaching adolescents with learning disabilities: Strategies and methods* (2nd ed.). Denver, CO: Love.

Engle, R. W., Cantor, J., & Carullo, J. J. (1992). Individual differences in working memory and comprehension: A test of four hypotheses. *Journal of Experimental Psychology: Learning, Memory, and Cognition, 18,* 972–992.

Fillenbaum, S. (1973). *Syntactic factors in memory?* The Hague: Mouton.

Hallahan, D. P., Kauffman, J. M., & Lloyd, J. W. (1999). *Introduction to learning disabilities*. Needham Heights, Mass.: Allyn & Bacon.

Kintsch, W., & van Dijk, T. A. (1978). Toward a model of text comprehension and memory. *Psychological Review, 85*, 363–394.

Masson, M., & Miller, J. (1983). Working memory and individual differences in comprehension and memory of text. *Journal of Educational Psychology, 75,* 314–318.

Mercer, C. D. (1991). *Students with learning disabilities* (4th ed.). New York: Macmillan.

Ransby, M. J., & Swanson, H. L. (2003). Reading comprehension skills of young adults with childhood diagnoses of dyslexia. *Journal of Learning Disabilities, 36*(6), 538–555.

Recht, D. R., & Leslie, L. (1988). Effect of prior knowledge on good and poor readers. *Journal of Educational Psychology, 80*, 16–20.

Rosenshine, B., & Meister, C. (1994). Reciprocal teaching: A review of the research. *Review of Educational Research, 64*(4), 479–530.

Stanovich, K. E. (1986). Matthew effects in reading: Some consequences of individual differences in the acquisition of literacy. *Reading Research Quarterly, 21*(4), 360–407.

Swanson, H. L., & Howell, M. (2001). Working memory, short-term memory and speech rate as predictors of children's reading performance at different ages. *Journal of Educational Psychology, 93*(4), 720-734.

van de Ven, A. H., & Ferry, D. L. (1980). *Measuring and assessing organization*. New York: McGraw Hill.

van den Broek, P. (1988). The effects of causal relations and hierarchical position on the importance of story statements. *Journal of Memory and Language, 27*, 1-22.

van Dijk, T. A., & Kintsch, W. (1983). *Strategies of discourse comprehension*. New York: Academic Press.

Yekovich, F. R., Walker, C. H., Ogle, L. T., & Tompson, M. A. (1990). The influence domain knowledge on inferencing in low-aptitude individuals. In A. C. Grasser & G. H. Bower (Eds.), *The psychology of learning and motivation* (pp. 175-196). New York: Academic Press.

제6장

특수학급 장애학생의 자기결정력이 전환 성과에 미치는 영향

로지스틱 회귀분석

중등 특수교육에서 전환교육은 매우 중요한 영역이라 할 수 있다. 이 시기에 장애학생들은 청소년기를 거치며 졸업 이후의 삶을 준비하게 되는데, 이러한 전환교육의 성과를 높이기 위한 가장 핵심적인 요인으로 장애학생의 자기결정력을 들 수 있다. 자기결정력은 장애학생 개개인의 심리사회적 역량을 강화하여 삶의 질 향상에 도움이 될 뿐 아니라 전환교육의 이론적 체계 수립에도 유용한 개념이라 할 수 있다.

이 장에서는 이러한 장애학생의 자기결정력 형성에 어떠한 개인적 · 환경적 변인들이 영향을 미치는지, 또한 진학이나 취업과 같은 구체적인 전환 성과를 예측할 수 있는지 알아보고자 하였다. 이를 위해 졸업을 앞둔 장애학생의 자기결정력을 측정하고 9개월 이후의 다양한 성과를 종단적으로 추적하여 로지스틱 회귀분석을 실시하였다. 로지스틱 회귀분석은 종속변인이 취업, 진학과 같이 연속적인 변수가 아닌 경우에 이용할 수 있는 기법으로, 전환 성과를 예측하는 데 유용한 도구라 할 수 있다. 사회조사에서 많이 활용되고 있는 이러한 회귀분석이 특수교육의 종단적 기법 연구에서 어떻게 다루어질 수 있는지 검토해 보기로 한다.

특수교육에서는 전환교육이 장애학생의 졸업 이후에 그들의 삶의 질을 높일 수 있는 훌륭한 방편이라고 생각한다. 이에 따라 미국에서는 장애인교육법(IDEA)에 의해, 특수교육을 받고 있는 모든 14세 이상의 장애학생들의 개별화 교육계획(IEP)에 반드시 개별화된 전환계획(ITP)을 포함하도록 규정하고 있다(조인수, 2002). 우리나라에서도 소수의 연구자들(박희찬, 1993; 안성우 외, 2002)이 특수학교를 졸업한 장애학생의 추적조사를 해 본 결과 많은 장애학생들이 미취업상태이거나, 취업을 하더라도 매우 질 낮은 고용상태에 놓여 있거나, 혹은 보호시설이나 가정에 방치되어 있는 경우가 많다는 보고를 해 오고 있다. 이러한 현상을 개선하고 장애학생의 삶의 질을 향상시키기 위해 국내에서도 1990년대 이후 특수학교에 전공과를 설치하고 직업교육을 실시해 오고 있으며, 2000년대 들어 일반학교 내 특수학급의 설치와 고등교육으로의 진학도 적극 권장하고 있다. 또한 2008년 5월부터 시행된 「장애인 등에 대한 특수교육법」 등에서 알 수 있듯이 통합교육과 진로 및 직업교육, 그리고 고등교육이 더욱 강화되고 있는 추세다.

장애학생들에게 성공적인 전환이 꼭 취업이나 진학만을 의미하는 것이 아니며, 결혼이나 주거 선택, 재정적 관리, 여가 및 건강 관리, 지역사회 활동과 참여, 대인관계 등 삶의 질을 높일 수 있는 모든 적응적 기능을 배양하는 것을 포함하고 있다. 따라서 대부분의 전환교육모형은 가정과 지역사회를 포함한 상당히 포괄적인 영역에서, 생활기술(functional life skills)이나 직업기술 교육을 어떻게 장애학생들에게 전달할 것인가 하는 내용을 담고 있다고 말할 수 있다.

그러나 전환교육모형의 이러한 범용적 특성들은 장애학생의 전환에 대한 학문적 연구를 어렵게 할 수 있는데, Halpern(1990)은 전환교육에 관한 많은 연구들이 개념적 체계를 수립하지 못하고 있다고 지적한 바 있다(박희찬, 2002에서 재인용). 이러한 단점을 극복할 수 있는 대안으로 최근 특수교육에서 중요하게 부각되고 있는 자기결정력(self-determination)의 개념을 들 수 있다(예: 김정권, 김혜경, 2000; 방명애, 2000). 자기결정력이란, 말 그대로 자신의 인생에 대해 보다 많은 통제력을 가지는 것(혹은 학생들에게 더 많은 선택권을 주는 것)으로(Ysseldyke et al., 2000), 현재 미국에서는 충분하고 완전한 특수교육 서비스를 제공하는 데 대한 인증마크(hallmark)가 되고 있다(Wood & Test, 2001; Ysseldyke et al., 2000). 자기결정력이라는 개념을 도입할 경우, 기존의 전환교육 연구에 이론적인 연구구인(construct)을 제공할 수 있는 장점이 있으며, 실증적인 방법을 통해 이 개념이 장애학생의 전환 과정과 실제로 연관되어 있는가를 알아보는 것은 전환 연구를 보다 체계적으로 발전시킬 수 있는 의미 있는 작업이 될 수 있다. 아울러, 비록 장애학생의 성공적인 전환이 성인생활 전반을 포함한다 하지만, 취업이나 진학과 같은 실질적인 성과를 추적하여 연구하는 것은 특수교육에 책무성을 부여할 수 있는 토대가 될 수 있을 것이다. 이 장에서는 장애학생의 자기결정력이 성공적인 전환 성과에 미치는 영향을 실증적으로 검토하고자 한다.

1. 자기결정력과 장애학생의 전환

1) 자기결정력의 연구 동향

1990년대 이후 특수교육을 포함한 장애인 복지 분야에서 새로운 패러다임으로 등장한 것이 자기결정력이라는 개념이다(김교연, 2002). 특수교육 분야에서 자기결정력의 개념이 대두된 배경으로는 크게 정상화 원칙의 수용과 이에 따른 통합교육 및 사회통합의 움직임을 들 수 있다. 정상화의 원칙이 크게 영향을 끼치면서, 장애학생들은 일반학교에서 교육을 받고 지역사회에서 독립적인 생활을 하기 시작하였다. 이에 따라 통합된 학교와 지역사회의 삶에서 자신을 변호하고 의견을 내세워야 할 필요가 생기면서 장애인 자신을 위한 자기옹호 운동도 더욱 강조되기 시작하였다. 이러한 과정을 통하여 특수교육 전문가들은 장애인에게 자기결정 기술이 결핍되어 있다는 것을 알게 되었고 이를 가르칠 필요를 절감하게 되었다(오정민, 박은혜, 2003).

이것은 Polloway 등(1996)이 정신지체와 발달장애와 관련한 패러다임이 시설-기반(facility-based)에서 서비스-기반(service-based)으로, 그런 다음 지원-

기반(supports-based)으로 진행되었으며, 현재는 역량강화(empowerment)의 단계라고 주장한 것과 통한다고 볼 수 있다. 특히 Polloway 등은 역량강화의 중요한 요소 중 하나가 자기결정력이며 이것은 의사결정과 선택의 자유라는 개념과 명백하게 연결되어 있다고 하였다. 이러한 역량강화 혹은 자기결정력은 장애를 가진 학생들이 사회의 가치 있는 구성원이 될 수 있고, 성인기의 요구를 다룰 수 있는 능력을 가지게 되고, 개인적인 충만감을 느끼도록 하여 삶의 질을 높일 수 있는 긍정적인 성과를 가져올 수 있다고 하였다(김동일, 김언아, 2003b).

그렇다면 이러한 배경으로 등장한 자기결정력이라는 개념에 대한 선행 연구를 정리하면 다음과 같다. Algozzine 등(2001)은 *Review of Educational Research*를 통해, 자기결정력과 관련한 중재의 효과를 검증한 1972~2000년 사이의 연구 51편에 대한 메타분석을 행한 바 있다. Algozzine 등(2001)에 따르면, 어떤 연구자들은 자기결정력을 중재(intervention)로 여기고(예: Keller, Givner, & Ferrell, 1999; Siegel, 1998), 또 다른 이들은 성과(outcome)로 생각한다(예: Abery & Zajac, 1996; Field & Hoffman, 1994; Serna & Lau-Smith, 1995; Wehmeyer, 1996).

Algozzine 등(2001)은 자기결정력 연구들이 특히 1990년대를 즈음하여 활발히 이루어졌다고 지적하며, 이는 장애인들의 시민으로서의 권리옹호라든가 입법활동을 배경으로 시작되었다고 말할 수 있다고 서술하고 있다. 또한 자기결정력은 장애학생의 전환 과정과 밀접한 관련이 있으며, 소수의 연구에서 성인생활에서의 긍정적인 성과와 삶의 질을 향상시키는 결과를 지향할 수 있는 근거로 활용되었다고 말하고 있다. 따라서 이들은, 차후 자기결정력에 대한 연구는, 한두 가지 기술 교수에 중점을 두기보다, 자기결정력에 관한 보다 광범위한 기술들을 어떻게 종합하여 교수할 것인가, 또한 그러한 기술들을 용이하게 학습할 수 있는 환경을 어떻게 조성할 것인가, 전체 학교 차원에서 어떻게 개입할 것인가, 그리고 학교를 비롯하여 고용이나 여가 차원에서도 자기결정력이 어떻게 적용되어 장애학생들의 삶의 질을 향상시킬 것인가에 더 큰 중점을 두어 진행될 필요가 있다고 지적하고 있다.

전환 과정과 자기결정력과의 밀접한 관련성에 대해서는 Wehmeyer 등

(1998)에 의해서도 다음의 여섯 가지로 제시되고 있다. 첫째, 장애인들 사이에서 자신의 선택과 결정을 요구하는 목소리가 더욱 더 커지고 있고, 둘째, 학교를 졸업한 장애성인의 성과를 조사한 연구에서 실망스러운 연구 결과가 나오고 있으며, 셋째, 자기결정력과 성인기의 성공적인 삶은 밀접한 관련이 있다는 증거가 제시되고 있으며, 넷째, 많은 장애성인에게 자기결정 기술이 결핍되어 있다고 밝혀지고 있으며, 다섯째, 자기주도의 학습이 효과적인 교육실제로 제시되고 있으며, 여섯째, 학교와 직업 간의 성공적인 전환이 계속해서 강조되고 있다.

이와는 좀 다른 각도에서, 자기결정력이 전환 과정에 보다 밀접하게 관련되어야 할 필요성에 대해 김동일과 김언아(2003a)는 기존의 전환모형이 가진 문제점의 대안으로서의 자기결정력의 역할을 지적한다. 즉, 기존의 전환모형이 대체로 전환 개념의 범주를 생활 전반에 걸친 생활적응력 등으로 넓혀 생각하는 경향이 있으며, 전환에 영향을 미칠 수 있는 주요 요인들에 대해 지나치게 전환 서비스 제공의 측면에서만 치중하여, 연구구인(construct)이나 변인을 파악하거나 혹은 그 관계를 파악할 수 없는 취약점을 가지고 있다고 하였다. 따라서 주요한 연구변인을 매개하고 설명해 줄 수 있는 구체적인 기제를 갖춘 설명개념의 도입이 필요하다고 하였는데, 자기결정력은 이러한 설명개념으로서 적절한 역할을 할 수 있으며, 대상자의 심리 · 행동적인 기제를 고려한 보다 기능적인 관점에서의 전환 과정을 구성할 수 있다고 지적한 바 있다.

2) 자기결정력과 전환 성과

구체적인 전환 성과와 관련하여 자기결정력의 역할을 연구한 것은 Wehmeyer와 Schwartz(1997)다. 그들은 고등학교를 졸업하기 전 장애학생(인지장애)들에게 자기결정력의 수준을 파악할 수 있는 검사를 실시하였고, 졸업 후 9개월이 지난 시점에서 그들의 전환 성과를 주거환경, 고용상태, 진학상태 그리고 지역사회에서의 통합의 정도 등의 지표로 알아보았다. 지능과 장애상태를 통제하였을 때 자기결정력 점수가 높은 집단일수록 부모와 독립해서 살기를 원하였고, 경제적 관리를 하고 있었고, 유급 고용이 되어 있었고, 또한 평균 임금이 더 높았다.

이와 비슷한 맥락에서 Benz 등(1997, 2001)도 장애학생들의 졸업과 고용의 성과에 대한 주요 예언변인으로 진로 관련 작업 경험과, 학생들이 파악한 전환 목표의 완수를 들고 있다. 특히 이들은 학생-주도적인 계획하기, 자기결정력 등이 이와 밀접한 관련이 있을 것이라고 제안하고 있어 전환 과정에서의 자기결정력의 역할은 경험적으로 증명되고 있다고 할 수 있을 것이다.

자기결정력과 관련하여, 국내에서는 방명애(2000), 류숙렬(2001), 김혜경(2001), 박기영(2003) 등이 자기결정 프로그램의 효과를 검증하는 연구를 시도한 적이 있으며, 교사의 인식도(오정민, 박은혜, 2003), 자기결정력에 영향을 미치는 변인에 관한 연구(김정권 외, 2001) 등이 이루어진 바 있다.

이 중 류숙렬(2001), 박기영(2003) 등은 전환 혹은 진로와 관련하여 자기결정 프로그램의 실시효과를 검증하고자 하였으므로 연구의 내용을 살펴볼 필요가 있다.

류숙렬(2001)은 특수학교 고등부와 전공과에 재학 중인 경도 장애학생 30명을 실험 집단과 통제 집단으로 나누어 자기결정 프로그램을 실시한 후 자기결정력의 수준을 알아보는 사후검사에서 교사, 학생, 부모의 평정 결과가 모두 실험 집단이 높은 것으로 보고하였다. 또한 박기영(2003)은 전환교육의 핵심으로서 자기결정력의 중요성을 강조하여 특히 진로탐색 단계에서 자기결정력에 대한 훈련이 필요함을 강조하였다. 박기영(2003)은 중학교 특수학급 학생 30명을 실험 집단과 통제 집단으로 나누어 연구자가 개발한 진로탐색 프로그램(자기결정 교육과정과 진로탐색의 종합)을 실시한 결과 실험 집단의 사후검사(자기결정력검사) 점수가 유의미하게 높음을 발견하였다.

가장 최근에 김언아와 김동일(2004)은 고등학교 특수학급 학생들을 대상으로 자기결정력의 수준을 파악하고 어떠한 환경적 요인이 자기결정력에 영향을 미치는지, 자기결정력이 학생들의 진로 의사결정 수준에 어떤 영향을 미치는지를 알아보았다. 연구 결과 장애학생들의 IQ 수준과 교실환경 요인이 자기결정력 수준에 영향을 미치며, 자기결정력은 진로 의사결정 수준에도 영향을 미치는 것으로 나타났다.

이러한 국내의 연구 결과를 종합하여 본다면, 자기결정력은 장애학생의 전환 과정에 도움이 된다고 추론할 수는 있으나, 문제는 실제 전환 성과에 자기결정력이 영향을 미치는가에 대한 검증은 없었다는 점이다. 즉, Wehmeyer와 Schwartz(1997)처럼 자기결정의 수준이 고용이나 진로, 거주 등의 실제 전환 성과에 어떠한 영향을 미치는가를 알아보는 연구가 시도된 바 없으며, 이러한 방식의 연구는 '자기결정력이 현실적인 효용성을 가지고 있는가?'라는 근본적인 질문에 대한 답을 제공할 수 있을 것이다.

이는 박희찬(2002)이 장애학생의 전환 성과에 대한 추적 조사가 전환교육의 효과성을 검증하는 가장 훌륭한 방법이라는 점을 강조한 것, 그리고 이러한 연구들이 전환교육, 혹은 특수교육이 장애학생의 삶의 질 향상에 도움이 되었는가를 검토할 수 있는 좋은 방법이 될 수 있다고 한 점과 일치한다고 볼 수 있다.

이 장에서는 이러한 연구 동향을 바탕으로 자기결정력이 장애학생들의 성공적인 전환가능성과 실제 전환 성과에 영향을 미치는지를 알아보고자 하였으며, 자기결정력과 전환에 대한 이러한 실증적 접근은 특수교육의 효과를 보다 높이는 방법을 강구할 수 있는 기반이 될 수 있을 것이다.

2. 전환 성과에 대한 로지스틱 회귀분석의 적용

1) 연구 목적

고등학교 특수학급 3학년에 재학 중인 장애학생들의 자기결정력 수준을 파악하고, 이러한 자기결정력 수준이 장애학생들의 취업이나 진학 등 실제 전환 성과에 유의미한 영향을 미치는지 알아보고자 하였다. 아울러 전환 성과에 영향을 미칠 수 있는 개인적 특성과 환경적 요인이 있는지 알아보고 어떠한 요인이 성공적인 전환에 영향을 미치는지 확인하고자 하였다.

2) 주요 변인

(1) 연구 대상

경인지역 내 특수학급이 설치된 고등학교 15개교(실업계: 12개교, 인문계: 3개교)에서 3학년에 재학 중인 정신지체 장애학생 93명을 대상으로 하였다. 평균 연령(CA)은 18세였다.

〈표 6-1〉 지역별 표집 학교 및 학생 수(2004년도 3월 현재)

구분	서울시	경기도	인천시	합계
특수학급 설치 학교 수	16	21	18	55
표집 학교 수	5(2)	4(1)	6	15(3)
표집 학생 수	36(13)	28(7)	29	93(20)

* 괄호 안은 인문계 고등학교를 나타냄

(2) 독립변인

1 자기결정력 검사도구

주요 검사도구로 '자기결정능력검사: 청소년판'(김정권, 조인수, 문태형, 김혜경, 2000)을 사용하였다. 이 검사는 2000년 표준화를 마쳤으며, 연구자들이 Wehmeyer(1996)의 자기결정 행위의 특성을 바탕으로 하여 문항을 구성하였다. 구성 내용은 자율성, 자기규칙, 심리적 역량 그리고 자아실현 등의 네 가지 하위 영역으로 나뉘어 있고 총 72문항으로 구성되어 있다(김정권 외, 2000). 김정권 등(2000)이 보고한 Cronbach α계수는 .92였으며, 이 장에서 파악된 계수는 .94였다. '자기결정능력검사: 청소년판'의 각 하위 척도에 대한 기술은 다음과 같다(김정권 외, 2000).

① 자율성: 자신의 기호, 관심이나 능력에 따르는 행동을 말하며, 이 행동은 외부의 영향 또는 간섭에 구애되지 않고 독립적이며 자유로움
② 자기규칙: 자기관리 전략을 말하며, 목표설정과 성취 행동, 문제해결 행

동, 관찰학습 전략 등을 포함한다.

③ 심리적 역량: 자신에게 중요한 환경을 통제하고, 자신이 설정한 목표를 성취하기 위해 필요한 기술을 보유하며, 만약 이 기술을 사용한다면 설정한 목표를 이룰 수 있을 것이라는 믿음을 가지는 것

④ 자아실현: 자신에 대해 포괄적이며, 사리에 맞는 정확한 지식을 갖고 있으며, 또한 이러한 지식과 자신의 강점 · 약점을 잘 활용하여 자신에게 이익이 돌아올 수 있도록 행동하는 것

2 교실환경검사-특수교육용(CES-SP)

Wehmeyer와 Kelchner(1996)의 연구에 의하면 교실 내의 통제력이나 교사의 통제력과 같은 사회심리적 교실 환경에 대한 지각은 장애학생의 자기결정력 형성에 영향을 줄 수 있다. 그러므로 각기 다른 교실 환경에 놓인 장애학생들의 교실 환경 변인의 영향력은 통제될 필요가 있다.

교실 수업의 사회심리적 환경을 측정하기 위해, Moos와 Trickett(1987)이 개발한 CES(교실환경검사)를 Trickett과 Moos(1973)가 특수학교 학생용으로 다시 수정하여 개발한 CES-SP를 번안하여 사용하였다. CES-SP는 총 58문항으로 이루어져 있으며, '수업참여도' '교우친밀도' '교사의 지원' '과제지향도' '수업 조직화와 질서' '규칙의 명료성' '교사의 통제' 등의 일곱 가지 하위 척도로 구성되어 있다. 이 연구에서는 학생들의 자기결정력과 가장 관련이 있는 '수업 조직화와 질서' '교사의 통제' 등 두 가지 하위 척도만 실시하였다. 이는 Wehmeyer와 Kelchner(1996)가 사용하였던 척도와 동일한 척도다. Trickett과 Moos(1973)가 보고한 '교사의 통제' 척도의 Cronbach α계수는 .551이었으며, 이 장에서 파악된 계수는 .62였다. 또한 Trickett과 Moos(1973)가 보고한 '수업 조직화와 질서' 척도의 Cronbach α계수는 .638이었으며, 이 장에서 파악된 계수는 .49였다. 이 장에 활용된 두 가지 하위척도에 대한 설명은 다음과 같다.

① 수업 조직화와 질서(order & organization): 교실 내 질서의 유지와 수업

중 활동이 잘 조직화되는 정도

② 교사의 통제(teacher control): 교실 내에서 학생의 행동 범위가 규칙의 시행을 통해 정해지는 정도

[3] 부모의 경제적 배경, 부모의 관심과 협력 정도 조사

교실 환경과 마찬가지로 부모의 연령, 학력, 가족 수, 수입과 같은 환경적 변인들이 장애학생의 자기결정력에 영향을 미치고 궁극적으로는 전환 성과에도 영향을 미칠 수 있으므로, 이 장에서는 부모의 경제적 배경과 부모의 관심과 협력 정도를 독립변수에 포함하였다. 부모의 경제적 배경에 대해서는 담임교사에게 물어보아 상(수입 월 300만 원 이상), 중(월 100만 원 이상~월 300만 원 미만), 하(월 100만 원 미만)의 3단계로 구분하여 기입하였다. 또한 학생들의 학교생활에 대해 부모가 어느 정도 관심을 가지고 협력이나 지원을 하는가에 대해 교사로 하여금 5점 척도상에서 평가하게 하였다.

① 부모의 경제적 배경(3-상, 2-중, 1-하)

② 부모의 관심과 지원의 정도(5-매우 높다, 4-높다, 3-그저 그렇다, 2-낮다, 1-매우 낮다)

[4] 지능

발달장애, 정신지체 학생들에게 지능은 장애 정도를 의미할 수 있으므로 지능은 주요한 개인적 변인으로 포함될 수 있다. 또한 자기결정력검사 등 여러 검사도구들의 결과가 지능을 반영할 수 있으므로 연구 과정에서 지능의 영향이 통제되어야 한다. 이 장에서는 부모, 교실 환경과 더불어 각 학생의 지능지수를 주요한 독립변인으로 포함하였다. IQ 자료는 기본적으로 학생들의 생활기록부에 기입되어 있는 수치를 그대로 활용하였다. IQ 자료가 없는 15명의 학생에 대해서는 검사 전문가가 K-WAIS 단축형을 별도로 실시하였다.

5 학교생활 충실도

학교생활에 얼마나 충실하고 성실한가를 교사들에게 직접 물어보아 평정하게 하였다. 자기결정력이 자신에게 내재되어 있는 동기적 요소, 심리적 역량 등을 파악하는 것이라면, 학교생활 충실도는 교사가 관찰한 학생의 학교생활 적응 정도라고 할 수 있다. 이 척도 또한 부모의 관심과 협력 정도와 마찬가지로 매우 양호할 경우 5점, 매우 양호하지 못할 경우 1점으로 표기하게 하였다.

(3) 종속변인: 전환 성과

2004년 6월 모든 검사가 끝나고 검사 대상 학생들이 졸업한 2005년 3월 말경 교사에게 물어보아 검사 대상 학생들이 취업이나 진학 여부를 확인하였다.

3. 로지스틱 회귀분석 적용 결과

1) 기술적 통계치

주요한 독립변인들의 기술적 통계치는 〈표 6-2〉와 같다.

〈표 6-2〉 주요 독립변인에 대한 기술적 통계치

독립변인	사례 수	최소값	최대값	평균	표준편차
IQ	93	32.00	104.00	52.5591	14.18470
부모의 경제적 배경	93	1.00	3.00	1.8710	.72571
부모의 관심과 지원 정도	93	1.00	5.00	3.2151	1.06168
학교생활 충실도	93	1.00	5.00	3.8065	1.03481
자기결정력검사 총점	93	17.00	146.00	66.9570	25.37069
교실환경검사 총점	93	49.00	177.00	119.6237	29.32832

자기결정력검사의 경우 김정권 등(2000)에 의하면, 자기결정력검사 점수는 평균이 100, 표준편차가 15인 표준점수로 전환된 표준화 점수로, 총점이 100일

경우 평균적인 수준의 수행을 나타낸다. 참고로 70에서 130 사이가 표준편차 2를 나타내는 범위로 전체 아동의 95%가 포함된다고 한다.

2) 로지스틱 회귀분석의 실행

(1) 실제 전환 성과의 확인

장애학생의 자기결정력 수준과 타 환경적 요인들이 실제 전환 성과에 얼마나 많은 영향을 미칠 수 있는가? 이를 알아보기 위해 졸업 예정자를 대상으로 자기결정력검사를 실시하였고, 9개월 후 이들의 취업 및 진학 여부를 조사하였다. 총 93명의 검사 대상 학생 중 38명이 일반 사업체에 정식으로 고용되거나 4년제나 2년제 대학에 입학한 것으로 나타났다. 취업의 기준은 일반 사업체에 전일 고용되는 것을 완전한 취업으로 인정하도록 하였다. 단기간의 지원 고용, 장애인종합복지관, 자립작업장 등에서 직업훈련을 받거나 보호 고용되는 것은 취업으로 인정하지 않았다. 진학은 장애인 특례입학 등의 수시 모집을 포함하여 전문대나 4년제 대학에 입학이 승인된 것을 진학으로 인정하였다.

〈표 6-3 〉 연구 대상 장애학생의 졸업 후 전환 성과 현황(2005년 3월 현재)

졸업 후 상황	빈도	전환 성과 표기
일반 사업체에 정식 고용됨	26	1
4년제 대학에 입학함	8	1
2년제 대학에 입학함	4	1
파트타임 아르바이트	2	0
가족, 친지의 가게, 회사에 취업	2	0
현재 지원 고용 중이나 정식취업은 안됨	6	0
직업훈련원이나 특수학교 전공과 입학	9	0
복지관 등의 보호작업장에서 작업, 훈련	23	0
집에서 쉼(병원 요양, 기타 시설 입소 등)	12	0
소재불명	1	0
합계	93	

(2) 데이터 파일의 구성

전환 성과의 기준을 설정한 이후 취업을 하였거나 진학한 학생을 1로, 그렇지 못한 학생을 0으로 데이터 파일에 입력하였다.

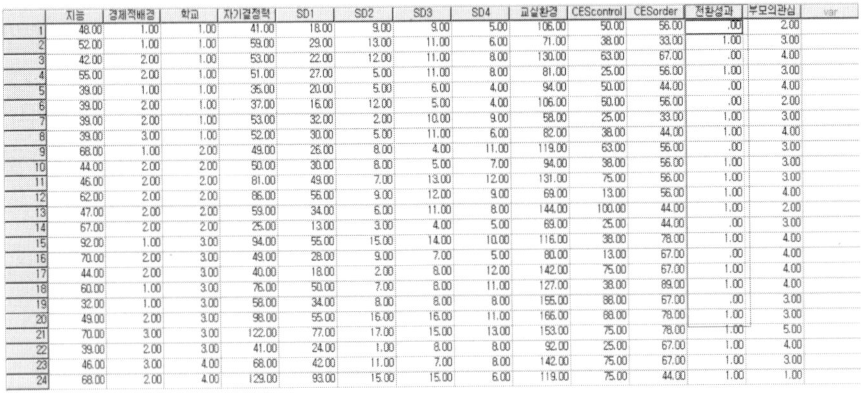

[그림 6-1] SPSS 데이터 파일의 구성

(3) 로지스틱 회귀분석 불러오기

로지스틱 회귀분석을 실행하기 위해서는 SPSS 메뉴에서 〈Analyze〉 - 〈Regression〉 - 〈Binary Logistic〉을 불러온다.

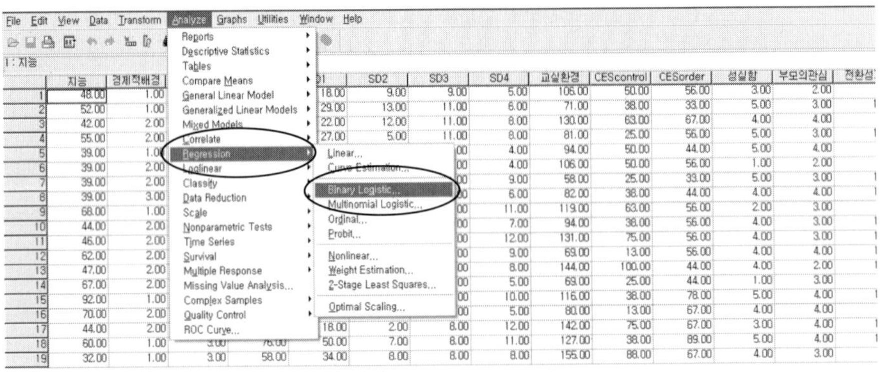

[그림 6-2] SPSS 로지스틱 회귀분석 불러오기

로지스틱 회귀분석은 종속변인이 연속적인 변수가 아니고 이원적인 경우에만 실행할 수 있는 회귀분석 방법으로 흔히 비선형적 회귀분석이라 한다. 로지스틱 회귀분석모형은 다음과 같다.

$$P(\text{사건이 일어날 확률}) = e^{z}/(1+e^{z})$$

$$Z = B_0 + B_1X_1 + B_2X_2 + B_3X_3 + B_4X_4 + \cdots + B_pX_p +$$

B_p : 자료에서 추정된 계수

X_p : 독립변수

e : 약 2.718인 자연로그의 밑

로지스틱 회귀분석모형은 선형이 아니며 S 형태 곡선을 이루고 있다. 즉, 독립변수와 발생 확률과의 관계는 비선형적이다. 확률추정은 Z의 값에 상관없이 항상 0과 1 사이에 존재한다.

(4) 변수 지정하기

메뉴박스에서 〈Binary Logistic〉을 불러온 후 〈Covariate〉 란에 분석하고자 하는 독립변수들을 왼쪽에서 지정하여 투입한다. 이 장에서는 지능, 부모의 경제적 배경, 자기결정력 총점, 교실환경검사 총점, 부모의 관심과 지원, 학교생활 충실도 변인을 지정하였다. 그런 다음 〈Dependent〉(종속변수) 칸에 전환성과를 지정한다.

1 독립변수 지정하기

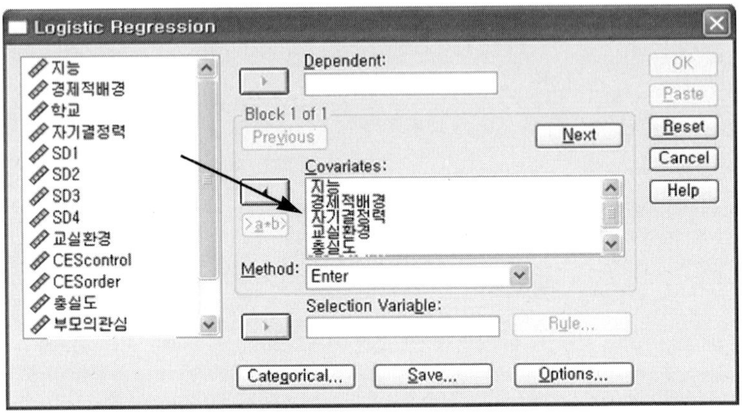

[그림 6-3] SPSS 로지스틱 회귀분석의 독립변수 지정

2 종속변수 지정하기

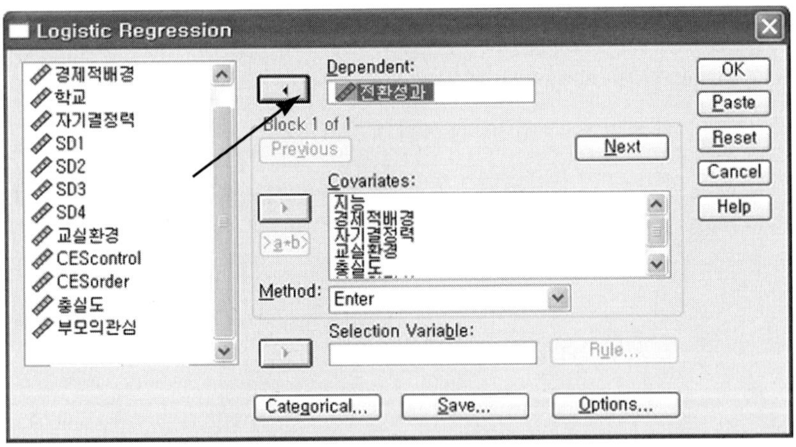

[그림 6-4] SPSS 로지스틱 회귀분석의 종속변수 지정

변수 지정이 끝나면 대화박스 하단의 〈Options〉를 선택하여 원하는 통계분석의 종류나 검증규준 등을 지정할 수 있다. 이 장에서는 기본 분석만 실행하

기로 한다. 〈Option〉 선택이 끝나면 〈OK〉 버튼을 선택하여 분석을 실행한다.

3) 연구 결과

(1) 모형의 적합도 평가

로지스틱 회귀분석은 비선형 모형이므로 모형이 적합한지를 알아볼 수 있는 지표들을 검토하는 것이 필요하다. 먼저 모형에 투입된 변수들의 설명력을 알아보는 χ^2값을 살펴보면 〈표 6-4〉에서 나타나는 바와 같이 15.564이며, 독립변수의 수를 나타내는 자유도는 6, 유의도 수준은 .05에서 유의미한 것을 알 수 있다. 즉, 자기결정력, IQ, 교실 환경, 부모의 경제적 배경, 부모의 관심과 지원, 학교생활 충실도 등의 변수와 전환 성과와의 관계를 살펴보는 데 로지스틱 회귀분석을 이용할 때 모형은 적합한 것으로 볼 수 있다.

〈표 6-4 〉 모형의 적합도 평가 지표

	Chi-square	df	Sig.
Model	15.564	6	.016
-2Log likelihood	Cox & Snell R Square	Nagelkerke R Square	
110.237(a)	.154	.208	

그 외 -2Log likelihood, Cox & Snell R^2, Nagelkerke R^2 등은 모두 모형의 적합도를 판단하는 지표로서 값이 높을수록 좋은 모형이라 할 수 있다. 가령 Nagelkerke R^2이 .208이라 함은 투입된 독립변수들의 설명력이 20.8%라고 해석할 수 있다.

로지스틱 회귀분석모형이 얼마나 적합한지를 평가하는 또 한 가지의 방법은 예측치 및 관찰치의 분석 결과를 비교하는 것이다. 〈표 6-5〉 왼쪽 관찰치의 전환 성과는 실제 측정된(수집된) 전환 성과를 나타내고 오른쪽 예측치의 전환 성과는 회귀분석의 결과 독립변수의 조건하에서 로지스틱 분석이 계산한 수치다. 비교분석 결과 실제 전환 성과가 0인 집단에서 47명이 옳게 예측되

〈표 6-5〉 분류 정확도

관찰치		예측치		
		전환 성과		정확도
		.00	1.00	.00
전환 성과	.00	47	8	85.5
	1.00	15	23	60.5
전체 정확도				75.3

었고 8명이 잘못 분석되었다. 그리고 실제 전환 성과가 1인 집단에서 23명이 옳게 예측되었고, 15명이 잘못 예측되었다. 그리하여 전체 정확도는 75.3%로 나타나 정확도가 크게 떨어지지는 않는 것으로 판단된다.

(2) 로지스틱 회귀계수

각 독립변수의 추정계수를 포함하여 로지스틱 회귀식을 구성하면 다음과 같다.

LOGIT(전환 성과) = −5.162 + .027(지능) + .216(경제적 배경) + .022(자기결정력)−.004(교실 환경) + .660(학교생활 충실도)−.185(부모의 관심과 지원)

이들 값에 대한 통계적 의미는 Wald 통계량을 고려한다. 장애학생의 전환 성과에 유의미하게 영향을 미치는 독립변수는 '자기결정력'과 '학교생활 충실도'인 것으로 나타났다. 두 가지 변수 모두 5% 유의수준에서 유의미한 것으로 나타났으며, 자기결정력보다는 학교생활 충실도의 영향력이 더 큰 것으로 나타났다. 자기결정력의 Exp(B)가 1.022로 자기결정력이 1단위 증가하면 취업이나 진학할 확률이 1.022배 높아지는 반면, 학교생활 충실도가 1단위 증가하면 취업이나 진학할 확률이 1.934배 증가하는 것으로 보인다.

이에 비해 지능이나 부모의 경제적 배경, 부모의 관심과 지원, 교실 환경 등

〈표 6-6〉 로지스틱 회귀분석 추정계수

독립변수	B	S.E.	Wald	자유도	유의도	Exp(B)
지능	.027	.017	2.377	1	.123	1.027
경제적 배경	.216	.362	.356	1	.551	1.241
자기결정력	.022	.010	4.443	1	0.35*	1.022
교실 환경	-.004	.008	.242	1	.623	.996
학교생활 충실도	.660	.300	4.836	1	0.28*	1.934
부모의 관심과 지원	-.185	.267	.478	1	.489	.831
상수	-5.162	1.947	7.032	1	.008	.006

*$p < .05$

은 전환 성과에 유의한 영향을 미치지 않는 것으로 나타났다.

학교생활 충실도는 일견 자기결정력과 비슷한 개념을 내포할 수 있다. 따라서 두 변수 간의 상관 정도를 알아보았다. Pearson Correlation 상관계수가 -.131이고 유의도는 .211로서 두 변인 간의 상관관계는 존재하지 않았다. 즉, 학교생활에 협조적이고 큰 문제 행동이 없으며 양호한 생활태도를 보이는 정도와 자기결정력은 관련이 없다고 볼 수 있다.

종합한다면 장애학생의 지능의 정도나 부모의 관심, 경제적 배경, 교실 환경 등에 상관없이, 자율적이며, 목표지향적 성향을 많이 가지고 있고, 문제해결 능력이 있으며, 자신의 장단점을 잘 파악하여 이를 활용하고자 하는 성향이 높은 학생일수록, 또한 학교생활을 충실하게 수행하는 학생일수록 성공적으로 취업하거나 혹은 진학하는 가능성이 크다고 말할 수 있을 것이다.

4. 맺음말

전환 성과를 단순히 취업의 유무, 진학의 유무 등 단순 이항분포로 살펴보는 로지스틱 회귀분석은 장애학생의 전환 성과를 과소평가할 우려가 없지 않다. 따라서 차후 취업과 진학의 질(quality)을 몇 가지 차원으로 분류하거나 혹은 졸업 후 다양한 진로 방향을 다차원으로 분류하여 독립변인들의 영향력을 살펴보는 것도 전환 과정을 보다 구체적으로 파악하는 데 도움이 될 수 있을 것이다.

장애학생의 실제 전환 성과에 자기결정력이 유의미한 영향을 미친다는 이 장의 결과는 특수교육 현장에 시사하는 바가 크다고 할 수 있다. 먼저 특수학교 및 특수학급의 교육과정과 전환 프로그램이 학생들의 자기결정력을 강화하는 방향으로 재편되어야 할 필요성을 제기할 수 있을 것이다. 가장 효과적이고 쉬운 방법은 외국에서 활용하고 있는 많은 '자기결정력 교수 프로그램'을 도입하여 국내 상황에 맞도록 수정하여 적용해 보는 것이다. 이러한 시도는 지나치게 취업기술이나 고용기회, 더 넓게는 환경적 요인에 의존하는 전환교육의 풍토를 보완할 수 있는 발판이 될 수 있다. 특히 장애학생들의 심리적 역량을 발달시키는 프로그램이 많이 개발되어야 하는데, Wehmeyer 등(1998)은 장애학생들이, 자신의 행동에 대한 통제력에 대해 긍정적인 귀인을 하고 성공적인 행동의 결과에 대한 자기효능감을 형성할 수 있어야 한다고 주장한다. 또한 유년기부터의 학습과 성공적인 경험이 축적되어야만 이러한 역량이 안정적으로 형성될 수 있다고 피력하고 있다. 향후 자기결정력의 하위 역량들이 더 세분화되어 각각의 역량이 장애학생의 전환에 어떠한 영향을 미치는지 분석될 필요가 있다.

또한 이 장에서 통제변인으로 투입한 학교생활 충실도는 자기결정력과는 다소 다른 개념으로, 이론적 배경과 선행 연구들이 보완되고 자기결정력과의 개념적 차별성을 부여해야 할 것이다.

마지막으로 취업이나 진학 이후 학생들의 성공적인 유지능력을 장기적인 설계를 통해 추적하는 연구 또한 현실적인 어려움이 수반되기는 하지만 실행적 가치는 매우 높다고 할 수 있을 것이다.

✎ 참고문헌

김교연(2002). 정신지체인의 자기결정에 대한 일고찰. 성지재활연구, 10, 19-32.

김동일, 김언아(2003a). 우리나라 전환교육 연구의 동향과 전망. 특수교육연구, 10(1), 33-54.

김동일, 김언아(2003b). 장애학생의 자기결정과 전환성과. 장애인고용, 49, 54-68.

김언아, 김동일(2004). 특수학급 장애학생의 자기결정력이 진로의사결정에 미치는 영향에 관한 연구. 2004년도 추계학술대회 자료집 (pp. 293-301). 서울: 한국특수교육학회.

김정권, 조인수, 문태형, 김혜경(2000). 발달지체청년을 위한 자기결정능력검사의 표준화 연구. 특수교육재활연구, 39(2), 99-126.

김정권, 조인수, 문태형, 김혜경(2001). 발달지체학생 자기결정능력의 인구통계학적 분석. 특수교육학연구, 36(1), 127-146.

김정권, 김혜경(2000). 자기결정과 발달지체인의 삶의 질 및 사회완전통합과의 관계. 특수교육학연구, 34(3), 1-26.

김혜경(2001). 정신지체학생의 자기결정훈련효과. 대구대학교 대학원 박사학위 청구논문.

류숙렬(2001). 자기 결정 활동 프로그램의 개발과 적용이 전이기 경도 학생의 자기결정력 증진에 미치는 효과. 이화여자대학교 교육대학원 박사학위 청구논문.

박기영(2003). 진로탐색 프로그램이 중학교 특수학급 학생의 자기 결정력에 미치는 영향. 이화여자대학교 교육대학원 석사학위 청구논문.

박희찬(1993). 지체장애인의 직업전환과정 결과분석, 직업재활연구, 3, 91-120.

박희찬(2002). 장애졸업생 추적조사와 전환교육. 특수교육학연구, 37(2), 79-111.

방명애(2000). 장애아동을 위한 전이지원전략으로서의 의사결정기술 교수. 특수교육학연구, 34(3), 7-48.

안성우, 이정기, 백유순(2002). 발달장애 고등부 졸업생의 취업 및 사회적응 실태 추적조사 연구. 제6회 학술발표대회 주제발표. 한국발달장애학회.

오정민, 박은혜(2003). 자기결정에 대한 특수교육 교사의 중요도 인식 및 교수 실행도에 관한 조사. 아시아교육연구, 4(1), 17-39.

조인수(2002). 전환교육의 발달과정과 실천적 과제. 특수교육학연구, 37(2), 175-202.

Abery, B. H., & Stancliff, R. J. (2003). A Tripartite-ecological theory of self-determination, In M. L. Wehmeyer et al. (Eds.), *Theory in self-determination.* Springfield, Illinois: Charles C. Thomas Publisher, LTD.

Algozzine, B., Browder, D., Karvonen, M., Test, D. W., & Wood, W. M. (2001). Effects of interventions to promote self-determination for individuals with disabilities. *Review of Educational Research,, 71*(2), 219-277.

Benz, M. R., Yovanoff, P., & Doren, B. (1997). School-to-work components that predict postschool success for students with and without disabilities. *Exceptional Children, 63*(2), 151-165.

Benz, M. R., Lindstrom, L., & Yovanoff, P. (2000). Improving graduation and employment outcomes of students with disabilities: predictive factors and student perspectives. *Exceptional Children, 66*(4), 509-529.

Moos, R. H., & Trickett, E. (1987). *Classroom environment scale manual* (2nd ed.). Palo Alto, CA: Consulting Psychologists Press.

Polloway, E. A., Smith, J. D., Patton, J. R., & Smith, T. E. C. (1996). Historic changes in mental retardation and developmental disabilities. *Education and Training in mental Retardation and Developmental Disabilities, 31*(1), 3-12.

Stancliff, R. J., Abery, B. H., & Smith, J. (2000). Personal control and the ecology of community living settings: beyond living-unit size and type. *American Journal on Mental Retardation, 105*(6), 431-454.

Trickett, E., & Moos, R. H. (1973). Assessment of the psychological environment of the high school classroom. *Journal of Educational Psychology, 65*, 93-102.

Wehmeyer, M. L. (1996). Self-determination as an educational outcome: Why is it important to children, youth and adults with disabilities. In D. J. Sands & M. L. Wehmeyer (Eds.), *Self-determination across the life span: Independence and choice for people with disabilities* (pp. 17-35). Baltimore: Paul H. Brookes.

Wehmeyer, M. L. (2003). A functional theory of self-determination: definition & categorization. In M. L. Wehmeyer et al. (Eds.), *Theory in self-determination* (pp. 174-181). Springfield, Illinois: Charles C. Thomas Publisher, LTD.

Wehmeyer, M. L., Agran, M., & Hughes, C. (1998). *Teaching Self-Determination to Students with Disabilities.* Baltimore, Maryland: Paul H. Brookes Publishing

Co.

Wehmeyer, M. L., & Kelchner, K. (1996). Perceptions of classroom environment, locus of control and academic attributions of adolescents with and without cognitive disabilities. *Career Development for Exceptional Individuals, 19*, 15-29.

Wehmeyer, M. L., & Schwartz, M. (1997). Self-determination and positive outcomes: a follow-up study of youth with mental retardation or learning disabilities. *Exceptional Children, 63*(2), 245-255.

Wood, W. M., & Test, D. W. (2001). *Final synthesis report self-determination synthesis project.* University of North Carolina at Charlotte.

Ysseldyke, J. E., Algozzine, B., & Thurlow, M. L. (2000). *Critical Issues in Special Education* (3rd ed.). Boston, MA: Houghton Mifflin Company.

제7장

학습장애 아동의 수학 연산유창성 발달 패턴

위계적 선형모형

1. 학습장애 진단 및 평가의 관점 변화: 중재반응모형
2. HLM의 개념 및 사용 절차
3. HLM 프로그램 활용
4. HLM의 적용 사례
5. 맺음말

학습장애 아동의 수학에 관한 연구 대부분이 연산과 문장제 문제를 중심으로 진행되어 왔다(Geary, 2003). 그동안 실시된 연구들은 학습장애 아동의 학습기술을 향상시키기 위한 중재 전략을 통제 집단과 실험 집단으로 구분하여 투입하고, 사전 · 사후 분석을 통하여 중재 전략의 효과를 입증하는 방법으로 이루어졌다. 이러한 전통적인 연구는 학습장애 아동의 평균점수가 낮기 때문에 중재의 효과성을 민감하게 확인하기가 곤란하며, 개개 아동에게서 발생하는 개인 내적 변화를 밝히기 어렵다. 이를 해결하기 위해서는 학습장애 아동이 교사에 의해 제공되는 중재에 어떻게 반응하는지를 파악할 수 있는 평가 및 분석 방법이 요구된다.

최근에는 학습장애 아동에 대한 중재반응 특성을 보다 구체적이고 명확하게 파악하기 위해 반복측정과 시계열분석이 가능한 교육과정중심측정(CBM)이 중요하게 인식되고 있다. 특히 개별 아동의 발달특성을 분석할 수 있는 통계기법인 위계적 선형모형(HLM)이 알려지면서, 학습장애 아동이 가지고 있는 이중불일치 문제인 초기수행수준과 진전도를 분석할 수 있게 되었다.

위계적 선형모형은 고정효과와 무선효과 및 편차에 관한 우도비 검정을 통해 주요한 결과를 제시한다(Raudenbush & Bryk, 2002). 고정효과는 초기수행수준인 초기상태를 나타내는 절편(intercept)과 진전도를 나타내는 기울기(slope)에 대한 결과를 제시하며, 무선효과는 각 아동이 각기 다른 수행수준과 진전도를 나타내는지에 대한 결과를 보여 준다. 이러한 결과는 학습장애 아동의 중재반응 정도를 파악하는 데 핵심적인 정보다.

이 장에서는 학습장애 아동의 연산유창성이 어떻게 변화하는지 분석하고, 이를 위한 위계적 선형모형의 의의와 사용 및 분석 방법을 제시하였다.

학습장애 아동은 수학학습을 하는 데 필요한 기초 학습기술로서의 연산과 문장제 문제의 해결능력에 있어 여러 문제를 지니고 있다. 이러한 이유로 학습장애 아동의 수학에 관한 연구 대부분이 연산과 문장제 문제를 중심으로 진행되어 왔다(Geary, 2003). 그동안 실시된 연구들은 학습장애 아동의 학습기술을 향상시키기 위한 중재 전략을 통제 집단과 실험 집단으로 구분하여 투입하고, 사전 · 사후 분석을 통하여 중재 전략의 효과를 입증하는 방법으로 이루어졌다.

이러한 연구방법은 실험을 통해 학생의 점수가 변화가 있었는지에 대한 정보를 제공할 수는 있으나, 학생들이 어떠한 과정으로 어떻게 변화했는지에 대한 정보를 제공하지 못한다. 특히, 차이점수를 통한 측정에서는 집단의 평균을 통하여 집단의 특성을 기술하지만, 학습능력이 낮은 학습장애 아동들에게서 평균의 의미가 낮기 때문에 집단의 평균을 통하여 중재의 효과를 밝히기에는 민감성이 부족하다(Tindal, 1998). 또한 중재 전후의 측정을 통해 알게 된 차이점수로는 학생에 대한 진정한 상태를 파악할 수 없으며, 앞으로의 성장에 대해서도 예측할 수 없다(김동일, 1998; 최길찬, 1995). 그러므로 차이점수에 의한 집단적 수준의 교육적 변화나 발달을 바라보는 입장에서 벗어나 아동의 변화 과정을 파악할 수 있는 평가방법이 요구된다.

여기서 제시되는 '아동의 변화' 는 시간에 따른 개인의 발달과 개인변인의 변화 양상을 의미하는 것이다. 즉, 개인 변화는 한 학생에게 적용된 여러 교수방법의 효과를 평가하거나, 개인의 학업성취가 증가하였는지, 또는 어떠한 형태로 학업성취가 향상되거나 감소되었는지를 파악하는 것이다(Raudenbush & Bryk, 2002). 그러나 개인의 변화 과정을 측정하기 위해서는 일정한 몇 가지 조건이 필요하다. 첫째는 동일차원성의 조건으로서 서로 다른 시점에서 측정되는 심리적 속성이 같아야 함을 의미한다. 둘째, 변화 과정이 개인 내의 종단적 비교를 위한 측정이므로 한 개인의 시간적 변화를 파악하기 위해서 세 시점 이상에서 측정되어야 한다. 셋째, 측정할 때 사용되는 검사도구는 동형검사여야 하며 이를 사용하여 반복적으로 측정되어야 한다(김성훈, 강상진, 김성호, 1999).

이러한 조건에 적합한 평가방법이 교육과정중심측정(Curriculum Based Measurement: CBM)이다. 교육과정중심측정은 교육과정에 기초하여 동등화된 검사문항을 통해 반복측정을 실시하며, 이를 통해 시간의 변화에 따른 아동의 수행능력을 분석할 수 있는 시계열분석이 가능한 방법이다(Fuchs, 2003). 교육과정중심측정에 의해 얻어진 결과는 위계적 선형모형(Hierarchical Linear Model: HLM)을 활용하여 학습장애 아동에게 제공되는 중재의 효과성 및 학습장애 아동의 중재반응 특성을 수행수준(level)과 진전도(rate)의 측면에서 분석할 수 있다(Stage, 2001). 이는 최근 학습장애 진단 및 평가에서 제기되고 있는 중재반응모형(responsiveness to intervention: RTI)의 개념을 구성하는 이중불일치(dual discrepancy) 요소에 부합하는 중요한 정보다.

이하에서는 학습장애 아동에 대한 진단 및 평가의 관점이 어떻게 변화하고 있는지 설명하고 중재의 효과성을 분석할 수 있는 대안적인 방법으로서 중재반응모형을 살펴보았다. 그리고 교육과정중심측정과 위계적 선형모형이 어떻게 개별 아동의 발달패턴을 분석할 수 있는지를 연산 영역을 중심으로 기술하였다. 이 과정에서 위계적 선형모형의 사용 및 분석 방법을 설명하였다.

1. 학습장애 진단 및 평가의 관점 변화: 중재반응모형

학습장애를 정의하기 위하여 오랫동안 사용되어 온 중요한 준거는 지능-성취 불일치다(Protor & Prevatt, 2003). 그러나 지능-성취 불일치 모형은 교수적 중재를 계획하고 실행하며 평가하는 데 유용한 정보를 제공하지 못하고, 평가절차와 중재 간에 어떠한 직접적인 연결고리가 없다는 문제로 인하여 많은 비판을 받고 있다(Gresham, 2002). 이러한 지능-성취 불일치 모형의 문제점에 대한 대안으로서 중재반응모형이 제시되었다.

중재반응모형은 또래들과 비교하여 낮은 수행수준을 보일 뿐만 아니라 실제적으로 낮은 진전도 수준을 보이는 이중불일치(dual discrepancy) 문제가 있는 아동을 학습장애 아동으로 진단한다(Fuchs & Fuch, 1998). 즉, 학습장애 아동의 진단은 아동의 수행능력과 성취수준 간의 불일치 정도와 아동의 진전도가 동시에 고려되어야 한다.

그러나 중재반응모형을 적용하기 위해서는 일반아동과 학습부진 아동에 대한 지역수준이나 학교수준에서의 발달 패턴이 파악되어야만 한다. 이러한 발달 패턴이 파악되어야만 학습장애가 발생할 위험성이 높은 아동(at risk children)을 선별할 수 있고, 그중에서 학습장애 아동을 진단할 수 있게 된다. 이러한 발달 패턴은 교사에 의해 제공되는 중재에 아동이 어떻게 반응하는지에 대한 중재타당도를 보여 줄 수 있다.

1) 중재타당도

학습장애 아동에게 제공되는 중재의 효과성을 평가하는 관점에서 살펴보면, 중재반응모형은 “교수 환경에 의해 제공되는 다양한 교육적 중재에 대한 아동의 반응을 연속적인 과정으로 평가하여 학습장애를 진단하는 모형” (Vaughn & Fuchs, 2003. p. 142)이다. 그러므로 중재반응모형은 학습장애를 진단하기보다는 중재에 주요한 초점을 두고 있다. 그러므로 이 모형은 아동에게 제공되는 중재 중 비효율적인 중재를 보다 효과적인 중재로 변경하는 데 필요한 정보를 제공해 주는 데 의의가 있다. 이는 곧 학습장애 아동에게 제공되는 처치의 타당성을 확인할 수 있게 한다.

중재타당도(treatment validity)는 “기본적으로 학생장애를 ‘발달하지 못하는 상태(failure to thrive)’로 개념화하고, 학습장애 아동을 전통적인 교육적 중재에 대하여 반응을 보이지 않는 ‘무반응자(nonresponder)’로서 바라본다.” (Fuchs, Fuchs, & Speece, 2002, p. 38) 이러한 관점을 통해 볼 때, 중재타당도는 ‘일반교육 프로그램의 질이 적절한 학습을 기대할 수 있는가?’와 ‘특수교육 프로그램이 학습장애 아동의 성취수준 향상을 위해 의미 있는 가치를 가지고 있는가?’에 대한 질문을 제기한다(Vaughn & Fuchs, 2003, p. 138). 이는 곧 특수교육적 중재의 타당성이란 문제를 제기하는 것으로서, 학습장애 아동에게 제공되는 다양한 교육적 중재의 효과성 및 타당성을 평가할 수 있는 방법에 대한 질문이라

할 수 있다.

이는 곧 특수교육 서비스를 받을 적격성의 여부에 상관없이 중재에 대한 아동의 반응을 파악하기 위하여 측정과 중재를 지속적으로 시행함을 의미하는 것이다. 이에 Gresham(2002)은 평가와 중재를 묶는 접근을 제안하였으며, 이를 위해서 ① 학생의 수행능력을 측정하여야 하고, ② 학생의 수행능력을 향상시킬 수 있는 중재방법이 선택되어야 하며, ③ 중재는 중재타당도를 지니고 있어야 한다고 하였다. 실제로 중재의 효과를 결정하기 위해서는 아동에게 제시되는 중재가 제공되는 동안 아동의 수행능력 향상을 모니터할 수 있는 평가가 요구된다.

2) 중재반응모형에서의 교육과정중심측정

중재반응모형은 아동이 문제를 보여 특수교육에 의뢰되기 전까지 방치하는 전통적인 검사방법에 대한 대안으로서(Fuchs, 2003), 의뢰 전 중재와 교육적 중재에 대한 아동의 향상수준을 평가하기 위한 문제해결모형을 강조한다(Deon, 2003). 이 모형은 교과적인 중재를 중요시하고 진단과 중재 사이의 간격을 좁힌다. 또한 결함을 지닌 아동보다는 장애 발생 위험성을 지닌 아동을 발견하고, 학습장애 아동의 조기 진단 및 중재를 강조하며, 판별의 편파성을 축소하고, 학생의 성취수준을 강조하는 장점을 지니고 있다(Vaughn & Fuchs, 2003). 이러한 측면에서 중재반응모형은 일반교육과 특수교육 간의 통합을 촉진할 수 있는 방법이다(Deon, 2003).

전통적 수학 평가도구들은 신뢰도와 타당도에 대한 준거를 만족시키고 있지만, 형성평가로서의 특징인 아동의 성장에 대한 민감성을 가지고 있지 못하다(Clarke, 2002). 이에 중재반응모형을 활용하기 위해서는 아동의 성장에 대한 민감성이 높은 대안적인 수학 평가도구가 요구된다. 대안적인 수학 평가도구는 신뢰도와 타당도를 갖추는 것은 물론 교육 프로그램에 대한 아동의 변화를 측정할 수 있는 민감성을 지니고 있어야만 한다. 이러한 대안적 평가로 제기되고 있는 것이 교육과정중심측정(CBM)이다.

수학 교과에 있어 교육과정중심측정은 아동이 배우는 수학 교수 자료로부터 직접적으로 발췌한 자료로 구성되며, 현재 아동의 기초 수학학습 기술을 평가하고, 적절한 중재를 제공하며, 아동의 수학학습 기술의 성장을 통해 제공된 중재모형의 효과성을 검증하기 위하여 개발된 평가체제다(Clarke, 2002). 수학-교육과정중심측정(M-CBM)은 아동이 학습한 내용 중에서 연간 교육목표 달성 정도를 나타낼 수 있는 내용으로 구성되어 있으며, 동형검사로 제작되어 반복측정과 시계열분석을 할 수 있는 형성평가로서의 특성을 지니고 있다. 이러한 특성은 학습장애 아동이 교사에 의해 제공되는 중재에 반응하는 정도인 학습 진전도를 파악할 수 있는 정보와 교육방법의 효과성을 평가하여 수정할 수 있는 정보를 제공한다. 또한 아동의 수학문제 풀이 과정에 민감하기 때문에 학습장애로 판별되기 전에 적절한 의뢰 전 중재를 제공할 수 있는 장점을 지니고 있다.

현재 우리나라에는 김동일(2006)의 『기초학습기능 수행평가체제: 수학검사』(이하 BASA-math)가 교육과정중심측정 원리에 따라 개발되었다. 이 검사도구는 응용보다는 연산능력을 측정할 수 있도록 구성되어 있으며, 2분 동안 연산문제를 빨리 풀게 하는 유창성능력을 진단할 수 있도록 구성되어 있다(김동일, 2006). 그 이유는 수학 교육과정에서 기초적인 연산문제가 아동의 연산에 대한 정확성과 신속성을 나타내는 지표 역할을 하고, 이러한 연산의 신속성과 정확성은 고등수준의 수학과제 해결에 근본이 되는 필수적인 기초학습기능이기 때문이다(Geary, 1994: 김동일, 이대식, 신종호, 2003).

3) 교육과정중심측정과 위계적 선형모형

학습장애 분야에서 중재의 효과에 대한 연구들이 많이 이루어졌지만, 대부분의 연구는 통제 집단과 실험 집단으로 구분하여 중재 전후의 차이점수 비교를 통해 효과성을 검증하는 방법으로 이루어졌다. 그러나 이러한 연구방법은 실험을 통해 학생의 점수가 변화가 있었는지에 대한 정보를 제공할 수는 있으나, 그러한 변화가 발생하게 된 이유나 학생 개개인이 어떠한 과정으로 어떻게 변화했는지에 대한 정보를 제공하지 못한다. 특히, 차이점수를 통한 측정에서는 집단의 평균을 통하여 집단의 특성을 기술하지만, 학습능력이 낮은 학습장애 아동들에게서 평균의 의미가 낮기 때문에 중재에 의해 성취수준이 얼마나 향상되었는지에 대한 민감성이 부족하다(Tindal, 1998). 또한 중재 전후의 측정을 통해 알게 된 차이점수로는 학생에 대한 진정한 상태를 파악할 수 없으며 앞으로의 성장에 대해서도 예측할 수 없다(최길찬, 1995; 김동일, 1998). 그러므로 차이점수에 의한 집단적 수준의 교육적 변화나 발달을 바라보는 입장에서 벗어나 개인의 변화를 파악할 수 있는 평가방법이 요구된다.

개인의 변화과정을 측정하기 위해서는 일정한 몇 가지 조건이 필요하다. 첫째는 동일차원성의 조건으로서, 서로 다른 시점에서 측정되는 심리적 속성이 같아야 함을 의미한다. 예를 들어, 수학능력 변화에 대하여 알고자 할 경우 수학능력이 반복적으로 측정되어야 하고, 해당 능력은 고유한 속성으로서 조작적으로 정의될 수 있어야 한다. 둘째는 개인의 변화 과정이 개인 내의 종단적 비교를 위한 측정이므로, 시간의 흐름에 따른 개인의 변화를 파악하기 위해 세 시점 이상에서 개인의 능력을 측정하여야 한다. 셋째, 측정 시 사용되는 검사도구는 동형검사여야 하며 이를 사용하여 반복적으로 측정해야 한다(김성훈, 강상진, 김성호, 1999).

이러한 조건에 부합하여 활용될 수 있는 평가방법으로서 교육과정중심측정을 고려할 수 있다. 교육과정중심측정은 교육과정에 기초하여 동등화된 검사문항을 통해 반복측정을 실시하며, 이를 통해 시간의 변화에 따른 아동의 수행능력을 분석할 수 있는 시계열분석이 가능한 방법이다. 특히, 교육과정중심측정은 아동에게 제공되는 중재의 효과성을 아동의 진전도(기울기와 속도)에 따라 검증하기 때문에 중재 및 교육적 배치에 대한 의사결정이 가능하도록 한다. 이러한 교육과정중심측정의 특성은 위계적 선형모형(이하 HLM)으로 보다 효과적으로 분석될 수 있다.

HLM은 개인의 변화점수를 이용하여 개인의 성장궤도와 개인의 변화에 영향을 미치는 영향변인(correlate)의 효과를 추정할 수 있는 있는 통계적 분석기법이다. 이 방법은 개인의 평균 성장궤도를 밝히고, 평균 발달 속도의 개인 내

분산도와 특성을 추정하며, 초기상태와 변화율을 이용하여 신뢰도를 추정할 수 있는 장점을 가지고 있다(서홍옥, 2002; 최길찬, 1995). 또한 초기상태와 변화율 간의 상관을 추정하고, 설명되지 않은 모수치 변량의 감소량을 추정함으로써 개인 간 모형의 적절성을 추정할 수 있다. 그리고 무엇보다 개인의 미래 변화율을 예언할 수 있다는 장점을 지니고 있다(Raudenbush & Bryk, 2002). 이러한 장점을 통해 HLM은 교육과정중심측정을 통해 확보된 자료를 분석하여 개인 내 변화와 개인 간 변화를 효과적으로 보여 줄 수 있다.

2. HLM의 개념 및 사용 절차

1) HLM의 필요성

최근 학습장애 분야에서는 중재반응모형이 주요한 관심사로 제기되면서 학습장애 아동의 변화(change) 또는 성장(growth)을 탐색하는 것이 중요한 연구 과제로 인식되고 있다. 또한 변화에 대한 개념은 아동이 중재에 어떻게 반응하는지를 파악할 수 있는 주요한 개념으로서 학습장애 아동이 가지고 있는 이중 불일치 문제를 탐색할 수 있는 방안이 된다.

개인의 성장과 변화를 탐색하기 위해서는 일정 기간 동안 반복측정한 정보를 수집하는 종단적인 연구를 실시하여야 한다. 종단적 연구를 통하여 개인이 처음에는 어떠한 상태였고, 어떻게 변화하고 있으며, 그러한 변화에 영향을 미친 영향을 무엇인지 파악하여야 한다. 그러나 과거에 수행되었던 많은 연구들에서는 이러한 종단적 특성을 분석 모형에 적절하게 반영하지 못하였고, 이로 인해 통계적인 오류를 범하게 되었다. 즉, 시간의 흐름에 따른 개인의 변화 정도, 변화에 영향을 미치는 요인의 파악, 개인 간 · 집단 간 변화율의 차이에 대한 정보를 분석할 수 있는 구조화된 연구방법이 많지 않았다(최길찬, 1998).

개인의 변화를 측정하기 위해서는 여러 시점에서 측정된 값이 하나의 척도에서 해석되어야 한다는 동일척도의 조건과 동일한 구인을 측정해야 한다는 동일차원성의 조건이 충족되어야 한다(김성훈, 강상진, 김성호, 1999). 동일척도 조건을 만족시키기 위해서는 문항의 내용과 양호도 조건이 동일한 동형검사가 제작되어 반복적으로 사용되어야 하고, 동일차원성의 조건을 충족시키기 위해서는 어떤 특정한 아동의 능력이 반복적으로 측정되어야 한다.

HLM은 개인의 성장과 변화를 측정할 수 있는 적절한 분석방법으로서, 반복측정한 자료의 분석을 통해 개인의 초기상태와 성장률이라는 성장과 변화 정도를 파악할 수 있다. HLM을 활용함으로서 해결할 수 있는 연구문제는 다음과 같다.

첫째, 표집된 대상 전체의 초기상태 평균과 변화율을 추정할 수 있다. 이는 성장모형 내에서 고정효과모수를 추정한다는 것이며, 이를 통해 연구자는 개인이 어떠한 상태에서 출발해서 어떤 변화율을 갖는지 분석할 수 있다.

둘째, 초기상태와 변화율의 개인 간 변량을 추정할 수 있다. 초기상태와 변화율은 개인마다 다르다고 가정할 수 있기 때문에, 초기상태의 평균과 변화율 평균 이외에 초기상태와 변화율에 대한 개인 간의 분산이 얼마나 되는지 추정하여야 한다.

셋째, 초기상태와 변화율에 영향을 미치는 변인을 모형 내에 포함시켜 그들의 효과가 얼마나 되는지를 추정할 수 있다. 초기상태와 처치변인과의 관계, 처치변인이 변화율에 미치는 효과에 대한 분석은 중재의 효과성과 환경변인이 미치는 영향 등을 분석하는 방법이다.

넷째, 초기상태와 변화율의 관계를 파악할 수 있다. 초기상태에 따른 변화율의 차이는 많은 성장연구에서 흔히 나타나는 일이다. 초기상태와 변화율의 관계는 두 모수치의 공변량구조에 기초하여 상관관계를 추정하거나 초기상태의 변화율에 대한 직접적인 효과를 추정함으로써 파악될 수 있다.

다섯째, 초기상태와 변화율의 신뢰도를 추정할 수 있다. 초기상태와 변화율의 변량을 표집변량과 모수치 변량으로 구분하여 전체변량 중 모수치 변량의 정도를 계산한다. 이러한 신뢰도 정보는 초기상태와 변화율을 추정할 때 각 수준별 가중치 역할을 하게 된다.

2) HLM에서의 성장모형: 선형모형을 중심으로

한 개인을 여러 시점에서 반복측정한 자료는 개인 내에 내재하는 다층자료의 구조를 이루는데, 개인의 변화와 성장은 2수준의 위계모형으로 나타낼 수 있다. 1수준은 한 개인의 반복측정치를 초기상태와 변화율로 나타내는 개인 내 모형(within individual model)이고, 2수준은 1수준에서 추정된 초기상태와 변화율이 개인의 배경변인과 어떠한 관계를 갖는지 함수로 나타내는 개인 간 모형(between individual model)으로 표현할 수 있다(최길찬, 1998). 즉, 1수준에서는 어떤 한 개인이 어떠한 초기상태를 가지고 어느 정도의 비율로 변화하고 있는지에 대한 진전도를 보여 주고, 2수준에서는 그러한 초기상태와 변화율이 개인이 가지고 있는 배경변인에 의해 어떻게 영향을 받는지를 보여 준다.

(1) 1수준 모형

개인에게 실시한 반복측정 결과를 분석하는 과정에서 시간에 따른 개인의 변화는 다음과 같이 1수준 모형으로 표현할 수 있다.

$$Y_{ti} = \pi_{0i} + \pi_{1i} a_{ti} + e_{ti},\ e_{ti} \sim N(0, \sigma^2) \cdots\cdots (1)$$

이때 Y_{ti}는 개인 i의 t 시점에서의 관찰치이고, a_{ti}는 개인 i의 시간변인 관찰치이며, π_{1i}는 개인 i의 성장모수치다. e_{ti}는 평균이 0이고 분산이 σ^2인 정상분포를 이루는 무선오차로서, a_{ti}와의 상관은 0이다. 다시 말해, 위에 제시된 공식에서 기울기인 π_{1i}는 자료수집 기간 동안 개인 i의 성장률로서 시간단위가 변할 때 기대되는 변화 정도를 나타내는 것이며, 절편인 π_{0i}는 a_{ti}가 0일 때 개인 i의 실제적 능력을 의미한다.

실제 연구를 수행하는 과정에서 연구 대상마다 각기 다른 반복측정치와 다른 측정시간을 가질 수 있다. 예를 들어 어떤 한 연구자가 아동의 1년 동안 연산 수행능력의 발달 경향성을 보기 위하여 2개월마다 반복측정을 한다고 가정해 보자. 이때 A라는 아동은 2월, 4월, 6월, 10월이라는 네 시점에 대한 측정치를 가질 수 있는 반면, B라는 아동은 2월, 6월, 8월, 10월, 12월이라는 다섯 시점에 대한 측정치를 가질 수 있다. 이 상황을 앞에 제시된 수식 (1)에 기초하여 제시하면 다음과 같이 수식 (2)로 나타낼 수 있다.

$$Y_{ti} = \pi_{0i} + \pi_{1i}(月_{ti} - 2) + e_{ti} \cdots\cdots\cdots (2)$$

수식 (1)에서 시간변인 a_{ti}는 수식 (2)에서 ($月_{ti}$-2)로 나타낼 수 있다. 즉, a_{ti}의 값인 月을 나타내는 2, 4, 6, 8, 10, 12에서 2를 뺀 값(0, 2, 4, 6, 8, 10)을 시간변인의 값으로 한다. 여기서 2를 빼는 것을 센터링(centering)이라 한다. 센터링을 하는 이유는 0개월에서의 실제적인 값이 존재하지 않기 때문에, 처음 관찰 시점에 해당하는 2월에서의 값을 초기값으로 설정하는 것이다. 이러한 값은 성장모형에서 절편 π_{0i}의 값의 의미를 높여 주어 절편 π_{0i}가 2월에서의 연산 수행수준을 의미하고, 기울기 π_{1i}는 2월부터 12월까지 연산 수행능력의 변화율을 나타낸다. 이러한 센터링은 연구자의 관심과 의도에 따라 다양하게 적용될 수 있다.

(2) 2수준 모형

2수준 모형에서는 1수준에서 추정된 절편 π_{0i}와 기울기 π_{1i}를 무선변인인 종속변인으로 하고, 개인의 배경변인을 독립변인으로 하는 모형을 구성한다. 이는 곧 개인의 배경변인에 따라 개인의 초기상태와 진전율이 규정되는 것으로서, 다음과 같이 수식으로 나타낼 수 있다.

$$\pi_{0i} = \beta_{00} + \sum_{q=1}^{Q0}\beta_{0q}X_{qi} + \gamma_{0i} \qquad \gamma_{0i} \sim N(0, \tau_{00})$$
$$\pi_{1i} = \beta_{10} + \sum_{q=1}^{Q1}\beta_{1q}X_{qi} + \gamma_{1i} \qquad \gamma_{1i} \sim N(0, \tau_{11}) \cdots\cdots (3)$$

수식 (3)에서 β_{00}는 X_{1i}의 영향력이 통제되고 난 후 개인 간의 평균 초기상태를 의미하는 고정효과계수이고, β_{10}은 X_{1i}의 영향력이 통제되고 난 후 개인 간의 평균 변화율을 의미하는 고정효과계수다. β_{01}와 β_{11}은 각각 초기상태와 변화율에 미치는 X_{1i}의 영향력을 의미하는 고정효과계수다.

γ_{0i}는 X_{1i}의 영향력을 통제하고 난 후 개인 I의 초기상태(π_{0i})에서 개인 간의 평균 초기상태(β_{00})를 뺀 편차를 나타내는 무선효과(random effect)다. 또한 γ_{1i}는 X_{1i}의 영향력을 통제하고 난 후 개인 I의 변화율(π_{1i})에서 개인 간의 평균 변화율(β_{10})을 뺀 편차를 나타내는 무선효과다. 이 때 γ_{0i}과 γ_{1i}은 평균이 0이고 변량이 각각 τ_{00}, τ_{11}이며, 공변량이 τ_{01}인 정상분포를 이룬다. τ_{00}는 개인 간의 초기상태의 분산을 나타내기 때문에 τ_{00}가 크다면 개인 간의 초기상태의 차이가 크다고 해석할 수 있다. 같은 원리로 τ_{11}이 크다는 것은 개인 간에 변화율의 차이가 크다는 의미로 해석할 수 있다.

3. HLM 프로그램 활용

1) 자료 입력 및 구조 변환

HLM 프로그램을 활용하기 위해서는 세 시점 이상의 반복측정 자료를 SPSS로 입력하여야 한다. [그림 7-1]에는 4월부터 7월까지 매월 측정한 연산점수가 입력되어 있다.

입력된 자료는 HLM에서 활용 가능하도록 구조변환을 하여야 한다. 구조변환은 SPSS 프로그램의 메뉴바에서 데이터(〈DATA〉) 안에 있는 구조변환(〈Restructuring〉)을 활용하면 된다. 구조변환의 과정은 총 7단계의 과정을 거쳐 진행된다. 먼저 1~2단계 과정은 [그림 7-2]와 같다.

이러한 1~2단계의 과정이 지나 3단계에서는 자료를 재구조화시킬 변인을 선택하여야 한다. 재구조화되는 변인은 반복측정한 자료가 되며, 1수준 자료와 2수준 자료를 연결하기 위하여 고정변수(〈Fixed Variable〉)에는 id를 설정해야 한다. 주의할 점은 〈케이스 집단 식별〉에 있는 이름(A)에 있는 id는 변환된 SPSS 자료의 번호가 되므로 원래 id에 숫자 1을 덧붙이는 식으로 변환시켜 주

	id	이름	성별	지역	소득	장애	교사	c4월	c5월	c6월	c7월	변수	변수
1	13101	김은기	1	2	1	1	1	5	7	6	12		
2	13103	노명철	1	2	4	0	.	25	33	34	35		
3	13161	이지은	0	2	1	1	1	6	14	13	17		
4	13163	정유정	0	2	3	0	.	26	83	68	76		
5	13168	김은희	0	2	2	1	1	14	16	28	30		
6	13205	박원호	1	2	2	1	1	14	19	13	20		
7	13304	김환	1	2	2	1	1	12	14	17	18		
8	13351	김경희	0	2	1	1	1	11	15	13	17		
9	13407	이슬희	0	2	2	1	0	5	4	8	7		
10	23601	강덕모	1	1	2	1	1	6	8	5	7		
11	23602	강희재	1	1	1	1	1	13	20	18	23		
12	23612	이 립	1	1	2	0	.	22	.	62	65		
13	23617	윤찬혁	1	1	1	1	1	12	10	13	15		
14	23621	조성권	1	1	3	0	.	26	67	41	68		
15	23622	최형빈	1	1	2	0	.	23	48	31	55		
16	23624	오선환	1	1	2	0	.	26	68	46	72		
17	23625	김창준	1	1	2	1	1	13	12	18	13		
18	23645	김윤아	0	1	2	0	.	26	47	30	53		
19	23652	안지선	0	1	2	0	.	19	.	36	40		
20	23654	오예슬	0	1	2	0	.	20	33	36	55		
21	23655	오진주	0	1	2	0	.	18	38	41	42		
22	23656	이유리	0	1	2	1	1	12	32	27	36		
23	33101	김경태	1	0	1	1	1	5	4	8	7		

[그림 7-1] 반복측정 자료의 SPSS 입력 모습

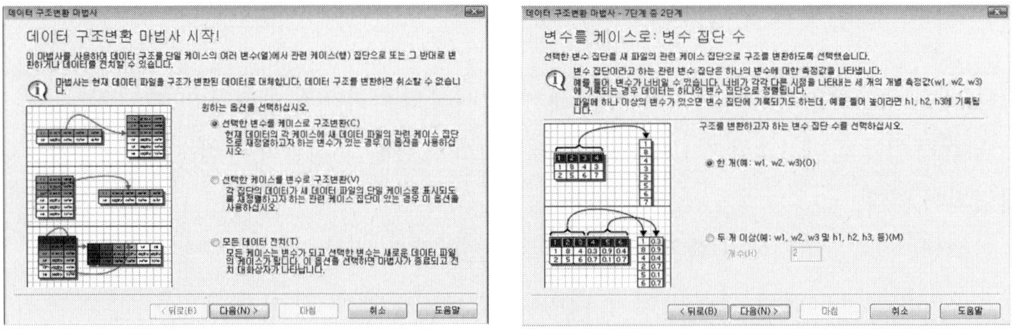

[그림 7-2] SPSS 자료의 구조변환 과정(1~2단계)

어야 다음 단계로 진행될 수 있다는 것이다. [그림 7-3]을 보면, 〈케이스 집단 식별〉에는 id1을 입력하였고, 〈고정변수〉에는 현재 파일의 변수(C)에 있는 id를 입력하였다. 전치될 변수, 즉 구조를 변경할 변수는 반복측정인 c4월, c5월, c6월, c7월을 입력하였다.

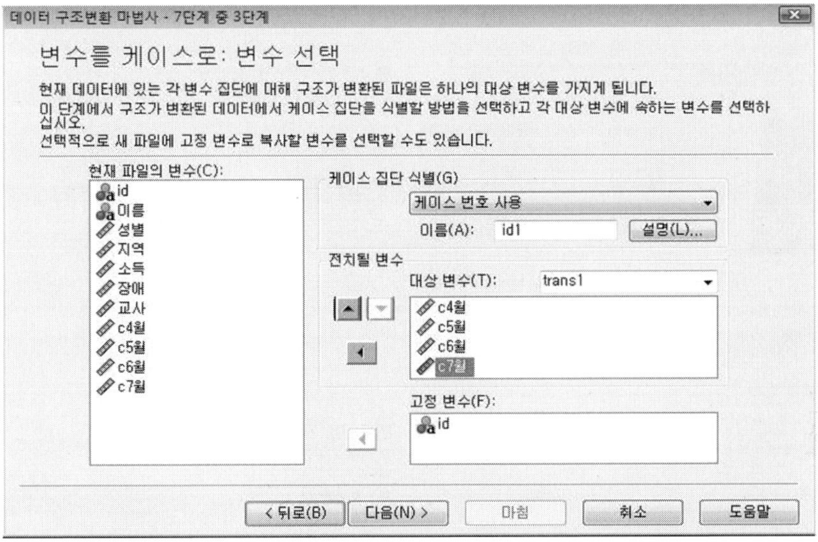

[그림 7-3] SPSS 자료의 구조변환 과정 중 고정변수 설정(3단계)

이상의 과정을 수행한 뒤 나머지 4~7단계에서는 〈다음(N)〉 버튼을 누르면 자동으로 실행되며, 그 과정은 [그림 7-4]와 같다.

구조변환의 7단계를 수행하고 나면, SPSS에 입력되었던 자료는 반복측정의 순서에 따라 구조변환이 이루어진다. 구조변환이 이루어진 결과는 [그림 7-5]와 같다. [그림 7-5]를 보면 알 수 있듯이 4차례에 걸친 반복측정 결과에 대하여 개인의 id가 반복하여 제시되어 있으며, 지수1에서는 반복측정 횟수가 제시되어 있고 〈trans〉에는 각 측정 시기마다의 평가결과인 점수가 제시되어 있다. 즉, ID가 13101인 학생의 지수1에서 1의 값 5는 4월에 측정한 첫 번째 점수가 5점임을 의미하는 것이다.

우리나라의 교육제도는 3월에 학기가 시작하여 다음 연도의 2월에 학년이 끝나게 된다. 그러므로 3월이 학년의 초기상태를 의미한다고 할 수 있다. 그러나 예제로 제시된 측정은 4월부터 이루어져 아동의 초기상태인 0번째 값, 즉 3월에 측정한 값이 존재하지 않기 때문에 3월 아동의 수행수준을 추정해야 한다. 그러나 이 값은 실제로 존재하지 않는 무의미한 값이기 때문에 4월을 초

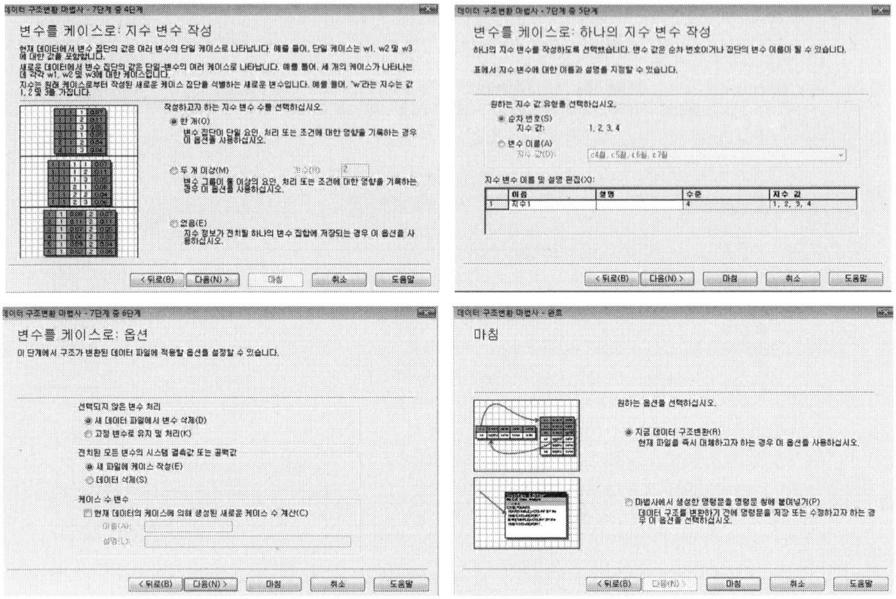

[그림 7-4] SPSS 자료의 구조변환 과정(4~7단계)

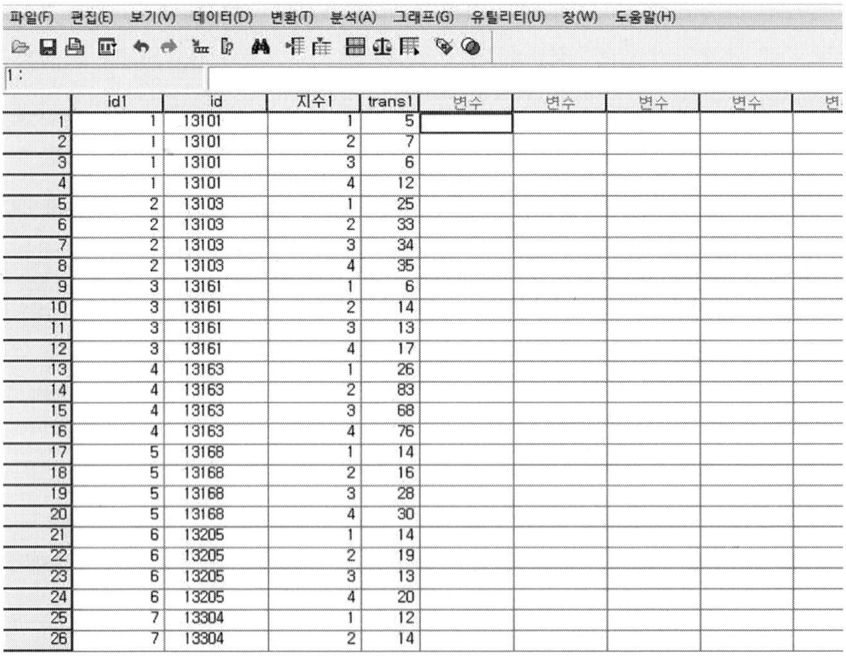

	id1	id	지수1	trans1	변수	변수	변수	변수	변
1	1	13101	1	5					
2	1	13101	2	7					
3	1	13101	3	6					
4	1	13101	4	12					
5	2	13103	1	25					
6	2	13103	2	33					
7	2	13103	3	34					
8	2	13103	4	35					
9	3	13161	1	6					
10	3	13161	2	14					
11	3	13161	3	13					
12	3	13161	4	17					
13	4	13163	1	26					
14	4	13163	2	83					
15	4	13163	3	68					
16	4	13163	4	76					
17	5	13168	1	14					
18	5	13168	2	16					
19	5	13168	3	28					
20	5	13168	4	30					
21	6	13205	1	14					
22	6	13205	2	19					
23	6	13205	3	13					
24	6	13205	4	20					
25	7	13304	1	12					
26	7	13304	2	14					

[그림 7-5] 구조변경된 반복측정 자료의 SPSS 모습

기값으로 설정하기 위하여 센터링을 실시하여야 한다. 1개월이 빠져 있으므로 센터링은 지수1에서 1을 뺄 경우, 4월달이 아동의 초기상태가 된다. 이렇게 센터링을 한 상태는 [그림 7-6]과 같다. 이렇게 개인 아동별 반복측정된 값의 변화를 정리한 파일은 HLM을 분석하는 데 필요한 1수준 파일이 된다.

1수준 파일이 만들어지면 2수준에 해당하는 배경변인에 대한 파일을 만들어야 한다. [그림 7-1]에서 제시되었던 SPSS 입력자료를 다시 불러오고, 해당 파일 중 아동의 반복측정값만 제거하고 배경변인에 해당하는 파일을 그대로 둔 상태에서 새 이름으로 저장하면 [그림 7-7]과 같이 2수준 파일이 완성된다.

파일(F) 편집(E) 보기(V) 데이터(D) 변환(T) 분석(A) 그래프(G) 유틸리티(U) 창(W) 도움말(H)

3 : centering 2

	id1	id	지수1	trans1	centering	변수	변수	변수
1	1	13101	1	5	.00			
2	1	13101	2	7	1.00			
3	1	13101	3	6	2.00			
4	1	13101	4	12	3.00			
5	2	13103	1	25	.00			
6	2	13103	2	33	1.00			
7	2	13103	3	34	2.00			
8	2	13103	4	35	3.00			
9	3	13161	1	6	.00			
10	3	13161	2	14	1.00			
11	3	13161	3	13	2.00			
12	3	13161	4	17	3.00			
13	4	13163	1	26	.00			
14	4	13163	2	83	1.00			
15	4	13163	3	68	2.00			
16	4	13163	4	76	3.00			
17	5	13168	1	14	.00			
18	5	13168	2	16	1.00			
19	5	13168	3	28	2.00			
20	5	13168	4	30	3.00			
21	6	13205	1	14	.00			
22	6	13205	2	19	1.00			
23	6	13205	3	13	2.00			
24	6	13205	4	20	3.00			
25	7	13304	1	12	.00			
26	7	13304	2	14	1.00			

[그림 7-6] 1수준 데이터 파일의 센터링

파일(F) 편집(E) 보기(V) 데이터(D) 변환(T) 분석(A) 그래프(G) 유틸리티(U) 창(W) 도움말(H)

1 :

	id	이름	성별	지역	소득	장애	변수	변수	변수
1	13101	김은기	1	2	1	1			
2	13103	노명철	1	2	4	0			
3	13161	이지은	0	2	1	1			
4	13163	정유정	0	2	3	0			
5	13168	김은희	0	2	2	1			
6	13205	박원호	1	2	2	1			
7	13304	김환	1	2	2	1			
8	13351	김경희	0	2	1	1			
9	13407	이슬희	0	2	2	1			
10	23601	강덕모	1	1	2	1			
11	23602	강희재	1	1	1	1			
12	23612	이 립	1	1	2	0			
13	23617	윤찬혁	1	1	1	1			
14	23621	조성권	1	1	3	0			
15	23622	최형빈	1	1	2	0			
16	23624	오선환	1	1	2	0			
17	23625	김창준	1	1	2	1			
18	23645	김윤아	0	1	2	0			
19	23652	안지선	0	1	2	0			
20	23654	오예슬	0	1	2	0			
21	23655	오진주	0	1	2	0			
22	23656	이유리	0	1	2	1			
23	33101	김경태	1	0	1	1			
24	33104	김용휘	1	0	2	0			
25	33107	이현주	1	0	2	0			
26	33111	이명주	1	0	1	1			
27	33113	최현우	1	0	1	1			
28	33116	김도엽	1	0	2	0			
29	33117	이찬호	1	0	1	1			

[그림 7-7] 2수준 데이터 파일

2) 자료 분석 및 해석

HLM 프로그램을 사용하여 자료를 분석하는 과정을 설명하면 다음과 같다. SPSS 프로그램으로 입력된 자료를 HLM 프로그램으로 불러오기 위해서는 메뉴바의 〈file〉에서 〈make new MDM file〉을 클릭하고 〈Stat package input〉을 클릭하면 된다([그림 7-8] 참조). 그러고 난 후 위계적 선형모형 중 2수준 모형을 클릭하면 자료 분석을 위한 창이 [그림 7-9]와 같이 나타난다.

[그림 7-9]에서 오른쪽 상단의 동그라미에 해당하는 〈MDM File Name〉 부분에 적당한 파일 이름을 입력하고, 1수준 자료와 2수준 자료를 불러온다. 1수준 자료를 불러온 다음 변수 선택하기(〈choose variable〉)를 클릭하면 SPSS 파일에 있는 각 변수가 나타난다. 고정변수인 〈ID〉를 클릭하고 나머지 변수를 클릭하면 된다. 2수준 데이터 역시 동일한 방법으로 변수를 선택하면 된다.

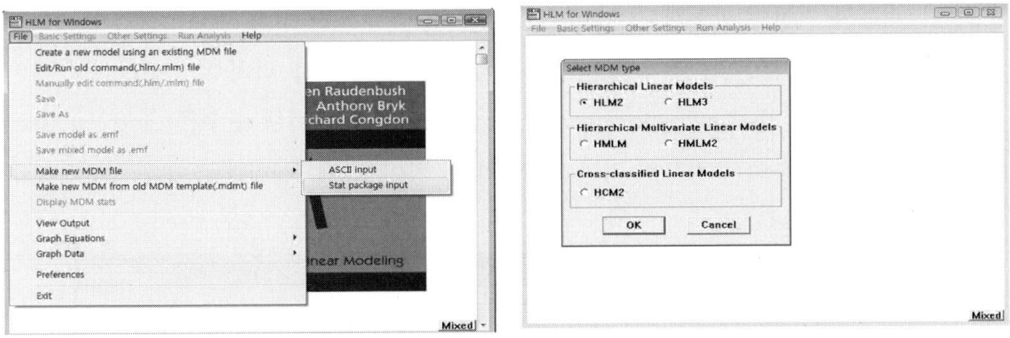

[그림 7-8] HLM 프로그램의 실행

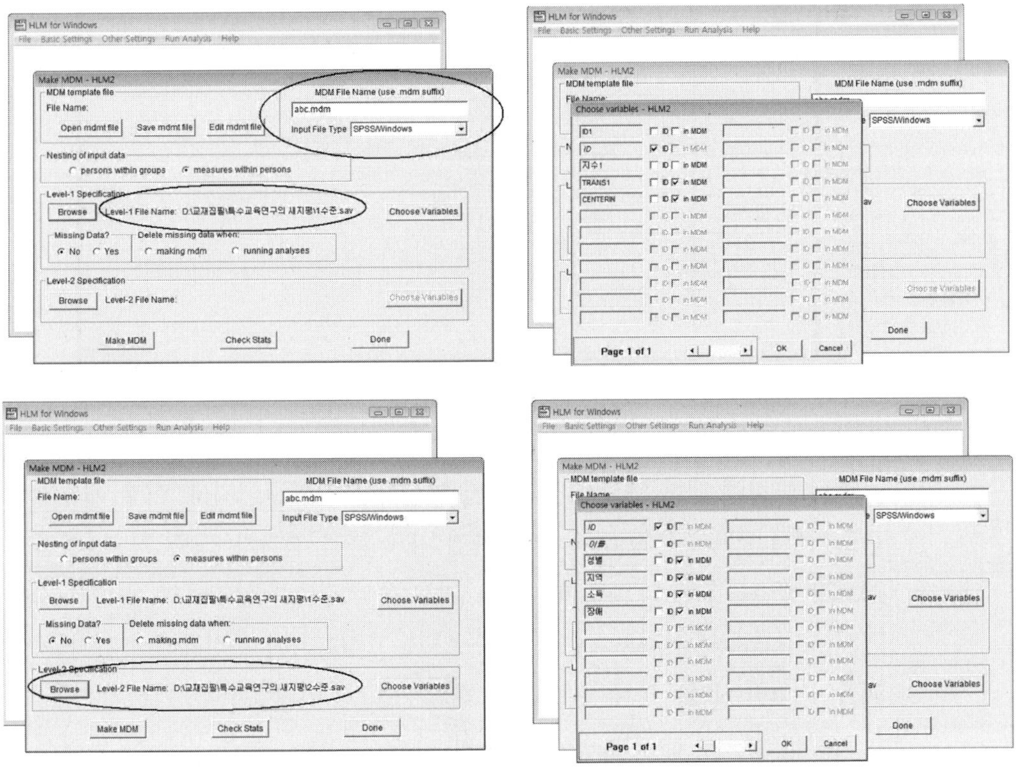

[그림 7-9] HLM에서의 SPSS 자료 활용 및 변수 입력 방법

이와 같은 과정으로 SPSS에 입력된 자료와 변수를 불러오고 난 후, HLM 분석화면에서 〈Make MDM〉을 클릭하고 자료에 대한 확인절차를 〈Check Stats〉

를 클릭하여 확인한다. 그리고 〈Done〉을 클릭하면 HLM 프로그램의 분석창이 [그림 7-10]과 같이 나타난다. 자료를 분석하기 위하여 〈Level-1〉에서 〈Trans1〉을 〈Outcome variable〉로 설정하고 검사 시행 횟수를 〈add variable〉로 클릭하여 추가하면 기본 자료분석 모형이 [그림 7-10]과 같이 완성된다.

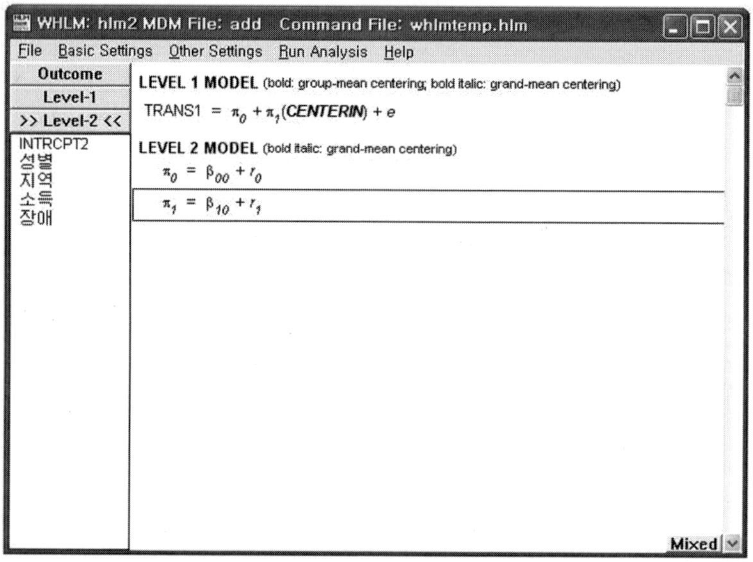

[그림 7-10] HLM의 설정

해당 모형에 대한 분석을 실행하면 연산작용이 이루어지고, 이후 메뉴바의 〈File〉에서 〈View Output〉을 클릭하면 자료 분석 결과가 [그림 7-11]과 같이 메모장에 있는 TXT 파일로 제시된다. 자료 분석 결과를 살펴보면, 절편과 기울기의 상관관계와 신뢰도계수를 볼 수 있고, 고정효과와 무선효과의 결과를 살펴볼 수 있다(자세한 분석 결과에 대한 해석은 연구의 실례에서 다루기로 하겠다).

배경변인에 대한 영향을 알아보기 위한 2수준 모형을 만들기 위해서는 HLM 창의 왼편에 있는 〈Level-2〉를 클릭하면 연구자가 설정했던 배경변인이 나타난다. 각 변인이 절편과 기울기에 미치는 영향을 알아보기 위하여 [그림 7-12]와 같이 π_0와 π_1에 포함시키고, 〈Run Analysis〉를 클릭하여 자료를 분석한다.

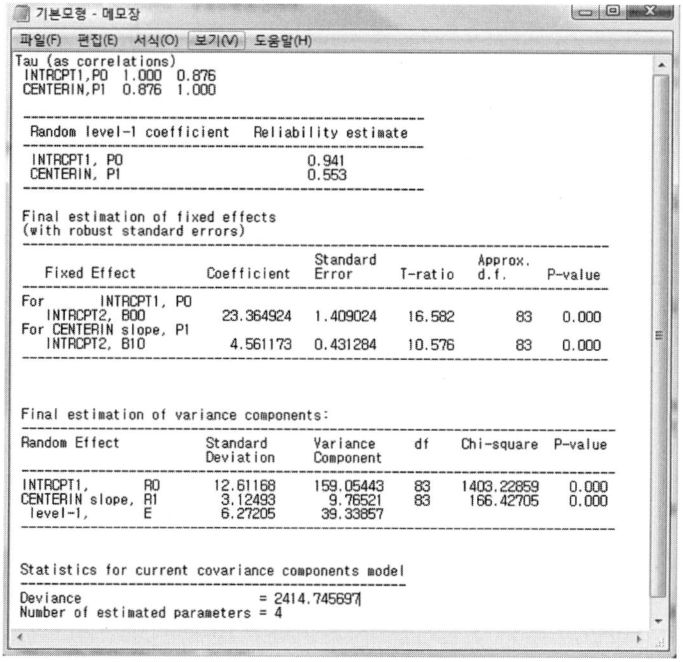

```
기본모형 - 메모장
파일(F) 편집(E) 서식(O) 보기(V) 도움말(H)
Tau (as correlations)
 INTRCPT1,P0  1.000  0.876
 CENTERIN,P1  0.876  1.000

 ----------------------------------------------------
  Random level-1 coefficient   Reliability estimate
 ----------------------------------------------------
  INTRCPT1, P0                        0.941
  CENTERIN, P1                        0.553
 ----------------------------------------------------

 Final estimation of fixed effects
 (with robust standard errors)
 ----------------------------------------------------------------------------
                                      Standard             Approx.
    Fixed Effect         Coefficient   Error      T-ratio   d.f.     P-value
 ----------------------------------------------------------------------------
 For       INTRCPT1, P0
    INTRCPT2, B00          23.364924   1.409024   16.582      83     0.000
 For CENTERIN slope, P1
    INTRCPT2, B10           4.561173   0.431284   10.576      83     0.000
 ----------------------------------------------------------------------------


 Final estimation of variance components:
 -----------------------------------------------------------------------------
 Random Effect           Standard      Variance     df    Chi-square  P-value
                         Deviation     Component
 -----------------------------------------------------------------------------
 INTRCPT1,        R0     12.61168     159.05443     83   1403.22859    0.000
 CENTERIN slope,  R1      3.12493       9.76521     83    166.42705    0.000
  level-1,        E       6.27205      39.33857
 -----------------------------------------------------------------------------

 Statistics for current covariance components model
 --------------------------------------------------
 Deviance                       = 2414.745697
 Number of estimated parameters = 4
```

[그림 7-11] HLM 분석 결과 화면

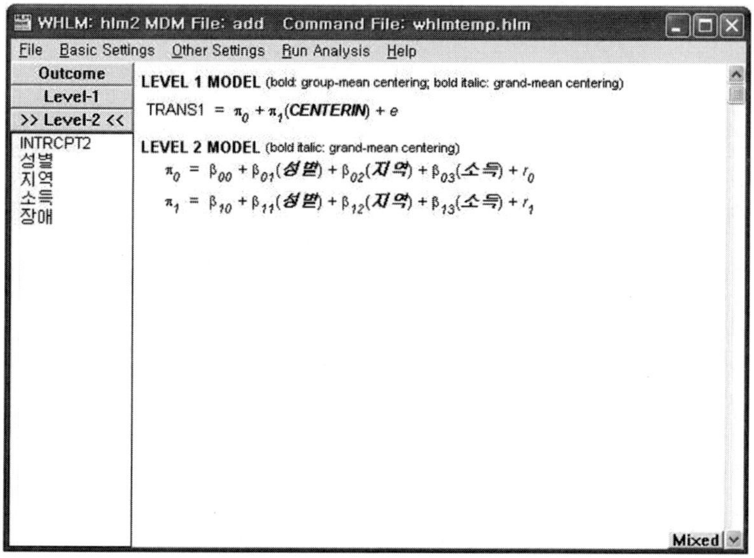

[그림 7-12] HLM 모형에 배경변인을 반영한 모형

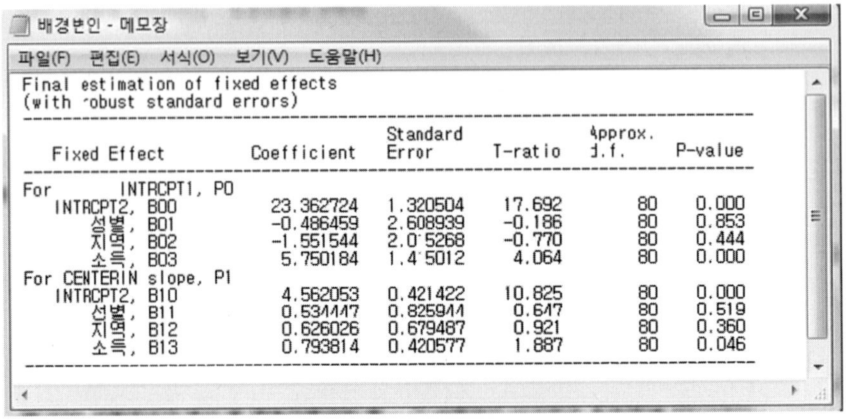

배경변인 - 메모장

파일(F) 편집(E) 서식(O) 보기(V) 도움말(H)

Final estimation of fixed effects
(with robust standard errors)

Fixed Effect	Coefficient	Standard Error	T-ratio	Approx. d.f.	P-value
For INTRCPT1, P0					
INTRCPT2, B00	23.362724	1.320504	17.692	80	0.000
성별, B01	-0.486459	2.608939	-0.186	80	0.853
지역, B02	-1.551544	2.015268	-0.770	80	0.444
소득, B03	5.750184	1.415012	4.064	80	0.000
For CENTERIN slope, P1					
INTRCPT2, B10	4.562053	0.421422	10.825	80	0.000
성별, B11	0.534447	0.825944	0.647	80	0.519
지역, B12	0.626026	0.679487	0.921	80	0.360
소득, B13	0.793814	0.420577	1.887	80	0.046

[그림 7-13] 배경변인의 효과 분석

분석 결과는 기본모형에서처럼 〈File〉의 〈output〉을 클릭하면 [그림 7-13]과 같이 각 배경변인이 주는 영향을 절편과 기울기 두 측면에서 살펴볼 수 있다.

4. HLM의 적용 사례[1)]

1) 연구의 목적

이 연구에서는 연산 영역을 중심으로 교육과정중심측정 원리를 활용한 연산유창성검사를 활용하여 학습장애 아동의 중재반응 정도를 성취수준과 진전도 측면에서 분석하고자 한다. 또한 학습장애 집단을 구성하는 각 하위 집단이 존재하는지 살펴보고, 그에 기초하여 각 하위 집단에 따른 중재반응 특성을 비교 분석하였다.

---

1) 이 연구는 이태수와 김동일(2006)에 의해 수행된 것이며 『특수아동교육연구』, 8권 4호에 게재되었다.

2) 연구문제

① 교육과정중심측정 원리에 근거하여 제작된 연산유창성검사에서 일반아동과 학습장애 아동의 중재반응 특성(초기 성취수준 및 진전도)은 어떻게 나타나는가?

② 학습장애 집단을 구성하는 하위 집단이 존재하는가? 존재한다면, 각 하위 집단에 따라 어떠한 중재반응 특성이 나타나는가?

3) 연구 대상

이 연구를 위해서 서울, 인천, 경기도, 충청도에 소재하는 8개 초등학교(서울 2개교, 인천 1개교, 경기도 4개교, 충청도 1개교)에 재학 중인 3학년 189명을 연구 대상으로 선정하였다. 이 중 일반아동이 144명이었고, 학습장애 아동은 45명이었다. 3학년을 연구 대상으로 선정한 이유는 이 시기가 수학 학습장애에 대한 교사의 경험적 판단이 이루어지고, 학습장애를 판별하는 비율이 증가하는 시기이기 때문이다.

4) 검사도구

이 연구에서 일반아동과 학습장애 아동의 진전도를 파악하기 위하여 사용한 검사도구는 교육과정중심측정 원리가 반영된 BASA-math(김동일, 2006)이다. 이 검사는 초등학교 교육과정에 포함되어 있는 연산 내용에 기초한 각 학년별 검사(2학년, 3학년, 4학년)로 구성되어 있으며, ACCENT 수학 성취도 검사와의 상관이 .45~.71로 공인타당도를 확보하고 있다. 또한 연산유창성검사는 100%의 평정자 간 일치도를 보였다. 또한 반분신뢰도법으로 구하여 Spearman-Brown 공식에 의해 교정된 신뢰도계수는 .73~.93으로 양호한 수준의 내적 일관성을 나타내었다.

이 연구에서는 BASA-math에 있는 연산유창성검사를 활용하여 매월 진전도 평가를 실시하였다. 연산유창성검사는 동형검사로 개발된 평가지가 있어 반복측정이 가능하다. 동형으로 제작된 검사지들의 상관관계를 살펴보면, 2학년 .75～.84, 3학년 .75～.87, 4학년 .75～.84, 통합단계 .84～.92의 상관관계를 나타내었다.

5) 연구 절차

(1) 수학 학습장애 아동에 대한 교육적 배치 및 중재

이 연구대상에 대한 중재는 학습부진 담당교사와 특수교사에 의해 이루어졌다. 먼저, 아동들은 일반학급에서 정규적인 수업을 받고, 방과 후에 보충지도 학습 프로그램에 참여하였다. 보충지도 학습 프로그램은 학습부진 담당교사 및 특수교사에 의해 주 3회씩 이루어졌다. 2회는 3～6명의 학생들을 한 그룹으로 모아 수업을 진행하는 형태로 이루어졌으며, 1회는 1:1의 개별지도가 제공되었다. 수업 내용은 사칙연산을 중심으로 이루어졌으며, 연산지식에 대한 개념적 이해와 연산문제 해결 기술에 대한 반복연습이 제공되었다.

(2) 연산유창성검사 실시

2005년 4월부터 2005년 12월까지 매월 1회씩(총 8회) 측정을 실시하였으나, 하계방학으로 인하여 8월에는 검사를 실시할 수 없었다. 검사시간은 3분이 부여되었다.

(3) 채점

평가 결과는 정오(正誤)방식이 아닌 풀이 과정에 점수를 부여하는 CD(correct digits)방식으로 채점되었다. CD방식과 정오방식은 .94～.99의 높은 상관을 보였다. CD방식에서 1점의 의미는 학습장애 아동이 연산문제를 해결하는 과정에서 어떤 하나의 자릿값을 해결했음을 의미한다. 이러한 CD방식의 채점은 학습자의 문제해결 과정과 학습 수행능력에 민감하며, 오류를 탐색하고 수정하는 데 유용하다. CD방식으로 채점할 경우, 3학년 검사는 132점이 만점이 된다.

6) 자료분석

이 연구의 주요 목적인 일반아동과 학습장애 아동의 중재반응 특성을 분석하기 위하여 HLM과 위계적 군집분석을 활용하였다. 〈연구문제 1〉에서는 일반아동과 학습장애 아동의 중재반응 특성을 파악하기 위하여 2수준 HLM을 활용하였다. 〈연구문제 2〉에서 제시된 학습장애 아동을 구성하는 각 하위 집단을 탐색하기 위하여 위계적 군집분석을 실시하였고, 그 결과 얻어진 각 하위 집단의 중재반응 특성(초기값과 진전도)을 파악하기 위하여 2수준 HLM을 활용하여 분석하였다. 각 하위집단은 더미변수로 입력하였다.

7) 연구 결과

(1) 일반아동과 학습장애 아동의 중재반응 특성

이 연구에서는 BASA-math 검사를 활용하여 일반아동과 학습장애 아동의 중재반응 특성을 분석하였다. 4월부터 12월까지 매월 1회씩 총 8회의 평가를 실시하였고, 8월은 하계 방학으로 인하여 측정이 불가능하였다. 평가 결과에 대한 기술통계량은 〈표 7-1〉과 같다.

〈표 7-1〉 일반아동과 학습장애 아동의 월별 기술통계량

		4월	5월	6월	7월	8월	9월	10월	11월	12월
일반 (n=145)	평균	38.52	57.54	56.53	63.52	*	66.47	79.96	75.70	79.68
	SD	18.28	28.29	26.11	28.11	*	30.74	32.74	33.08	33.11
LD (n=44)	평균	9.48	12.68	15.59	19.18	*	19.16	24.14	24.73	26.66
	SD	3.58	5.21	7.03	7.95	*	6.31	9.20	7.93	9.92

이상과 같은 일반아동과 학습장애 아동의 연산능력에 대한 중재반응 특성을 그림으로 나타내면, [그림 7-14]와 같다.

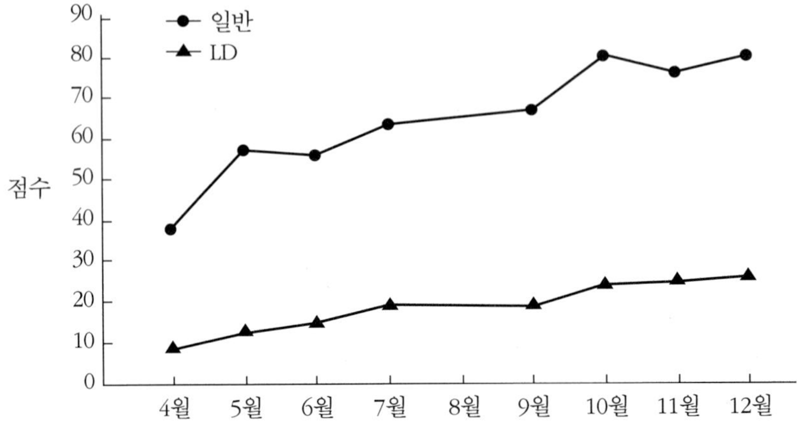

[그림 7-14] 일반아동과 학습장애 아동의 중재반응 그래프

〈표 7-1〉에서 제시된 반복측정 자료는 시간의 변화에 따른 변화를 나타내기 때문에 HLM을 활용하여 분석하였다.

그러나 분석은 1 · 2학기로 나누어 이루어졌다. 그 이유는 첫째로 자료의 구조가 1 · 2학기로 양분되어 있고, 둘째로 학습장애 아동의 경우 7월과 9월 사이에 점수 변화가 거의 없는 학습고원 현상이 나타나는 2단계(two-stage) 변화모형이 나타나기기 때문이다. 분석 결과는 〈표 7-2〉와 같다.

〈표 7-2〉는 일반아동과 학습장애 아동의 연산능력에 대한 중재반응 특성을 초기상태와 기울기로 보여 준다. 초기상태는 학기초 성취수준의 차이를 의미하고, 기울기는 월 진전도를 보여 주는 결과다. 먼저, 1학기를 살펴보면, 학기초 성취수준을 나타내는 초기상태에서 일반아동은 학기초 3분의 검사시간 동안 약 42.62점을 획득하고 있음을 볼 수 있다. 반면에 학습장애 아동은 이보다 약 33.15점이 낮은 약 9.47점을 획득하고 있다. 월별 진전도를 나타내는 기울기의 경우, 일반아동은 매월 약 7.41점씩 연산점수가 향상되고 있으나, 학습장애 아동은 이보다 4.21점 낮은 3.20점의 진전도를 나타냈다. 이러한 두 집단의 성취수준과 진전도 차이는 통계적으로 유의하였다($p<.05$).

2학기의 경우, 초기상태에서 일반아동은 약 69.71점이었으나, 학습장애 아동은 이보다 49.41점 낮은 약 20.30의 성취수준을 나타내었다. 기울기의 경우

〈표 7-2〉 일반아동과 학습장애 아동의 중재반응 특성 분석

학기	고정효과	계수	표준오차	T 값	자유도	유의수준
1학기	초기상태, B0					
	초기값, G00	42.62	1.66	25.62	186	0.00**
	장애 여부, G01	-33.15	1.75	-18.99	186	0.00**
	직선 기울기, B1					
	초기값, G00	7.41	0.50	14.79	186	0.00**
	장애 여부, G01	-4.21	0.60	-7.02	186	0.00**
2학기	초기상태, B0					
	초기값, G00	69.71	2.52	27.61	186	0.00**
	장애 여부, G01	-49.41	2.72	-18.17	186	0.00**
	직선 기울기, B1					
	초기값, G00	3.63	0.62	5.89	186	0.00**
	장애 여부, G01	-1.42	0.72	-1.97	186	0.05*

(*p＜.05 **p＜.01), 일반아동 0, 학습장애 아동 1로 코딩

에도 일반아동은 매월 3.63점씩 향상되었으나, 학습장애 아동은 이보다 1.42점 낮은 2.21점의 진전도를 나타냈다. 이러한 두 집단의 성취수준과 진전도 차이는 통계적으로 유의하였다(p＜.05).

이상과 같은 성취수준과 진전도를 정리할 때, 다음과 같은 시사점을 도출할 수 있다.

첫째, 일반아동과 학습장애 아동은 모두 매월 꾸준하게 연산점수가 향상되고 있다. 그러나 학습장애 아동이 일반아동에 비하여 현저히 낮은 성취수준과 느린 변화 속도를 나타내고 있다.

둘째, 학습장애 아동은 1 · 2학기 모두에서 유의한 월 진전도를 나타내고 있으며, 이는 곧 학습장애 아동도 학기가 진행할수록 연산능력이 지속적으로 발달함을 보여 주는 결과다. 이러한 결과는 곧 학습장애 아동에 대한 중재가 지속적으로 제공되어야 하며, 각 학년의 반응특성에 따라 적절한 중재가 제공되어야 함을 보여 주는 것이다.

(2) 하위 집단에 따른 연산능력 발달특성

학습장애 집단의 중재반응 특성을 보다 명확하게 파악하기 위하여 위계적 군집분석을 통해 하위집단을 파악하였다. 그 결과 학습장애 집단은 세 개의 하위 집단으로 구성되어 있었고, 각 하위 집단에 포함된 사례 수는 〈표 7-3〉과 같다.

〈표 7-3〉 위계적 군집분석에 따른 집단별 사례 수

	A집단	B집단	C집단	계
학습장애 아동	9	23	12	44

학습장애 집단을 구성하는 각 하위 집단의 연산유창성검사 결과를 월별로 나타내면 〈표 7-4〉와 같다.

〈표 7-4〉 각 하위 집단별 연산유창성검사 결과

		4월	5월	6월	7월	8월	9월	10월	11월	12월
A집단 (n=9)	평균	13.56	17.44	24.67	28.56	*	21.78	29.89	30.89	37.11
	표준편차	.72	6.02	3.96	4.69	*	6.74	10.86	5.77	6.73
B집단 (n=23)	평균	10.13	13.65	15.91	20.43	*	21.17	26.39	27.00	28.65
	표준편차	2.49	2.87	4.53	4.30	*	5.16	7.03	5.71	5.82
C집단 (n=12)	평균	5.17	7.25	8.17	9.75	*	13.33	15.50	15.75	15.00
	표준편차	1.58	3.25	3.58	4.69	*	4.05	4.48	4.99	6.13

〈표 7-4〉를 통해 각 하위 집단의 평균변화를 살펴보면, A집단과 B집단은 1·2학기 모두에서 매월 일정 정도 연산점수가 향상되고 있음을 볼 수 있다. 즉, A집단은 1학기 4월에 13.56점에서 7월에 28.56점으로 약 15점 향상되었고, 2학기에는 9월에 21.78점에서 12월 37.11점으로 약 16점 향상되었다. 즉, 4월부터 12월까지 약 31점이 향상되었다.

B집단은 4월에 10.13점이었으나 7월에 20.43점으로 약 10점 정도 향상되었고, 2학기에는 9월 21.17점에서 12월 28.65점으로 약 7점 향상되었다. B집단은

1년 동안 약 17점이 향상되었음을 볼 수 있다.

C집단은 가장 낮은 수준의 성취수준을 보이는 집단으로서, 1학기 4월에 5.17점에서 7월에 9.75점으로 약 4점 향상되었다. 그러나 2학기에는 9월에 13.33점에서 10월에 15.50점으로 약 2점 향상되었으나, 그 이후에는 15점에서 향상되지 못하는 학습고원 현상이 발생하고 있다. 전체적으로 C집단은 4월부터 12월 사이에 약 6점 향상되었다. 이상과 같은 평균변화를 그래프로 나타내면 [그림 7-15]와 같다.

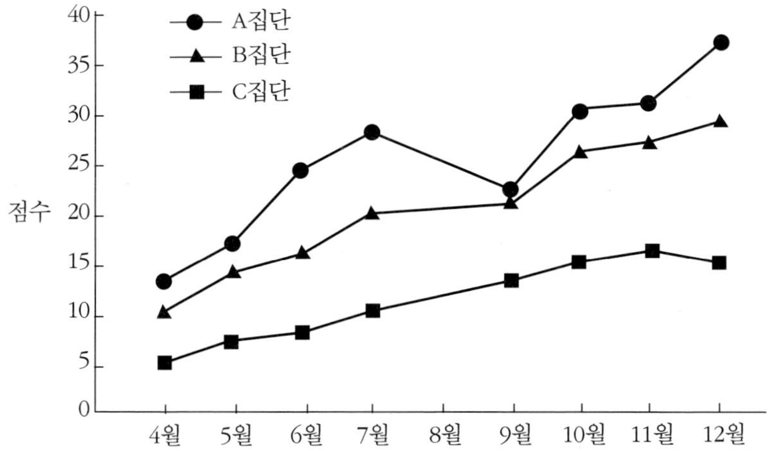

[그림 7-15] 3학년 학습장애 아동의 하위 집단별 중재반응 특성

이러한 평균변화에 근거하여 각 하위 집단의 중재반응 특성에 어떠한 차이가 있는지 2수준 HLM을 활용하여 분석하였다. 1수준은 $Y_{it} = \pi_{0i} + \pi_{1i} \times$월(月) $+ \gamma_{it}$로 나타내며, 여기서 Y_{it}는 개인 i가 t시점에서 얻은 점수이고, π_{0i}은 초기상태, π_{1i}은 진전도, γ_{it}는 무선오차를 의미한다.

2수준에서 초기상태는 $\pi_{0i} = \beta_{00} + \beta_{01} \times$A집단 $+ \beta_{01} \times$B집단 $+ \mu_{0i}$로 나타내고, 월 진전도는 $\pi_{1i} = \beta_{10} + \beta_{11} \times$A집단 $+ \beta_{12} \times$B집단 $+ \mu_{1i}$로 표현할 수 있다. 각 하위 집단은 더미변수로 입력되었다. β_{01}과 β_{02}는 C집단과 A집단 · B집단 사이의 초기상태 차이를 나타내 주는 계수이고, β_{11}과 β_{12}는 C집단과 A집단 ·

B집단 사이의 월별 진전도 차이를 보여 주는 계수다. 또한 μ_{0i}와 μ_{1i}는 초기상태와 진전도에 대한 개인 i의 고유효과를 나타낸다. 먼저, C집단을 중심으로 각 집단의 초기값과 월 진전도를 살펴보고, 이를 통해 하위 집단별 차이를 탐색하였다. 그 결과는 〈표 7-5〉와 같다.

〈표 7-5〉 C집단을 기준으로 통해 본 각 집단별 월별 진전도 분석

학기	고정효과	집단	계수	표준오차	t값	유의수준
1	초기값	C	5.38	.46	12.66	0.00
		C-B	4.67	.67	6.97	0.00
		C-A	7.84	.65	11.92	0.00
	월별 진전도	C	1.47	.40	3.70	0.00
		C-B	1.85	.57	3.26	0.00
		C-A	3.76	.62	6.02	0.00
2	초기값	C	14.11	1.17	12.10	0.00
		C-B	8.24	1.59	5.17	0.00
		C-A	8.76	2.66	3.30	0.00
	월별 진전도	C	.53	.58	.91	0.37
		C-B	1.78	.72	2.48	0.02
		C-A	4.17	.84	4.97	0.00

〈표 7-5〉를 살펴보면, 초기값의 경우 1학기에 C집단은 5.38점이었으나, B집단은 이보다 4.67점 높은 10.15점이었다. A집단은 C집단보다 7.84점 높은 13.22점이었다. 2학기 초기값은 C집단이 약 14.11점이었다. 즉, C집단의 초기값은 1 · 2학기 모두에서 A · B 두 집단의 초기값과 유의한 차이가 있었다($p<.05$).

월 진전도를 살펴보면, 1학기에 C집단은 매월 약 1.47점씩 상승하고 있으나, B집단은 이보다 매월 1.85점 높은 3.31점의 월 진전도를 나타내고 있으며, A집단은 C집단보다 3.76점 높은 5.22점씩 매월 향상되고 있다. 즉, 1학기에 A · B 두 집단은 C집단보다 유의하게 높은 월 진전도를 나타내고 있다(C-B집단 $t=3.26$, $p<.05$; C-A집단 $t=6.02$, $p<.05$).

2학기를 살펴보면, C집단은 매월 .53점씩 연산능력이 향상되고 있으나 유의한 발달은 아니었다(t=.91, p>.05). 이러한 발달에 한계가 나타난 이유는 근본적으로 C집단은 성취수준이 가장 낮은 학습장애 아동이라는 점과 3학년 교육과정에서는 덧·뺄셈뿐만 아니라 곱셈과 나눗셈이 포함된다는 점에서 찾을 수 있다. 즉, 1학기에 C집단은 덧·뺄셈과 관련한 문제 영역에서 연산능력의 향상이 이루어졌으나, 2학기에는 곱셈과 나눗셈에 대한 부담감으로 인하여 더 이상 문제를 해결하려는 모습을 보이지 않았다. 이로 인하여 C집단은 학기초인 9월 평가점수와 학기말의 12월 평가점수 간에 변화량이 거의 없었다.

C집단과 다른 집단과의 관계성을 살펴보면, B집단은 C집단보다 1.78점 높은 매월 2.31점씩 연산능력이 향상되고 있으며, A집단은 C집단보다 4.17점 높은 4.70점의 월 진전도를 보여 주고 있다. 이러한 월 진전도 차이는 통계적으로 유의하였다(C-B집단 t=2.48, p<.05; C-A집단 t=4.97, p<.05).

<표 7-5>에서는 A집단과 B집단 간 차이를 비교하지 못하기 때문에, <표 7-6>에서는 A집단을 기준으로 집단 간 차이를 살펴보았다.

<표 7-6> A집단을 기준으로 통해 본 각 집단별 월별 진전도 분석

학기	고정효과	집단	계수	표준오차	t값	유의수준
1	초기값	A	13.22	.50	26.35	0.00
		A-B	-3.17	.72	-4.39	0.00
		A-C	-7.84	.66	-11.92	0.00
	월별 진전도	A	5.22	.48	10.84	0.00
		A-B	-1.90	.63	-3.03	0.01
		A-C	-3.76	.62	-6.02	0.00
2	초기값	A	22.87	2.39	9.58	0.00
		A-B	-.51	2.62	-.20	0.84
		A-C	-8.76	2.66	-3.30	0.00
	월별 진전도	A	4.70	.61	7.70	0.00
		A-B	-2.40	.75	-3.21	0.00
		A-C	-4.18	.84	-4.97	0.00

〈표 7-6〉을 살펴보면, A집단과 B집단은 1학기 초기값에서 통계적으로 유의한 차이를 나타냈지만($t=-4.39$, $p<.05$), 2학기의 경우에는 집단 간 초기값의 차이가 통계적으로 유의하지 않았다($t=-.20$, $p>.05$). 이는 앞서 살펴본 것처럼, A집단의 초기값이 7월 점수에 비하여 현격하게 낮아졌기 때문이다. 월 진전도의 경우에는 1 · 2학기 모두 두 집단 간 유의한 차이가 나타났다($p<.05$).

B집단과 A집단은 이 보다 8.24점과 8.76점 높은 22.34점과 22.87점이었다. 여기서 유의할 것은 B집단과 A집단 간 2학기 초기값의 차이가 거의 나타나지 않는다는 것이다. 여름방학 이후 실시된 9월 검사에서 A집단이 1학기 7월 점수(28.56점)에 비하여 낮은 점수(22.87점)를 받았기 때문에 나타난 결과다.

이상의 결과를 정리해 보면, 학습장애 아동의 경우 하위 집단의 특성에 따라 각기 상이한 초기 성취수준과 월 진전도를 나타내고 있었다. 또한, 초기능력상태가 높을수록 월 진전도가 더욱 커지지만, 반대로 초기능력상태가 낮은 C집단 같은 경우에는 월 진전도가 매우 낮게 나타남을 볼 수 있다. 특히, C집단은 2학기 들어 연산능력이 향상되지 못하고 정체하는 학습고원 현상이 나타났다. 전체적으로 3학년 학습장애 아동의 중재반응은 연산에 대한 선험적 학습과 장기기억 속에 저장되어 있는 연산 지식이 중요한 영향을 미친다는 수학 학습이론에 부합하고 있음을 볼 수 있다.

5. 맺음말

최근 학습장애 분야에서 부각되고 있는 중재반응모형을 적용하기 위해서는 학습장애 아동이 지니고 있는 이중불일치 문제를 확인할 수 있어야 한다. 즉, 또래의 일반학생에 비하여 현저히 낮은 수행수준과 느린 성장 속도라는 문제를 탐색할 수 있어야 한다. 이를 위해서는 일반학생에 대한 발달 경향성과 학습장애 아동에 대한 일반적인 발달 경향성을 탐색하지 않고서는 많은 한계에 부딪히게 된다.

중재반응모형이 현실적으로 적용되기 위해서는 학생 개개인의 발달 자료를 수집하고, 이에 대한 발달 경향성과 발달 정도를 파악하는 것이 필요하다. 개인의 발달 경향성은 개인이 지니고 있는 개인변인(예: 성별, 장애 여부 등)과 개인의 환경변인(예: 사회경제적 지위) 등의 영향을 받는다. 따라서 개인의 발달 경향성을 연구하기 위해서는 개인 내의 변화뿐만 아니라 개인 간의 차이를 효과적으로 밝히는 데 필요한 다양한 변인이 포함되어야 한다(이태수, 최종근, 2005). 이러한 문제를 해결하기 위해서는 HLM과 같은 분석방법이 필요하다. 특히, 장애 유형과 장애 정도가 매우 다양하여 집단비교를 할 수 있는 만큼의 연구 대상을 선정하기 어려운 특수교육적 연구특성을 고려할 때 아동 개개인의 '성장'과 '변화' 과정을 조사 · 분석할 수 있는 HLM의 활용방안은 매우 높다고 할 수 있다.

그러나 HLM을 활용하기 위해서는 반복측정이 가능한 검사도구가 충분히 제작되어야 하며, 검사도구의 신뢰도 및 타당도도 확보되어야 한다. 이러한 관점에서 교육과정중심측정 원리를 반영한 『기초학습수행 평가체제-읽기, 쓰기, 수학(BASA-reading, writing, math)』은 학습장애 아동의 읽기와 쓰기, 그리고 수학능력의 변화를 측정하는 데 효과적으로 활용될 수 있을 것이다. 여기서 나온 결과는 반복측정에 따른 시계열분석이 가능하기 때문에 HLM을 적극 활용할 수 있는 자료(Data)라 할 수 있다.

최근 들어 HLM을 활용하는 연구가 증가하고 있으나, 장애아동이 가지고 있는 특성이나 배경변인이 미치는 영향에 대해서는 다양한 연구가 진행되지 않고 있다. 장애아동의 경우 주변환경과 부모의 양육방식 등에 따라 발달에 상당한 영향을 받는다는 점을 고려할 때, HLM을 활용하여 어떠한 배경변인의 장애아동의 발달에 영향을 미치는지 탐색하는 연구를 수행하여야 할 것이다.

이러한 관점은 학습장애 이외의 장애 영역에도 적용될 수 있다. 예를 들어 시각장애 아동의 읽기능력이 또래의 일반아동에 비하여 1.2~1.5배 정도 느리게 발달하는지, 청각장애 아동의 읽기능력이 초등학교 4학년(9세의 벽) 수준에 머무르는지에 대하여 발달론적으로 탐색할 수 있을 것이다.

✎ 참고문헌

김동일(1998). 구조방정식에 의한 발달 및 변화과정의 측정모형: 읽기 장애 아동을 위한 교육과정중심측정의 적용을 중심으로. **특수교육연구**, 5, 85-99.

김동일(2006). **기초학습기능 수행평가체제: 수학검사**. 서울: 학지사 심리검사연구소.

김동일, 이대식, 신종호(2003). **학습장애아동의 이해와 교육**. 서울: 학지사.

김성훈, 강상진, 김성호(1999). 다층모형을 적용한 능력변화과정의 측정. **교육평가연구**, 12(2), 169-193.

서홍옥(2002). 초등학교 저학년 학생의 읽기발달에 대한 연구. 서울대학교 대학원 석사학위 청구논문.

이태수, 김동일(2006). 교육과정중심측정 원리에 기초한 학습장애아동의 중재반응 특성 분석. **특수아동교육연구**, 8(4), 169-188.

이태수, 최종근(2005). 중재반응 모델에 근거한 수학 학습장애 학생의 연산능력 발달패턴 탐색 및 분석. **특수교육연구**, 12(2), 331-351.

최길찬(1995). 학생의 변화점수에 기초한 교수효과 측정모형간의 비교연구. 서울대학교 대학원 석사학위 청구논문.

최길찬(1998). 다층자료분석의 이론과 실제. 황정규(편). **교육측정 · 평가의 새 지평** (pp. 249-296). 서울: 교육과학사.

Clarke, B. S. (2002). The identification, development, and investigation of early mathematics Curriculum-based measurement. Doctoral Dissertation. University of Oregon. Eugene, OR.

Deno, S. L. (2003). Developments in Curriculum-based Measurement. *The Journal of Special Education, 37*(3), 184-192.

Fuchs, L. S. (2003). Assessing intervention responsiveness: conceptual and technical issues. *Learning Disabilities Research & Practice, 18*(3), 172-186.

Fuchs, L. S., & Fuchs, D. (1998). Treatment validity: A unifying concept for reconceptualizing the identification of learning disabilities. *Learning Disabilities Research & Practice, 13*(2), 204-219.

Fuchs, L. S., Fuchs, D., & Speece, D. L. (2002). Treatment validity as a unifying construct for identifying learning disabilities. *Learning disabilities quarterly,*

25, 33-35.

Geary, D. C. (1994). *Children's mathematical development: research and practical applications.* Washington: American Psychological Association.

Geary, D. C. (2003). Learning disabilities in Arithmetic: problem-solving differences and cognitive deficits. In H. L. Swanson, K. R. Harris, & S. Graham (Eds.), *Handbook of Learning Disabilities* (pp. 199-212). NY: Guilford Press.

Gresham, F. M. (2002). Responsiveness to intervention: An alternative approach to the identification of learning disabilities. In R. Bradley, L. Danielson, & D. P. Hallahan (Eds.), *Identification of learning disabilities: Response to treatment* (pp. 467-519). Mawhwah, NJ:Erlbaum.

Proctor, B., & Prevatt, F. (2003). Agreement among four models used for diagnosing learning disabilities. *Journal of Learning Disabilities, 36*(5), 459-466.

Raudenbush, S. W., & Bryk, A. S. (2002). *Hierarchical linear models: applications and data analysis methods* (2nd ed.). CA: Sage Publications.

Stage, S. A. (2001). Research design and methodology selection: Program evaluation using hierachical linear modeling with curriculum-based measurement reading probes. *School Psychology Quarterly, 16*(1), 91-112.

Tindal, G. (1998). Assessment in learning disabilities with a focus on curriculum-based measurement. In B. Y. L. Wong (Ed.), *Learning about learning disabilities* (2nd ed.). Canada: acid-free paper.

Vaughn, S., & Fuchs, L. S. (2003). Redefining learning disabilities as inadequate response to instruction: the promise and potential problems. *Learning disabilities research & practice, 18*(3), 137-146.

제8장 특수교육 대상 학생 학업성취도검사 조정의 타당성 분석

차별문항기능 분석

1. 검사 조정의 개념과 차별문항기능 분석
2. 차별문항기능 분석의 적용
3. 맺음말

장애학생은 일반학생과 동일한 평가 조건에서는 자신의 능력을 있는 그대로 드러내기가 어렵다. 그러므로 어떤 형태로든 평가 자료, 절차, 환경 등을 수정하거나 변경해야만 하는데, 이를 일컬어 평가 조정이라고 한다. 하지만 이러한 평가 조정은 장애학생이 평가 상황에서 겪을 수 있는 불리함을 제거해 줄 만큼 '공평'해야 할 뿐만 아니라, 그러한 평가 조정의 과정 및 결과가 (측정학적인 측면에서) 거기서 얻어진 점수를 비교할 수 있을 만큼 '타당'해야 한다. 장애학생도 평가 상황에 '공평하게' 참여할 수 있도록 해야 하지만, 그와 동시에 평가 과정이나 평가 결과로부터 '장애'로 인한 영향 부분을 최소화해야 한다. 특히 일반학생을 위한 검사를 특수교육 대상 학생이 참여할 수 있도록 조정하는 경우, 해당 검사나 특정한 문항이 일반학생과 특수교육 대상 학생 중 어느 한쪽에 유리하게 작용하지도 않아야 한다.

이 장에서는 검사를 활용하는 상황에서의 평가 조정, 즉 검사 조정에 초점을 맞추어 그 개념과 필요성에 대해 살펴보고, 검사 조정의 적절성을 비교가능성의 관점에서 알아본다. 그리고 특정한 검사 조정 방법이 개별 문항 수준에서 타당한지를 확인하는 여러 가지 차별문항기능 분석 방법을 소개하고, 이 중에서 하위 피험자 집단 수의 영향을 덜 받아 우리나라 상황에서도 손쉽게 적용할 수 있는 델타-플롯 방법에 의한 차별문항기능 분석 절차를 실제 사례에 적용해 본다.

교육 및 심리측정과 관련하여 검사를 표준화(standardization)한다는 것은 그 검사의 구성요소, 실시 과정, 채점방법, 결과의 해석 등을 구조화하는 것을 의미한다(Venn, 2004). 즉, 해당 검사의 피검자들이 동일한 검사자료로, 동일한 과제를, 동일한 환경에서, 검사자로부터 동일한 정도의 보조를 받고, 동일한 채점기준에 따라 채점하고, 동일한 해석지침에 따라 수행의 결과를 해석하는 것을 말한다. 그리고 이렇게 검사를 표준화하는 근본적인 목적은 거기서 얻어진 결과의 해석과 비교에 있어 모든 피험자에 대해 동일한 가치와 의미를 부여하는 데 있다. 하지만 장애학생들은 일반학생과 동일한 검사 조건에서는 자신의 능력을 있는 그대로 드러내기가 어렵다. 그래서 장애학생에게는 어떤 형태로든 표준적인 검사 조건의 수정이나 조정이 불가피하다.

이와 같은 검사 표준화의 본래 목적과 장애학생에 대한 검사 조정의 필요성 간의 필연적인 모순 관계는 검사 동등화 혹은 '타당한' 검사 조정을 통해 해소될 수 있다. 특히 전 세계적으로 통합교육이 특수교육의 대세가 되면서 장애학생에 대한 교육의 질 개선 및 책무성에 대한 요구가 증대되었고, 이에 따른 자연스런 귀결로 일반학생의 표준 조건에서의 검사 결과와 장애학생의 다양한 검사 조정 조건에서의 검사 결과 간의 비교가능성 문제가 시급한 연구과제로 대두되었다.

이 장에서는 학업성취도검사에서 장애학생에게 허용되는 검사 조정 조건이 일반학생에 대한 표준 조건에 비추어 타당하다고 할 수 있는지를 '비교가능성'이라는 관점에서 어떻게 확인할 것인지 살펴볼 것이다. 특히, 여러 가지 '비교가능성' 검증방법 중에서 우리나라 상황에서 쉽게 적용할 수 있는 차별문항기능 분석 방법인 델타-플롯 방법과 오답선택지 비율분석 방법을 구체적으로 어떻게 적용할 것인지, 그리고 그 한계점은 무엇인지에 대하여 소개할 것이다.

따라서 이 장을 읽은 독자는 다음과 같은 목표를 달성할 것이 기대된다.

① 검사 조정의 개념 및 필요성을 말할 수 있다.
② 검사 조정의 적절성을 비교가능성의 관점에서 설명할 수 있다.

③ 검사 조정의 타당성 분석방법으로서 차별문항기능 분석의 종류와 제한점을 이해한다.
④ 델타-플롯 방법을 적용하여 차별문항기능을 분석하고 결과를 해석할 수 있다.

1. 검사 조정의 개념과 차별문항기능 분석

1) 검사 조정의 개념 및 필요성

검사 조정(test accommodation)이란 '장애학생들이 표준화검사에서 그들의 지식과 기술을 드러내는 데 방해가 될지도 모를 장애요소를 고려하여 평가 자료나 절차를 변경하는 것' (Thurlow & Bolt, 2001)을 말한다. 검사 조정에 대하여 Tindal, Heath, Hollenbeck, Almond 그리고 Harniss(1998)는 '검사 구성요인 이외에 장애로 인해 야기되는 변산을 제거함으로써 학생들이 공평한 조건하에서 평가받을 수 있도록 하기 위하여 표준화된 평가 조건에 변화를 주는 것'이라고 정의하였고, Salvia와 Ysseldyke(1995; 1998; 2001)는 '장애를 가진 학생이 평가에 참여할 수 있도록 하기 위해 검사를 적응(adaptation)하거나 수정(modification)하는 것'을 말한다고 정의하였다.

검사를 표준화하는 목적이 거기서 얻어진 결과를 모든 피험자에 대해 동일한 가치와 의미를 부여하여 해석하고 비교하려는 데 있다고 하더라도, 장애학생은 그들이 지닌 장애로 인해 일반학생과 동일한 검사 조건에서는 자신의 능력을 있는 그대로 드러내기 어렵다. 다시 말해, 일반학생과 동일한 '표준적인 조건'에서 검사를 치르게 하는 것 자체가 장애학생에게 불리하게 작용할 수 있다. 더군다나 피험자의 장애(불리함, handicap)는 고려하지 않고, 검사 조건 및 채점기준을 획일적으로 '표준화'한 검사의 결과(검사점수)만 가지고 학습목표에 도달했는지 여부나 상대적 서열을 매기는 것은 아무런 의미도 없는 숫자놀음에 지나지 않을 수도 있다.

그렇다면, 장애학생에게 어떤 형태로든 표준적인 검사 조건의 수정 또는 조정이 불가피한 이유, 즉 장애학생이 평가 상황에서 겪을 수 있는 불리함은 구체적으로 어디에서 비롯되는가?

그 첫 번째는 정보 습득 및 의사소통 과정상의 불리함에서 찾을 수 있다. Willingham, Ragosta, Bennett, Braun, Rock 그리고 Powers(1988)에 따르면, 검사 과제를 수행하는 데는 감각-운동 과정(sensory-motor process), 부호화 과정(encoding process), 그리고 인지적 과정(cognitive process)이라는 세 수준의 심리과정이 관여하는데, 각각의 과정에 장애학생이 가진 장애특성이 작용하여 실제 능력과 무관하게 높은 난이도를 유발하고 검사점수에 영향을 미칠 수 있다는 것이다.

예컨대, 장애학생들은 검사 내용을 '읽고', 정답을 기록하는 등의 소위 '입출력 과정'이라고 할 수 있는 감각-운동 과정에 어려움을 겪을 수 있다. 그런데 대입시험과 같은 검사의 1차적인 목적은 일반적으로 고차원의 정보처리능력, 즉 인지능력을 평가하는 데 있다고 할 수 있으므로, 감각-운동 과정은 그다지 결정적인 과정이나 목적이 되지 않는다. 즉, 언어이해력 또는 독해력을 측정하는 검사에서 감각양식(예: 묵독 vs 카세트 대독)을 달리(즉, 제시 형태 혹은 반응 형태의 조정)하여 비표준화 검사를 실시하는 것은 그다지 중요한 문제가 되지 않으므로, 장애학생이 평소에 주로 사용하는 의사소통 및 정보습득 방법을 검사 상황에서 사용하도록 허용할 수 있는 것이다(김은주, 김동일, 박경숙, 최종근, 2003; 최종근, 2005).

검사 조정이 필요한 두 번째 이유는 이와 같은 장애학생의 의사소통 및 정보습득 방법 자체가 갖는 특성으로 인해 검사시간이나 보조 인력, 장소 문제 등 추가적인 불리함이 발생한다는 데서 찾을 수 있다(김은주 외, 2003; 최종근, 2005).

예를 들면, 일반인의 묵독(目讀)과 맹인의 촉독(觸讀)은 한꺼번에 얼마나 많은 글자를 읽을 수 있느냐에 따라 그 속도에 큰 차이가 있다. 즉, 묵독에서는 한 번에 두세 단어까지 동시에 읽을 수 있지만, 촉독에서는 한 번에 한 글자씩밖에 읽을 수 없기 때문에 같은 분량의 글을 읽는 데 걸리는 시간에 큰 차이가 발생한다. 또한, 일반 문자에서는 구두점이 글자와 다른 형태로 표기되어 구별이 쉽지만, 점자에서는 점문자와 같은 형태인 점으로 표기되므로 구별하는 데 어려움이 따른다. 그뿐만 아니라, 점자에서는 이미 읽은 부분을 다시 찾아 읽기가 어려워 문장이나 글에 대한 이해가 어렵고, 글을 쓸 때 점자판과 점필을 이용하므로 쓰는 데도 시간이 더 소요된다. 색깔, 명암, 원근, 길이 등의 미묘한 차이를 표현하는 데도 어려움이 있고, 특히, 도표, 그래프, 그림 등을 표현하거나 이해하기가 어렵다(김은주 외, 2003; 최종근, 2005).

수화(手話)나 구화(口話)를 하는 청각장애 학생(농학생)이 검사 상황에서 겪을 수 있는 어려움 또한 촉독을 하는 맹학생과 큰 차이가 없다. 수화는 명사와 동사의 구별이 없어 문장의 의미를 정확하게 파악하기 어렵고, 시제 표현도 어렵다. 구화도 훈련 정도와 잔존청력 등에 따라 사람마다 속도와 정확성에 차이가 있을 수 있지만, 기본적으로 입 모양을 보고 상대방이 의미하는 바를 100% 정확하게 파악하는 것은 원천적으로 불가능하다. 따라서 청각장애 학생에게 수화 통역을 해 준다고 모든 문제가 해결되는 것이 아니고, 묵자를 읽을 수 있다는 이유로 지필검사로 대체한다고 해서 모든 조치를 다한 것이 아니다. 앞서 예시한 맹학생의 경우와 마찬가지로 별다른 노력 없이 정해진 시간 안에 검사과제의 의미를 정확하게 파악할 수 있는 일반학생에 비해 그 정확성이나 속도 면에서 차이가 발생할 수밖에 없다는 점을 인정하지 않으면 안 되며, 바로 여기서 청각장애 학생에 대한 검사 조정의 필요성을 발견할 수 있다(김은주 외, 2003; 최종근, 2005).

같은 맥락에서 OMR 답안지를 직접 작성하기가 곤란한 뇌성마비 지체장애 학생에게 표준화검사라는 이유로 피험자 본인이 직접 OMR 답안지를 작성하도록 하는 것은 이치에 맞지 않는다. 그 검사에서 그 학생에 대해 측정하려는 것이 피험자의 인지능력이 아니라, 오히려 피험자가 OMR 답안지를 작성할 수 있는 능력, 예컨대 손가락 운동능력 및 눈-손 협응능력이라고 말하는 것과 같게 되기 때문이다(김은주 외, 2003; 최종근, 2005).

요컨대, 장애학생은 자신이 가진 장애특성 및 의사소통 방식으로 인하여 문항 제시 형태, 반응 형태, 검사시간의 제약 등에 따라 자신의 능력을 충분히 발휘하지 못할 수 있다. 따라서 출발선을 동일하게 하여 공정한 평가가 되도록 하기 위해서는, '표준화검사'라는 이유로 안경을 착용한 모든 피험자들에게 안경을 벗고 시험을 치라고 요구할 수는 없듯이, 점자를 이용하여 촉독하는 맹인에게 보통의 지필검사지를 주거나 수화 통역이 필요한 청각장애인에게 일반학생과 똑같은 방식으로 듣기평가를 실시해서는 안 된다.

2) 검사 조정의 적절성과 비교가능성

장애학생이 평가 상황에서 겪을 수 있는 불리함이 이와 같아서 검사의 조정이 불가피하다면, 과연 어떻게, 얼마나 조정을 해 주어야 하는가? 점자 시험지는 어떻게 만들어야 하고, 시간은 얼마나 더 연장해 주어야 하며, 수화 설명은 얼마나 자세히 해 주어야 하는가? 이러한 검사 조정의 적절성 문제와 관련하여, Phillips(1993, 1994, 1996; Thurlow et al., 1996; Pitoniak & Royer, 2001에서 재인용)는 '공정한 기회(opportunity)의 제공'과 '비교가능성(comparability)'이 조화를 이루어야 한다고 하였다. 공평성(fairness)과 타당도(validity)가 검사 조정의 '적절성(appropriateness)'을 결정하는 핵심적인 요소라는 것이다(최종근, 2005).

여기서, 검사 조정의 공평성이란 대상 아동의 장애가 아닌 지식 및 기술을 검사할 수 있도록 검사점수에 포함되어 있는 장애로 인한 불리함을 얼마나 잘 제거해 준다고 할 수 있는가를 말하고, 검사 조정의 타당도란 그러한 검사 조정의 과정 및 결과가 측정학적인 측면에서 타당하여 거기서 얻어진 점수를 비교할 수 있는가를 의미한다.

특히, 장애학생들이 선발, 입학, 자격 시험 등과 같은 고부담 시험(high-stakes test)에 참여하게 될 경우에는 공평성 못지않게 타당도가 중대한 고려사항이 되어야 한다. 즉, 내용 관련 타당도, 구인 관련 타당도, 준거 관련 타당도(예: 예언타당도, 공인타당도) 등 측정학적 적합성을 갖추었다고 할 수 있는가에 관한 면밀한 검토가 있어야 한다. 아무리 그럴싸한 경험적 근거에 비추어 시험시간을 연장해 줌으로써 공평성을 확보했다고 하더라도, 그와 같은 검사 조정이 이루어지면서 일반학생과 장애학생 각각에게 검사가 다른 의미로 받아

들여지거나 일반학생과 장애학생의 검사 요인구조로 볼 때 동일한 구성개념(construct)을 측정하고 있다고 말하기 어렵다면, 거기서 얻어진 검사점수를 그 자체로서 일반학생의 그것과 비교할 수 없게 될 것이기 때문이다. 따라서 검사 또는 문항 자체가 특정 집단에게 불리하지 않도록 하고, 일반학생이건 장애학생이건 당초의 검사 목적이나 출제 의도가 훼손되지 않도록 하여 비교가능성(comparability)이 확보되도록 하는 것이 검사 조정에서 매우 중요한 과제가 된다.

3) 타당한 검사 조정을 위한 차별문항기능 분석

Willingham 등(1988)은 이러한 비교가능성의 개념을 점수(score) 비교가능성과 과제(task) 비교가능성으로 구분하고 구체화하였다. 여기서, 점수 비교가능성이란 검사 결과(점수)의 의미를 해석함에 있어서 서로 다른 집단을 타당하게 비교할 수 있는지를 의미하는 것으로, 다섯 가지 준거, 즉 ① 신뢰도(reliability), ② 요인구조(factor structure), ③ 차별문항기능(differential item functioning: DIF), ④ 예언된 성취도(즉, 예언타당도)(prediction of academic performance)(예: 대학 GPA와의 상관), ⑤ 입학 결정(admissions decisions)을 지표로서 참고할 수 있다고 하였다. 또, 과제 비교가능성은 검사에 응시함에 있어 각기 다른 집단에게 동일한 인지적인 요구(cognitive demands)가 있었는가에 대한 조사를 의미하는 것으로 ⑥ 내용상 동등한가(test content), ⑦ 검사 조정(test accommodations)이 합당한가, 그리고 ⑧ 장애상태를 고려하여 검사시간(test timing)이 적절한지 등을 지표로서 검토할 수 있다고 하였다(김동일, 1995에서 재인용).

이 중에서도 차별문항기능[1]은, 특정한 검사를 가지고 일반학생과 장애학생

1) Holland와 Thayer(1988; 김신영, 2001에서 재인용)는 통계적 방법에 의해 탐지된 모든 편파적인 문항들이 반드시 검사에서 제거되어야 할 '좋지 않은' 문항인 것은 아니라고 주장하면서, 편파성(bias)이라는 용어는 나쁜 문항을 연상케 하는 부정적인 이미지를 지니므로 문항 편파성(item bias)이라는 용어 대신 좀 더 중립적인 용어, 즉 차별적(혹은 변별적) 문항기능(differential item functioning)이란 용어를 사용할 것을 제안하였다.

의 능력수준을 측정한다고 할 때, 그 검사의 전체 혹은 일부 문항이 문화적 배경이나 학습경험, 또는 사고특성으로 인해 어느 한편에 유리하거나 불리하게 작용한다면 그 검사의 결과로 얻어진 점수에 동일한 의미를 부여하여 단순 비교할 수 없다는 측면에서, 중요한 비교가능성의 지표가 된다. 특히, 장애학생이 검사에 참여할 수 있도록 일정한 검사 조정이 이루어져야 하는 경우, 서로 다른 검사 조건하에서 동일한 문항이 서로 다르게 기능하는지를 조사하여 이를 제거함으로써 비교가능성을 확보한다는 것은 특정 하위 집단에 유리하거나 불리하게 작용하는 편파성을 줄이려는 노력과 같다고 할 수 있다.

김신영(2001)에 따르면, 차별문항기능을 분석하는 방법으로는 문항반응 이론(item response theory: IRT)에 기초한 방법, 멘텔-헨젤 방법, 문항곤란도[2)]에 의한 분석방법, χ^2에 의한 분석방법, 문항오답지 분석법, S-P곡선 분석방법(S-P curve theory) 등이 있다.

이 중에서 문항반응 이론에 기초한 차별문항기능 분석 방법은, 고전 검사이론과는 달리, 집단들의 능력분포에 영향을 받지 않아 특정 문항이 차별적으로 기능하는지 여부를 판정하는, 현재까지 이론적으로 가장 우수한 방법으로 평가되고 있지만(조부일, 1992), 문항별 곤란도, 변별도, 추측도 등의 문항모수치를 안정성 있게 추정하기 위해서는 상당한 정도의 피험자를 필요로 한다는 단점이 있기 때문에,[3)] 하위 장애 유형별 피험자 수가 적은 우리나라 상황에서 적용하는 데 현실적으로 어려움이 많고, 그러한 차별적 기능이 나타나는 원인이 무엇인지를 밝혀내는 데도 한계가 있다(김신영, 2001)는 단점이 있다.

그래서 미국의 ETS 등 전문 검사 개발 기관에서 차별문항기능을 검토하기 위한 표준적인 방법으로 많이 사용되는 것이 1959년에 Mantel-Haenszel이

---

2) 영어로는 'item difficulty'이지만, 고전 검사 이론에서는 문항곤란도가 [정답자 수÷전체 응답자 수]로 정의되어, 실질적으로는 '정답률' 또는 '쉬운 정도'를 의미한다.

3) Baker(1991)는 Hulin, Lissak 그리고 Drasgrow(1982)를 인용하여, 2-모수 로지스틱 모형을 위해서는 30문항에 대한 500명의 문항반응 자료가, 3-모수 로지스틱 모형을 위해서는 30문항에 대한 1,000명 혹은 60문항에 대한 500명의 문항반응 자료가 필요하다고 하였다.

제안한 방법(Mantel-Haenszel Procedure)이다. 이 방법은 기본적으로 χ^2 분포에 의해 문항의 차별적 기능 여부를 검증하는데, 검토되는 문항의 차별적 기능 정도를 나타내는 모수치도 제공해 준다는 장점도 가지고 있다. 그러나 이 방법에 의해 문항의 차별적 기능을 추정하기 위해서는 각 점수구간에서 잠재능력이 서로 동일한 것으로 간주될 수 있는 준거 집단과 비교 집단을 구성해야 하고, 일반적으로 4개 이상의 점수구간이 바람직하다고 보고되고 있으나(Raju, Bode, & Larsen, 1989; Linacre & Wright, 1987; 김신영, 2001에서 재인용), 우리나라 특수교육 상황에서 검사 총점 혹은 검사 수행에 중요한 영향을 미친다고 판단되는 요인 면에서 서로 동일하게 대응(match)시켜 유효한 비교가능 집단을 구성하기가 쉽지 않다는 단점이 있다.

그리고 문항오답지 분석법 안에도 Veale와 Foreman(1976)이 제안한 카이 검증에 의한 방법과 Fray와 Giles에 의한 라쉬모델 방법, Scheuneman이 제안한 Mean scaled score 방법, Goodman과 Kruskal의 Lamda계수 산출 방법 등이 있다(김신영, 2001). 여기서는 이 중에서 하위 피험자집단의 수에 영향을 덜 받아 우리나라 상황에서도 손쉽게 적용할 수 있는, Angoff와 Ford(1973)가 제안한 문항 정답률에 의한 델타-플롯(Delta-Plot) 방법을 소개할 것이다.

2. 차별문항기능 분석의 적용

1) 자료의 수집 및 원자료의 구성

이 절에서는 Angoff와 Ford(1973)가 제안한 문항 정답률에 의한 델타-플롯 방법을 본격적으로 소개하기에 앞서서 자료의 수집 방법과 원자료의 구성에 관하여 간단하게 설명하고자 한다.

연구에 사용된 검사도구는 일반교육과정에 준하여 학습하고 있는 학생들이 교육과정을 제대로 따라가고 있는지, 즉 기본적인 학습능력을 측정하기 위해 한국교육개발원에서 개발한 '기본학습 부진학생 판별도구' (박효정, 이재분, 현주, 2001)의 중학교 3학년용 국어읽기검사였다. 그리고 장애학생들에게는 개별 학생들의 요구에 따라 가능한 모든 검사 수정/조정을 제공하는 것을 원칙으로 하였다. 그리고 이를 위해 각 장애학생으로 하여금 제시 형태(점역 시험지, 확대 인쇄, 녹음 테이프, 수화 설명, 대독자), 반응 형태(대필, 구두/수화 응답), 검사시간/스케줄(시간 연장, 잦은 휴식), 검사환경/기타(독립공간, 기타) 중 원하는 모든 조정 내용을 사전에 조사하여 이를 제공하였고, 일반학생들에게는 표준조건에서 통상의 지필검사 형태로 치르되 시간을 원하는 만큼 연장할 수 있게 하였다.

전국 31개 시각, 청각, 지체장애 특수학교, 서울 소재 10개 중학교의 특수학급, 그리고 경기도 시흥 소재 A중학교 3학년 일반학급 학생들로부터 얻어진 원자료의 구성은 〈표 8-1〉과 같고, SPSS 통계 프로그램에 입력된 원자료의 형태는 [그림 8-1]과 같다.

〈표 8-1〉 연구 대상 학생의 성별 구성(원자료)

<table>
<tr><th rowspan="2">구분</th><th colspan="2" rowspan="2">전체</th><th colspan="2" rowspan="2">일반학생</th><th colspan="10">장애학생</th></tr>
<tr><th colspan="2">소계</th><th colspan="2">시각</th><th colspan="2">청각</th><th colspan="2">지체</th><th colspan="2">학습장애</th></tr>
<tr><td>계</td><td colspan="2">684</td><td colspan="2">520</td><td colspan="2">164</td><td colspan="2">41*</td><td colspan="2">59**</td><td colspan="2">43</td><td colspan="2">21</td></tr>
<tr><td rowspan="2">성별</td><td>남</td><td>여</td><td>남</td><td>여</td><td>남</td><td>여</td><td>남</td><td>여</td><td>남</td><td>여</td><td>남</td><td>여</td><td>남</td><td>여</td></tr>
<tr><td>366</td><td>318</td><td>271</td><td>249</td><td>95</td><td>69</td><td>23</td><td>18</td><td>36</td><td>23</td><td>24</td><td>19</td><td>12</td><td>9</td></tr>
<tr><td>배치</td><td colspan="2">-</td><td colspan="2">일반학급</td><td colspan="2">-</td><td colspan="6">특수학교</td><td colspan="2">특수학급</td></tr>
</table>

* 맹 29, 약시 12　** 농 41, 난청 18

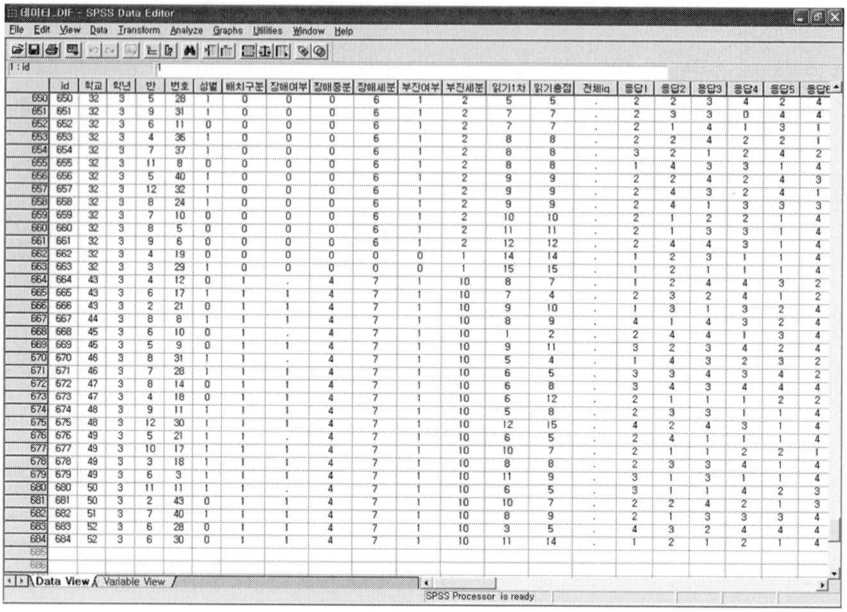

[그림 8-1] 입력된 원자료

2) 차별문항기능 분석 방법: 문항별 정답률에 의한 델타-플롯 방법의 적용

(1) 분석용 자료의 구성: 결합표집

여기서 연구의 목적은 일반학생과 장애학생이 각각 얻은 점수를 같은 의미를 가진 것으로 해석하고 비교할 수 있는지 여부를 점검하기 위하여 차별문항기능의 존재 여부를 비교하는 데 있기 때문에, 원자료를 그대로 분석에 사용하는 것이 아니라, 학업성취도를 기준으로 능력이 동일하다고 여겨지는 집단으로 구성하여 비교분석하여야 한다는 점에 유의해야 한다. 이를 위하여 전체 점수구간을 3~5개 정도로 나누어 분석하는 것이 바람직하지만, 우리나라에서는 '차별문항기능 분석을 위하여 집단을 구성할 때 각 칸에 최소 10~20개의 관찰된 정답 수가 있어야 하고 기대빈도는 최소한 5 이상은 되어야 한다'는 Scheuneman(1979)의 기준에 부합하는 데이터를 수집하기가 현실적으로 불가능하다. 따라서 그 대안으로 점수구간을 세분하지 않는 대신, 각 유형별 장애학생의 검사 자료를 최대한 활용하여 일반학생과 비교분석할 수 있도록 각 장애학생과 성별 및 총점이 일치하는 일반학생을 결합표집(matched sample)하는 방법을 적용할 수 있다.

여기서는 청각장애 학생 집단과 일반학생 집단을 결합표집하는 방법을 예로 들어 설명한다. 시각장애 학생 집단과 일반학생 집단, 지체장애 학생 집단과 일반학생 집단, 그리고 학습장애 학생 집단과 일반학생(저성취) 집단을 결합표집하는 절차도 동일한 방법으로 진행하면 된다.

본격적인 결합표집 작업에 앞서서 성별 및 장애유형별 점수분포를 파악해 두는 것이 좋다. 이를 위해 [그림 8-2]와 같이 사례 선택 메뉴를 활용하여 청각장애 학생 원자료만을 선택하고, [그림 8-3]과 같이 빈도분석 결과 데이터가 성별에 따라 분리되어 산출되도록 지정하고, [그림 8-4]와 같이 빈도분석을 실시하여 [그림 8-5]와 같은 결과를 얻고, 일반학생 집단에 대해서도 같은 방식

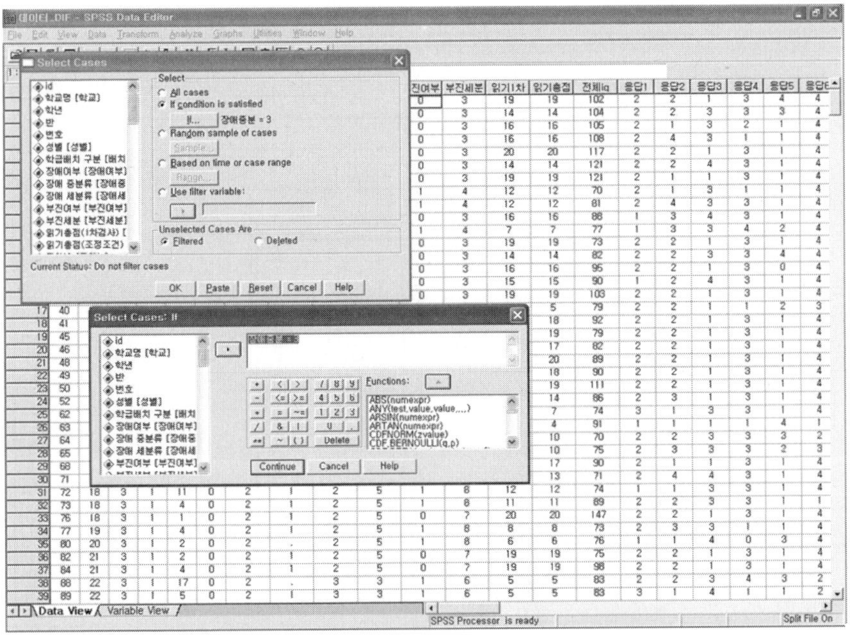

[그림 8-2] 청각장애 학생 원자료만 선택

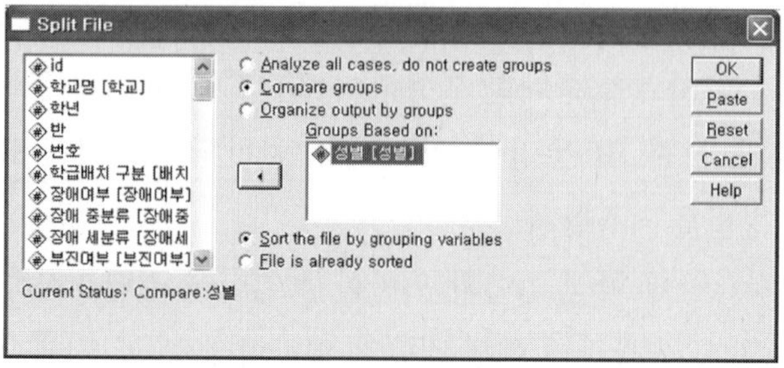

[그림 8-3] 빈도분석 결과의 성별 분리 생성

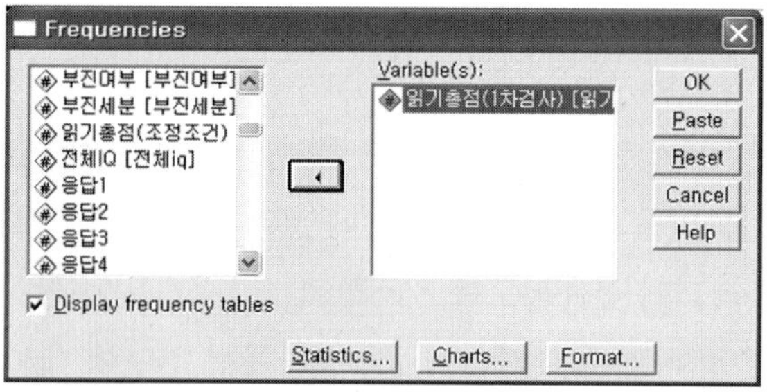

[그림 8-4] 읽기 총점(1차 검사)의 빈도분석

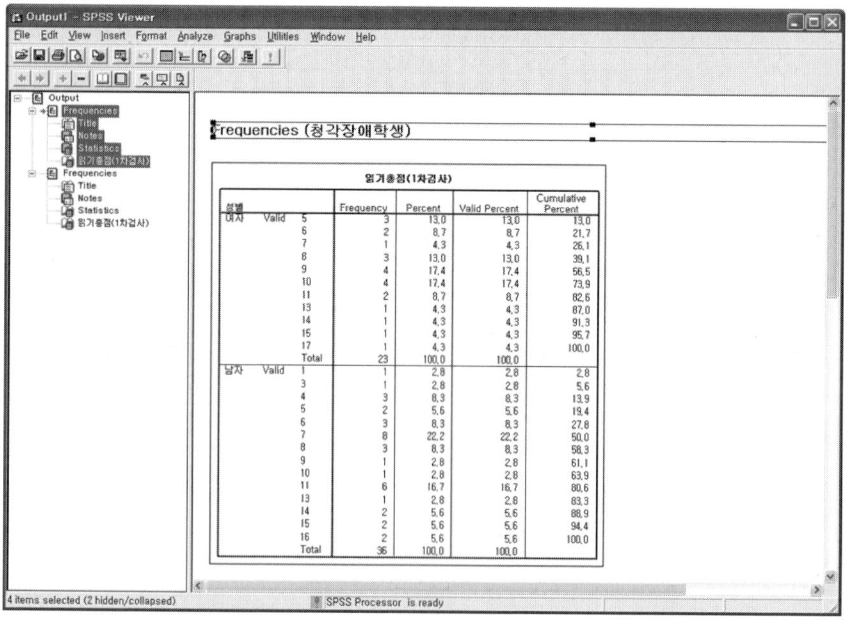

읽기총점(1차검사)

성별			Frequency	Percent	Valid Percent	Cumulative Percent
여자	Valid	5	3	13,0	13,0	13,0
		6	2	8,7	8,7	21,7
		7	1	4,3	4,3	26,1
		8	3	13,0	13,0	39,1
		9	4	17,4	17,4	56,5
		10	4	17,4	17,4	73,9
		11	2	8,7	8,7	82,6
		13	1	4,3	4,3	87,0
		14	1	4,3	4,3	91,3
		15	1	4,3	4,3	95,7
		17	1	4,3	4,3	100,0
		Total	23	100,0	100,0	
남자	Valid	1	1	2,8	2,8	2,8
		3	1	2,8	2,8	5,6
		4	3	8,3	8,3	13,9
		5	2	5,6	5,6	19,4
		6	3	8,3	8,3	27,8
		7	8	22,2	22,2	50,0
		8	3	8,3	8,3	58,3
		9	1	2,8	2,8	61,1
		10	1	2,8	2,8	63,9
		11	6	16,7	16,7	80,6
		13	1	2,8	2,8	83,3
		14	2	5,6	5,6	88,9
		15	2	5,6	5,6	94,4
		16	2	5,6	5,6	100,0
		Total	36	100,0	100,0	

[그림 8-5] 청각장애 학생 원자료의 읽기 총점(1차 검사) 빈도분석 결과

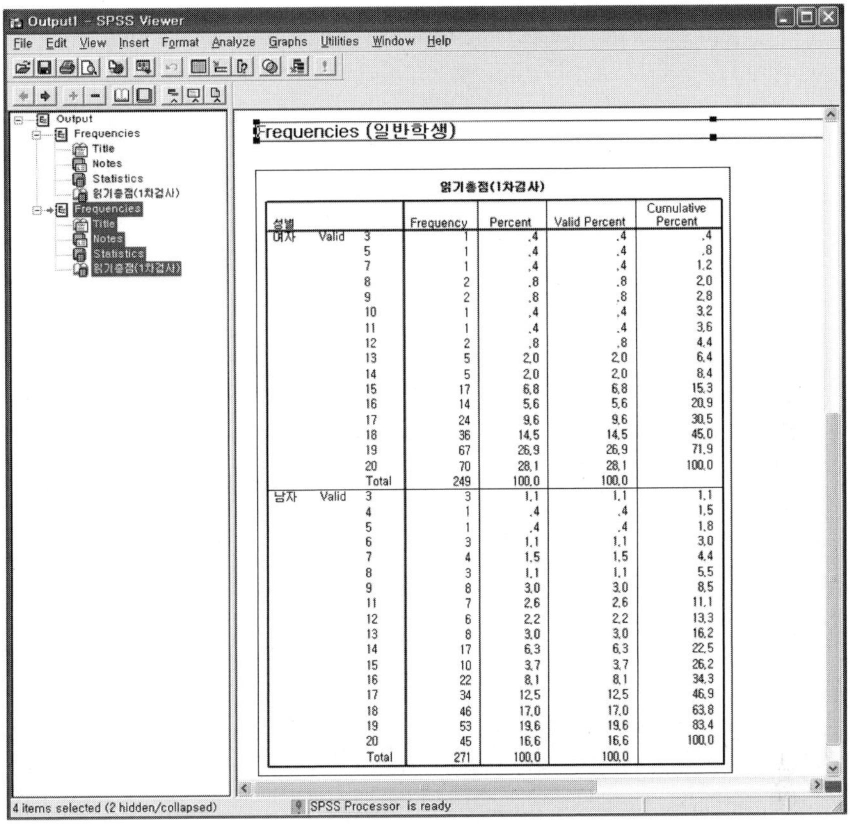

읽기총점(1차검사)

성별			Frequency	Percent	Valid Percent	Cumulative Percent
여자	Valid	3	1	.4	.4	.4
		5	1	.4	.4	.8
		7	1	.4	.4	1.2
		8	2	.8	.8	2.0
		9	2	.8	.8	2.8
		10	1	.4	.4	3.2
		11	1	.4	.4	3.6
		12	2	.8	.8	4.4
		13	5	2.0	2.0	6.4
		14	5	2.0	2.0	8.4
		15	17	6.8	6.8	15.3
		16	14	5.6	5.6	20.9
		17	24	9.6	9.6	30.5
		18	36	14.5	14.5	45.0
		19	67	26.9	26.9	71.9
		20	70	28.1	28.1	100.0
		Total	249	100.0	100.0	
남자	Valid	3	3	1.1	1.1	1.1
		4	1	.4	.4	1.5
		5	1	.4	.4	1.8
		6	3	1.1	1.1	3.0
		7	4	1.5	1.5	4.4
		8	3	1.1	1.1	5.5
		9	8	3.0	3.0	8.5
		11	7	2.6	2.6	11.1
		12	6	2.2	2.2	13.3
		13	8	3.0	3.0	16.2
		14	17	6.3	6.3	22.5
		15	10	3.7	3.7	26.2
		16	22	8.1	8.1	34.3
		17	34	12.5	12.5	46.9
		18	46	17.0	17.0	63.8
		19	53	19.6	19.6	83.4
		20	45	16.6	16.6	100.0
		Total	271	100.0	100.0	

[그림 8-6] 일반학생 원자료의 읽기 총점(1차 검사) 빈도분석 결과

으로 빈도분석을 실시하여 [그림 8-6]과 같은 결과를 얻고 이를 결합표집에 참고한다.

본격적인 결합표집 절차는 여기부터다. SPSS 데이터 편집기에서 직접 수행할 수도 있겠지만, 마이크로소프트 Excel과 같은 스프레드시트 프로그램을 이용하는 것이 훨씬 간편하다. 그러므로 SPSS 데이터 파일을 Excel 형식으로 변환하여 매칭 작업을 수행하는 것이 좋다. SPSS 데이터 파일이 열린 상태에서 [그림 8-7]과 같이 〈다른 이름으로 저장하기〉를 선택하고, 파일 형식에서 Excel 형식을 선택한 뒤, 파일 이름과 저장 위치를 결정해 〈저장〉 버튼을 누르면 Excel 파일 형식으로 변환된다.

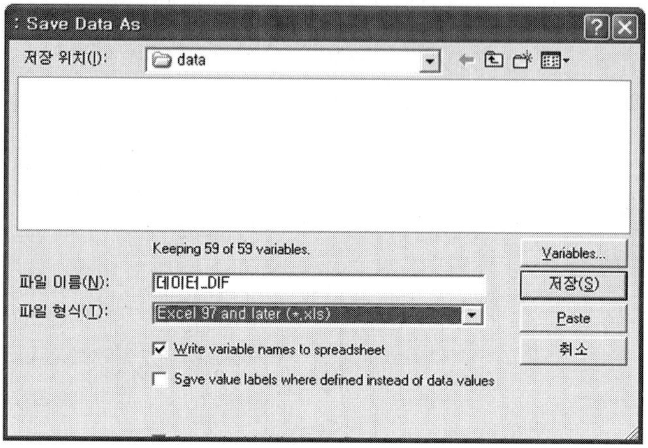

[그림 8-7] SPSS 원자료 파일을 Excel 형식의 파일로 변환

변환된 Excel 형식의 원자료 파일을 열어 [그림 8-8]과 같이 매칭 작업에 주로 쓰일 장애 중분류, 성별, 읽기 1차 점수변인을 잘라 내었다가 붙이는 방식

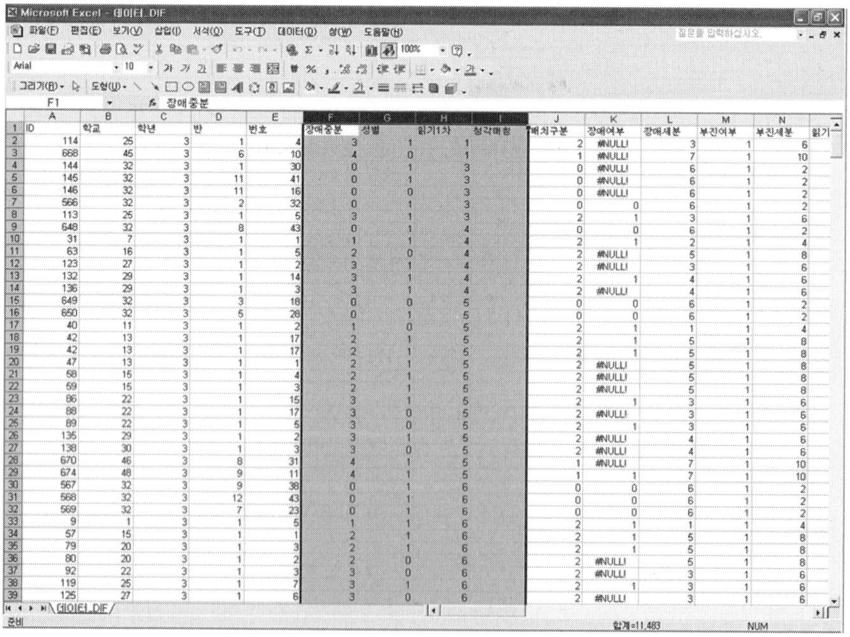

[그림 8-8] 매칭 작업의 준비

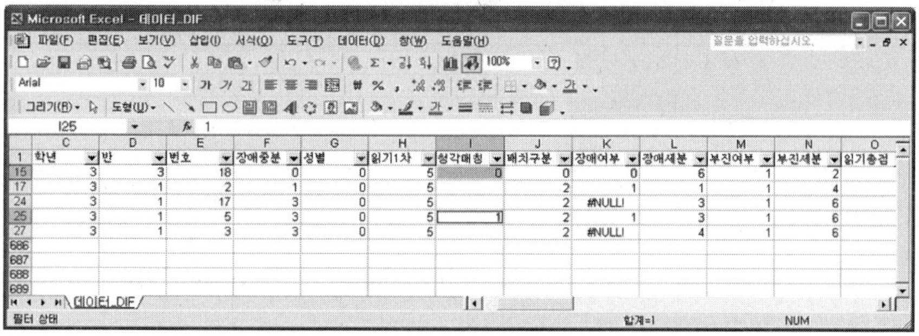

[그림 8-9] 필터링 기능을 활용한 매칭 작업

으로 인접시켜 편집하고, 새로운 칼럼을 생성하여 '청각 매칭'과 같이 변수명을 지정해 두어 매칭 작업의 결과를 정리할 수 있게 준비한다.

그런 다음, [그림 8-9]와 같이 자동필터 기능을 활용하여 매칭 작업을 한다. 예를 들어 청각장애 여학생 중에 읽기점수(1차)가 5점인 피험자가 3명이고 일반 여학생 중에는 1명밖에 없는 경우, 적은 쪽인 일반 여학생 1명을 많은 쪽인 청각장애 여학생 중에서 무선적으로 선택된 1명과 짝을 지어 표집하는 것이다. 다른 예로, 14점을 얻은 청각장애 남학생이 2명이고, 일반 남학생이 17명이라면, 적은 쪽인 청각장애 남학생 2명을 많은 쪽인 일반 남학생 중에 무선적으로 선택된 2명과 짝을 지어 표집하는 것이다. 이때 짝지어 선택된 장애학생에게는 1, 일반학생에게는 0과 같이 구분해 두는 것이 좋다. 만약, 이와 같은 방식으로 계속 짝을 지어 표집하다가, 예를 들어, 청각장애 남학생 집단에는 1점을 얻은 피험자가 존재하지만, 일반 남학생 집단에는 1명도 존재하지 않는 경우와 같이, 특정 점수를 얻은 피험자가 어느 한쪽에라도 존재하지 않아 짝을 지을 수 없는 경우에는 양쪽 집단 모두에서 분석 대상에 포함시키지 않는다. 이와 같이 특정 점수를 얻은 피험자의 수가 양쪽 집단에 차이가 있거나 또는 어느 한쪽 집단에 존재하지 않을 수 있기 때문에, 〈표 8-2〉에 제시한 결합표집된 분석 대상 학생의 수가 〈표 8-1〉에 제시한 원자료에서보다 각 장애 유형별로 작아질 수밖에 없다는 점을 이해할 수 있을 것이다.

〈표 8-2〉 결합표집된 분석 대상 학생의 구성(분석자료)

<table>
<tr><th rowspan="2">구분</th><th rowspan="2" colspan="2">전체</th><th rowspan="2" colspan="2">일반학생</th><th colspan="10">장애학생</th></tr>
<tr><th colspan="2">소계</th><th colspan="2">시각</th><th colspan="2">청각</th><th colspan="2">지체</th><th colspan="2">학습장애</th></tr>
<tr><td>계</td><td colspan="2">229</td><td colspan="2">98</td><td colspan="2">131</td><td colspan="2">40</td><td colspan="2">39</td><td colspan="2">36</td><td colspan="2">16</td></tr>
<tr><td rowspan="2">성별</td><td>남</td><td>여</td><td>남</td><td>여</td><td>남</td><td>여</td><td>남</td><td>여</td><td>남</td><td>여</td><td>남</td><td>여</td><td>남</td><td>여</td></tr>
<tr><td>138</td><td>91</td><td>60</td><td>38</td><td>78</td><td>53</td><td>22</td><td>18</td><td>27</td><td>12</td><td>20</td><td>16</td><td>9</td><td>7</td></tr>
<tr><td>배치</td><td colspan="2">-</td><td colspan="2">일반학급</td><td colspan="2">-</td><td colspan="6">특수학교</td><td colspan="2">특수학급</td></tr>
</table>

이러한 방식으로 시각장애, 지체장애, 학습장애 집단에 대한 결합표집 작업을 완료한 집단별 최종 분석 대상 학생의 구성은 〈표 8-2〉와 같다.

여기서 일반학생이 장애학생과 전체 장애학생 수와 동일한 총 131명이 아닌 98명만 표집된 것은 각 장애 유형과 결합표집 시 33명의 일반학생이 중복 표집되었기 때문이다. 그리고 일반학생의 경우 각 유형별 장애학생과 검사 총점 및 성별이 같도록 1:1로 결합표집하였으므로 당연히 평균과 표준편차가 각 유형별 장애학생과 동일하다는 점에 유의하여야 한다. 즉, 시각장애 학생과 결합표집된 일반학생의 평균/표준편차는 시각장애 학생의 그것과 같고, 청각장애, 지체장애, 학습장애 학생과 결합표집된 일반학생의 평균/표준편차도 결합 쌍이 된 각 장애유형 집단의 그것과 동일하다. 예컨대, 시각장애 학생 40명의 요인구조 비교 대상은 〈표 8-2〉에 제시된 전체 일반학생 98명이 아니라, 시각장애 학생 40명과 각각 총점과 성별이 동일하게 짝지어 구성된 일반학생 40명 집단이기 때문이다.

(2) 문항별 정답률의 산출

[그림 8-10]은 문항별 정답률 분석 결과를 청각장애-일반학생 매칭 집단 간 비교할 수 있도록 산출 형태를 지정하기 위한 절차다.

[그림 8-11]은 각 문항별 정답률을 분석하기 위하여 기술통계-빈도분석을 실시하는 절차 중에서 전체 20문항에 대한 채점 결과(점수)를 분석 대상 변인

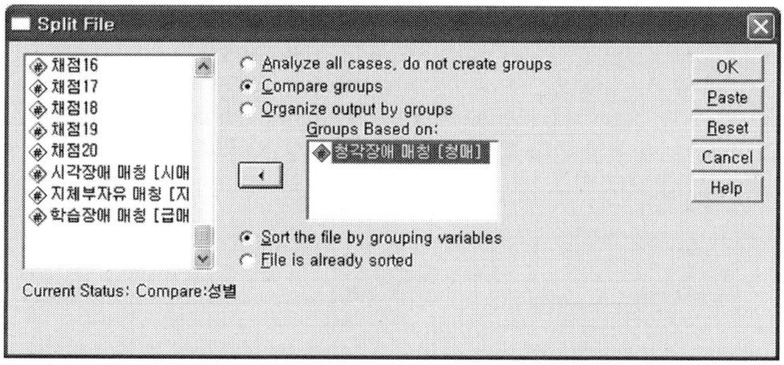

[그림 8-10] 문항별 정답률 분석 결과의 매칭 집단 간 비교 산출 지정

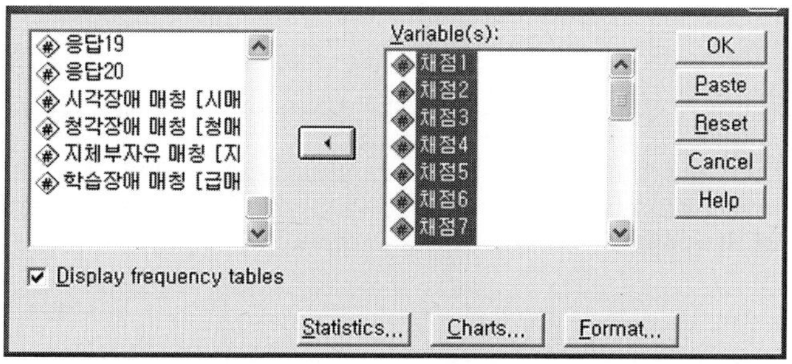

[그림 8-11] 문항별 정답률 분석을 위한 변인의 지정

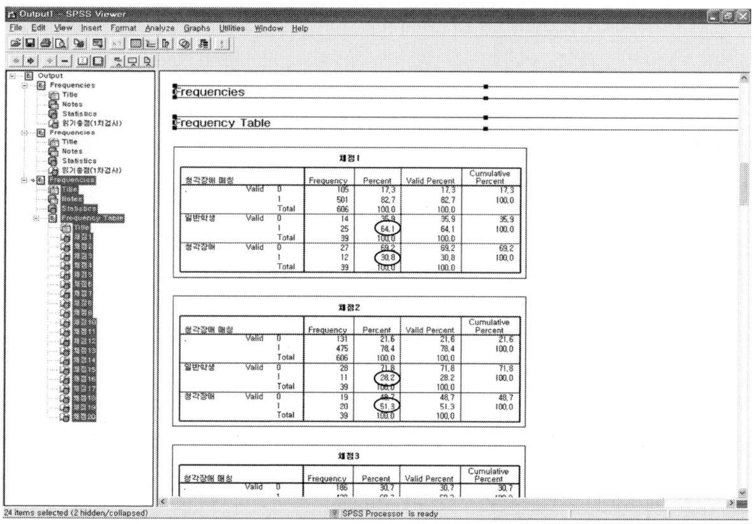

[그림 8-12] 청각장애-일반학생 매칭 집단 간 문항별 정답률 분석 결과

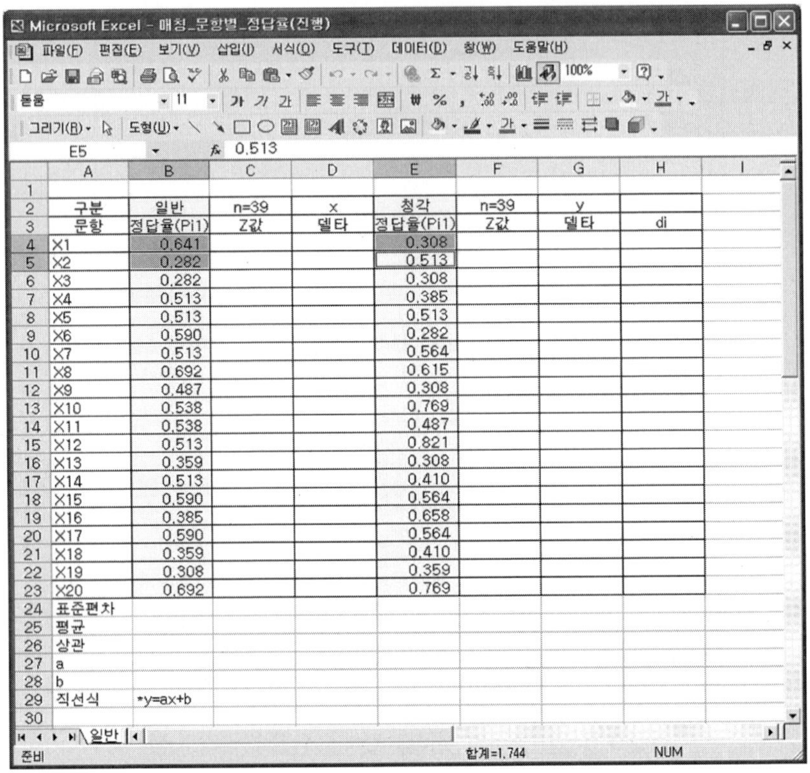

	A	B	C	D	E	F	G	H
1								
2	구분	일반	n=39	x	청각	n=39	y	
3	문항	정답률(Pi1)	Z값	델타	정답률(Pi1)	Z값	델타	di
4	X1	0.641			0.308			
5	X2	0.282			0.513			
6	X3	0.282			0.308			
7	X4	0.513			0.385			
8	X5	0.513			0.513			
9	X6	0.590			0.282			
10	X7	0.513			0.564			
11	X8	0.692			0.615			
12	X9	0.487			0.308			
13	X10	0.538			0.769			
14	X11	0.538			0.487			
15	X12	0.513			0.821			
16	X13	0.359			0.308			
17	X14	0.513			0.410			
18	X15	0.590			0.564			
19	X16	0.385			0.658			
20	X17	0.590			0.564			
21	X18	0.359			0.410			
22	X19	0.308			0.359			
23	X20	0.692			0.769			
24	표준편차							
25	평균							
26	상관							
27	a							
28	b							
29	직선식	*y=ax+b						
30								

[그림 8-13] 청각장애-일반학생 매칭 집단 간 문항별 정답률

으로 지정하는 모습이고, [그림 8-12]는 분석 결과다.

[그림 8-12]에서 얻어진 청각장애-일반학생 매칭 집단 간 문항별 정답률은 이후의 차별문항기능 분석을 위해 [그림 8-13]과 같이 Excel 파일 형식으로 옮겨 적는다.

(3) 델타값의 산출

Angoff와 Ford(1973)가 제안한 문항 정답률에 의한 델타-플롯 방법은 수식 (1)~수식 (3)에 의거하여 비교하는 두 집단의 문항별 정답률을 기초로 각각의 정답률에 해당하는 정규분포상의 Z값을 구하고, 이를 델타값으로 변환[4)]하

---

4) 정답률에 해당하는 Z값을 평균 13, 표준편차 4인 표준분포로 변환하는 것과 같다[수식 (1) 참조].

여 두 집단의 각 문항별 델타값을 순서쌍으로 한 산포도를 그린 다음, 단순회귀분석과 같은 논리로 좌표상의 각 점들로부터의 거리가 가장 최소가 되는 직선의 방정식(즉, 회귀직선)을 구하고, 각 점이 이 직선으로부터 얼마나 멀리 떨어져 있는지 각각의 거리(di)를 분석하여, 통계적으로 유의하게 멀리 떨어져 있는 경우(통상 d값이 1.5 이상인 경우)[5] 어느 한쪽에 편파적인 문항이라거나 각 집단 구성원에게 서로 다른 심리적 의미를 주는 문항, 즉 문항과 집단 간에 상호작용이 있는(편파적으로 작용하는) 문항으로 간주하고 그 특성을 심도 있게 분석할 필요가 있는 것으로 판단한다(김신영, 2001).

$$\text{델타값}(\Delta i) = 4Zi + 13 \quad \cdots\cdots (1)$$

* 여기서 Zi는 I번째 문항의 정답할 확률에 해당하는 정상분포곡선상에서의 Z점수 (normal deviate)을 가리킴

직선의 방정식 Y = aX + b에서

$$a = \frac{(s_y^2 - s_x^2) + \sqrt{(s_y^2 - s_x^2) + 4r_{xy}^2 s_x^2 s_y^2}}{2r_{xy} s_x s_y}, \ b = \bar{y} - a\bar{x} \quad \cdots\cdots (2)$$

$$d_i = \frac{ax_i - y_i + b}{\sqrt{a^2 + 1}} \quad \cdots\cdots (3)$$

* 여기서 x_i는 X집단의 i번째 문항의 델타값, s_x는 X집단의 델타값의 표준편차,
y_i는 Y집단의 i번째 문항의 델타값, s_y는 Y집단의 델타값의 표준편차,
r_{xy}는 두 집단 X와 Y의 델타값 간의 상관계수

① Z값의 계산

따라서 문항별 델타값을 계산하기 위해서는 먼저 각 문항별 정답률에 해당하는 정규분포곡선상의 Z값을 구해야 한다. 바꿔 말하자면, 각 문항별 정답률을 표준정규분포곡선에서 면적이라고 할 때, 그만큼의 면적이 되게 하는 Z값

5) 조부일의 논문(1992)에 따르면, 문용린(1986)은 회귀직선으로부터의 각 문항의 거리(di)를 표준점수화(z)하여 그 값이 1.96SD 밖에 있는 문항들을 유의하게 차별적인 문항으로 간주하였다. 여기서는 김신영(2001)의 판단기준에 따랐다.

을 계산하는 것이다. Excel 프로그램에서는 여러 가지 함수를 제공하고 있는데, [그림 8-13]과 같이, 청각장애-일반학생 매칭 집단 간 문항별 정답률을 이기한 상태에서, '삽입' 메뉴의 '함수'를 선택하여 함수 마법사를 실행시키면 [그림 8-14]와 같이 원하는 함수를 선택할 수 있게 된다. 여기서 구해야 하는 각 문항별 정답률에 해당하는 Z값은 평균이 0이고, 표준편차가 1인 표준정규누적분포의 역함수에 해당하므로, 이를 구할 수 있는 함수 〈NORMSINV (probability)〉를 선택한 뒤, [그림 8-15]와 같이 확률(probability)값으로 특정한 정답률(여기서 셀 B4는 일반학생 집단의 1번 문항에 대한 정답률임)을 지정한다. [그림 8-16]은 동일한 계산 과정을 자동 실행한 결과를 나타낸 것이다.

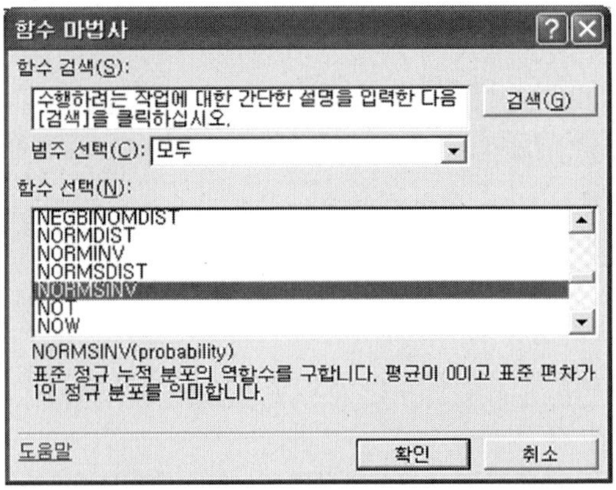

[그림 8-14] 문항별 정답률에 해당하는 Z값 계산을 위한 함수의 선택

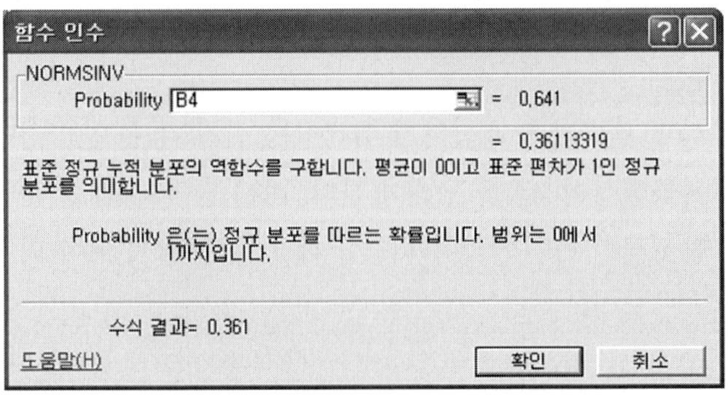

[그림 8-15] 함수 인수의 지정

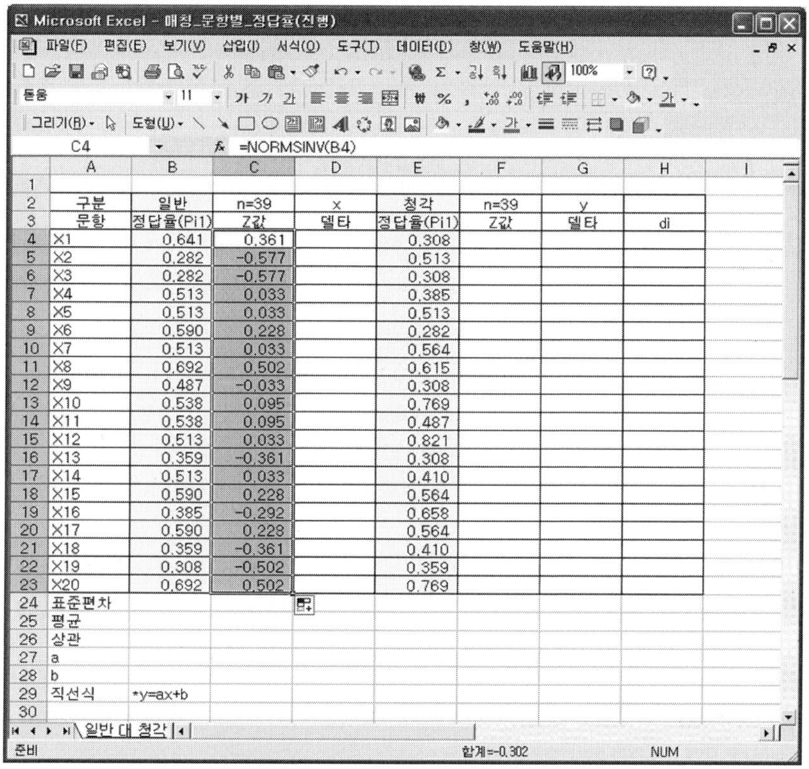

	A	B	C	D	E	F	G	H
2	구분	일반	n=39	x	청각	n=39	y	
3	문항	정답율(Pi1)	Z값	델타	정답율(Pi1)	Z값	델타	di
4	X1	0.641	0.361		0.308			
5	X2	0.282	-0.577		0.513			
6	X3	0.282	-0.577		0.308			
7	X4	0.513	0.033		0.385			
8	X5	0.513	0.033		0.513			
9	X6	0.590	0.228		0.282			
10	X7	0.513	0.033		0.564			
11	X8	0.692	0.502		0.615			
12	X9	0.487	-0.033		0.308			
13	X10	0.538	0.095		0.769			
14	X11	0.538	0.095		0.487			
15	X12	0.513	0.033		0.821			
16	X13	0.359	-0.361		0.308			
17	X14	0.513	0.033		0.410			
18	X15	0.590	0.228		0.564			
19	X16	0.385	-0.292		0.658			
20	X17	0.590	0.228		0.564			
21	X18	0.359	-0.361		0.410			
22	X19	0.308	-0.502		0.359			
23	X20	0.692	0.502		0.769			
24	표준편차							
25	평균							
26	상관							
27	a							
28	b							
29	직선식	*y=ax+b						

[그림 8-16] 일반학생 집단의 문항별 Z값 계산 결과

② 델타값의 계산

수식 (1)을 보면 알 수 있듯이, 델타값은 [그림 8-13]에서와 같이 산출된 문항별 정답률에 대한 Z값을 평균 13이고 표준편차가 4인 분포로 표준화하는 것과 같다. 따라서 [그림 8-17]과 같이 앞서 산출된 문항별 Z값에 4를 곱한 뒤 거기에 13을 더하는 함수식을 입력해 주면 된다. 그런 다음 나머지 문항들에 대해서는 자동계산을 실행시키면 된다.

청각장애 학생 집단에 대한 Z값과 델타값의 계산도 지금까지 설명한 일반학생 집단에서와 같은 방식으로 실행하면 된다. [그림 8-18]은 그 과정을 나타낸 것이다.

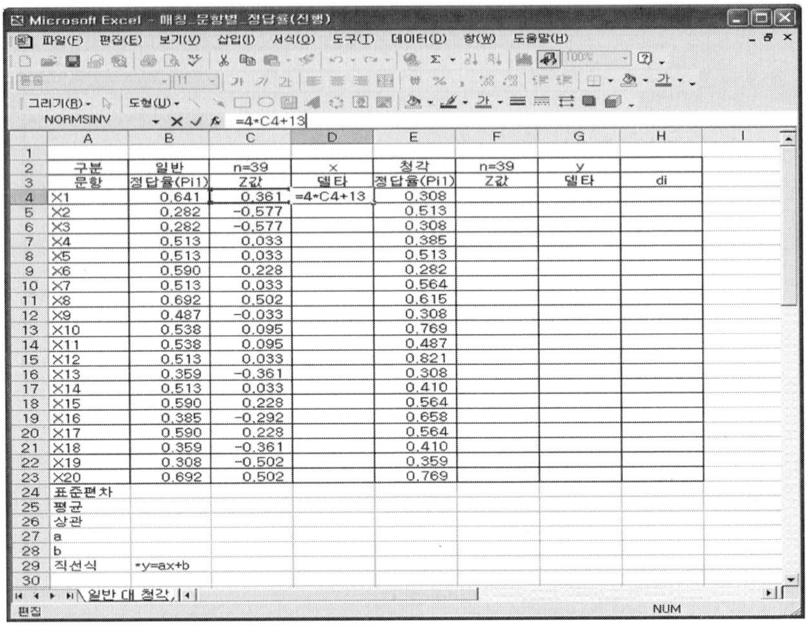

	A	B	C	D	E	F	G	H
1								
2	구분	일반	n=39	x	청각	n=39	y	
3	문항	정답율(Pi1)	Z값	델타	정답율(Pi1)	Z값	델타	di
4	X1	0.641	0.361	=4*C4+13	0.308			
5	X2	0.282	-0.577		0.513			
6	X3	0.282	-0.577		0.308			
7	X4	0.513	0.033		0.385			
8	X5	0.513	0.033		0.513			
9	X6	0.590	0.228		0.282			
10	X7	0.513	0.033		0.564			
11	X8	0.692	0.502		0.615			
12	X9	0.487	-0.033		0.308			
13	X10	0.538	0.095		0.769			
14	X11	0.538	0.095		0.487			
15	X12	0.513	0.033		0.821			
16	X13	0.359	-0.361		0.308			
17	X14	0.513	0.033		0.410			
18	X15	0.590	0.228		0.564			
19	X16	0.385	-0.292		0.658			
20	X17	0.590	0.228		0.564			
21	X18	0.359	-0.361		0.410			
22	X19	0.308	-0.502		0.359			
23	X20	0.692	0.502		0.769			
24	표준편차							
25	평균							
26	상관							
27	a							
28	b							
29	직선식	*y=ax+b						
30								

[그림 8-17] 일반학생 집단의 문항별 델타값의 계산

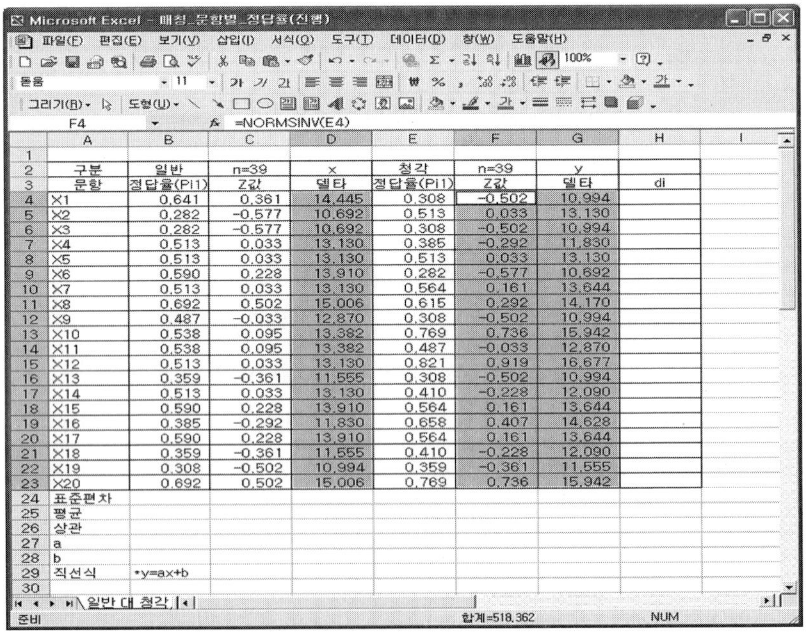

	A	B	C	D	E	F	G	H
1								
2	구분	일반	n=39	x	청각	n=39	y	
3	문항	정답율(Pi1)	Z값	델타	정답율(Pi1)	Z값	델타	di
4	X1	0.641	0.361	14.445	0.308	-0.502	10.994	
5	X2	0.282	-0.577	10.692	0.513	0.033	13.130	
6	X3	0.282	-0.577	10.692	0.308	-0.502	10.994	
7	X4	0.513	0.033	13.130	0.385	-0.292	11.830	
8	X5	0.513	0.033	13.130	0.513	0.033	13.130	
9	X6	0.590	0.228	13.910	0.282	-0.577	10.692	
10	X7	0.513	0.033	13.130	0.564	0.161	13.644	
11	X8	0.692	0.502	15.006	0.615	0.292	14.170	
12	X9	0.487	-0.033	12.870	0.308	-0.502	10.994	
13	X10	0.538	0.095	13.382	0.769	0.736	15.942	
14	X11	0.538	0.095	13.382	0.487	-0.033	12.870	
15	X12	0.513	0.033	13.130	0.821	0.919	16.677	
16	X13	0.359	-0.361	11.555	0.308	-0.502	10.994	
17	X14	0.513	0.033	13.130	0.410	-0.228	12.090	
18	X15	0.590	0.228	13.910	0.564	0.161	13.644	
19	X16	0.385	-0.292	11.830	0.658	0.407	14.628	
20	X17	0.590	0.228	13.910	0.564	0.161	13.644	
21	X18	0.359	-0.361	11.555	0.410	-0.228	12.090	
22	X19	0.308	-0.502	10.994	0.359	-0.361	11.555	
23	X20	0.692	0.502	15.006	0.769	0.736	15.942	
24	표준편차							
25	평균							
26	상관							
27	a							
28	b							
29	직선식	*y=ax+b						
30								

[그림 8-18] 청각장애 학생 집단에 대한 문항별 Z값과 델타값의 계산

(4) di값의 계산

di값은 앞의 수식 (3)에서 알 수 있듯이, 직선의 방정식 Y=aX+b에서 기울기 a와 절편값 b를 알아야 계산할 수 있다. 그리고 이 a, b값을 계산하기 위해서는 수식 (2)에서 알 수 있듯이, 두 집단의 문항별 델타값의 평균, 표준편차, 상관계수를 먼저 알아야 한다. [그림 8-19]는 Excel 프로그램이 제공하는 함수를 활용하여 이 값들을 계산한 결과를 보여 주는 것이다.

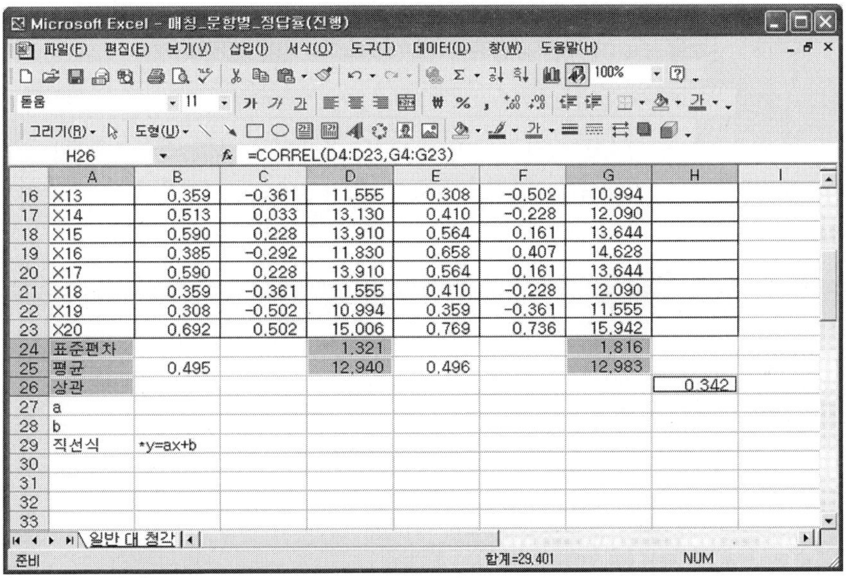

	A	B	C	D	E	F	G	H
16	X13	0.359	-0.361	11.555	0.308	-0.502	10.994	
17	X14	0.513	0.033	13.130	0.410	-0.228	12.090	
18	X15	0.590	0.228	13.910	0.564	0.161	13.644	
19	X16	0.385	-0.292	11.830	0.658	0.407	14.628	
20	X17	0.590	0.228	13.910	0.564	0.161	13.644	
21	X18	0.359	-0.361	11.555	0.410	-0.228	12.090	
22	X19	0.308	-0.502	10.994	0.359	-0.361	11.555	
23	X20	0.692	0.502	15.006	0.769	0.736	15.942	
24	표준편차			1.321			1.816	
25	평균	0.495		12.940	0.496		12.983	
26	상관							0.342
27	a							
28	b							
29	직선식	*y=ax+b						

[그림 8-19] 문항별 델타값의 평균, 표준편차, 상관계수의 계산

[그림 8-20]은 [그림 8-19]에서 얻어진 두 집단의 문항별 델타값의 평균, 표준편차, 상관계수를 수식 (2)에 대입하여 다음과 같이 직선의 방정식 Y=aX+b의 기울기 a와 절편값 b를 계산한 것이다.

a값 = ((G24^2-D24^2)+((G24^2-D24^2)+4*H26^2*D24^2*G24^2)^(1/2))/(2*H26*D24*G24)

b값 = G25-(H27*D25)

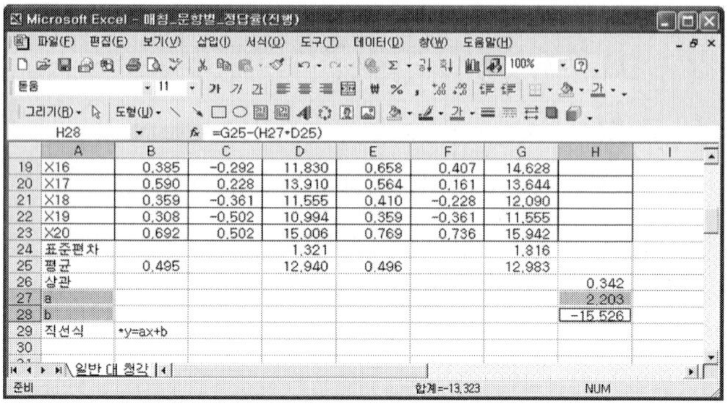

H28 =G25-(H27*D25)

	A	B	C	D	E	F	G	H
19	X16	0.385	-0.292	11.830	0.658	0.407	14.628	
20	X17	0.590	0.228	13.910	0.564	0.161	13.644	
21	X18	0.359	-0.361	11.555	0.410	-0.228	12.090	
22	X19	0.308	-0.502	10.994	0.359	-0.361	11.555	
23	X20	0.692	0.502	15.006	0.769	0.736	15.942	
24	표준편차			1.321			1.816	
25	평균	0.495		12.940	0.496		12.983	
26	상관							0.342
27	a							2.203
28	b							-15.526
29	직선식	*y=ax+b						

[그림 8-20] 직선의 방정식의 기울기(a)와 절편값(b)의 계산

[그림 8-21]은 수식 (3)에 의거하여, [그림 8-20]에서 구한 기울기(a)와 절편값(b)과 두 집단의 문항별 델타값을 활용하여 각 문항별 di값, 즉 직선의 방정

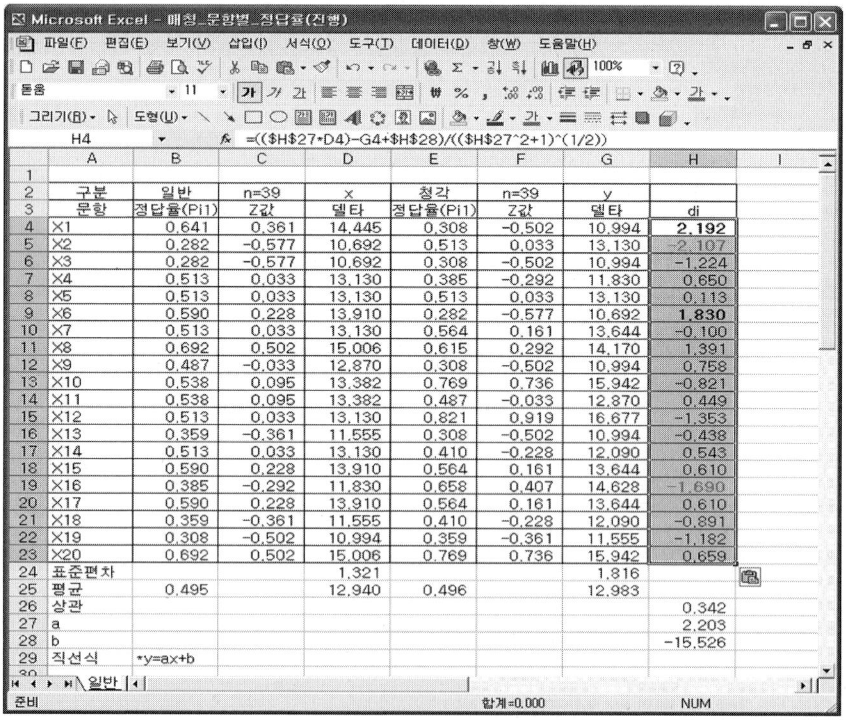

H4 =((H27*D4)-G4+H28)/((H27^2+1)^(1/2))

	A	B	C	D	E	F	G	H
2	구분	일반	n=39	x	청각	n=39	y	
3	문항	정답율(Pi1)	Z값	델타	정답율(Pi1)	Z값	델타	di
4	X1	0.641	0.361	14.445	0.308	-0.502	10.994	2.192
5	X2	0.282	-0.577	10.692	0.513	0.033	13.130	-2.107
6	X3	0.282	-0.577	10.692	0.308	-0.502	10.994	-1.224
7	X4	0.513	0.033	13.130	0.385	-0.292	11.830	0.650
8	X5	0.513	0.033	13.130	0.513	0.033	13.130	0.113
9	X6	0.590	0.228	13.910	0.282	-0.577	10.692	1.830
10	X7	0.513	0.033	13.130	0.564	0.161	13.644	-0.100
11	X8	0.692	0.502	15.006	0.615	0.292	14.170	1.391
12	X9	0.487	-0.033	12.870	0.308	-0.502	10.994	0.758
13	X10	0.538	0.095	13.382	0.769	0.736	15.942	-0.821
14	X11	0.538	0.095	13.382	0.487	-0.033	12.870	0.449
15	X12	0.513	0.033	13.130	0.821	0.919	16.677	-1.353
16	X13	0.359	-0.361	11.555	0.308	-0.502	10.994	-0.438
17	X14	0.513	0.033	13.130	0.410	-0.228	12.090	0.543
18	X15	0.590	0.228	13.910	0.564	0.161	13.644	0.610
19	X16	0.385	-0.292	11.830	0.658	0.407	14.628	-1.690
20	X17	0.590	0.228	13.910	0.564	0.161	13.644	0.610
21	X18	0.359	-0.361	11.555	0.410	-0.228	12.090	-0.891
22	X19	0.308	-0.502	10.994	0.359	-0.361	11.555	-1.182
23	X20	0.692	0.502	15.006	0.769	0.736	15.942	0.659
24	표준편차			1.321			1.816	
25	평균	0.495		12.940	0.496		12.983	
26	상관							0.342
27	a							2.203
28	b							-15.526
29	직선식	*y=ax+b						

[그림 8-21] di값의 계산

식으로부터 각 문항까지의 거리를 산출한 것이다.

(5) 델타-플롯의 작성

〈표 8-3〉은 지금까지 산출한 일반학생과 청각장애 학생의 문항별 정답률과 델타값, 두 집단의 문항별 델타값의 평균, 표준편차, 상관계수, 그리고 이를 토대로 구한 직선의 방정식 등을 종합적으로 정리한 것이다. [그림 8-22]는 앞서 제시한 [그림 8-17], [그림 8-18]에서 산출된 일반학생 집단(X)과 청각장애 학생 집단(Y)의 문항별 델타값을 순서쌍으로 좌표평면 위에 나타내고, 그 위에 [그림 8-20]에서 구한 직선의 방정식을 그려 넣은 것이다.

〈표 8-3〉 일반학생과 청각장애 학생의 문항별 정답률과 델타값

구분	일반학생 (n=39)			청각장애 학생 (n=39)			di
문항	정답률	Z값	델타	정답률	Z값	델타	
X1	0.641	0.361	14.445	0.308	−0.502	10.994	2.192
X2	0.282	−0.577	10.692	0.513	0.033	13.130	−2.107
X3	0.282	−0.577	10.692	0.308	−0.502	10.994	−1.224
X4	0.513	0.033	13.130	0.385	−0.292	11.831	0.650
X5	0.513	0.033	13.130	0.513	0.033	13.130	0.113
X6	0.590	0.228	13.910	0.282	−0.577	10.692	1.830
X7	0.513	0.033	13.130	0.564	0.161	13.644	−0.100
X8	0.692	0.502	15.006	0.615	0.292	14.169	1.391
X9	0.487	−0.033	12.870	0.308	−0.502	10.994	0.758
X10	0.538	0.095	13.382	0.769	0.736	15.942	−0.821
X11	0.538	0.095	13.382	0.487	−0.033	12.870	0.449
X12	0.513	0.033	13.130	0.821	0.919	16.677	−1.353
X13	0.359	−0.361	11.555	0.308	−0.502	10.994	−0.438
X14	0.513	0.033	13.130	0.410	−0.228	12.090	0.543
X15	0.590	0.228	13.910	0.564	0.161	13.644	0.610
X16	0.385	−0.292	11.831	0.658	0.407	14.628	−1.690
X17	0.590	0.228	13.910	0.564	0.161	13.644	0.610
X18	0.359	−0.361	11.555	0.410	−0.228	12.090	−0.891
X19	0.308	−0.502	10.994	0.359	−0.361	11.555	−1.182
X20	0.692	0.502	15.006	0.769	0.736	15.942	0.659
표준편차			1.321			1.816	1.180
평균	0.495		12.940	0.496		12.983	0.000
상관 .342, a=2.203, b=−15.526, *직선식 y=2.203x−15.526							

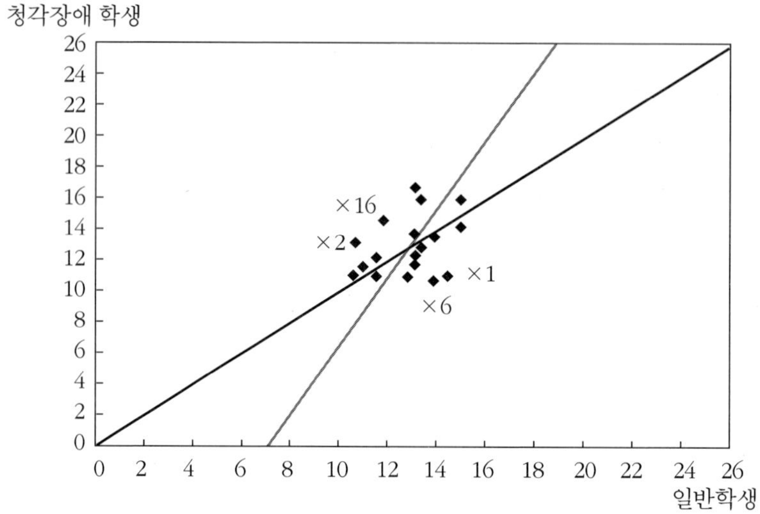

[그림 8-22] 일반학생과 청각장애 학생 집단의 델타값 분포

(6) 차별기능문항의 추출 및 결과의 해석

〈표 8-3〉과 [그림 8-22]를 보면 알 수 있듯이, 이 두 집단의 문항별 정답률에 기초한 델타-플롯은 직선식의 기울기가 2.203으로 기울기가 1보다 훨씬 크다. 이는 1차적으로 청각장애 학생 집단의 델타값의 변산(즉, 표준편차)이 일반학생에 비해 훨씬 크다는 사실과 관련되어 있다. 즉, 일반학생 집단에 비해 청각장애 학생 집단이 문항 난이도(곧, 정답률)에 따른 영향을 많이 받기 때문으로 해석할 수 있다. 즉, 청각장애 학생은 같은 능력의 일반학생들에 비해 쉬운 문항에 대한 정답률은 동등하지만, 어려운 문항에 대한 정답률은 훨씬 떨어지고 따라서 정답률의 변폭이 훨씬 크기 때문으로 해석할 수 있다.

한편, 대부분의 델타값이 13을 중심으로 몰려 있는 가운데, 2번과 16번 문항은 직선식으로부터 청각장애 학생 집단 쪽으로 유의하게 멀리 떨어져 있어 다른 문항들에 비해 청각장애 학생에게 유리하게 작용하는 경향이 있고, 반대로 1번과 6번 문항은 직선식으로부터 일반학생 집단 쪽으로 유의하게 멀리 떨어져 있어 다른 문항들에 비해 일반학생에게 유리하게 작용하는 경향이 있는 것으로 나타났다.

다시 말해, 결합표집을 하였기 때문에 이 두 집단의 검사 총점은 같지만, 문항수준에서는 2번과 16번 문항, 1번과 6번 문항이 집단에 따라 차별적으로 기능한다고 할 수 있다. 그러나 문항별 정답률에 기초한 델타-플롯 분석 결과만을 가지고, 청각장애 학생이 특별히 2, 16번 문항에서 높은 정답률을 보일 만한 문항 자체의 특성을 발견하기는 어렵다. 다만, 청각장애 학생에게 제공된 검사 조정 조건(예: 수화 설명)이 문항 자체의 특성과 함께 의도치 않게 정답률을 높이는 데 영향을 미쳤을 가능성을 고려할 수 있을 것이다.

이러한 차별문항기능의 원인과 관련하여 Veale와 Foreman(1976)의 차별문항기능 분석 방법은, 문항이 차별적 기능을 보이지 않는다면 두 집단 간에 문항에 대한 반응 경향이 동일할 것이라는 가정하에서, 각 집단의 문항에 대한 반응 경향을 분석한다. 만일 한 집단이 다른 집단에 비해 특정 오답지를 선호하여 반응이 그 오답지에 불균형하게 몰려 있다면 이는 그 문항이 집단 간에 차별적으로 기능한다는 것을 나타낸다고 보는 것이다. 다시 말해, 오답지에 대한 반응 패턴이 집단에 따라 차이가 나는 것은 그 문항이 차별적으로 기능하기 때문이라는 것이다. 물론, 차별적으로 기능하지 않는 문항에서도 오답지의 매력도가 서로 다른 양상을 나타낼 수 있다. 따라서 오답지 분석 절차는 정답반응의 분석과 연계될 때 가장 효과적으로 활용될 수 있다고 알려져 있다(김신영, 2001). 즉, 정답반응의 분석 결과와 함께 오답지 분석 결과를 면밀하게 분석한다면 차별문항기능의 잠재적 근원과 문항의 결점에 관한 유용한 정보를 제공받을 수 있다는 것이다.

3. 맺음말

이 장에서는 검사 표준화의 필요성과 장애학생에 대한 검사 조정의 필요성 간의 불가피한 모순관계에도 불구하고, 검사 조정을 어떻게 해야 타당한가에 대한 근본적인 질문에 답하기 위한 한 가지 시도를 소개하였다. 통합교육의 확대 추세와 더불어, 일반학생의 표준 조건에서의 검사 결과와 장애학생의 다양한 검사 조정 조건에서의 검사 결과 간의 비교가능성 문제가 중요한 연구과제로 대두되고 있는 가운데, 이 장에서는 학업성취도검사에서 장애학생에게 일반적으로 허용되는 검사 조정 조건이 일반학생에 대한 표준 조건에 비추어 타당하다고 할 수 있는지를 '비교가능성'이라는 관점에서 어떻게 확인할 것인지 살펴보았다. 여러 가지 '비교가능성' 검증방법의 장단점을 소개하였고, 그 중에서 우리나라 상황에서 쉽게 적용할 수 있는 차별문항기능 분석 방법인 델타-플롯 방법을 구체적으로 어떻게 적용할 것인지, 그리고 그 한계점은 무엇인지에 대하여 소개하였다.

그러나 이 장에서 살펴 본 문항별 정답률에 기초한 델타-플롯 방법이 나름의 장점에도 불구하고, 이 방법을 '타당한' 검사 조정 방법을 구안하기 위하여 적용하는 데 있어서 유념해야 할 점들도 많이 있다(최종근, 2005).

첫째, 차별문항기능에 관한 분석은 본래 특정 하위 집단에게 특별히 유리하거나 불리하게 작용하는 문항이 있는지를 확인하여 그 원인을 탐색하고 수정 또는 제거함으로써 검사 전체의 공평성과 신뢰도를 향상시키려는 노력의 일환으로 검사 개발 과정에서 주로 이루어진다. 검사가 이미 개발된 뒤에 사후적으로라도 이와 관련한 분석이 이루어진다면, 그 검사 결과의 해석과 관련하여 검사 사용자들에게 시사해 주는 점을 발견할 수 있기는 하겠지만, 추후에 장애학생을 대상으로 하거나 장애학생도 참여하게 되는 검사를 개발할 때는 개발 단계에서부터 예비 문항에 대한 문항분석에 신뢰도나 정답률(난이도) 분석은 물론 차별문항기능에 대한 분석도 함께 이루어지는 것이 바람직할 것이다. 그리고 가능하다면 이러한 차별문항기능 분석이 처음부터 그 원인을 밝혀 낼 수 있는 연구 설계를 포함하여 이루어지는 것이 좋을 것이다.

둘째, 차별문항기능을 어떻게 해석하고, 확인된 차별기능문항을 어떻게 처리해야 하며, 그 원인을 규명할 수 있는가 하는 문제다. 무엇보다도 차별문항기능을 측정하기 위한 통계적 방법들은 내적 준거를 사용하여 검사에 포함된 다른 문항들의 전반적인 기능 양상과 다르게 기능하는 문항들을 확인해 그들 문항에 관한 정보를 제공해 줄 수 있을 뿐이다. 따라서 차별적으로 기능하는 문항은 다른 문항들과 비교해 '이질적인 문항'을 나타내는 개념이지 반드시

'나쁜 문항'을 의미하는 것은 아니다. 또한, 문항 편파성과 검사 편파성은 구별되어야 한다. 즉, 통계적인 분석방법을 통해 차별적으로 기능하는 문항으로 확인된 문항 몇 개를 제거한다고 해서 그 검사가 편파적이지 않다고 볼 수는 없기 때문이다.

셋째, 차별문항기능의 원인으로는 질문 내용, 질문 형식, 오답 매력도, 시각자료의 포함 여부 등과 같은 검사 문항 자체의 특성과 인지능력 수준, 문화적 배경, 흥미 등의 피험자 집단 특성 등 매우 다양한 원천을 고려할 수 있다. 차별문항기능의 원인과 효과에 관한 연구가 아직 미숙한 단계여서 많은 연구자들이 그 원인을 이해하고 문제를 해결하는 데 어려움을 겪고 있지만, 여러 분야의 연구자들이 협력해 피험자의 문제해결 과정을 밝혀낼 수 있다면 큰 성과를 얻을 수 있을 것이다(김신영, 2001). 특히, 장애학생을 고려하여 검사 조정이 이루어지는 평가 상황에서 문항특성(난이도)과 검사 조정 방법(또는 장애특성) 간의 상호작용 가능성을 고려하여, 이에 관한 면밀한 실험 연구가 이루어진다면 편파 문항의 원인을 보다 정확히 파악할 수 있게 될 것이다.

〈읽을 자료, 논문, 웹사이트 추천〉

- 국립특수교육원(KNISE) - http://www.knise.kr/html
- 미국 국립 교육성과 연구센터(NCEO) - http://cehd.umn.edu/NCEO
- 미국 교육평가센터(ETS) - http://www.ets.org
- 미국 칼리지보드(CollegeBoard) - http://www.collegeboard.com

✎ 참고문헌

김동일(1995). 특수아를 위한 교육 및 심리검사 절차와 운영의 조정: 검사의 비교가능성을 중심으로. 특수교육논총, 12, 1-17.

김신영(2001). 차별적 문항기능의 추출방법. 서울: 교육과학사.

김은주, 김동일, 박경숙, 최종근(2003). 장애학생의 국가수준 학업성취도 평가 참여방안 연구. 안산: 국립특수교육원.

문용린(1986). 문항곤란도 변환법에 의한 도덕성 검사의 남녀간 편견오차 연구. 한국교육학회 86년도 하계 학술연구 발표 논문.

박효정, 이재분, 현 주(2001). 중학교 기초 · 기본 학습 부진학생 판별도구 개발 연구. 한국교육개발원 수탁연구 CR 2001-13.

조부일(1992). 대입학력고사의 문항편파성 연구: 대입모의학력고사를 중심으로. 교육평가연구, 5(2), 61-91.

최종근(2005). 장애학생을 위한 학업성취도검사 조정의 타당성 연구-시각장애, 청각장애, 지체장애, 학습장애 학생과 일반 학생의 검사 비교가능성을 중심으로. 서울대학교 대학원 박사학위 청구논문.

Angoff, W. H., & Ford, S. F. (1973). Item-race interaction on a test of scholastic aptitude. *Journal of Educational Measurement, 10,* 95-105.

Baker, F. B. (1991). 문항반응이론 입문(성태제 편역). 서울: 양서원. (원전은 1985년에 출판).

Holland, P. W., & Thayer, D. T. (1988). Differential item performance and the Mantel-Haenszel procedure. In H. Wainer & H. I. Braun (Eds.), *Test Validity* (pp. 129-145). Hillsdale, NJ: Erlbacom.

Hulin, C. L., Lissak, R. I., Drasgow, F. (1982). Recovery of two- and three-parameter logistic item characteristic curves: A monte carlo study. *Applied Psychological Measurement, 6*, 249-260.

Linacre, J. M., & Wright, B. D. (1987). *Mantel-haenszel and the Rasch model.* New York: Finnisch Association of Mathematics and Science Education Research. (Eric Document Reproduction Service No. ED 281 859).

Phillips, S. E. (1993). Testing accommodations for disabled students. *Education Law Reporter, 80*, 9-32.

Phillips, S. E. (1994). High-stakes testing accommodations: Validity versus disabled rights. *Applied Measurement in Education, 7*(2), 93-120.

Phillips, S. E. (1996). Legal defensibility of standards: issues and policy perspectives. *Educational Measurement: Issues and Practice, 15*(2), 5-19.

Pitoniak, M. J., & Royer, J. M. (2001). Testing accommodations for examinees with disabilities: a review of psychometric, legal, and social policy issues. *Review of Educational Research, 71*(1), 53-104.

Raju, N. S., Bode, R. K., & Larsen, V. S. (1988). An empirical comparison of the Mantel-Haenszel technique with the delta and modified-delta methods. Paper presented at the AERA Annual Meeting, New Orleans.

Salvia, J., & Ysseldyke, J. E. (1995, 1998, 2001). *Assessment* (6th, 7th, 8th ed.). Boston: Houghton Mifflin.

Scheuneman, J. D. (1979). A new method for assessing bias in the test items. *Journal of Educational Measurement, 16,* 143-152.

Thurlow, M., & Bolt, S. (2001). *Empirical support for accommodations most often allowed in state policy* (NCEO Synthesis Report 41). Minneapolis, MN: University of Minnesota, National Center on Educational Outcomes.

Thurlow, M., Hurley, C., Spicuzza, R., & El Sawaf, H. (1996). *A review of the literature on testing accommodations for students with disabilities* (Minnesota Report No. 9). Minneapolis, MN: University of Minnesota, National Center on Educational Outcomes.

Tindal, G., Heath, B., Hollenbeck, K., Almond, P., & Harniss, M. (1998). Accommodating students with disabilities on large-scale tests: An experimental study. *Exceptional Children, 64*(4), 439-450.

Veale, J. R., & Foreman, D. I. (1976). *Cultural variation in criterion-referenced tests: Global item analysis.* Paper presented at the annual meeting of the AERA, San Francisco.

Venn, J. J. (2000, 2004). *Assessing students with special needs.* N. J.: Prentice-Hall, Inc.

Willingham, W. W., Ragosta, M., Bennett, R. E., Braun, H., Rock, D. A., & Powers, D. E. (1988). *Testing handicapped people.* Boston, MA: Allyn and Bacon, Inc.

제9장
학습장애 진단을 위한 불일치 모형의 효율성 비교
ROC 곡선 분석

학습장애를 어떻게 효과적으로 진단할 것인가는 학습장애 연구가 시작된 이래로 가장 중요한 논쟁점 중 하나다. 이런 논쟁 중 가장 핵심적인 주제 중 하나가 바로 불일치 요소다. 불일치 요소는 다른 정의상의 요소들과 비교할 때 수리적인 명확성을 제공해 준다는 측면 때문에 더욱 중요하게 다루어졌다. 불일치 모형은 다양하게 발전되어 왔는데 이 중에 표준점수 비교모형과 회귀 불일치 모형은 학습장애 연구 분야가 중재반응모형을 중심으로 넘어가고 있음에도 불구하고 여전히 논쟁적인 모형이며 중재반응모형이 확실한 측정학적 방법론을 국내 여건에 맞게 제시하기 전까지는 여전히 학습장애 진단의 핵심모형으로 논의될 것이다.

그런데 학습장애 영역에서 불일치 모형의 핵심적인 가치는 궁극적으로 학습장애를 효과적으로 진단하고 분류하며 예측하는 데 있다. 이런 학습장애 진단, 분류, 예측에 있어 ROC 곡선 분석은 매우 효과적인 방법론이다. ROC 곡선 분석은 민감도(sensitivity)와 특이도(specificity)라는 기준을 활용하여, 진단과 증후에 대한 의사결정을 위해 적용되는 분류 및 예견 모형을 평가하기 위해서 사용되어 왔다. 결국 ROC 곡선 분석을 통해 우리는 학습장애 유무를 판별하는 모형의 정확성 혹은 학습장애의 출현율을 조사하는 모형의 정확성을 파악할 수 있다.

이 책에서는 학습장애의 진단 및 분류에 있어서 불일치 모형이 가지고 있는 내용적 가치와 ROC 곡선 분석이 가지고 있는 방법적 가치를 함께 제시하고자 한다.

학습장애 영역의 다양한 논쟁점 중에 가장 우선적으로 고려되는 사항은 학습장애 진단을 위한 불일치 요소다(Swanson, 2000). 불일치(discrepancy) 요소는 개인 내 차로 인해 발생하는 발달적 불균형을 심리교육적 기능상의 불일치로 명명한 것으로(Kavale, 2002), 학습장애가 정신지체와는 달리 보통의 지적 능력을 가지고 있음에도 불구하고 특정 교과 학습에서 현저한 어려움을 경험하는 장애라는 생각을 반영한다(신종호, 2002). 불일치 요소는 특히 학습장애와 저성취를 구별하는 개념요인으로 학습장애 전문가들의 많은 관심을 끌었다(김동일, 2005). 불일치 요소는 이질성(heterogeneity), 배제요소(exclusion)와 함께 학습장애 진단에 있어서 주요 정의요소로 다루어졌으며, 이는 학습장애 원인이 중앙신경체제와 관련된 기질적 장애로 인한 내재적 결손에 있다는 믿음에 기인한다(Fletcher, Coulter, Reschly, & Vaughn, 2004).

불일치 요소가 학습장애 적격성 심사에 유일한 준거는 아니었지만, 다른 정의상의 요소들과 비교하여 수리적인 명확성을 제공한다는 이유 때문에 실제 학교현장에서는 정의상의 고유한 특성으로 고려되고 있다(Stanovich, 2000). 이로 인해 학교에서의 일반적인 평가는 능력-성취 불일치 요소에 기반을 두어 거의 지능검사와 성취검사를 포함하고 있다. 그리고 학습장애 진단을 위한 개념적 조작화 모형(Kavale & Forness, 2000)에서도 능력-성취 불일치 준거를 진단의 시작수준으로 제시하고 있다. 이로 인해 학습장애 진단은 측정된 능력수준에서 학업성취에 대한 실제 학생점수를 빼는 과정으로 이루어지고 있다(Berninger & Abboutt, 1994). 그러나 학년수준 불일치 모형, 기대공식모형, 표준점수 비교모형, 회귀 불일치 모형 등으로 대표되는 개인 내 성취 불일치 모형은 많은 비판을 받았으며(Sternberg & Grigorenko, 2002), 이에 대한 대안으로 개인 간 차를 고려한 심각한 저성취 모형이 제안되었다. 개인 간 차를 고려한 심각한 저성취 모형에는 국가수준 성취 표준으로부터 성취가 심각하게 떨어지는 특성을 통해 학습장애를 진단하자는 국가규준 저성취 모형(Fuchs, Fuchs, Mathes, & Lipsey, 2000)과 지역수준 성취 표준으로부터 성취가 심각하게 떨어지는 특성을 통해서 학습장애를 진단하자는 지역규준 저성취 모형(Shinn, 2002)이 있다.

이처럼 학습장애 정의 및 진단 준거를 마련하기 위해 다양한 불일치 모형을 개발해 온 미국의 노력과는 달리 우리나라의 경우는 20여 년 전에 학습장애 개념정의의 타당성 문제와 재개념화의 필요성(백욱현, 1993)에 대한 문제가 제기되었을 뿐 학습장애 정의와 선별의 핵심요소인 불일치 모형에 대한 심도 깊은 연구가 이루어지지 못하였다.

1. 학습장애의 정의와 불일치

교육학 분야에서 학습장애를 진단하는 대표적인 정의는 미국 교육부에 의해 1977년에 제안된 IDEA의 학습장애 정의였다. 이 정의에 따른 학습장애 진단 준거는 불일치(discrepancy), 이질성(heterogeneity), 배제요소(exclusion)였다.

여러 가지 다양한 정의에서 불일치를 능력(aptitude)과 성취의 차이로 표현하고 있으나, 1977년에 제안된 IDEA는 불일치를 구체적으로 지능점수와 성취점수의 심각한 불일치로 정의하고 있었다. 이질성은 읽기, 수학, 쓰기, 언어상에서 일곱 가지 다양한 장애를 포함한다는 것을 의미하며, 배제요소는 감각장애, 정신지체, 정서장애, 경제적 불이익, 언어적 다양성, 부적절한 교수가 주원인이 되어 나타나는 학습문제에 대해서는 학습장애로 진단하지 말아야 함을 의미했다(Fletcher, Coulter, Reschly, & Vaughn, 2004). 미국 교육부(United States Office of Education, 1977)에 의해 제안된 IDEA의 구체적인 내용은 다음과 같다.

> 다음에 제시하는 영역 중 한 가지 또는 그 이상에서 성취와 지적 능력 간에 심각한 불일치를 가지고 있다: (i) 구어표현; (ii) 듣기이해; (iii) 쓰기표현; (iv) 기초읽기기술; (v) 읽기이해; (vi) 수학연산; 또는 (vii) 수학적 추론.
>
> 특정 학습장애를 가진 것으로 진단된 아동들의 심각한 불일치가 다음과 같은 원인들로 인해서 발생되어서는 안 된다: (i) 시각, 청각 또는 지체장애; (ii) 정신

> 지체; (iii) 정서장애 또는 (iv) 환경적, 문화적 또는 경제적 결손.

이런 내용은 2004년 개정된 IDEA 2004(IDEIA)에서도 그 기본 골격을 유지하고 있다. 성취와 지적 능력 간의 심각한 불일치라는 용어는 제외되었으나 지침을 자세히 살펴보면, 한 가지 진단으로 학습장애를 판별하는 것에 대한 위험성을 지적하고 다단계 진단절차를 옹호하고 있으며, 여전히 능력-성취 불일치 모형이 주류다(김동일, 2005). IDEIA의 구체적인 내용은 다음과 같다.

> SECTION. 602. DEFINITIONS
>
> (A) 특정 학습장애란 언어, 구어 또는 쓰기를 이해하고 사용하는 데 필요한 기초 심리 처리과정상 나타나는 한 가지 이상의 장애를 의미한다. 이 장애는 듣기, 생각하기, 읽기, 쓰기, 철자쓰기 또는 수학연산에 대한 불완전한 능력으로 명확해진다.
>
> (B) 이 장애는 지각장애, 뇌 손상, 미소 뇌기능 장애, 난독증 그리고 발달적 실어증과 같은 조건들을 포함한다.
>
> (C) 이 장애는 시각장애, 청각장애, 지체장애, 정신지체, 정서장애 또는 환경적, 문화적, 경제적 결손의 결과로 인하여 일차적으로 발생하는 학습문제를 포함하지 않는다(IDEIA, 2004).

IDEA와 IDEIA의 정의에서도 알 수 있듯이 능력-성취 불일치 준거는 학습장애를 정의하는 데에 있어서 유일한 준거는 아니다. 그러나 연구자나 현장 전문가 모두 학습장애 분류를 타당화할 수 있는 유일한 기준으로 믿어 왔다. 또한, 능력-성취 불일치 준거는 학습장애와 학업저성취 간에 신경학적 특성, 인지적 특성, 중재에 대한 반응, 예후, 성별 그리고 유전성이라는 측면에서 차이가 있다는 것을 보여 주는 학습장애 고유의 특성을 반영하는 것으로 여겨졌다(Kavale & Forness, 2000). 이런 이유로 인하여 IDEA와 함께 심리 · 의학 분야에서 학습장애를 진단하는 DSM-IV(American Psychiatric Association, 1994)

에서도 능력-성취 불일치 준거가 정의상 중요한 구성요소로 포함되어 있다.

결국 교육학 분야와 심리 · 의학 분야의 대표적인 정의들에 따르면 학습장애는 성취와 지적 능력 간에 심각한 불일치를 보일 때 나타난다. 이로 인해 아동이 학습장애로서 특수교육 서비스를 받는 것이 적합한 것인가에 대한 적격성 판정은 높은 지능검사 점수와 낮은 성취점수로 결정됐다(Fletcher, Foorman, Boudousquie, Barness, Schatschneider, & Francis, 2002).

1) 능력-성취 불일치 모형: 개인 내 불일치 모형

지금까지 학습장애 진단을 위해 능력-성취 불일치를 계산하는 데에는 네 가지 방법들이 중요하게 다루어졌다. 이 네 가지는 학년 수준 불일치 모형, 기대 불일치 모형, 표준점수 비교모형, 회귀 불일치 모형을 말한다(Beringer & Abbott, 1994). 따라서 능력-성취 불일치 모형에 대한 이해를 위해서는 이 네 가지 모형을 구체적으로 알아야 하고, 이 중 현재 활용되는 가장 대표적인 모형은 표준점수 비교모형과 회귀 불일치 모형이다.

(1) 표준점수 비교모형

표준점수 비교모형은 단순 불일치 모형이라고 불리는데, 모든 모형 중에서 가장 광범위하게 사용된다(Van den Broeck, 2002). 이 모형에서는 능력을 나타내는 데 지능지수를 사용한다. 학년수준 불일치 모형에서 학년 배치가 능력의 지표로 사용되었던 것과는 차이가 있다.

이와 관련하여 Burt(1950)는 불일치를 확인하는 데 있어서 지능과 성취를 비교하는 것이 필요함을 역설했다. 그는 근본적으로 지적 기능에서 발생되는 저성취를 확인하기 위해서는 성취가 지능의 맥락 안에서 측정되어야 할 필요가 있다고 말했다. 바꿔 말하자면, 지능과 불균형한 성취는 학습장애의 주된 지표로 고려될 만하다는 것이다. 또한 이렇게 지능과 성취점수 간의 차이를 측정하는 데 표준점수 불일치 모형을 사용하게 된 것은 학습장애가 '특정적'이라는 신념에 기반한다(Proctor & Prevatt, 2003). 여기에서 일차적인 가정은 학습장애 아동이 보이는 결손이 다른 영역으로 확장되지 않는다는 것이다(Van den Broeck, 2002). 왜냐하면, 만약 아동이 다양한 영역에서 결함을 보였다면, 틀림없이 정신지체와 같이 다른 특수교육 범주하에서 다루어졌을 것이고 그렇다면 학습장애를 가지고 있는 것이 아닌 것으로 판정될 것이기 때문이다.

이 모형은 의사결정을 위하여 차이점수(difference score)를 사용한다. 여기서 지능과 성취 모두는 평균 100, 표준편차 15를 가져야 하며, 심각한 불일치 준거는 일반적으로 지능-성취 간에 차이가 최소 15점일 때다(Kavale, 2002). 그러나 표준점수 비교모형이 불일치 계산에 있어서 발전을 가져오기는 하였지만, 지능과 성취가 완전상관($r=1.00$)이라는 부적절한 가정을 가지고 있다는 것이 심각한 문제점이다. 이로 인하여 지능과 성취 간의 차이점수는 신뢰롭지 않다(Sternberg & Grigorenko, 2002). 그리고 단순 불일치 모형은 평균을 향한 회귀효과에 대해서 인식하지 못하였다(Reynolds, 1984-1985). 다시 말하자면, 지능검사와 성취검사의 상관이 실제로 .60 정도에 불과하다면, 지능지수가 평균보다 높은 지능지수 130의 아동에 대한 기대 성취수준은 130이 아니라 122 정도라는 것이고, 반대로 지능지수가 평균보다 낮은 지능지수 85인 아동의 기대 성취수준은 실제로는 88이라는 것이다. 결국 표준점수 불일치 모형은 언제나 체계적인 오차를 포함하게 되어 학습장애 판별에 있어서 평균 이상의 지능을 가진 학습부진아에 대해서는 과잉진단하게 되고, 평균 이하의 지능을 가진 학생들에 대해서는 과소진단하게 되는 문제를 가지게 된다.

더군다나 다양한 지능검사 도구와 성취검사 도구 간에 조합이 생길 수 있고, 어떤 검사를 선정하느냐에 따라서 다른 결과가 나올 수 있기 때문에 학습장애를 잘못 진단하게 되는 원인이 될 수도 있다(Bishop & Butterworth, 1980). 또한 각 검사도구가 가지고 있는 측정의 표준오차가 이런 검사 간의 조합과 상관에 영향을 미치게 되면 차이점수에 대한 신뢰도는 더욱 떨어질 수밖에 없다.

그리고 보다 근본적인 비판으로서 지필지능검사를 통해서 얻어진 점수가 지능의 잠재력에 대한 정확한 지표일 수 없다는 주장이 있다(Sternberg & Grigorenko, 2002). 이것은 능력-성취 간의 불일치를 파악하기 위해서 지능검사를 사용하는 모든 모형에 대해 고민해야 할 근본적인 논쟁점이다.

(2) 회귀 불일치 모형

앞에 논의한 표준점수 비교모형의 문제점에 대한 대안으로 나타난 것이 Shepard(1980)에 의해서 제안된 회귀 불일치 모형이다(Kavale, 2002). 이 회귀 불일치 모형은 심각한 불일치를 결정하는 데에 있어서 통계적으로 가장 적절한 모형 중 하나로 인정되어 왔다(Reynolds, 1984-1985).

특히 1983년 미국 교육부를 중심으로 각 주 단위에서 현재 실시하고 있는 진단절차들을 평가하고 학습장애 학생의 진단을 위한 최적의 방법을 결정하기 위한 특수교육 연구 모임에서는 각 주 단위의 진단절차에 상당한 차이가 존재한다는 것을 발견하고, 일부 주에서 사용되고 있는 방법들은 통계학적으로 매우 부적절하다는 결론을 내리면서 회귀 불일치 모형을 실제적인 적용을 위한 유일한 모형으로 추천하였다(Reynolds, 1984-1985).

그러나 학습장애의 심각한 불일치 요소를 결정하기 위해 다른 모형에 비해서 회귀 불일치 모형이 추천되었음에도 불구하고, 회귀 불일치 모형은 커다란 영향을 미치지 못하고 있었다(Cone et al., 1985). 이것은 이 모형의 수많은 수학적 방정식과 개념 때문인 것으로 보인다(Evans, 1990). 실제로 회귀 불일치 모형은 보다 정확한 정의를 위해 불일치를 고려함에 있어서 평균을 향한 복잡한 회귀방정식을 사용한다.

회귀 불일치 모형의 일반적인 순서는 다음과 같다. ① 먼저 지능을 측정하고, ② 성취수준을 예측하고, ③ 실제 성취(y)를 측정하고, ④ 추정의 표준오차(SEE)를 이용하여 예언된 성취점수를 둘러싼 신뢰구간(CIs)을 설정하고, 마지막으로 ⑤ 추정의 표준오차(SEE)를 이용하여 예언된 성취점수($\hat{y}$)와 실제 성취점수(y)를 비교하여($\hat{y}$ −y) 유의미한 차이인지를 결정한다(Kavale, 2002).

공식에는 지능과 성취 모두 표준점수(M = 100; SD = 15)가 사용되는 것이 일반적이다. 즉, 다른 모형과는 달리 회귀 불일치 모형은 지능과 성취점수와 관련된 측정의 표준오차(SEM), 추정의 표준오차(SEE), 표준편차, 신뢰도를 고려하고 있는 것이다. 이것은 지능지수와 성취점수 간의 차이를 해석하는 데에 있어서 회귀 불일치 모형이 정확성을 증가시키긴 했지만, 이 모형이 가지고 있는 여러 가지 수학적 공식으로 인해 실제 상황에서 이해되고 적용되는 데 어려움이 있음을 나타내는 것이다(Evans, 1990).

이 수학적 공식들에 대해서 살펴보면 다음과 같다(Kavale, 2002).

아래 공식에 나오는 측정의 표준오차(SEM)는 신뢰구간(Confidence Interval: CI)을 계산하는 데 사용된다.

$$\text{SEM} = \text{SD}\sqrt{(1-\gamma_x)}$$

그리고 여기에서 신뢰구간(CI)은 나중에 '진' 점수가 발견될 것으로 보이는 범위를 반영한다. 공식은 다음과 같다. 여기에서 x는 관찰점수이고 z는 유의 수준에 상응하는 정규분포곡선상의 값(예: 95% 수준 = 1.96)을 말한다.

$$CI = x \pm z\,(SEM)$$

추정의 표준오차(Standard Error of Estimate: SEE)는 두 검사가 독립적이고 그중 하나의 검사점수로 다른 검사점수를 예언하고자 할 때 사용되는 SEM 통계치와 유사하다. 본질적으로 추정의 표준오차는 신뢰구간이 예측점수 주변의 값이 되게 한다. 공식은 다음과 같다.

$$SEE = SD\sqrt{(1-\gamma^2{}_{xy})}$$

여기서 SD는 성취검사의 표준편차이고 $\gamma^2{}_{xy}$는 지능과 성취 간의 상관을 제곱한 것이다.

지능검사와 성취검사의 상관이 완벽하지 않기 때문에, 회귀효과가 작용하게 되어 있다(즉, 한 검사에서 극단점수를 얻은 사람은, 평균적으로, 다른 검사에서는 전집의 평균에 더 가까운 점수를 얻게 된다.). 예언된 성취점수($\hat{y}$)는 다음과 같이 지능점수와 성취검사 점수 모두를 M = 100, SD = 15인 표준점수로 변환하고, 지능검사와 성취검사 간의 상관(γ_{xy})에 획득된 지능점수에서 지능검사의 평균(100)을 뺀 값을 곱한 뒤 여기에 성취검사의 평균(100)을 더함으로써 회귀효과를 조정(adjusted for regression effects)한다.

$$\hat{y} = \gamma_{xy}(IQ-100)+100$$

실제 값(actual value)은 다음과 같은 방정식으로부터 계산한다.

$$(\hat{y}-y) > 15z\sqrt{(1-\gamma_{xy})}$$

불일치가 존재하는지를 결정하는 데 회귀방법이 어떻게 활용되는지 예를 들어 살펴보자. 예시를 위해 어떤 학생의 지능점수가 115라고 하자. 그런 다음, γ_{xy}는 0.54라고 가정한다[이 값은 연구 문헌들에서 일반적으로 얻을 수 있는 값(IQ-성취 상관계수)이다.]. 이 값들을 가지고, 예언된 성취점수를 계산하면 ($\hat{y}$=.54(115-100)+100), 108.1이 나온다. 95% 신뢰수준에서, z값은 1.96이므로, 이 값을 방정식에 대입(15(1.96)$\sqrt{1-.54}$)하면 19.93이라는 값을 얻을 수 있다. 이 값을 예언된 성취점수 108.1에 더하고 빼서 신뢰구간(CI) 88.17-128.03을 구할 수 있다. 만약 그 학생의 실제 성취점수(y)가 85라면, 신뢰구간의 하한값보다도 낮기 때문에 유의미한 불일치가 존재한다고 말할 수 있다.

그런데 이런 과정은 너무 복잡했기 때문에, 심지어 회귀방법을 활용하여 유의미한 지능-성취 불일치를 계산해 주는 컴퓨터 프로그램의 도움을 받기도 하였다(예: Watkins & Kush, 1988). 예컨대, 1984년에 미국의 몬테나 주에서는 회귀 불일치 모형의 수학적 방정식을 다루는 컴퓨터 프로그램이 개발되었고, 회귀 불일치 모형을 활용하기 위한 유사한 프로그램인 '심각한 불일치 분석'(SDA; Reynolds & Snow, 1985)이라는 상업적인 소프트웨어가 출시되기도 하였다.

Evans(1990)는 회귀분석 모형이 ① 지능-성취 점수 차이가 무선오차인지 실제적인 차이인지를 보여 주고, ② 지능점수와 지능-성취 상관에 기초하여 기대되는 성취점수를 알 수 있고, ③ 기대되는 성취점수와 실제 성취점수 간의 차이로 불일치를 정의할 수 있으며, ④ 불일치 차이점수상 표준편차의 관점에서 불일치를 측정할 수 있고, ⑤ 지능과 성취검사의 측정오차를 고려함으로써 불일치의 측정의 표준오차를 감안하고 있으며, ⑥ 측정오차를 감안할 때 불일치가 사전에 결정된 심각한 불일치 범위에 안에 드는지를 결정하는 데에 유용하다고 주장하였다.

그리고 일부 연구자들은 회귀방정식을 통한 이 모형이 다른 모형과 달리 회귀, 측정오차 등을 고려하기 때문에 불일치를 결정하는 데에 있어서 최적의 방법이 될 수 있다고 주장하지만(Reynolds, 1984-1985), 아직까지도 회귀 불일치 모형이 정말로 단순 불일치 모형에 비해 더 우월한지에 대한 논의(Van den Broeck, 2002; Willson & Reynolds, 2002)는 계속되고 있으며, 컴퓨터를 활용한다고 할지라도 여러 가지 복잡한 계산을 필요로 하기 때문에 현장에 적용하는 것은 더욱 어렵다는 문제를 가지고 있다(Boodoo, 1984-1985). 또한, Berk(1984)의 주장처럼 회귀분석을 위해서 사용되는 검사의 신뢰도, 타당도 그리고 기술적인 요소에 의문이 생기면, 정확한 결과를 얻는 것은 불가능하다는 근본적인 문제는 남아 있다.

지금까지 살펴본 내용에 따르면 능력-성취 불일치 모형은 학습장애를 이해하고 접근하는 데에 커다란 공헌을 했지만 다음과 같은 기술적 문제들이 존재함을 알 수 있다. ① 학습장애의 특수성과 보편성을 진단하는 특성의 부족(예: Shaywitz, Escobar, Shaywitz, Fletcher, & Makuch, 1992), ② 논쟁적인 요소가 매우 많은 지능개념의 이론적 배경(예: Stanovich, 2000), ③ 이변량분포를 중심으로 진단할 때의 차이점수 신뢰도에 대한 기술적 논쟁(Fletcher, Francis, Rourke, Shaywitz, & Shaywitz, 1992), ④ 중재에 대한 반응과의 무관성(Lyon, Fletcher, Shaywitz, Shaywitz, Wood, Schulte, & Olson, 2001).

이런 기술적인 논쟁을 제외하더라도, 진단의 실제에서 개인 내 성취 불일치 접근은 문제가 있다. 심각한 지능-성취 불일치는 미국에서 일반적으로 연방법과 주법에서 가장 중요한 진단준거로 사용되기 때문에, 학교에서 학습장애로 진단된 모든 학생 또는 거의 모든 학생들이 심각한 개인 내 성취 불일치를 가지고 있는 것으로 기대된다. 그러나 지난 30여 년 동안의 증거에 따르면, 학교에서 학습장애라고 진단된 학생 중 상당수가 심각한 능력-성취 불일치를 보이지 않는다(Peterson & Shinn, 2002). 예컨대, 1983년 초기에 Ysseldyke, Algozzine 그리고 Epps는 학교에서 학습장애로 진단된 표본의 대략 25%가 학습장애 준거상에서 요구하는 개인 내 성취 불일치를 가지고 있지 않다는 것을 발견했다. 또한, Shepard 등(1983)은 그들의 학습장애 표본의 절반 또는 그 이하만이 주의 학습장애 정의에 부합하는 심각한 능력-성취 불일치를 보인다고 보고했다. 결국 능력-성취 불일치 모형이 학습장애 학생들을 제대로 진단하고 있지 못한다는 증거들이 많이 나타나기 시작한 것이다. 이런 문제들로 인하여 개인 내 차를 중심으로 한 능력-성취 불일치 모형에서 개인 간 차를 중심으로 한 심각한 저성취 모형이 나타나게 되었다.

2) 심각한 저성취 모형: 개인 간 불일치 모형

비록 개인 내 성취 불일치 모형을 중심으로 학습장애가 정의되어 왔지만, 이에 대해 반대하는 논의로서 국가규준 저성취 모형도 존재해 왔다. 국가규준 저성취 접근은 지능이라는 요소를 제외하고 성취라는 단일변량분포를 활용한 것으로, 국가수준 성취 평균(예: 50퍼센타일)과 규준참조 성취검사에서 나타나는 학생성취 간의 불일치로 조작화되었다(Peterson & Shinn, 2002). 이와 관련하여 Ysseldyke, Algozzine 그리고 Epps(1983)는 학습장애는 성취상의 개인 간 불일치로 가장 잘 설명된다고 주장하였다. Siegel(1989)는 학습장애 정의에서 검사의 활용을 포기해야 하며, 지능-성취 편차 정의는 그것 자체가 비논리적인 속성을 가지고 있기 때문에 버려야 한다고 주장하였다. 그리고 Siegel(1999)은 지능검사가 학습장애를 결정하는 데에 더 이상 필요하지 않기 때문에, 개인의 성취점수가 일정 퍼센타일 이하로 떨어졌을 때(예: 25퍼센타일) 그것이 학습장애의 지표가 된다고 주장하였다. 그러나 Stanovich(1989), Lyon(1989) 등은 그런 주장이 지능과 학습장애를 정의하는 데 있어 지나치게 편협한 생각으로 너무 극단적이며, 근본적으로는 어떤 것도 대답해 주는 것이 없다고 하였다.

이러한 주장에도 불구하고 일부 연구 결과는 학습장애로 진단된 학생들은 학교에서 학업수행이 가장 떨어지는 학생들 중 일부분임을 보여 줌으로써 단일변량분포를 통한 학습장애 정의 가능성에 대해서 주장하였다. 예컨대, Shaywitz 등(1992)은 난독증이 읽기성취의 정규분포상에서 꼬리 부분에 해당된다는 증거를 제시하였고, 특수교육과 학교심리학 영역에서도 학습장애 학생들이 가장 낮은 성취수준의 학생들이라고 결론짓는 연구들이 많았다(Gresham, MacMillan, & Bocian, 1996). 예컨대, Shinn, Tindal, Spira 그리고 Marston(1987)은 ① 읽기 영역에서 학습장애로 진단된 학생 집단(a집단), ② Title 1 수업을 받고 있는 저성취 학생 집단(b집단), ③ 일반교육 상황에서 읽기 교수만을 받고 있는 학생 집단(c집단) 등 세 집단의 읽기수행을 비교하였는데, a집단 학생들이 b와 c집단 학생들에 비해서 현저하게 낮은 것으로 나타났다. 즉, 학습장애 학생들이 학업성취가 가장 낮은 집단임을 증명한 것이다.

또한, 심각한 저성취에 따른 개인 간 차가 학습장애의 정의상 특성이라는 것에 대한 보다 강력한 증거는 최근의 메타분석(Fuchs, Fuchs, Mathes, & Lipsey, 2000)을 통해서 나타났다. 이 연구에서 학습장애 학생은 저성취 학생 집단에 비해서 효과크기에서도 모든 변인들에 관하여 일관되게 큰 차이를 보였으며, 1.5표준편차 이상으로 낮은 수행을 보였다.

그러나 국가규준 저성취 모형은 학습장애의 진단 실제를 설명하는 데에는 제한점을 나타내었다. 그 이유는 다음과 같다. 첫째, 개인 내 성취 불일치 모형과 비슷하게 국가규준 저성취 모형도 아동 내 장애로 개념화되었다. 이로 인해 국가규준 저성취 모형에 의해서 진단된 학생들도 주나 지역구에 따라서 장애 유무에 대한 판별이 달라지는 현상이 있다(Singer, Palfrey, Butler, & Walker, 1989). 둘째, 학교, 학교구의 학력수준에 따른 학습장애 유무의 차이를 해석해 주지 못한다는 점이다. 즉, 국가규준 저성취 모형에 따르면, 학력이 좋은 지역구에 비해서 학력이 떨어지는 지역구에서 더 많은 학습장애 학생이 발견되어야 하는데, 출현율 결과는 이것을 지지해 주지 않는다(U.S. Department of Education, 1999).

이로 인해서 대안적으로 나타난 것이 지역규준 저성취 모형이다. 지역규준 저성취 모형의 개념적 기반은 Becker(1963)의 사회적 이탈 조망 이론에 의한 것으로, 이 이론에 따르면 모든 행동은 오직 특정한 맥락상황에서만 표준과 비교하여 전형적인지 이탈된 것인가를 결정할 수 있다는 것이다. 이 논리는 고성취 학교구에서 가장 저성취를 보이는 학생들이 저성취 학교구에서는 그렇지 않을 수 있다는 것을 의미한다. 즉, 저성취 맥락에서 만족할 만하게 수행하는 학생들은 그들이 심각한 저성취를 나타내는 고성취 맥락으로 이동할 때 학습장애를 가진 것으로 진단될 수 있다는 것이다. 결국 지역 단위 각각의 성취 분포는 지역규준 저성취 모형을 설명하기 위해서 사용될 수 있는 것이다.

이것은 학교현장에서 많은 교사들이 국가규준 저성취 모형을 사용하는 것처럼 보이지만, 교사들의 학습장애에 대한 실제 판단과 모형 간에 많은 차이가 나는 원인을 설명해 줄 수 있다. 그러나 문제는 아직까지 학습장애 진단 실제에 관한 지역규준 저성취 접근을 지지하거나 반대하는 연구 모두 매우 적다는 것이다.

일부 연구들을 살펴보면, Singer 등(1989)은 학습장애로 진단된 학생들의 특징을 실험하기 위하여 네 개의 주 단위 지역사회로부터 적격성 표본을 비교하였는데, 세 명 중에 한 명만이 네 지역사회를 통해서 일관되게 학습장애로 진단되었다는 것을 보고하였다. 그러나 이 연구는 다양한 지역사회로부터의 학생들이 동일 측정원칙하에서 체계적으로 비교되지 않았다는 제한점이 있다.

이후에 Peterson과 Shinn(2002)은 고성취 학교구와 저성취 학교구를 비교하여 능력-성취 불일치 모형, 국가규준 저성취 모형 그리고 지역규준 저성취 모형 중 어떤 것이 학교현장에서 이루어지고 있는 진단 실제를 가장 잘 설명하고 있는지를 비교하였다. 결과는 생태학적 모형 특성을 지닌 지역규준 저성취 모형이 학교 진단 실제를 가장 잘 설명하고 있는 것으로 나타났다. 이것은 결국 학습장애라는 것이 사회적 맥락이 배제된 개인 내 차에 의해 독자적으로 존재하는 것이 아니라는 의식의 변화를 요구하고(Tilly, Reschly, & Grimes, 1999), 개인 내의 불일치를 찾는 것과 같은 추론적인 진단활동을 더 이상 할 필요가 없다는 것을 의미한다(Shinn, Good, & Parker, 1999).

그러나 아직까지 지역규준 저성취 모형에 대한 체계적인 실험이 부족한 편이기 때문에 추가적으로 고성취 맥락과 저성취 맥락의 영향에 대해서 보다 많은 체계적인 실험이 필요하다. 비록 지역규준 저성취 모형이 몇 개의 연구를 통해서 학교 진단 실제에 대한 높은 설명력을 가진 것으로 나타났다 해도 아직까지는 어떠한 결론을 내리기에는 이른 상태에 있다는 것이 이 모델의 가장 큰 단점이다.

또한, 저성취 모형에는 심각한 측정학적 문제점이 존재한다. 왜냐하면 성취 점수 분포상에는 자연적인 비연속성이 존재하지 않기 때문이다. 물론 일부 연구에서는 성취검사 점수의 분포가 정규분포가 안 되고 자연적인 준거점이 존재한다고 주장했지만(Wood & Grigorenko, 2001), 대부분의 연구는 성취검사 점수는 정규분포이고 자연스러운 준거지점이 존재하지 않는다고 보고하고 있다(Dobbins, 1988).

정규분포를 몇 가지 집단으로 구분하려는 접근은 집단 간 비교를 실시할 때 통계적인 문제가 있는 것으로 비판받아 왔다. 연속된 분포를 인위적으로 분리하는 것은 집단 내 변산을 인공적으로 구성하고, 측정의 범위를 감소시킨다. 이 과정은 다른 측정치와 비교하였을 때 구분된 범위의 상대적 중요성을 왜곡한다. 결과적으로 검정력을 감소시키고, 범주화된 독립변인과 일부 종속변인 간의 상관에 전체적인 문제를 야기시킨다(Cohen, 1983; Maxwell & Delaney, 1993). 이런 문제는 저성취 모형에 의해서 학습장애 학생을 진단하는 데에도 당연히 나타날 수밖에 없다.

2. ROC 곡선 분석의 개념 및 절차

1) ROC 곡선 분석의 개념

ROC(Receiver Operating Characteristic) 곡선 분석은 흔히 진단과 증후에 대

한 의사결정을 위해 적용되는 분류 및 예견 모형을 평가하기 위해서 사용되어 왔다. 우리는 ROC 곡선 분석을 통해 질병의 유무를 구별하는 모형의 정확성에 대해서 알아볼 수 있고, 연구 대상의 출현율을 조사하는 모형의 정확성을 파악할 수도 있다. 흔히 ROC 곡선 분석은 민감도(sensitivity)와 특이도(specificity)를 기준으로 모형을 평가하는데, 민감도와 특이도에 대한 이해는 조건확률과 조건비율에 대한 인식을 기반으로 한다.

조건확률과 조건비율은 진단이나 선발 상황에서 사용되는 검사 혹은 시험의 준거타당도에 대하여 매우 중요한 정보를 제공한다. 진단이나 선발은 일정한 특성이나 능력을 가진 대상을 판별하는 상황을 일컫는 개념이다. 질병의 유무를 판별하는 의료적 상황이나 회사에서 필요로 하는 능력을 가지고 있는 사람인지를 판별하는 입사선발 상황이 대표적인 예다. 이런 상황에서 판별을 위하여 흔히 절단점이 미리 정해진 검사 혹은 척도를 많이 활용하게 되는데, 지능지수 70 이하인 사람을 정신지체로 진단하는 것도 판별을 위한 절단점 설정과 관련된 한 예가 될 수 있다.

이런 검사와 척도에 의한 진단과 선발에 있어 주의해야 할 것은, 진단과 선발에서 언제나 두 가지의 오류를 범할 수 있다는 것이다. 첫 번째 오류는 의심되는 특성이 실제로는 존재하는데 검사의 결과에서는 존재하지 않는 것으로 나타나는 오류로, 이것을 오류부정(false negative)이라고 부른다. 두 번째 오류는 의심되는 특성이 실제로는 존재하지 않는데 검사의 결과에서는 존재하는 것으로 나타나는 오류로, 이것을 오류긍정(false positive)이라고 부른다. 진단이나 선발을 위하여 사용되는 검사와 척도의 준거타당도는 이러한 오류를 얼마나 적게 발생시키는가를 의미하는 개념이다.

예컨대, 회귀 불일치 모형을 통해서 학습장애를 진단한다고 할 때, 지능검사와 학업성취검사 간의 편차점수가 0~30점까지의 점수 범위를 가진다고 가정해 보자. 이 편차점수의 준거타당도를 검증하기 위하여 119명의 초등학생을 대상으로 인지검사와 학업성취검사를 실시한 후 회귀 불일치 모형에 따른 편차점수를 측정하였고, 조사한 결과 〈표 9-1〉과 같은 결과를 얻었다고 가정해 보자. 〈표 9-1〉의 자료에서 만약 편차점수 15점을 절단점으로 정하여 그

〈표 9-1〉 가상적인 학습장애 위험성 분류 자료

회귀 불일치 모형에 따른 편차점수	실제 학습장애 여부		전체 학생 수
	비학습장애 학생 수	학습장애 학생 수	
0	8	0	8
1	14	0	14
2	9	0	9
3	7	0	7
4	7	0	7
5	8	0	8
6	5	1	6
7	8	0	8
8	5	1	6
9	2	0	2
10	4	0	4
11	1	0	1
12	3	2	5
13	1	1	2
14	5	0	5
15	0	1	1
16	3	1	4
17	2	1	3
19	1	1	2
20	3	2	5
21	3	1	4
22	1	0	1
23	2	1	3
24	1	0	1
27	0	2	2
30	0	1	1
전체	103	16	119

학습장애 가능성 인정구간 (15~30)

이상의 점수가 나온 사람은 학습장애 가능성이 있는 사람으로 분류한다고 가정하면 〈표 9-2〉와 같은 이원 교차분할표를 만들 수 있다.

〈표 9-2〉의 자료에서 실제로는 학습장애가 아닌 사람이 검사상 학습장애로 잘못 분류된 조건비율은 16/103=0.155이며, 이것은 오류긍정비율이다. 실제로 학습장애인 학생이 검사에서 학습장애가 아닌 것으로 잘못 분류된 조건비율은 5/16=0.313인데, 이것은 오류부정비율이다. 그런데 오류부정비율을 1에서 뺀 것을 민감도(정확긍정비율)라고 부르는데, 이 민감도는 곧 실제로 학습장애인 학생이 검사상 학습장애로 옳게 분류된 조건비율 11/16=0.688을

〈표 9-2〉 학습장애 가능성 여부에 따른 이원교차 분할표

학습장애 가능성 여부(편차점수 판정)			
학습장애 여부	비학습장애 가능성	학습장애 가능성	전체
비학습장애	87(정확부정)	16(오류긍정)	103
학습장애	5(오류부정)	11(정확긍정)	16

말한다. 즉, 민감도(정확긍정비율)는 학습장애로 진단되어야 할 학생들 중에서 실제 모형을 통해서 학습장애로 진단된 학생들의 비율을 의미하며, 특이도(정확부정비율)는 학습장애로 진단되어서는 안 될 학생들 중에서 실제 모형을 통해서 학습장애로 진단되지 않은 학생들의 비율을 의미한다. 민감도와 특이도에 대한 개념을 간단한 수식으로 표현하면 다음과 같다.

$$Sensitivity = \frac{True\ Positive}{True\ Positive\ +\ False\ Negative}$$

$$Specificity = \frac{True\ Negative}{True\ Negative\ +\ False\ Positive}$$

그리고 민감도는 통계학의 영가설 검증에서 '통계적 검증력'이라 부른 조건확률과 동일한 개념이다. 일반적으로 진단이나 선발을 위한 검사 혹은 척도의 절단점을 낮출수록 오류부정비율은 줄어들지만 '민감도'와 오류긍정비율은 늘어난다. 극단적인 예를 들어, 편차점수에서 최고점인 30점을 절단점으로 사용하여 그것보다 더 높은 점수를 획득한 사람을 학습장애로 분류하면 실제로 학습장애인 학생이 모두 비학습장애로 잘못 분류되므로 오류부정비율은 1이 되고 민감도는 0이 되며, 실제로 학습장애가 아닌 학생은 모두 학습장애가 아닌 학생으로 모두 옳게 분류되므로 특이도는 1이 되고, 오류긍정비율은 0이 된다. 반면에 절단점을 30점에서부터 점차로 감소시키면 특이도와 오류부정비율은 점차로 감소하지만 민감도와 오류긍정비율은 점차로 증가한다.

동일한 자료에 대하여 절단점을 변화시키면 두 가지 조건비율인 민감도와 오류긍정비율도 변화하는데, 이 두 가지 조건비율을 서로 대비하여 그래프로 표현한 것을 바로 반응특성곡선(receiver operating characteristic curves) 혹은 간단히 ROC 곡선이라고 부른다.

〈표 9-1〉의 가상적인 학습장애 위험성 분류 자료에 따른 ROC 곡선은 [그림 9-1]과 같다.

[그림 9-1]에서 점선은 절단점이 15점일 때의 민감도(.688)와 오류긍정비율(.155)을 나타내고, ROC 곡선에 의해 연결된 점들은 절단점이 변화함에 따라 변화하는 일종의 민감도와 오류긍정비율의 교차지점 좌표가 된다. [그림 9-1]과 같은 ROC 곡선에서 민감도와 특이도를 통하여 '곡선 아래 영역(area under the ROC curve)'을 산출하여 진단의 정확성을 측정하게 되는데, 넓을수록 검사 혹은 척도의 변별력 혹은 준거타당도가 우수하다는 것을 의미한다. 일반적으로 .50에서 .70의 경우는 낮은 정확성으로, .70에서 .90까지는 중간

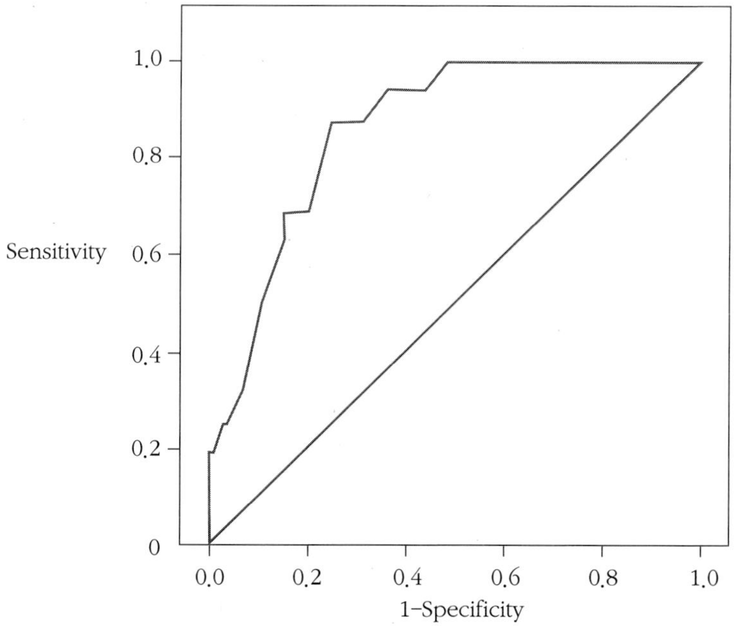

[그림 9-1] 학습장애 위험성 분류자료에 따른 ROC 곡선

정도의 정확성으로, .90에서 1.00은 높은 정확성으로 구분하고 있다.

그리고 ROC 곡선 아래 영역을 분할력이라고 부르기도 한다. 이것은 검사 혹은 척도가 준거의 범주들을 분할하는 능력이라는 의미다. 예를 들어 [그림 9-1]의 ROC 곡선이 도면의 왼쪽 상단 모서리에 맞닿아 있는 경우는 특정한 절단점을 사용하였을 때 민감도가 1이고, 오류긍정비율이 0이라는 것을 의미한다. 따라서 전체 도면의 면적에서 ROC 곡선 아랫부분의 면적이 차지하는 비율이 1일 때는 검사 혹은 척도의 준거타당도가 완벽한 것을 의미하고, 전체 도면의 면적에서 ROC 곡선 아랫부분의 면적이 차지하는 비율이 1보다 작을수록 검사 혹은 척도의 준거타당도가 낮다는 것을 의미한다. 만약 ROC 곡선이 도면의 왼쪽 하단 모서리와 오른쪽 상단 모서리를 직선으로 연결하는 대각선의 모형을 보이면, 검사 혹은 척도점수는 준거와 완전히 서로 독립적이라는 것을 의미한다.

[그림 9-1]의 ROC 곡선은 실제 학습장애 학생이 편차점수를 통해서도 학습장애로 옳게 분류된 조건비율(민감도)을 실제로 학습장애가 아닌 학생을 편차점수를 통해서 학습장애로 잘못 분류된 조건비율(오류긍정비율)의 함수로 표기한 것이다. 모든 가능한 절단점에서 민감도가 오류긍정비율에 비하여 클수록 ROC 곡선 아랫부분의 면적은 넓어진다. 따라서 ROC 곡선 아랫부분의 면적은 '실제 학습장애의 편차점수가 실제로 학습장애가 아닌 학생의 편차점수보다 클 확률과 같다'. 즉, 실제 학습장애 학생의 편차점수를 1로 표기하고, 실제로 학습장애가 아닌 학생의 편차점수를 0으로 표기하면 ROC 곡선 아랫부분의 면적은 $Pr(x_1 > x_0)$과 같다. 왜냐하면 이 확률이 클수록 민감도가 오류긍정비율보다 커지기 때문이다. 두 범주의 점수분포가 서로 많이 이격될수록 $Pr(x_1 > x_0)$은 커지고, 따라서 ROC 곡선 아랫부분의 면적이 넓어진다.

ROC 곡선 아랫부분의 면적은 $Pr(x_1 > x_0)$와 같으므로, 면적을 구하기 위해서는 모든 학습장애 학생과 학습장애가 아닌 학생을 각각 한 사람씩 짝지어 쌍을 만들고, 각 쌍에서 학습장애의 검사점수와 학습장애가 아닌 학생의 편차점수를 비교한 후, 학습장애 학생의 편차점수가 학습장애가 아닌 학생의 편차점수보다 큰 쌍의 개수를 모든 가능한 쌍의 개수로 나누어 주면 된다. 이와 같이 계산하였을 때, [그림 9-1]의 ROC 곡선 아랫부분의 면적은 0.862이다. 따라서 본 예시에서 회귀 불일치 모형의 편차점수는 학습장애 진단에 있어서 중간 정도의 정확성을 가진다고 볼 수 있다.

2) ROC 곡선 분석의 일반적 절차

ROC 곡선 분석은 역치값(Threshold)과 함께 로지스틱 회귀분석이나 의사결정 나무 분석에 대한 모형 평가에 흔히 사용된다. 이는 SAS 내의 Enterprise Miner를 사용하여 수행 가능하다. 그러나 이 책에서는 연구자들의 접근용이성을 위해 spss 15.0에 나와 있는 ROC 곡선분석을 기준으로 일반적 절차를 설명하고자 한다. 따라서 SAS 내의 Enterprise Miner를 사용할 수 있는 사람들은 SAS를 사용하길 권장한다. SPSS 15.0에서는 ROC 곡선 분석을 실시하는 데에 있어 조작하기 쉬운 인터페이스를 제공하기 때문에 연구자들이 쉽게 사용할 수 있다. 일반적 절차는 다음과 같다.

① SPSS 15.0의 메뉴에서 〈analyze〉 항목 맨 하단의 〈ROC curve〉를 선택한다. 그러면 다음과 같은 화면이 나타난다.

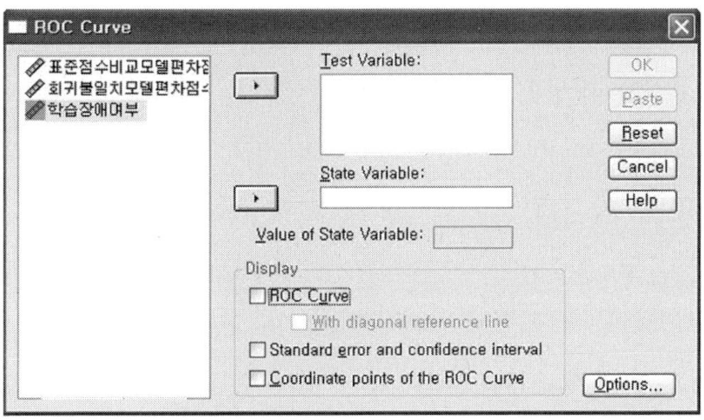

[그림 9-2] SPSS상에서의 ROC 곡선 분석 활용절차 화면 1

② 〈State Variable〉에는 목표변인으로 삼은 자료를 넣는다. 본 예시에서는 학습장애 여부가 된다.

③ 〈Value of State Variable〉에는 목표변인으로 삼은 자료 중 분류상에서 확인하고 싶은 변수값을 입력한다. 본 예시에서는 학습장애를 1로, 학습장애가 아닌 학생을 0으로 코딩하였으므로 변수값 1을 입력한다.

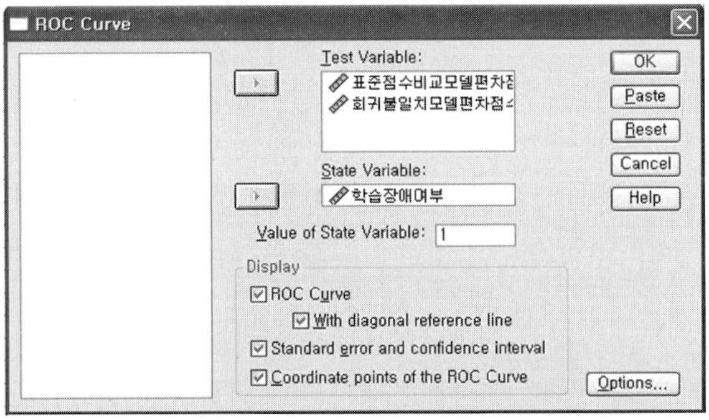

[그림 9-3] SPSS상에서의 ROC 곡선 분석 활용절차 화면 2

④ 〈Test Variable〉에는 설명변인으로 삼은 자료를 넣는다. 본 예시에서는 표준점수 비교모형에 따른 편차점수와 회귀 불일치 모형에 따른 편차점수다.

⑤ 〈Display〉에 제시된 〈ROC curve〉 〈With diagonal reference line〉 〈Standard error and confidence interval〉 〈Coordinate points on the ROC Curve〉를 모두 선택한다([그림 9-3] 참조).

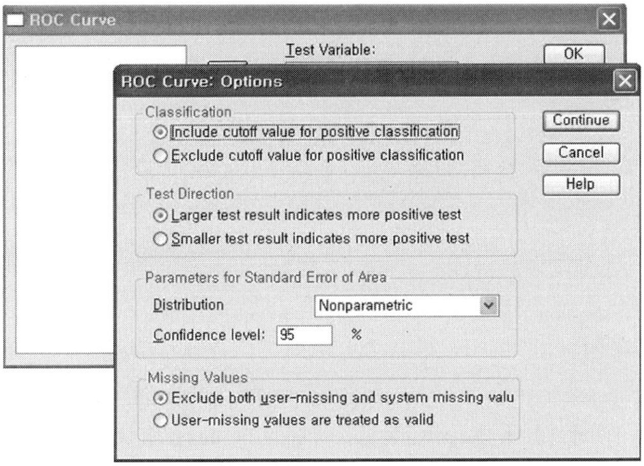

[그림 9-4] SPSS상에서의 ROC 곡선 분석 활용절차 화면 3

⑥ 〈options〉를 누르면 [그림 9-4]와 같은 화면이 나타난다. 여기서 〈Classification〉은 절단값의 포함여부를 결정하는 항목이고, 〈Test direction〉은 검증 방향을 설정하는 항목이다. 본 예시에서 〈Value of State Variable〉을 1로 선택하고 〈Larger test result indicates more positive test〉를 선택한 결과와 〈Value of State Variable〉을 0으로 선택하고 〈Smaller test result indicates more positive test〉를 선택한 결과는 결국 같게 나온다. 〈Parameters for Standard Error of Area〉는 영역의 표준오차에 관한 선택항목으로 사용할 분포와 신뢰구간을 결정한다. 〈Missing Values〉는 결측치에 대한 선택항목이다.

⑦ 〈Continue〉-〈Ok〉를 누르면 결과가 산출된다.

3. ROC 곡선 분석의 사용례

이 절에서는 ROC 곡선 분석을 사용한 구체적인 연구 사례를 알아보고자 한다.

1) 연구 대상

이 연구는 전국 11개 초등학교 3, 4학년 1개 학급씩 총 22학급의 22명 담임 교사와 668명의 학생이 참여했고, 참여 학생의 학년 및 성별 분포는 〈표 9-3〉과 같다.

〈표 9-3〉 일반아동의 학년, 성별 분포

성별	학년		계
	3학년	4학년	
남	179(26.8%)	178(26.6%)	357(53.4%)
녀	153(22.9%)	158(23.7%)	311(46.6%)
총계	332(49.7%)	336(50.3%)	668(100%)

2) 측정도구

(1) ACCENT 인지영역검사와 국어영역검사

ACCENT 인지영역검사와 국어영역검사(김동일 외, 2003a: 2003b)가 연구 대상의 인지능력 및 국어성취 수준을 파악하기 위하여 사용되었는데 두 가지 검사 모두 평균 100, 표준편차 15로 표준화된 검사다. 인지영역검사는 '언어이해' '주의집중' '지각적 조직화'라는 세 가지 영역으로 구성되었다. 언어이해 영역은 어휘, 일반지식, 이해, 유추적 추론, 일반화를 구인으로 하고, 주의집중 영역은 기억과 운동 행동을 구인으로 하고 있다. 마지막으로 지각적 조직화는 세부인식, 순차처리, 유추적 추론, 형태완성을 구인으로 하고 있다. 인지영역검사의 문항 내적 일관성 신뢰도의 경우 언어이해는 Cronbach $\alpha = .88$, 주의집중은 Cronbach $\alpha = .91$, 지각적 조직화는 Cronbach $\alpha = .87$로 나타났다. 국어영역검사는 읽기와 쓰기로 나누어져 있으며, 읽기는 기능상 한글해득과 지식, 낱말이해, 사실적 이해, 추론적 이해, 비판적 이해로 구성되었고, 쓰기는 기능상 낱말쓰기, 문장쓰기, 내용생성, 내용조직, 글편집으로 구성되었다. 국어영역검사의 문항 내적 일관성 신뢰도의 경우는 Cronbach $\alpha = .89$로 나타났다.

(2) 학습장애 진단을 위한 교사 설문지

학습장애 진단을 위한 교사 설문지는 측정학적 적합성보다는 개별 담임교사가 실제로 학급현장에서 느끼고 있는 경험적 판단에 대해 알아보는 것이기 때문에 별도의 측정학적 정보는 구하지 않았다. 설문에는 '학습장애 정의'를 다음과 같이 제시한 후 학급의 학생 중에 학습장애 조건에 해당하는 학생들의 성명을 기록하도록 하였다. 제시된 '학습장애 정의'의 내용은 다음과 같다.

> 학습장애: 학업 영역에서 나타나는 학업성취 수준이 학생이 지닌 잠재적인 능력(예: 지적 능력수준)에 미치지 못하고 현격하게 뒤떨어지는 상태

3) 분석방법

먼저 다음과 같은 다섯 가지 조건에 모두 해당하는 학생을 학습장애 준거집단으로 설정하여 목표변인으로 삼았다.

① ACCENT 인지영역검사 환산점수가 70 이상이고,
② 교사의 경험적 판단을 통해서 학습장애로 진단되었고,
③ 국가규준 저성취 모형에서 제안한 불일치 공식에 따라 나타난 불일치 수준이 1표준편차 이상인 경우
④ 지역규준 저성취 모형에서 제안한 불일치 공식에 따라 나타난 불일치 수

준이 1표준편차 이상인 경우

국가규준 저성취 모형과 지역규준 저성취 모형에서 1표준편차를 사용한 이유는 '예상되지 않은' 저성취의 확인과정으로서의 불일치 준거는 학습장애 진단의 필요조건에 해당하므로 필요조건의 특성을 갖출 수 있도록 정의를 왜곡하지 않은 범주 내에서 대상을 폭넓게 잡을 수 있도록 할 필요가 있고, 다섯 가지 조건 모두를 만족시키는 학생만을 학습장애로 진단하기 때문에 표준편차 수준을 넓게 잡을 필요가 있었기 때문이다.

상기한 다섯 가지 조건을 준거로 하여 진단된 학습장애 학생을 목표변인으로 하고 ① ACCENT 인지영역검사 환산점수가 70 이상이고, ② ACCENT 국어영역검사 환산점수가 100 이하인 조건하에서 표준점수 비교모형과 회귀불일치 모형의 편차점수를 설명변인으로 선택하여 ROC 곡선 분석을 실시하였다.

각 불일치 모형에서 사용한 불일치 공식은 다음과 같다.

① 표준점수 비교모형

$$\frac{x_I - x_A}{SD}$$

x_I: 개인별 ACCENT 인지영역검사 환산점수

x_A: 개인별 ACCENT 국어영역검사 환산점수

SD: ACCENT 검사 환산점수의 표준편차($SD = 15$)

② 회귀 불일치 모형

$$\hat{x}_A = \bar{x}_A + \frac{R_{IA} - R_{DA}}{SD_I}(x_I - \bar{x}_I)$$

$$\hat{x}_A - x_A = x_A > 15Z\sqrt{1 - R_{IA}}$$

$\hat{x}_A$: 개인별 ACCENT 국어영역검사 예상 환산점수

$\bar{x}_A$: ACCENT 국어영역검사 환산점수의 평균(M = 100)

R_{IA}: ACCENT 인지영역검사와 국어영역검사 간의 상관(상관계수 R=0.612)

SD_A: ACCENT 국어영역검사 환산점수의 표준편차(SD=15)

SD_I: ACCENT 인지영역검사 환산점수의 표준편차(SD=15)

X_I : 개인별 ACCENT 인지능력검사 환산점수

$\bar{X}_I$: ACCENT 인지능력검사 환산점수의 평균(M=100)

X_A : 개인별 ACCENT 국어영역검사 환산점수

Z: 신뢰수준(95% 신뢰수준값=1.96)

4) 연구 결과

연구에 참여한 668명의 학생들 중 ① ACCENT 인지영역검사 환산점수가 70 이상이고, ② ACCENT 국어영역검사 환산점수가 100 이하의 조건을 만족하는 연구 대상은 〈표 9-4〉와 같다.

〈표 9-4〉 ROC 곡선 분석 연구 대상

구분	학습장애	일반학생
인원 수	18	311

본 연구에 대한 ROC 곡선 분석의 결과는 [그림 9-5], 〈표 9-5〉와 같다. [그림 9-5]에서 ①은 회귀 불일치 모형 편차점수 결과이고, ②는 표준점수 비교모형 편차점수의 결과다.

〈표 9-5〉 교사의 임상적 판단 준거 집단과 불일치 모형 간의 일치도 분석 결과

구분	영역	표준오차[a]	근사 유의 확률[b]	근사 95% 신뢰구간	
				하한	상한
표준점수 비교모형	.822	.058	.000	.709	.936
회귀 불일치 모형	.923	.033	.000	.859	.987

[a]비모수 가정 아래 [b]영가설: 실제 영역=0.5

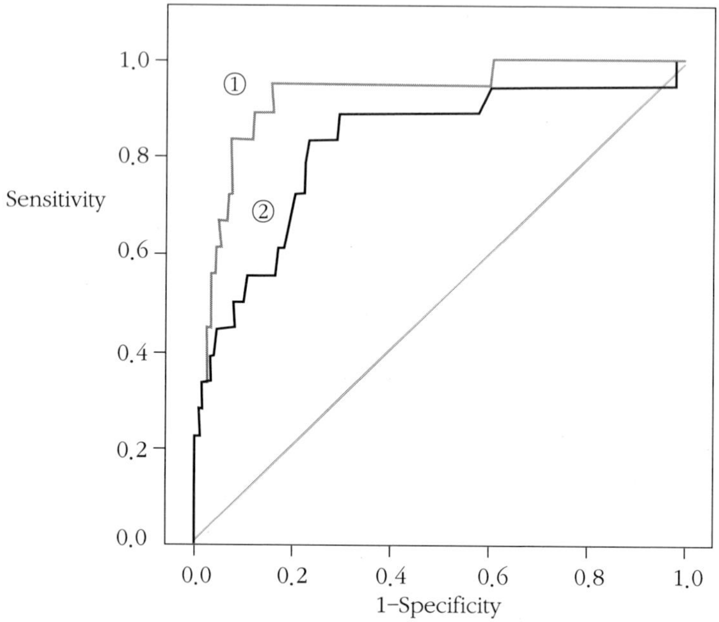

[그림 9-5] 교사의 임상적 판단에 따른 준거와 불일치 모형 간의 ROC 곡선 분석 결과

회귀 불일치 모형의 영역은 .923로 높은 정확성을, 표준점수 비교모형은 .822로 중간 정도의 정확성을 보이는 것으로 나타났다.

이 결과는 본 연구에서 설정한 학습장애 준거 집단을, 회귀 불일치 모형의 편차점수가 표준점수 비교모형의 편차점수에 비해 더 잘 설명하고 예측할 수 있다는 것을 의미한다.

구체적으로 각 모형의 편차점수의 임계값들에 대한 결과는 〈표 9-6, 7〉과 같다. 표준점수 비교모형의 경우 영역의 최적값 지점이 민감도 .833에서 .722 사이, 1-특이도 .260에서 .212 사이로 나타났고, 이때의 불일치 편차점수는 4.50에서 6.17 사이다. 회귀 불일치 모형의 경우 영역의 최적값 지점은 민감도 .944에서 .889 사이, 1-특이도 .167에서 .154 사이로 나타났고, 이때의 불일치 편차점수는 5.33에서 6.21 사이다.

불일치 모형에 있어서 기대되는 수준에 비해 현저하게 떨어지는 학업적 성

〈표 9-6〉 표준점수 비교모형 간의 영역 좌표

결과값 구분	ROC 곡선 분석을 위한 준거값[a]	민감도	1-특이도
시작값 지점	-40.67	1.000	1.000
	-33.67	1.000	.997
	-27.33	1.000	.994
·	·	·	·
·	·	·	·
·	·	·	·
·	·	·	·
최적값 지점	4.50	.833	.260
	4.83	.833	.251
	5.17	.833	.235
	5.50	.778	.225
	5.83	.722	.222
	6.17	.722	.212
·	·	·	·
·	·	·	·
·	·	·	·
·	·	·	·
1표준편차 지점	14.67	.444	.051
	15.17	.444	.045
	15.50	.389	.042
	15.83	.389	.039
·	·	·	·
·	·	·	·
·	·	·	·
·	·	·	·
2표준편차 지점	25.00	.111	.003
	27.33	.056	.003
	33.50	.000	.003
최종값 지점	39.00	.000	.000

[a]준거값(cutoff score)의 최소값은 관찰된 값에서 1을 빼고, 최대값은 관찰된 값에서 1을 더함. 제시된 모든 준거값은 연속된 관찰값 간의 평균값임.

〈표 9-7〉 회귀 불일치 모형 간의 영역 좌표

결과값 구분	ROC 곡선 분석을 위한 준거값[a]	민감도	1-특이도
시작값 지점	-29.16	1.000	1.000
	-27.04	1.000	.997
	-25.88	1.000	.994
.	.	.	.
.	.	.	.
.	.	.	.
.	.	.	.
최적값 지점	5.33	.944	.167
	5.47	.944	.164
	5.62	.944	.161
	5.92	.889	.161
	6.17	.889	.158
	6.21	.889	.154
.	.	.	.
.	.	.	.
.	.	.	.
.	.	.	.
1표준편차 지점	14.07	.667	.058
	14.88	.667	.055
	15.52	.611	.055
	15.56	.611	.051
	15.85	.611	.048
.	.	.	.
.	.	.	.
.	.	.	.
.	.	.	.
2표준편차 지점	28.86	.111	.003
	31.08	.056	.003
최종값 지점	33.11	.000	.003
	35.51	.000	.000

[a]준거값(cutoff score)의 최소값은 관찰된 값에서 1을 빼고, 최대값은 관찰된 값에서 1을 더함. 제시된 모든 준거값은 연속된 관찰값 간의 평균값임.

취 판단의 근거가 되는 '1표준편차와 2표준편차 사이값'은 각각 15점과 30점이 된다. 각 모델별로 이 지점을 살펴보면 표준점수 비교모형의 경우 1표준편차 지점은 민감도 .444에서 .389 사이, 1-특이도는 .051에서 .039 사이로 나타났고, 2표준편차 지점은 민감도 .111에서 .000 사이, 1-특이도 .003으로 나타났다. 회귀 불일치 모형의 경우 1표준편차 지점은 .667에서 .611 사이, 1-특이도는 .055에서 .048 사이로 나타났고, 2표준편차 지점은 .111에서 .000 사이, 1-특이도는 .003으로 나타났다.

이 결과는 기대되는 수준에 비해 현저하게 떨어지는 학업적 성취의 판단 근거를 '1표준편차와 2표준편차 사이값'으로 상정하는 것이 적절한지에 대한 검증의 필요성을 제기하고 있다. 오히려 본 연구에서 설정한 학습장애 준거를 효과적으로 설명할 수 있는 편차점수는 회귀 불일치 모형의 편차점수 중 5.33에서 6.21 범위로 볼 수 있다. 따라서 이 지점을 절단값으로 사용하는 것이 학습장애 진단과 분류 그리고 예측에 더 효과적일 수 있다.

4. 맺음말

ROC 곡선 분석은 원래 진단과 증후에 대한 의사결정을 위해 적용되는 분류 및 예견 모형을 평가하는 것을 목적으로 한다. ROC 곡선 분석은 로지스틱 회귀분석이나 의사결정 나무 분석에 비해 상대적으로 이해하기가 쉽고 직관적이라는 장점으로 인해 활용될 수 있는 가능성이 많다. 그러나 ROC 곡선 분석에 대한 정확한 이해를 위해서는 조건확률의 차이검증에 대한 선행지식이 반드시 필요하다.

그리고 이 책에서는 ROC 곡선 분석에 대한 이해도를 높이기 위해 SPSS를 사용하여 설명하였으나, 모형 평가적 관점에서 볼 때, SAS 내의 Enterprise Miner를 사용할 것을 권장한다. 구체적인 예시는 김동일과 홍성두(2009)를 참조하기 바란다. 그리고 아직까지 SPSS에서는 설명변인을 개별변인으로 투입할 수밖에 없으므로 각 설명변인을 조작화된 변수로 정확히 정련한 후 데이터를 사용해야 한다.

ROC 곡선 분석은 진단과 분류에 있어서 사용할 수 있는 강력한 도구임에 틀림없다. 보다 정확한 이해 과정을 기반으로 할 때 ROC 곡선 분석은 제 장애 영역의 진단과 분류 연구에 큰 도움을 줄 것이다.

참고문헌

김동일(2005). 학습장애 진단 및 평가에 대한 논의: 진단 및 평가 모형 적용가능성의 제고. 한국학습장애학회 2005 춘계 심포지엄, 61-65.

김동일, 신종호, 여상인, 이대식, 이재희(2003a). ACCENT 개발 최종보고서 인지영역. 서울: 서울대학교교육연구소.

김동일, 신종호, 여상인, 이대식, 이재희(2003b). ACCENT 개발 최종보고서 국어영역. 서울: 서울대학교교육연구소.

김동일, 홍성두(2009). 학습장애 진단을 위한 데이터 마이닝 기법 간 비교: 회귀분석, 의사결정나무분석, 신경망 분석을 중심으로. 특수교육연구, 16(1), 321-339.

백욱현(1993). 학습장애 개념정의의 타당성과 재개념화의 필요성. 교육학연구, 31(1), 139-157.

신종호(2002). 학습장애아동 조기 선별을 위한 인지판단 그림검사의 타당도 연구. 교육학연구, 40(1), 159-176.

Becker, H. S. (1963). *Outsiders: Studies in the Sociology of Deviance.* New York, NY: The Free Press.

Berk, R. A. (1984). An evaluation of procedures for computing an ability-achievement discrepancy score. *Journal of Learning Disabilities, 17,* 262-266.

Berninger, V. W., & Abbott, R. D. (1994). Redefining learning disabilities: Moving beyond aptitude-achievement discrepancies to failure to respond to validated treatment protocols. In G. R. Lyon (Ed.), *Frames of reference for assessment of learning disabilities: New views in measurement issues* (pp.

163-184). Baltimore, MD: Brookes.

Bishop, D. V., & Butterworth, G. E. (1980). Verbal-performance discrepancies: Relationship to birth risk and specific reading retardation. *Cortex, 16,* 375-389.

Boodoo, G. (1984-1985). A multivariate perspective for aptitude-achievement discrepancy in learning disability assessment. *Journal of Special Education, 18,* 489-494.

Burt, C. (1950). *The backward child* (3rd ed.). London: University of London Press.

Cohen, J. (1983). The cost of dichotomization. *Applied Psychological Measurement, 7,* 249-253

Cone, T. E., Wilson, L. R., Bradley, C. M., & Reese, J. H. (1985). Characteristics of LD students in Iowa: An empirical investigation. *Learning Disability Quarterly, 8,* 211-220.

Dobbins, D. A. (1988). Yule's "hump" revisited. *British Journal of Educational Psychology, 58,* 338-344.

Evans, L. D. (1990). A conceptual overview of the regression discrepancy model for evaluating severe discrepancy between I.Q. and achievement scores. *Journal of Learning Disabilities, 23,* 406-412.

Fletcher, J. M., Coulter, W. A., Reschly, D. J., & Vaughn, S. (2004). Alternative approaches to the definition and identification of learning disabilities: Some questions and answers. *Annals of Dyslexia, 54*(2), 304-331.

Fletcher, J. M., Foorman, B. R., Boudousquie, A., Barness, M. A., Schatschneider, C., & Francic, D. J. (2002). Assessment of reading and learning disabilities a research-based intervention-oriented approach. *Journal of School Psychology, 40*(1), 27-63.

Fletcher, J. M., Francis, D. J., Rourke, B. P., Shaywitz, S. E., & Shaywitz, B. A. (1992). The validity of discrepancy-based definition of reading disabilities. *Journal of Learning Disabilities, 25*(9), 555-561, 573.

Fuchs, D., Fuchs, L. S., Mathes, P. G., & Lipsey, M. W. (2000). Reading differences between low-achieving students with and without learning disabilities: A meta-analysis. In R. Gersten, E. P. Schiller, & S. Vaughn (Eds.), *Contemporary special education research* (pp. 105-136). Mahwah, NJ:

Lawrence Erlbaum.

Gresham, F. M., MacMillan, D. L., & Bocian, K. M. (1996). Learning disabilities, low achievement, and mild mental retardation: More alike than different? *Journal of Learning Disabilities, 29,* 570-581.

Kavale, K. A., & Forness, S. R. (2000). What definition of learning disabilities say and don't say. *Journal of Learning Disabilities, 33*(3), 239-256.

Kavale, K. A. (2002). Discrepancy models in the identification of learning disability. In R. Bradley, L. Danielson, & D. P. Hallahan (Eds.), *Identification of learning disabilities: Research to practice* (pp. 369-426). Mahwah, NJ: Lawrence Erlbaum.

Lyon, G. R. (1989). I.Q. is irrelevant to the definition of learning disabilities: A position in search of logic and data. *Journal of Learning Disabilities, 22,* 504-506, 512.

Lyon, G. R., Fletcher, J. M., Shaywitz, D. E., Shaywitz, B. A., Wood, F. B., Schulte, A., & Olson, R. (2001). *Learning disabilities: An evidence-based conceptualization* (pp. 259-283). Washington, DC: Fordham Foundation.

Maxwell, S. E., & Delaney, H. D. (1993). Bivariate median splits and spurious statistical significance. *Psychological Bulletin, 113,* 181-190.

Peterson, K. M. H., & Shinn, M. R. (2002). Severe discrepancy models: Which best explain school identification practices for learning disabilities? *School Psychology Reviews, 31*(4), 459-476.

Proctor, B., & Prevatt, F. (2003). Agreement among four models used for diagnosing learning disabilities. *Journal of Learning Disabilities, 36*(5), 459-466.

Reynolds, C. R. (1984-1985). Critical measurement issues in learning disabilities. *The Journal of Special Education, 18*(4), 451-476.

Reynolds, C. R., & Snow, M. (1985). *Severe discrepancy analysis* [Computer program]. College Station, TX: TRAIN.

Shaywitz, S. E., Escobar, M. D., Shaywitz, B. A., Fletcher, J. M., & Makuch, R. (1992). Evidence that dyslexia may represent the lower tail of a normal distribution of reading ability. *The New England Journal of Medicine, 326*(3), 145-150.

Shepard, L. A., Smith, M. L., & Vojir, C. P. (1983). Characteristics of pupils identified as learning disabled. *American Educational Research Journal, 20,* 309-331.

Shinn, M. R. (2002). Best practices in using curriculum-based measurement in a problem-solving model. In A. Thomas & J. Grimes (Eds.), *Best practices in school psychology* (pp. 671-698). Bethesda, MD: National Association of School Psychologists.

Shinn, M. R., Good, R. H., III, & Parker, C. (1999). Noncategorical special education services with students with severe achievement deficits. In D. J. Reschly, W. D. Tilly, III, & J. P. Grimes (Eds.), *Special education in transition: Functional assessment and non categorical programming* (pp. 81-105). Longmont, CO: Sopris West.

Shinn, M. R., Tindal, G. A., Spira, D., & Marston, D. (1987). Practice of learning disabilities as social policy. *Learning disabilities Quarterly, 10,* 17-28.

Siegel, L. S. (1989). IQ is irrelevant to the definition of learning disabilities. *Journal of Learning disabilities, 22,* 469-478.

Siegel, L. S. (1999). Issues in the definition and diagnosis of learning disabilities: A perspective on Guckenberger vs. Boston University. *Journal of Learning Disabilities, 32,* 304-319.

Singer, J., Palfrey, J., Butter, J., & Walker, D. (1989). Variation in special education classification across school districts: How does where you live affect what you are labeled? *American Educational Research Journal, 26,* 261-281.

Stanovich, K. E. (1989). Has the learning disabilities field lost its intelligence? *Journal of Learning Disabilities, 22*, 487-492.

Stanovich, K. E. (2000). *Progress in understanding reading: Scientific foundation and new frontiers.* New York: Guilford.

Sternberg, R, J., & Grigorenko, E. K. (2002). Difference scores in the identification of children with learning disabilities: It's time to use a different method. *Journal of School Psychology, 40,* 65-83.

Swanson, L. H. (2000). Issues facing the field of learning disabilities. *Learning Disability Quarterly, 23,* 37-50.

Tilly, W. D., III, Reschly, D, J., & Grimes, J. (1999). Disability determination in problem-solving systems: Conceptual foundation and critical components. In D. J. Reschly, W. D. Tilly, III, & J. Grimes (Eds.), *Special education in transition: Functional Assessment and noncategorical programming* (pp. 285-321). Longmont, CO: Sopris West.

U.S. Department of Education. (1999). *To assure the free appropriate public education of all children with disabilities: Twenty-first annual report to the Congress on the implementation of the Individuals With Disabilities Education Act.* Washington, DC: Author

United States Office of Education. (1977). Assistance to states for education for handicapped children; Procedures for evaluating specific learning disabilities. *Federal Register, 42,* G1082-G1085.

Van den Broeck, W. (2002). The misconception of the regression-based discrepancy operationalization in the definition and research of learning disabilities. *Journal of Learning Disabilities, 35*(3), 194-204.

Watkins, M., & Kush, J. (1988). *The research assistant.* [Computer program]. Phoenix, AZ: South West Ed Psych.

Willson, V. L., & Reynolds, C. R. (2002). Misconceptions in Van den Broeck's representation of misconceptions about learning disability research. *Journal of Learning Disabilities, 35*(3), 205-208.

Wood, F. B., & Grigorenko, E. L. (2001). Emerging issues in the genetics of dyslexia: A methodological preview. *Journal of Learning Disabilities, 34,* 503-512.

Ysseldyke, J. E., Algozzine, B., & Epps, E. (1983). A logical and empirical analysis of current practice in classifying students as handicapped. *Exceptinal Childre, 50,* 160-166.

제10장
CBM 음독검사와 독해력검사의 관계
다층 메타분석

1. CBM 검사와 독해력
2. 검사의 타당도
3. 타당화 일반화 연구를 위한 다층모형의 메타분석 개념 및 분석방법
4. 다층모형의 메타분석 사용례
5. 맺음말

이 장의 주된 목적은 다층모형의 메타분석을 설명하고 활용방법에 관해 소개하는 것이다. 최근 들어 증거에 기반한 중재방법(evidence based practice)을 특수교육 현장에서 강조함으로써 메타분석에 대한 관심이 매우 높아지고 있는 것이 사실이다. 그러나 이 장에서 자세히 설명된 것처럼 메타분석을 통해 정확한 결과를 산출하기 위해서는 연구자가 분석 과정에서 매우 세심한 주의를 기울일 필요가 있다. 이 장에서 살펴본 메타분석의 전반적인 개요를 살펴보면, 우선 고정효과모형과 무선효과모형 중에서 연구자는 무선효과모형을 선택해야 한다. 하지만 국내에서 무선효과모형에 기반한 메타분석은 매우 드물게 사용되고 있는 것이 사실이다. 또한 이 장에서는 무선효과모형과 함께 3층모형의 메타분석이 필요함을 설명하고 있다. 대부분의 메타분석의 경우 한 연구에서 한 개의 효과크기만 제공하는 경우는 매우 드물며, 다수의 효과크기를 제공하는 것이 일반적이다. 그러한 이유로 3층모형의 메타분석이 활용되어야만 한다. 메타분석의 구체적인 활용방안을 설명하기 위해서 CBM 음독검사와 독해력검사 간의 관계를 살펴보는 메타분석을 예시하였고, 구체적인 분석방법과 결과해석 방법에 관해 자세히 설명하였다.

학령기 아동에게 있어서 해당 연령에 적합한 읽기능력의 발달은 매우 중요한데, 그 이유 중 한 가지는 읽기 교과의 특성과 관련되어 있다(Yeo, 2008). 읽기 영역은 읽기 교과 그 자체로서의 중요성과 더불어 타 교과 영역을 학습하는 데 있어서 반드시 선수학습되어야 하는 도구 교과로서의 특성을 가지고 있기 때문에 학령기 아동들에게 있어서 중요한 학습 영역으로 인식되고 있다. 그러한 이유로 인해, 읽기 영역의 발달이 지속적으로 지체된다면, 그러한 문제점은 읽기 영역에만 국한되지 않고 타 교과 영역에도 영향을 주어 전반적인 학업 영역에서의 저성취를 초래하게 된다. 이러한 읽기 교과의 특성 때문에 읽기능력은 교육학 연구에서 현재의 학업수준뿐만 아니라 향후 학업능력을 가늠하는 데 있어서 중요한 예측변인으로 사용되고 있다.

읽기 영역의 안정적인 발달의 중요성은 Stanovich(1986)의 매슈효과(Matthew effect)로도 설명할 수 있다. 매슈효과는 읽기의 발달에 있어서 조기의 안정적인 발달이 왜 중요한지를 설명하고 있는데, 예를 들면, 초기 단계에서 읽기에 어려움이 있는 학생은 향후 읽기능력을 가늠해 볼 때 지속적으로 어려움을 겪을 확률이 매우 높으며, 반면에 초기에 잘 발달된 읽기능력을 보이는 학생은 지속적으로 안정적인 읽기발달을 기대할 수 있다는 것이다. 실제로 수많은 경험적인 연구에서도 초기의 읽기능력은 향후의 읽기발달과 정적인 상관관계를 보일 수 있음을 증명하고 있다(Coyne, Kame'enui, & Simmons, 2004; McCoach, O'Connell, Reis, & Levitt, 2006).

그러한 읽기발달의 특성을 고려해 볼 때, 읽기에 어려움을 보이는 학생들을 조기에 선별(early intervention)해야 하며, 그에 적합한 조기중재를 바로 투입하는 것이 매우 중요하다. 조기선별과 조기중재의 효과성에 관한 경험적 증거는 Jitendra 등(2004)의 연구에서 확인되고 있다. 이 연구에서는 읽기장애를 가지고 있는 학생들을 조기에 선별하고, 그러한 결과를 바탕으로 적합한 중재를 바로 투여했을 때의 교육적 효과가 그렇지 않은 경우보다 매우 높게 나타나고 있음을 경험적인 연구 결과로 증명하고 있다.

그렇다면, 읽기에 어려움을 보이는 학생을 위한 적합한 선별 및 중재 모형은 무엇일까? 이와 같이 적합한 중재모형과 관련된 연구는 현재 특수교육 분야에서 가장 관심을 끌고 있는 영역 중 한 가지다. 현재까지의 연구 결과를 참고했을 때, 학교의 교사나 연구자들은 아직까지는 최적의 모형을 제시하지 못하고 있다. 미국의 경우, 2004년 장애인교육법, 즉 IDEA(Individuals with Disabilities Education Improvement Act)가 개정된 이후 학교현장에서는 중재반응모형(Response to Intervention: RTI)을 사용하여 조기선별 및 중재를 대안적인 방법으로 선택할 수 있게 되었다(Fuchs & Fuchs, 2006). 기존의 중재모형과 비교했을 때 중재반응모형의 가장 큰 장점 중 한 가지는 대상 아동의 문제점이 심각하게 발현되지 않았어도 교사가 지속적인 중재를 제공할 수 있다는 것이다. 또한 중재반응모형에서는 기존의 과학으로 증명되지 않은 중재방안의 사용을 제한하고 효과성이 증명된 중재방안을 사용해야 하기 때문에 교육적인 효과 또한 높을 것이라 예측된다. 최종적으로 중재반응모형에서는, 학습장애 학생이란 과학으로 검증된 중재 투입에도 불구하고 지속적으로 학습에 어려움을 보이는 학생이라고 정의하고 있다.

이처럼 중재반응모형은 현재 특수교육 분야에서 가장 큰 관심을 받고 있는 선별 및 중재 모형임은 틀림없지만, 이러한 모형이 현장에서 잘 정착되기 위해서 시급히 풀어야 할 수많은 과제가 남아 있다. 여러 중요한 과제 중 한 가지는 중재반응모형에서 적합한 검사도구의 선택이다. 중재반응모형에서 효과성이 증명된 중재방안에도 반응을 지속적으로 보이지 않을 때 학습장애 위험군 학생으로 선별할 수 있는데, 유의한 반응을 학생이 보여 주고 있는지를 측정하기 위한 타당하고 신뢰로운 검사도구가 필요하다(Fuchs & Fuchs, 1998).

1. CBM 검사와 독해력

현재까지의 경험적 연구 결과에 따르면, 교육과정중심측정(Curriculum-Based Measurement; 이하 CBM)은 중재반응모형을 활용한 연구와 학교현장에서 가장 빈번히 사용되고 있는 검사도구 중 하나다. CBM 검사는 학생들의 학업성취 성장률(slope)을 조사할 수 있는 표준화된 검사방법으로 정의할 수 있을 것이다(Deno, 1985, 2003). CBM은 1970년대 중반 미국의 미네소타 대학교에서 처음 개발되었다. CBM 검사가 개발된 주된 원인 중 한 가지는 교사가 사용하고 있는 중재방법의 효과성을 평가하기 위함이었다. 특수교사들은 특수교육이 필요한 아동에게 적합한 중재방안을 사용하고 있다고 추측하지만, 그러한 중재들이 실제로 대상 아동에 대해 교육적인 효과를 나타내고 있는지에 관한 객관적인 평가를 하는 데 있어서 전문적인 지식과 경험을 가지고 있지 못한 것이 사실이었다. 이러한 문제점을 해결하는 데 있어서 CBM은 적합한 검사도구로 사용될 수 있다. 실제 교실현장에서 CBM 검사가 사용될 수 있는 구체적인 예를 들면, 먼저 교사는 기초선을 바탕으로 학생의 현재의 학업성취 정도를 평가하게 되고, 그러한 결과를 바탕으로 장기적인 학업목표를 설정하게 된다. 목표를 설정한 후 학생에게 적합한 중재를 투입하게 되고, CBM을 사용하여 매주 학생의 학업성취를 반복적으로 측정하게 된다. 장기목적에 근거했을 때, 현재의 학업성취가 지속적으로 뒤처지고 있다는 판단을 하게 되면, 교사는 지금 사용하고 있는 중재방안이 효과적이지 않다는 의사결정을 하게 되고, 곧바로 새로운 중재를 대상 학생에게 투입해야 한다. 지금까지의 일련의 과정에서 살펴본 것처럼, CBM을 사용함으로써 교사는 자신의 중재방안의 효과를 자신의 주관적인 판단에 의존하여 판단하기보다는 객관적인 자료에 근거한 의사결정(data driven decision making)을 할 수 있게 된다.

CBM 검사는 기존의 검사도구와는 구별되는 중요한 특성을 가지고 있다. 먼저 CBM 검사는 기존의 검사에 비해 사용방법이 매우 간편하다. 일반적으로 지능검사나 학업성취도검사를 실시하기 위해서는 교사나 임상심리사들을 위한 충분한 사전교육이 필요하지만, CBM은 간단한 사용방법만을 숙지한 후 바로 사용할 수 있는 장점을 가지고 있다. 또한 CBM 검사를 실시하는 데 있어서 필요한 검사시간은 1～3분 정도로, 매우 짧은 시간 안에 진행된다. 하지만 지능검사나 다른 학업성취도검사의 경우 3시간 이상의 검사시간을 필요로 하고 있기 때문에 정규 교육과정에서 특별한 시간을 확보한 후에 검사를 진행하는 단점이 있다. CBM 검사의 또 다른 중요한 특징 중 한 가지는 반복적으로 측정될 수 있다는 것이다. 지능검사나 학업성취도검사의 경우 근본적으로 반복측정될 수 없게 개발되었지만, CBM 검사는 반복측정될 수 있도록 설계되어 있기 때문에 학업성취를 모니터링할 수 있는 장점을 가지고 있다. 이러한 특성 때문에 CBM 검사는 학업성취의 성장률에 매우 민감하게 반응한다.

CBM은 여러 기초 교과에서 사용될 수 있지만 가장 많이 사용되고 있는 교과 영역은 읽기 영역이며, 특히 소리내어 읽기 유형인 CBM 음독검사가 가장 널리 사용되고 있다. CBM 음독검사를 간단히 설명하면, 1분 동안 주어진 문장을 소리내어 읽게 하고 정확하게 읽은 단어의 수가 학생 개인의 최종 획득점수가 된다. CBM 검사를 이해하기 위해서는 일반화능력을 측정하는 CBM 검사의 기본 가정을 이해할 필요가 있다. 비록 CBM 음독검사는 유창성과 유사한 검사 유형을 지니고 있지만 결과의 해석은 유창성에만 국한되어 해석되지 않고 읽기의 전반적인 능력으로 해석된다. 즉, 주어진 문장을 정확하게 읽는 능력은 전반적인 읽기능력을 가늠할 수 있는 타당한 지표 중 한 가지로 해석된다. 실제로 정해진 시간에 글을 빠르고 정확하게 읽는 능력은 독해력과 높은 상관이 있음을 LaBerge와 Samuels(1974)의 자동화 정보처리 이론(automatic information processing)으로 설명할 수 있다. 즉, 문자를 빠르고 정확하게 해독할 수 있는 학생들은 단순한 문자의 해독보다는 상위의 개념인 글의 의미를 이해하는 데 있어서 더 많은 노력을 기울일 수 있는 잉여 에너지를 확보하게 된다. 따라서 글을 정확하고 빠르게 읽는 학생일수록 글을 이해하는 능력 또한 높게 나타날 수 있을 것이다.

이처럼 CBM 음독검사는 독해력을 포함한 전반적인 읽기능력을 간편하게 평가할 수 있는 효율적인 검사임에도 불구하고, 현장의 일부 교사들은 아직도 전반적인 학업능력을 측정한다는 CBM 검사의 기본적인 가정을 인정하려 들지 않는다. 그들은, 단순히 글을 빠르고 정확하게 읽는 것만으로 학생들의 독해력이 향상되었다고 추측하는 논리는 매우 비약적이며, 실제로 글을 빠르고 정확하게 읽을 수 있음에도 불구하고 자신이 읽은 내용을 이해하지 못하는 학생들이 다수일 것이라는 추측을 하고 있다. 이처럼 현장의 교사들이 CBM 검사의 결과가 해당 교과의 전반적인 학업성취의 정도로 해석될 수 있다는 기본적인 가정을 받아들이지 않는다면, 실제 학교현장에서 CBM 검사가 빈번히 사용될 수 있는 확률은 매우 낮을 것이다. 또한 중재반응모형은 학습장애 학생을 선별하는 데 있어서 대안적인 모형으로 학계나 학교현장에서 인정받고 있고, CBM 검사는 학생들이 유의한 반응을 보이고 있는지를 평가할 수 있는 타당한 검사임에도 불구하고 CBM 검사의 결과를 의심하고 믿지 않는 교사들은 중재반응모형을 널리 보급하는 데 있어서 방해요인으로 남게 될 것이다.

2. 검사의 타당도

측정학적 이론에 따르면, 검사의 타당도는 한 검사의 불변하는 특성으로 해석할 수 없으며, 다양한 검사 조건에 따라 다양한 값을 가질 수 있는 특성으로 이해할 필요가 있다(Messick, 1995). 즉, 개별 검사의 타당도가 적합한지를 평가하기보다 검사가 실시되고 그로 인해 얻게 된 점수가 타당한지를 평가하는 것이 검사의 타당도를 정확하게 이해하고 해석하는 방법이라고 할 수 있겠다. 특정한 검사를 실시함으로써 산출되는 타당도의 값은, 검사에 참여한 학생들의 특성과 검사가 시행된 다양한 환경적 요인에 따라 다양할 것이다. 따라서 단일 연구만으로는 한 검사의 타당도를 평가할 수 없으며, 타당도에 관한 연구가 지속적으로 진행된 후 그러한 결과를 종합적으로 고려하여 타당도를 평가하는 것이 최적의 방법일 것이다.

CBM 읽기검사의 경우, 1989년 Marston에 의해서 타당도에 관한 문헌 연구가 처음 실시되었다. 총 14개의 연구에서 산출된 타당도값을 질적인 방법으로 평가한 결과를 살펴보면, CBM 검사와 다른 읽기 영역의 검사 간의 타당도값은 .63에서 .90으로 양호한 타당도값이 산출되었다. Marston의 문헌 연구 이후에 출판된 수많은 CBM 타당도 연구를 종합적으로 분석한 연구가 Wayman과 그녀의 동료들(2007)에 의해서 실시되었다. 문헌분석에 포함된 연구의 수는 총 32개였고, Marston의 문헌 연구에서 산출된 연구 결과와 유사한 타당도가 산출되었다.

Marston(1989)과 Wayman 등(2007)의 연구 결과는 그동안 진행된 타당도의 결과를 종합적으로 평가하는 데 있어서 매우 의미 있는 연구 결과였지만, 다음과 같은 연구의 제한점이 남아 있었다. 먼저 두 연구의 문헌분석은 질적인 분석방법을 사용했기 때문에 지금까지 수행된 타당도의 전체 평균값이 얼마인지에 관한 정보를 제공할 수 없다. 또한 질적인 분석으로 인해서 타당도의 값에 영향을 줄 수 있는 중재변인에 대한 분석이 불가능하다. 만약 타당도에 영향을 주는 변인을 분석할 수 있다면, 그러한 정보를 바탕으로 연구자는 최적의 타당도를 산출할 수 있는 좋은 정보를 얻을 수 있다. 하지만 위에서 제시된 두 개의 질적인 문헌분석 결과는 이러한 정보를 제공하는 데 한계가 있다. 이러한 질적인 연구방법의 대안은 양적으로 문헌분석을 할 수 있는 메타분석을 사용하는 것이다.

3. 타당화 일반화 연구를 위한 다층모형의 메타분석 개념 및 분석방법

1) 메타분석

메타분석은 1976년 Gene Glass가 미국교육연구협회(American Educational Research Association)에서 처음 소개한 연구방법이며(Oswald, 1999), 그 이후로 메타분석은 교육학 분야와 심리학 분야에서 필수적인 연구방법론으로 인식되고 있다(Jenson, Clark, Kircher, & Kristjansson, 2007; Rosenthal, Hoyt, Ferrin, Miller, & Cohen, 2006). 메타분석은 동일한 연구 주제를 가지고 있는 개별 연구의 결과에 대해 양적인 방법을 적용함으로써 종합적인 결과를 도출하는 연구방법으로 정의할 수 있다(Rosenthal et al., 2006). 메타분석을 사용함으로써 얻을 수 있는 장점들을 살펴보면 다음과 같다. 첫째, 질적인 문헌분석과는 달리, 메타분석은 표준화된 평균의 차이나 상관계수를 사용하여 동일한 연구 주제를 가진 개별 연구의 통합된 결과를 제공할 수 있는 장점을 가지고 있다. 즉, 표준화된 척도를 사용하여 연구의 결과를 평가하기 때문에 개별 연구에서 산출된 결과의 비교가 용이한 특징을 가지고 있다(Kisamore, 2003; Rosenthal et al., 2006). 둘째, 메타분석은 질적인 문헌분석과 달리 중재변인 분석을 추가적으로 실시할 수 있는 장점을 가지고 있어서 단순한 평균치인 효과크기만을 산출하는 것이 아니며, 효과크기의 정도에 영향을 줄 수 있는 변수가 무엇인지 분석할 수 있다(DeCoster, 2004; Kisamore, 2003). 셋째, 메타분석을 통해 산출된 결과를 바탕으로 연구자들은 새로운 이론을 제안하거나 기존의 이론을 확증하는 자료로 사용할 수 있다(Kim, 1999). 마지막으로 메타분석은 증거기반 중재에 대한 정보를 제공할 수 있는 장점을 가지고 있다. 2004년 개정된 IDEA에서는, 특수교사에게 특수아동 지도 시 증거에 기반한 중재방안(Research based interventions)을 선택하도록 권고하고 있다. 따라서 메타분석에서 제공된 결과를 통해서 특정한 중재방안이 증거에 기반한 중재로 평가될 수 있는지에 관한 객관적인 정보를 제공할 수 있다.

2) 타당화 일반화 연구

타당화 일반화 연구(validity generalization)는 메타분석의 특별한 유형 중 한 가지로 평가할 수 있으며, 두 검사에서 산출된 상관계수를 통합하여 전체 효과크기를 산출하는 방법이다(Schmidt & Hunter, 1977). 타당화 일반화 연구를 구체적으로 설명하면 개별 검사의 준거타당도 연구를 모두 수집한 후 종합적인 평가를 제공하는 목적을 가지고 있다. 준거타당도의 정의에 대해서 간단한 설명을 추가하면, 동일한 능력을 측정하는 검사와 본검사 간의 상관 정도를 분석하는 방법으로 정의될 수 있다. 따라서 한 검사에 대한 다양한 준거타당도를 수합한 후에 양적인 방법을 사용하여 검사에 대한 타당도를 종합적으로 평가하는 것이 타당도 일반화 연구의 주된 목적이다. 예를 들어, 연구자가 새로운 독해력검사를 개발했다면, 이미 현장에서 사용되고 있는 독해력검사와 높은 상관을 나타내어야만 타당도가 높은 검사라고 평가할 수 있을 것이다. 이 장에서는 특별히 전반적인 읽기능력을 측정하는 CBM 음독검사와 독해력검사 간의 상관 정도를 평가하는 것이 주된 연구의 주제였다.

그러나 개별 연구의 샘플에서 산출된 두 검사 간의 상관지수는 모집단에서 산출된 불편파 추정치(unbasied estiamte)가 아니기 때문에, 상관지수값에 영향을 줄 수 있는 요인을 제거한 후에 효과크기를 평가할 수 있다(Schmidt & Hunter, 1977). 다시 말해서 메타분석을 통해서 산출된 효과크기나 상관계수는 그 값에 영향을 줄 수 있는 변인이 통제된 후 산출되어야만 정확한 효과크기로 산출되었다고 확신할 수 있을 것이다. 이처럼 메타분석에서 산출된 효과크기에 영향을 줄 수 있는 다음과 같은 일곱 가지 요인이 있다(Schmidt & Hunter, 1977). 첫 번째 요인은 표집의 오차다. 표집의 오차는 개별 연구에서 나타날 수 있는 표본의 차이로 인해 나타날 수 있는 변화량으로서, 우연하게 나타날 수 있는 효과크기의 차이로 해석될 수 있다. 두 번째 요인은 본검사의 신뢰도이고, 세 번째 요인은 준거검사의 신뢰도의 차이에서 나타날 수 있는 값의 변화다. 개별 검사의 신뢰도에서 완벽한 수치인 1의 값을 가지고 있는 것은 현실적으로 불가능한 가정이기 때문에, 이러한 낮은 신뢰도에 의해서 영향을 받을 수 있는 효과크기를 보정할 필요가 있다. 메타분석에서 산출된 효과크기에 영향을 주는 나머지 4개 요인으로는 본검사의 값이 측정한 범위에서만 산출되는 제한점, 준거타당도의 결핍, 분석 과정에서의 실수, 그리고 검사구인에 관한 불완전성을 들 수 있다. 하지만 Schmidt와 Hunter(1977)의 설명에 따르면 모든 변인을 연구자가 통제할 수는 없으며, 단지 표집오차, 본검사의 신뢰도, 준거검사의 신뢰도, 검사점수의 제한된 범위만을 통제할 수 있다. 그러나 검사점수의 제한된 범위에 의해서 영향을 받을 수 있는 효과크기의 정보를 계산하기 위해서는 연구자가 모집단의 표준편차를 알고 있어야 하지만, 실제로 연구자는 모집단의 표준편차값이 얼마인지는 확인할 수 없는 문제점이 있다. 따라서 검사점수의 제한된 범위만을 제외한 세 가지 요인을 통제한 후에 효과크기를 산출하는 것이 적합하다.

3) 다층모형의 메타분석 개념

메타분석 방법은 크게 무선효과모형과 고정효과모형으로 분리될 수 있는데 그러한 기준은 분석방법의 기본 가정과 결과의 해석에서의 차이 때문이다. 먼저 무선효과모형을 가진 메타분석의 경우 산출된 효과크기는 모든 개별 연구에서 동일하지 않아도 되는 현실적인 가정을 제공하는 반면에, 무선효과는 모든 개별 연구에서 산출된 효과크기는 동일하다는 비현실적인 가정을 전제로 분석하고 있다. 또한 고정효과모형은 표집오차에 관한 값을 제공할 수 없기 때문에 결과에 대한 해석은 메타분석에 포함된 개별 연구에만 한정해야 한다. 하지만 무선효과모형은 표집오차의 값을 제공하기 때문에 무선효과모형에서 산출된 전체 효과크기는 모집단의 효과크기로 해석된다(Sheu & Suzuki, 2001). 이러한 두 가지 차이점을 비교했을 때 연구자는 반드시 고정모형이 아닌 무선모형의 메타분석을 실시해야 한다.

무선모형을 가진 메타분석의 수식을 살펴보면 다음과 같다.

$$\gamma_j = \beta_o + \mu_j + e_j,\ \mu_j \sim N(o, \tau^2),\ \ e_j \sim N(0, \nu_j^2) \cdots\cdots\cdots\cdots (1)$$

수식 (1)에서 γ_j은 개별 연구에서 산출된 효과크기(상관계수)의 값을 나타내며, β_o는 전체 효과크기의 평균을 의미한다. μ_j는 전체 평균 효과크기와 개별 연구에서 산출된 효과크기의 차이값을 의미한다. $N(o, \tau^2)$는 효과크기의 차이값 평균이 0이고 편차가 τ인 정규분포를 따른다. e_j는 개별연구에서 나타난 표집오차의 값을 의미하며, 표집오차 또한 평균이 0이며 표준편차가 ν_j인 정규분포를 따르는 가정을 가지고 있다(Van den Noortgate & Onghena, 2003). 결론적으로 수식 (1)은 전체 평균의 효과크기와 개별 연구에서 산출된 효과크기의 차이와 표집오차의 값으로 구성되어 있다고 볼 수 있다. 이처럼 고정효과모형에 비해 무선효과모형은 표집오차의 값을 제공할 수 있기 때문에 가장 현실적인 메타분석 방법으로 사용되어야 하지만 실제로는 무선모형을 가진 메타분석 방법이 활발히 이용되지 않고 있다. 그러한 이유 중 가장 큰 원인은 무선효과모형을 분석할 수 있는 통계 프로그램의 부재였다. 하지만 최근에는 HLM, SAS와 같은 프로그램에서 무선모형을 지닌 메타분석을 가능케 하고 있기 때문에 무선효과모형을 가진 메타분석의 사용이 더욱 용이해진 것이 사실이다.

Raudenbush와 Bryk(1985)는 무선모형을 가진 메타분석을 다층모형(multilevel modeling)의 특별한 분석모형으로 설정하고 다층모형에 기반한 메타분석 방법을 해석할 수 있는 방안을 제안하였다.

$$\gamma_j = \rho_j + e_j, \quad e_j \sim N(0, \nu_j^2) \cdots\cdots (2)$$
$$\rho_j = \beta_j + \mu_j, \quad \mu_j \sim N(0, \tau^2) \cdots\cdots (3)$$

위에서 제공된 수식 (2)와 (3)은 수식 (1)을 재분리하여 표현한 것이다. 즉, 수식 (2)와 (3)을 합쳐서 표현하면, 다시 수식 (1)로 회귀할 수 있게 된다. 이처럼 수식 (1)을 위와 같이 두 개의 식으로 분리한 것은 메타분석을 2개의 층을 가진 다층모형으로 인식했기 때문이다. 먼저 첫 번째 층은 표집오차값을 제공하고 있으며, 두 번째 층에서는 전체 평균의 효과크기와 개별 연구 간의 차이값을 제공하고 있다. 즉, 두 번째 층에서는 개별 연구 간(between study)에서 나타날 수 있는 효과크기의 정도를 산출할 수 있다.

두 개의 층을 가진 다층모형의 메타분석에서 가장 중요한 제한점 중 한 가지는, 개별 연구가 한 개의 효과크기만을 제공할 때 적합한 방법이라는 것이다. 만약 한 개의 연구에서 두 개 이상의 효과크기를 제공한다면, 위에서 언급된 2층모형의 메타분석 방법은 적합하지 않다. 위에서 제공된 수식을 살펴보면, 두 번째 층에서 연구가 효과크기가 차이가 날 수 있도록 설계되었기 때문에 연구 간 효과크기의 차이를 고려한 전체 평균의 효과크기를 산출할 수 있게 된다. 하지만 연구 내에서 다수의 효과크기를 제공할 경우 연구 내에서 나타날 수 있는 효과크기의 차이는 2층모형의 메타분석으로는 분석할 수 없다. 개별 연구 내(within study)에서 나타날 수 있는 효과크기의 분산 정도를 고려하는 것이 중요한 이유는, 개별 연구에서 산출된 다수의 효과크기라도 모두가 동일할 것이라는 가정은 비현실적이고 지나치게 엄격한 가정이기 때문이다(Beretvas & Pastor, 2003). 이러한 문제점을 보완하기 위해서는 3층모형을 가진 메타분석을 사용해야 한다. 3층모형을 가진 메타분석의 수식은 다음과 같이 표현될 수 있다. 먼저 첫 번째 층의 수식은 다음과 같다.

$$\gamma_{ij} = \rho_{ij} + e_{ij}, \quad e_j \sim N(0, \nu_j^2) \cdots\cdots (4)$$

수식 (4)에서 개별 연구 내의 효과크기를 표현하는 i를 제외하고는 다른 모든 식은 수식 (2)와 동일하다.

3층모형을 가진 메타분석의 2번째 층의 수식은 다음과 같이 표현될 수 있다.

$$\rho_{ij} = \beta_{oj} + \mu_{oij}, \quad \mu_j \sim N(0, \tau^2) \cdots\cdots (5)$$

마찬가지로 수식 (5) 또한 위에서 설명된 수식 (3)과 동일하며, 단지 개별 연구 내에서 산출된 효과크기를 표현하는 i가 추가적으로 포함되어 있다. 즉, 2층모형을 가진 메타분석에서 두 번째 층은 개별 연구 간에서 나타날 수 있는 분산의 값을 제공하는 반면에 3층모형에서는 개별 연구 내에서 나타날 수 있는 효과크기의 차이 정도를 제공하고 있다.

마지막으로 3번째 층을 나타내는 수식은 다음과 같다.

$$\beta_{oj} = \gamma_{oo} + \theta_{oj}, \quad \theta_{oj} \sim N(0, \omega^2) \cdots\cdots (6)$$

3번째 층에서는 2층모형의 메타분석의 2번째 층과 동일한 값을 제공하고 있다. 즉, 3층모형의 3번째 층은 개별 연구 간에 나타날 수 있는 효과크기의 차이와 전체 효과크기의 평균값을 제공하고 있다.

이러한 수식을 고려해 보았을 때 한 연구에서 다수의 효과크기가 제공되는 메타분석의 경우 2층모형이 아닌 3층모형의 메타분석을 사용해야 한다. 본 메타분석에서도 한 연구에서 다수의 효과크기를 제공했기 때문에 3층모형의 메타분석을 사용하는 것이 적합했다.

4) 상관계수(효과크기) 계산방법

메타분석에서 효과크기는 연구에 따라 다양한 수치를 사용할 수 있는데, 이 장에서처럼 두 검사 간의 상관계수값에 초점을 맞춘 경우는 상관값을 효과크기로 바로 사용할 수 있다. 이러한 수식을 고려해 보았을 때 한 연구에서 다수의 효과크기가 제공되는 메타분석의 경우 2층모형이 아닌 3층모형의 메타분석을 사용해야 한다. 본 메타분석에서도 한 연구에서 다수의 효과크기를 제공했기 때문에 3층모형의 메타분석을 사용하는 것이 적합했다. 위에서 설명된 것처럼 효과크기는 다양한 변인에 의해서 편파된 값을 제공할 수 있다. 따라서 그러한 변인의 효과를 제거한 후 순수한 효과크기를 바탕으로 전체 평균의 효과크기를 산출해야 한다.

구체적인 효과크기 계산방법을 살펴보면, 먼저 본검사(CBM 음독검사)의 완벽하지 않은 신뢰도의 값을 보정해 줄 필요가 있으며 산출방식은 다음과 같다.

$$a_{1j} = \frac{1}{\sqrt{\rho_{11}}} \quad \cdots\cdots (7)$$

수식 (8)은 준거검사의 완벽하지 않은 신뢰도값을 보정하는 공식으로 수식 (7)과 동일하다(Hunter & Schmidt, 2004).

$$a_{2j} = \frac{1}{\sqrt{\rho_{22}}} \quad \cdots\cdots (8)$$

수식 (7)과 (8)을 사용하여 완벽하지 않은 신뢰도의 효과를 고려하여 효과크기를 산출하는 공식은 다음과 같다.

$$\gamma_{Cj} = a_{1j} a_{2j} \gamma_j \quad \cdots\cdots (9)$$

또한 개별 연구에서 추정된 효과크기의 분산을 산출할 필요가 있는데, 다음과 같은 수식을 사용하여 산출할 수 있다(Raju, Burke, Normand, & Langlois, 1991).

$$\hat{\sigma}_i^2 = \frac{(\rho_{11}-\gamma_i^2)(\rho_{22}-\gamma_i^2)}{(N_i-1\ {}_i^2)(\rho_{11i}\rho_{22i})} \quad \cdots\cdots\cdots\cdots (10)$$

5) 분석방법

3층모형의 메타분석 방법은 현재 SAS 통계 프로그램에서만 분석이 가능하다. 따라서 이 장에서는 SAS 9.1 프로그램을 사용하여 효과크기를 산출할 것이다. 본격적인 메타분석에 앞서 연구자는 개별 연구에 대한 정보를 코딩해야 하는데, 이때 SPSS와 같은 통계 프로그램이나 Excel 프로그램을 사용할 수 있다. 이 장에서는 Excel 2007을 사용하여 메타분석에 필요한 코딩을 실시하였다.

[그림 10-1]은 메타분석을 위해 사용된 실제 Excel 코딩을 보여 주고 있다. 메타분석에서 필요한 논문을 코딩하는 데 있어서 가장 먼저 필요한 변인은 연구의 일련번호를 부여하는 것이다. 위의 그림에서 일련의 번호는 〈TOTAL_N〉의 값을 의미한다. 또한 해당 효과크기가 어떠한 연구에서 산출된 값인지를 확인하기 위해서 연구의 타이틀이나 연구자명을 표기할 필요가 있다. 효과크기의 ID값은 두 가지로 구분되어 코딩되어야 한다. 먼저 〈WITHIN study ID〉에는 개별 연구의 효과크기 개수를 기록하게 된다. 만약 효과크기가 한 개일 경우 1만으로 코딩이 종료되며, 만약 효과크기가 6이라면 6개의 숫자가 코딩되어야 한다. 〈Study ID〉는 개별 연구의 개수를 코딩하게 되며, 만약 메타분

A	B	C	D	E	F	G	H
TOTAL_N	TITLE_RE	WITHIN study ID	Stduy ID	SAMPLE_N	VARIANCE1	CORRELAT	Correct_r
1	Cecilia, Sofie	1	1	40	0.004356	0.75	0.84
2	Mcgraw	1	2	35	0.00799	0.69	0.78
3	Mcgraw	2	2	41	0.024982	0.43	0.58
4	Mcgraw	3	2	41	0.004406	0.74	0.86
5	Mcgraw	4	2	36	0.004789	0.75	0.85
6	Mcgraw	5	2	41	0.012627	0.52	0.93
7	Mcgraw	6	2	41	0.002332	0.8	0.91
8	Hintze, Callah	1	3	65	0.002537	0.76	0.83
9	Hintze, Callah	2	3	71	0.00792	0.54	0.59
10	Ardoin, Witt Su	1	4	77	0.010745	0.41	0.46

[그림 10-1] Excel 파일에 저장된 메타분석 자료

석에서 포함된 전체 연구의 개수가 10이라면 10까지의 숫자가 존재할 것이다. 앞의 [그림 10-1]에서 〈Study ID 2〉가 여섯 번 반복된 이유는, 비록 여섯 개의 효과크기가 존재하지만 그러한 값은 모두 연구 ID가 2로 코딩된 연구에서 산출되었기 때문이다. 〈SAMPLE_N〉은 개별 효과크기에서 사용된 사례 수를 의미한다. 만약 동일한 학생이 한 연구에서 여러 번 효과크기 산출에 포함되었다면 한 연구 내에서 사례 수는 동일하겠지만, 동일하지 않을 경우 한 연구 안에서도 다양한 사례 수의 값을 가질 수 있다. 메타분석을 실시하기 위해 수식 (10)을 이용한 개별 효과크기의 분산값을 산출해야 하며, 〈VARIANCE1〉은 그에 해당된 값을 의미한다. 〈CORRELAT〉는 상관계수인 효과크기를 의미하며, 〈Correct_r〉은 불편파 효과크기(unbaised effect size)로서 CBM 검사와 독해력검사의 완벽하지 않은 신뢰도값을 고려하여 효과크기를 재산출하게 된다. 이러한 기본적인 코딩과 함께 연구자는 효과크기에 영향을 줄 수 있는 중재변인에 대한 코딩을 실시해야 한다.

코딩을 마친 후에는 SAS 프로그램을 이용하여 효과크기를 계산해야 한다. SAS 프로그램에서 Excel로 코딩된 자료를 열기 위해서는 먼저 해당 프로그램에 적합한 유형으로 저장해야 한다. 따라서 Excel로 코딩된 자료는 우선 SPSS

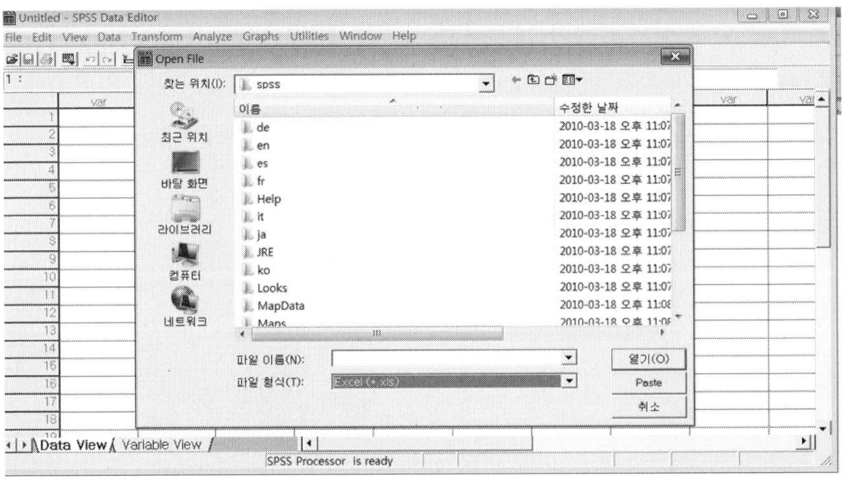

[그림 10-2] SPSS 프로그램에서 Excel 파일 찾기

프로그램으로 파일의 유형을 변형한 후에 다시 SAS 프로그램의 파일로 저장해야 한다. SPSS 프로그램의 장점은 Excel 파일을 쉽게 불러올 수 있다는 것이다.

먼저 SPSS 프로그램을 실행한 후에 화면 좌측에 위치한 File 버튼을 클릭한 후에 〈Open〉이라는 버튼을 클릭하면 [그림 10-2]와 같은 작은 창이 열리게 된다. 이때 파일 형식을 그림과 같이 〈Excel〉(*.xls)로 선택한 다음 코딩된 Excel 자료를 찾아 파일을 열어야 한다. 파일을 연 후에 다시 해당 자료는 SAS 프로그램에서 작동될 수 있도록 파일의 유형을 변경해야 한다. 변경하는 방법은 [그림 10-3]에 제시되어 있다.

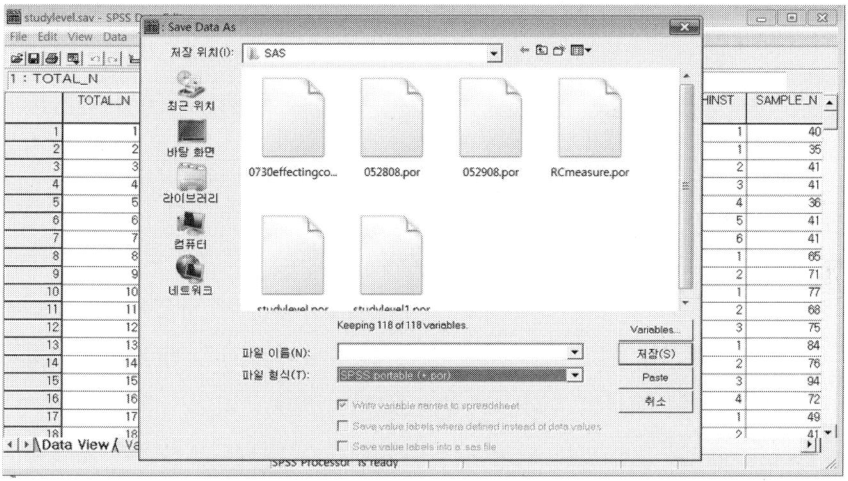

[그림 10-3] SPSS 프로그램에서 확장명 *.por 파일로 변환하기

먼저 화면 좌측에 있는 〈File〉을 다시 한 번 클릭하고, 〈Save as〉라는 버튼을 클릭하면 [그림 10-3]과 같은 창이 열리게 된다. 파일 형식에서 〈SPSS portable〉(*.por)을 선택하고 파일 이름을 지정한 후 저장하면 된다.

이제 SAS 프로그램을 사용하기 위한 기초적인 작업은 마무리되었으며, SAS 프로그램을 열고 효과크기를 산출하면 된다.

3층모형을 가진 메타분석을 분석하기 위해서 SAS 명령어가 필요하며, 명령

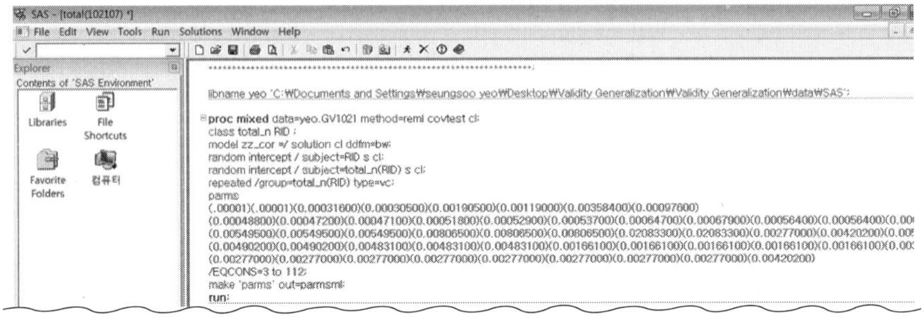

[그림 10-4] SPSS 프로그램에서 메타분석 명령어

어의 예는 [그림 10-4]에 제공되고 있다. 먼저 〈libname〉 명령어에서는 분석에 사용될 자료가 저장된 곳을 지정해 주어야 한다. 자료의 위치를 지정한 후에는 분석과 관련된 명령어를 설정해 주어야 한다. 〈Proc mixed〉는 다층모형을 가진 무선모형 분석을 위한 명령어이며, data를 새롭게 저장할 위치를 지정하게 된다. 〈method〉는 효과크기를 추정하는 방법의 종류를 선택할 수 있다. 〈reml〉은 Restricted Maximum Likelihood의 약자로서 제한된 우도 추정치 방법을 의미한다. 이 방법은 무선효과모형에서 최적의 모수를 추정할 수 있는 방법 중 하나다. 〈Class〉에서는 분석에서 사용되는 여러 유형의 일련번호값의 변수를 지정할 수 있으며, 〈total_n〉은 전체 효과크기의 번호를 의미하며, 〈RID〉는 개별 연구에서의 효과크기 번호를 의미한다. 〈Model〉은 분석의 기본모형을 설정할 수 있게 하는 명령어다. 〈Random〉으로는 분산값을 지정할 수 있으며, 첫 번째 〈random〉 명령어가 의미하는 것은 개별 연구 내에서 산출된 다수의 효과크기의 분산값을 의미하며, 두 번째 〈random〉 명령어는 연구 간에 나타날 수 있는 분산을 의미한다. 〈Repeat/Group〉은 본 연구가 3층모형으로 구성되어 있다는 것을 표현하고 있다. 즉, 두 번째 층과 세 번째 층에 관련된 ID는 무엇인지 지정할 수 있다. 끝으로 〈Parm〉은 개별 효과크기의 분산값을 저장하는 역할을 한다. 〈EQCONS〉 명령어는 해당 효과크기의 순서에 맞게 분산을 지정하는 명령어다.

[그림 10-5] SAS 프로그램의 실행 명령어 항목

〈Run〉 명령어를 입력하고, 지금까지 입력한 명령어들을 블록으로 지정한 후에 SAS 프로그램 창에 있는 메뉴 중 [그림 10-5]와 같이 사람이 뛰어가는 형상을 한 버튼을 클릭하면 프로그램이 돌아가고 결과가 산출된다.

4. 다층모형의 메타분석 사용례

이 절에서는 3층모형의 메타분석을 사용하여 결과를 분석하는 방법에 대해서 설명하겠다. 앞서 설명된 것처럼 본 사례의 연구 주제는 메타분석을 이용하여 CBM 음독검사와 독해력검사 간의 관계를 분석하는 것이었다. 메타분석의 주요한 분석 과정은 크게 네 가지 절차로 구분될 수 있다.

첫 번째 절차는 검색을 통해 관련된 논문을 찾고 최종적으로 메타분석에 포함될 논문이 어떻게 선택되었는지 자세하게 보고하는 것이다.

두 번째 절차는 메타분석에 포함된 중재변인의 기술적 통계치를 보고하는 것이다. 본 사례에서 중재변인은 크게 네 가지 영역으로 분류될 수 있는데, 첫 번째 영역은 논문에 참여한 학생들의 특성에 관한 기술적 통계치를 제공하는 것이다. 두 번째 영역은 CBM 음독검사의 특성에 관한 변인들의 특성을 기술하는 것이다. 세 번째 영역은 독해력검사의 특성에 관한 기술적 통계치를 보고하는 것이고, 마지막 영역은 논문의 전반적인 특성을 기술하는 부분으로, 언제 발간되었고, 어떠한 저널에서 출판되었는지에 관한 정보를 제공하게 된다. 중재변인에 관한 기술적 통계치를 제공한 후 다층모형 메타분석을 실시하게 된다.

세 번째 절차는 무조건모형의 메타분석을 실시하는 것이다. 무조건모형의 메타분석이란 중재변인이 포함되지 않은 상태에서 두 검사 간의 평균 상관계수를 산출하는 것이다. 무조건모형의 결과에서 연구자는 평균의 상관계수뿐만 아니라 개별 연구 간(between study) 분산과 개별 연구 내(within study) 분산이 유의한지를 조사해야 한다. 개별 연구 간 분산이 유의하다는 것은, 산출된 전체 평균의 상관계수(효과크기)는 모든 연구에서 동일한 결과를 예측하기 어렵고 연구의 특성에 따라 다양한 상관계수가 산출되고 있음을 의미한다. 마찬가지로 개별 연구 내 분산이 유의하다는 것은, 한 연구에서 산출된 다수의 효과크기 또한 일관된 값을 기대하기는 어렵고 연구 내에서 나타날 수 있는 다양한 변인의 차이에 의해서 상이한 효과크기가 산출되었음을 의미한다.

네 번째 절차는 조건모형을 분석하는 절차로서, 세 번째 절차에서 진행된 무조건모형에서 분산의 값이 0이 아닐 때 추가적으로 진행되는 분석 과정이다. 조건모형을 통해서 연구자는 개별 연구에서 산출된 효과크기의 차이에 영향을 미치고 있는 중재변인을 확인하게 된다. 이 장에서는 제한된 지면의 문제로 메타분석의 세 번째 단계부터 설명하겠다.

〈표 10-1〉은 무조건모형의 결과를 제공하고 있다.

〈표 10-1〉의 결과를 설명하면, 먼저 절편의 계수값은 전체 상관계수의 평균을 의미한다. 따라서 절편의 계수가 .75라는 결과의 해석은 CBM 음독검사와 독해력검사 간의 전체 평균의 상관이 .75라는 의미다. 상관계수의 해석에 있어서 .7 이상은 양호한 관계가 있다고 해석될 수 있기 때문에 CBM 음독검

〈표 10-1〉 무조건모형의 메타분석 결과

	고정효과				
	계수	표집오차	t (df)	95% CI	
				하한값	상한값
절편	.75	.02	38.28(54)	.71	.79
	무선효과				
	변산	표집오차	z	95% CI	
				하한값	상한값
개별 연구 간	.0162	.004	4.08	.01	.03
개별 연구 내	.0062	.001	6.19	.005	.009

사와 독해력검사 간에는 유의한 상관관계가 존재하는 것으로 해석될 수 있다. 앞서서 설명된 것처럼, 무조건모형에서 분석해야 할 또 다른 중요한 정보는 개별 연구 간 및 내의 분산이 유의한지를 살펴보는 것이다. 〈표 10-1〉의 결과에 따르면, 유의수준 .001에서 모든 변산의 값이 유의한 것으로 나타났다. 즉, 개별 연구에서 산출된 효과크기는 비록 양호한 상관계수를 제공했지만, 개별 연구마다 동일하지 않았음을 보여 주고 있다. 심지어 한 연구에서 산출된 다수의 효과크기도 동일한 결과가 아님을 보여 주고 있다. 이러한 결과를 바탕으로 개별 연구 간 및 내의 분산에 유의한 영향을 줄 수 있는 중재변인을 분석하기 위해서 조건모형의 메타분석이 추가적으로 실시되었다. 조건모형의 메타분석은 중재변인의 하위 유형별로 산출되었다. 모든 중재변인이 한 분석에 포함될 수 없었던 이유는, 본 메타분석에 포함된 논문들은 모든 중재변인의 값을 제공하지 않고 있기 때문에 수많은 결측치가 발생하였기 때문이다. 따라서 중재변인의 하위 유형별 조건모형을 분석한 후에 유의한 결과를 얻었던 중재변인만을 추려서 재분석을 해야 할 필요성이 있었다. 하위 영역별 조건모형의 분석 결과를 바탕으로 한 최종적인 조건모형의 분석 결과는 〈표 10-2〉와 같다.

메타분석에서 사용되는 중재변인은 '개별 연구 내'와 '개별 연구 간'으로 구분되어 사용되어야 한다. '개별 연구 내'로 설정된 중재변인의 결과를 살펴보면, 다시 요약하여 답하기(retelling) 방법을 사용한 독해력검사의 경우 상관지수를 낮게 산출하는 유의한 중재변인이었다. 또한 독해력검사의 차이에 따라 두 검사 간의 상관계수가 다르게 나타났다. 독해력검사로서 CBM maze 검사(빈칸 채우기 검사)를 사용할 경우 더 높은 상관지수를 얻을 수 있는 것으로 나타났다. 또한 CBM 음독검사와 독해력검사 간의 측정 간격이 길어질수록 낮은 상관계수를 산출하는 것으로 나타났다.

〈표 10-2〉에서의 무선효과의 결과를 살펴보면, 유의한 중재변인을 투입했음에도 불구하고 개별 연구 간 및 내의 분산 유의한 것으로 나타냈다. 따라서 조건모형의 메타분석에서 투입된 중재변인만으로는 산출된 효과크기의 변화 정도를 완전히 설명할 수 없음을 알 수 있었다. 이러한 결과는, 이 장에 포함되

〈표 10-2〉 조건모형의 메타분석 결과

	고정효과				
	계수	표집오차	t (df)	95% CI	
				하한값	상한값
절편	.77	.03	26.04***(50)	.71	.82
연구 내의 중재변인					
독해력검사의 반응 유형					
소리 내어 답하기	-.13	.04	-3.32**(174)	-.20	-.05
객관식 문항	-.05	.03	-1.80(174)	-.11	.005
독해력검사의 차이					
CBM maze	.08	.03	2.34*(174)	.01	.14
준거검사 vs 규준검사	.03	.02	1.24(174)	-.02	.07
집단검사 vs 개인검사	.01	.03	.44(174)	-.04	.07
검사 간 시간적 차이	-.003	.001	-2.44*(174)	-.005	-.0005
연구 간 중재변인					
출판된 연도	-.03	.03	-1.53(174)	-.08	.01

	무선효과				
	변산	표집오차	z	95% CI	
				하한값	상한값
연구 간	.01988	.0051	3.87***	.01	.04
연구 내	.00382	.0008	4.87***	.003	.006

*$p < .05$ **$p < .01$ ***$p < .001$

지 않은 추가적인 중재변인이 포함될 필요가 있음을 보여 준다.

5. 맺음말

지금까지 3층모형의 메타분석의 개념 및 사용방법에 대해서 자세히 살펴보았다. 최근 들어 증거에 기반한 중재방법(evidence based practice)을 특수교육 현장에서 강조함으로써 메타분석에 대한 관심이 매우 높아지고 있는 것이 사실이다. 그러나 앞에서 설명된 것처럼 메타분석을 통해 정확한 결과를 산출하기 위해서 연구자는 분석 과정에서 세심한 주의를 기울여야 한다. 이 장에서 살펴본 메타분석의 전반적인 개요를 살펴보면, 우선 고정효과모형과 무선효과모형 중에서 무선효과모형이 선택되어야 하는 이유를 제시하였다. 그러나 국내에서 무선효과모형에 근간한 메타분석은 매우 드문 것이 사실이다. 따라서 국내에서 이루어진 메타분석은 단지 수집된 연구 결과들에 국한된 제한된 해석만이 가능할 뿐 모집단의 특성을 평가하는 데 있어서 제한점을 가지고 있다. 또한 이 장에서는 무선효과모형과 함께 3층모형의 메타분석이 필요함을 설명하고 있다. 대부분의 메타분석의 경우 한 연구에서 한 개의 효과크기만 제공하는 경우는 매우 드물며, 다수의 효과크기를 제공하는 것이 일반적이다. 3층모형의 메타분석을 사용하지 않은 상태에서 연구자가 선택할 수 있는 방안은 두 가지다. 대체로 한 연구에서 산출된 효과크기의 평균을 대표 효과크기로 사용하고 있으며, 일부 연구자들은 다수의 효과크기를 제공하는 연구를 메타분석에서 제외하고 있다. 따라서 3층모형의 메타분석 방법은 기존의 연구의 제한점을 극복할 수 있는 의미 있는 대안적인 방법으로 사용될 수 있을 것이다.

결론적으로 앞으로 시행되어야 모든 메타분석은 무선효과모형을 기저로 해야 하고, 3층모형의 메타분석이 수행되어야 한다. 그러나 이러한 유형의 메타분석을 사용하기 위해서는 먼저 연구자나 교사가 쉽게 사용할 수 있는 통계 프로그램이 제공되어야 한다. 현재까지 3층모형의 메타분석은 오직 SAS 9.0 이상의 프로그램을 사용해야만 가능하며, 명령어를 직접 입력하여 자신의 연구주제에 적합한 분석방법을 설계해야 한다. 따라서 이 장에서 제시된 SAS 명령어들이 추후에 진행되는 메타분석에서 활발히 사용될 수 있기를 기대한다.

✎ 참고문헌

Beretvas, S. N., & Pastor, D. A. (2003). Using mixed-effects models in reliability generalization studies. *Educational & Psychological Measurement, 63,* 75-95.

Coyne, M. D., Kame'enui, E. J., & Simmons, D. C. (2004). Improving beginning reading instruction and intervention for students with LD: Reconciling "All" with "Each". *Journal of Learning Disabilities, 37,* 231-239.

DeCoster, J. (2004). Meta-analysis Notes. Retrieved 02, 14, 2008, from http://www.stat-help.com/notes.html.

Deno, S. L. (1985). Curriculum-based measurement: The emerging alternative. *Exceptional Children, 52,* 219-232.

Deno, S. L. (2003). Developments in curriculum-based measurement. *Journal of Special Education, 37,* 184-192.

Fuchs, D., & Fuchs, L. S. (2006). Introduction to response to intervention: What, why, and how valid is it? *Reading Research Quarterly, 41,* 92-99.

Fuchs, L. S., & Fuchs, D. (1998). Treatment validity: A unifying concept for reconceptualizing the identification of learning disabilities. *Learning Disabilities Research & Practice, 13,* 204-219.

Hunter, J. E., & Schmidt, F. L. (2004). *Methods of meta-analysis: Correcting error and bias in research findings.* New bury Park, CA: Sage.

Jenson, W. R., Clark, E., Kircher, J. C., & Kristjansson, S. D. (2007). Statistical reform: Evidence-based practice, meta-analyses, and single subject designs. *Psychology in the Schools, 44,* 483-493.

Jitendra, A. K., Edwards, L. L., Starosta, K., Sacks, G., Jacobson, L. A., & Choutka, C. M. (2004). Early reading instruction for children with reading difficulties: Meeting the needs of diverse learners. *Journal of Learning Disabilities, 37,* 421-439.

Kim, J. (1999). *The relationship between early assessment of children and later achievement: A validity generalization study.* Unpublished doctoral dissertation, Pennsylvania State University, University Park, PA.

Kisamore, J. L. (2003). *Validity generalization and transportability: An investigation of distributional assumptions of random-effects meta-analytic methods.* Unpublished doctoral dissertation, University of South Florida, Tampa, FL.

LaBerge, D., & Samuels, S. (1974). Toward a theory of automatic information processing in reading. *Cognitive Psychology, 6,* 293-323.

Marston, D. B. (1989). A curriculum-based measurement approach to assessing academic performance: What it is and why do it. In *Curriculum-based measurement: Assessing special children* (pp. 18-78). NY: Guilford Press.

McCoach, D., O'Connell, A. A., Reis, S. M., & Levitt, H. A. (2006). Growing readers: A hierarchical linear model of children's reading growth during the first 2 years of school. *Journal of Educational Psychology, 98,* 14-28.

Messick, S. (1995). Validity of psychological assessment: Validation of inferences from persons' responses and performances as scientific inquiry into score meaning. *American Psychologist ,50,* 741-749.

Oswald, F. L. (1999). *On deriving validity generalization and situational specificity conclusions from meta-analysis: A conceptual review and some empirical findings.* Unpublished doctoral dissertation, University of Minnesota, Minneapolis, MN.

Raju, N. S., Burke, M. J., Normand, J., & Langlois, G. M. (1991). A new meta-analytic approach. *Journal of Applied Psychology, 76,* 432-446.

Raudenbush, S. W., & Bryk, A. S. (1985). Empirical Bayes meta-analysis. *Journal of Educational Statistics, 10,* 75-98.

Rosenthal, D. A., Hoyt, W. T., Ferrin, J. M., Miller, S., & Cohen, N. D. (2006). Advanced methods in meta-analytic research: applications and implications for rehabilitation counseling research. *Rehabilitation Counseling Bulletin, 49,* 234-246.

Schmidt, F. L., & Hunter, J. E. (1977). Development of a general solution to the problem of validity generalization. *Journal of Applied Psychology, 62,* 529-540.

Sheu, C.-F., & Suzuki, S. (2001). Meta-analysis using linear mixed models. Paper presented at the Society for Computers in Psychology.

Stanovich, K. E. (1986). Matthew effects in reading: some consequences of individual differences in the acquisition of literacy. *Reading Research Quarterly, 21,* 360–407.

Van den Noortgate, W., & Onghena, P. (2003). Multilevel meta-analysis: A comparison with traditional meta-analytical procedures. *Educational and Psychological Measurement, 63,* 765–790.

Wayman, M. M., Wallace, T., Wiley, H. I., Ticha, R., & Espin, C. A. (2007). Literature synthesis on curriculum-based measurement in reading. *The Journal of Special Education, 41,* 85–120.

Yeo, S. (2008). Relation between 1-minute CBM reading aloud measure and reading comprehension tests: A multilevel meta-analysis. Unpublished doctoral dissertation, University of Minnesota.

제11장

장애학생을 위한 e-러닝 설계 전략

형성적 연구방법론

1. 장애학생 고등교육을 위한 e-러닝
2. 형성적 연구방법
3. 맺음말

장애학생을 대상으로 교육 프로그램을 고안하거나 수업을 설계하는 것은, 어떻게 설계 전략이 도출될 수 있는가라는 질문과 이 전략을 구현한 학습 프로그램의 평가에서 나타난 설계 전략의 실제적 개선점은 무엇인가라는 질문을 포함하고 있다. 이러한 질문에 대한 답을 찾아 나가면서 최종적으로 최적의 수업 설계 전략을 고안하기 위해서는 형성적 연구방법론(formative research methodology)이 적절하다.

형성적 연구방법론은 수업 이론을 개선하려는 의도에서 개발된 연구방법론으로, 특정 수업 이론을 적용하여 개발된 실제 수업 자료를 학습자가 검토하면서 해당 이론을 개선하는 방법이다(임철일, 1995). 즉, 선행 연구를 통해 도출된 프로그램 설계 전략이 실제적으로 타당한지를 확인하기 위해서 설계 전략을 구현한 교육 프로그램에 대한 장애학생의 반응을 확인하고 이들의 평가 결과를 설계 전략에 반영하는 것이다.

이 장에서는 장애학생 대상의 수업 설계 전략 및 교육 프로그램을 고안하고 이를 개선하기 위해서 설계 전략을 평가하는 형성적 연구방법에 대해 설명하고자 한다.

교육 프로그램이나 수업을 설계하기 위해서는 근간이 되는 설계 이론이 있어야 하며, 이러한 설계 이론은 '무엇인가' 보다는 '어떻게 할 것인가'를 말하여 주는 실천을 위한 지침이 된다. 이러한 수업 설계 이론을 개선하기 위해서는 이론의 타당성보다는 이론의 최적성에 대한 연구가 필요하다(임철일, 1995). 즉, 설계 이론이 현재 이용할 수 있는 다른 이론들보다 훌륭한가를 검토해야 하며, 그 이론을 개선할 수 있는 방법을 모색해야 한다.

전통적인 실험 연구방법들은 어떤 이론 속에 내포된 일련의 가설을 검증하는 것을 목적으로 한다. 그런데 이러한 실험, 조사와 같은 전통적인 양적 연구방법론은 실제 수업에 적용하는 교수 설계 이론을 개선하는 데에는 도움을 주지 못한다. 전통적으로 교수 설계 분야의 주된 연구방식은 교수방법을 하위요소로 나누어 어떠한 요소가 효과적인 결과를 가져오는가에 관심을 가져왔으며, 이를 위해 실험적 연구방법이 주를 이루었다. 그러나 이러한 연구방법은 교육 프로그램의 설계 이론을 어떠한 방식으로 개선하여 최적의 결과를 가져올 수 있게 하는가에 대한 대답을 제공해 주지는 못한다(임철일, 1995).

이러한 문제를 해결하기 위해 Reigeluth(1989)는 교수 설계 이론의 대안적 연구방법인 형성적 연구방법(formative research methods)을 처음으로 제안하였다. 형성적 연구방법은 형성평가(formative evaluation)와 사례 연구(case study)방법론으로부터 도출된 것으로, Reigeluth(1989)는 기존의 교수 설계 이론과 교수 모형을 개선하기 위하여 사용되는 연구방법이라고 설명하고 있다. 즉, 형성평가의 개념 및 절차에 기초하여 교수 설계 이론이나 모형 개발에 적합하게 적용한 연구방법이다. 그리고 형성적 연구방법은 수업의 실제와 과정을 설계하기 위하여 이론을 개선하는 데 목적을 두는 개발 연구(development research) 혹은 실천 연구(action research)의 한 종류로 볼 수 있다(Reigeluth, 2005). 이러한 형성적 연구는 특정 교수 설계 이론 혹은 모형을 정확하게 반영하는 수업이나 교육 프로그램과 같은 적용 사태를 개발하고, 이러한 이론이 적용되는 과정에서 발견된 약점들을 통해서 이론의 개선점을 보여 주는 것이다(Reigeluth, 1989). 또한 체제적 변화에 활용될 수 있는 학교 체제 모형을 위한 교육 체제 설계를 개선하는 데에도 형성적 연구가 사용될 수 있으며, 실질적으로 교육의 모든 분야에 있는 이론과 모형을 개선하는 데에 활용될 수 있다(Reigeluth, 2005).

1. 장애학생 고등교육을 위한 e-러닝[1)]

1) 장애대학생을 위한 e-러닝의 필요성

e-러닝(e-learning)이란, 인터넷 자원과 테크놀로지를 활용하여 개방성, 융통성, 분산성을 가진 학습 환경을 제공하는 것이며, 누구나 원하는 시간에 원하는 장소에서 학습자 중심의 양방향 학습을 할 수 있게 한다(강명희, 이미화, 송상호, 2004). e-러닝을 통해 다양한 유형과 범위의 학습 활동 및 자원을 전달할 수 있으며(Rosenberg, 2001), 각 학생의 학습 속도에 맞고 다양한 학생의 교육 요구에 적합한 교육과정을 운영할 수 있다. 즉, e-러닝은 인터넷의 디지털 매체를 기반으로 학습자 중심의 융통성 있는 학습 환경을 제공해 줄 수 있다.

대학교육에 e-러닝을 도입할 경우, 저렴한 비용으로 더 높은 학습 결과를 성취할 수 있다(임병노, 김희배, 박인우, 임정훈, 2005). 또한 e-러닝을 통해 더 많은 대학생이 풍부하고 다양한 학습 기회를 가질 수 있으며, 교수 중심의 정형화된 교육에서 벗어나 학습자 중심의 자기주도적 학습을 할 수 있다(김동일, 이혜정, 손지영, 2005). 따라서 이러한 e-러닝은 장애대학생에게 고등교육을 더욱 효과적으로 제공할 수 있는 잠재력을 가진다.

여러 선행 연구를 근거로 하여, 장애대학생에게 e-러닝을 활용해야 할 필요성에 대해 제시하면 다음과 같다. 첫째, e-러닝은 장애학생이 수업에서 부족한 부분을 반복하여 학습할 수 있도록 해 주고 학습자 중심의 자기조절 학습을 가능하게 할 수 있다(강명희, 이미화, 송상호, 2004). e-러닝의 유연성과 편의성

1) 김동일, 손지영(2008)에서 부분적으로 발췌함.

은, 일정한 장소에서 정해진 수업시간 동안 수업을 따라가는 데 제한과 어려움을 보이는 장애학생들에게 기존 학습방식을 보완할 수 있게 할 것이다. 둘째, e-러닝은 선수학습능력이 부족하거나 특정 경험이 어려운 장애학생에게 보충학습이나 가상의 학습 경험을 제공해 줄 수 있다(Seale, 2006). 특수학교나 특수학급의 교육과정에 따라 교육을 받은 일부 장애대학생은 특정 학업 영역에서 학습 경험이 다르거나 장애로 인해 전혀 경험을 못할 수 있다(한국통합교육학회, 2005). 이러한 경우 e-러닝이 다양한 유형과 범위의 학습활동을 전달함으로써 부족한 선수학습능력을 보충하고 여러 경험을 간접적으로 할 수 있게 하여 대학 수업을 효과적으로 받을 수 있게 해 줄 것이다. 셋째, 시각, 청각, 지체장애 학생은 e-러닝을 통해 학습의 어려움을 보완하고 대안적 방법으로 대학 수업을 제공받을 수 있다(Seale, 2006). 토론, 발표, 노트 필기, 시험 및 과제 제출방식에서 제한을 받는 장애학생의 경우, e-러닝을 통한 온라인 상호작용이나 디지털 자료 제출로 대체한다면 더 효과적이고 효율적인 방법으로 수업에 임할 수 있을 것이다.

이와 같이, e-러닝은 장애대학생이 신체적 노력을 최소화하면서 효과적으로 학습할 수 있는 융통성 있는 교수-학습 환경을 제공해 준다. 또한 e-러닝은 시각, 청각, 지체장애 대학생의 다양한 요구에 맞추어 융통성 있는 교육과정을 효과적으로 제공할 것이며, 장애학생을 포함하여 모든 학생들에게 학습 기회를 동등하게 제공하여 장애학생의 교육적 통합에 기여할 것이다.

2) 장애인을 위한 웹 접근성 지원

장애학생이 e-러닝을 통해 학습하고자 할 때 일차적으로 보조공학을 활용하지만, 웹(Web)을 통해 제공하는 콘텐츠 자체에 보조공학을 사용하고도 접근할 수 없는 경우가 있다. 웹에 제시된 시각적 정보가 시각장애 학생이 사용하는 음성 출력 소프트웨어와 호환이 되지 않도록 설계되었을 경우, 영상 자료에 자막이 제공되지 않는 경우, 웹에 제시된 평가가 모두 마우스를 사용해서 선택해야 하는 경우가 이러한 상황이다. 이러한 e-러닝 환경에서는 시각,

청각, 지체장애 학생이 완벽하게 학습을 할 수 없으며, 장애학생은 또다시 학습의 제한을 경험하게 된다.

웹 접근성(Web accessibility)은 웹 콘텐츠에 접근하는 모든 사람들이 어떤 컴퓨터나 운영체제, 또는 어떠한 환경에 처해 있는지에 구애받지 않고 접근할 수 있는 것을 의미한다(한국정보통신기술협회, 2004). Henry(2002)는 웹 접근성을 사용자의 요구와 선호에 따라 정보를 얻고 상호작용할 수 있도록 웹 페이지를 설계하는 것이라고 설명하였다. Roh(2004)는 웹 접근성을 장애 유무나 보조공학의 사용 여부에 상관없이 광범위한 사용자의 요구를 충족시킬 수 있도록 설계가 이루어졌는지를 나타내는 지표로 정의하였다. 이를 통해 볼 때, 웹 접근성의 확보는 웹을 사용하는 사람의 신체적 능력, 지적 상태, 보조공학 사용 여부, 사용 환경에 상관없이 자신에게 필요한 정보를 얻고 상호작용할 수 있도록 웹을 구성하는 것이다. 이것은 웹 사용자를 기존 범위보다 더 확장하여 장애인과 노인 등 가능한 한 모든 사용자들에게 접근의 제한을 두지 않는 것이라고 할 수 있다.

이러한 웹 접근성 준수를 위하여 세계의 몇몇 국가들과 국제 표준화 기구에서 구체적인 지침의 개발을 위해 노력하고 있다. 우선, 미국은 웹 인터페이스(interface)에 대한 접근성 제고를 위해 다양한 법안 및 제도들을 마련해 왔다. 1998년에 개정된 미국 재활법(The Rehabilitation Act) 508조에서는 장애인들이 전자 및 정보기술에 일반인과 동등하게 접근할 수 있도록 보장해야 한다고 명시하고 있다. 이 법안의 준수를 위해 제정된 기술 표준인 '웹 기반 인트라넷과 인터넷 정보 및 응용 프로그램(Web-based intranet and internet information and applications, §1194. 22)'에서는 웹 인터페이스의 접근성 제고를 위해 15개 지침을 제정, 공포하여 미국의 모든 연방정부 홈페이지가 이를 준수하도록 명하고 있다.

영국, 호주, 뉴질랜드, 유럽연합 등의 주도적 참여로 결성된 국제 표준화 기구 W3C(World Wide Web Consortium)에서는 장애인에게 필요한 웹 접근성에 대한 인식을 확산시키기 위해 1997년 W3C 내에 WAI(Web Accessibility Initiatives)를 출범시켰다. WAI는 웹의 보편적 접근성을 강조하여 물리적, 인

지적 능력이 부족한 사람들의 인터넷 이용을 위해 노력하였으며, 이를 위한 구체적인 권장 지침으로 1999년에 웹 콘텐츠 접근성 지침 1.0(Web Contents Accessibility Guidelines 1.0: WCAG 1.0)을 발표했다. WCAG 1.0 지침은 크게 14개의 권장 지침(guideline)과 65개의 검토 항목(checklists)으로 구성되어 있다. 그리고 W3C에서는 보조공학 발전이 크게 진전됨에 따라 WCAG 1.0을 개정하기로 하고 WCAG 2.0 초안을 발표하였다(http://www.w3.org/TR/WCAG20).

국내에서는 2001년 1월 「정보격차해소에 관한 법률」을 제정함으로써 정보격차 해소 및 웹 접근성 실태조사의 근거를 마련하였다. 그리고 2004년 12월에는 WCAG와 국내 실태 조사를 토대로 하여 '한국형 웹 콘텐츠 접근성 지침 1.0'을 개발하였다(한국정보통신기술협회, 2004). 한국형 웹 콘텐츠 접근성 지침은 WCAG 1.0과 WCAG 2.0의 초안을 참고하였으며, 부분적으로 미국 「재활법」 508조를 참고하여 개발되었다. 본 지침은 인식의 용이성, 운용의 용이성, 이해의 용이성, 기술적 진보성의 네 가지 지침으로 분류된다.

이와 같이 국내외에서 장애인을 위한 웹 접근성 확보의 중요성을 강조하고 있는 추세에 따라, 웹을 기반으로 하고 있는 e-러닝에서도 접근성이 중요한 요소로 떠오르게 되었다. 최근의 선행 연구(김용욱, 2000; 윤광보, 김용욱, 권혁철, 2002; Roh, 2004)에서도 e-러닝에서 웹 접근성이 중요시되어야 함을 제안하고 있다.

3) e-러닝에서 장애학생의 접근성 현황

국내외의 관련 법규 및 제도, 지침에서는 웹 접근성 확보의 중요성을 강조하고 있다. 미국과 W3C 관련 국가들에서는 지침의 준수가 법적 강제력을 가지고 있어 이를 준수하지 않으면 장애인이 소송을 제기할 수도 있다. 따라서 이러한 국가에서는 웹 접근성 준수를 위한 포괄적이고 강력한 체계를 갖추고 있다. 그러나 국내에서는 웹 접근성에 대한 인식과 접근성 지침의 준수 여부가 여전히 부족한 것이 현실이다. 한국정보문화진흥원에서는 2005년과 2006년에 중앙행정기관, 지방자치단체, 입법 · 사법기관 등의 웹 사이트를 대상으로 웹 접근성 지침 준수 여부를 조사하였다. 조사 결과, 2006년도 조사에서 전년도보다 평가점수가 다소 향상되었지만 외국의 웹 접근성 준수 현황과 비교하면 여전히 미흡한 수준이었다(한국정보문화진흥원, 2006).

e-러닝의 접근성을 평가한 여러 선행 연구를 살펴보면, 신승식(2003)은 W3C의 WCAG 1.0의 준수 여부에 대해 국내 e-러닝 콘텐츠 10개를 선정하여 자동 분석 프로그램으로 접근성 평가를 실시하였다. 그 결과, 대부분의 e-러닝 콘텐츠가 모든 접근성 단계에서 매우 저조한 평가 결과를 보여 주었다. 또한 이지선, 이병수 그리고 장병옥(2006)도 국내 20개 사이버 대학의 교육 콘텐츠를 대상으로 자동화된 웹 접근성 평가를 실시한 결과, 다수의 교육 콘텐츠들이 대체 텍스트가 없는 이미지 자료를 그대로 이용하고 있으며, 웹 접근성 지침 준수 정도가 매우 낮은 것으로 나타났다. Roh(2004)의 연구에서도 웹 기반 교육의 접근성에 대해 장애대학생, 교직원, 웹 개발자들의 인식을 조사하였는데, 이들 대부분이 웹 접근성에 대해 정확히 인식하지 못하는 것으로 나타났다.

현재 장애인을 위한 웹 접근성 확보가 중요시되고 있으며, 이에 국내에서도 웹 접근성 지침을 개발하고 국가 기관의 웹 페이지를 평가하는 등의 노력을 하고 있다. 그러나 현재 국내의 e-러닝은 장애학생들을 거의 고려하고 있지 않음을 알 수 있었다. 따라서 앞으로는 장애학생이 e-러닝을 효과적으로 활용할 수 있도록 설계 및 개발 방안을 개선해 나가는 것이 필요하다.

2. 형성적 연구방법

1) 형성적 연구방법의 개념

형성적 연구방법에서는 설계 이론 또는 모형을 적용하는 사례(예: 실제 수업 사례, 교육 프로그램 등)를 실제로 개발한다. 이때 특정 이론을 근거로 하여 설계된 사례는 특정한 교수 설계 전략을 기반으로 개발된다. 그리고 적용 수업 사례는 일대일이나 소집단 평가와 같이 현장에 적용할 수 있는 형성평가 기법들을 활용하여 평가가 이루어진다. 이러한 평가 과정을 통해서 최종적으로 수업 설계 이론 또는 모형의 개선점을 찾고 최적의 이론을 만들어 나가게 된다.

임철일(1995)은 형성적 연구방법의 주요 특성을 다음과 같이 제시하고 있다. 첫째, 연구 대상이 되는 설계 이론 혹은 모형에 따라서 교수 프로그램을 설계하여 개발한다. 이때 이론 혹은 모형에서 언급되지 않은 교수방법을 사용하지 않아야 교수 프로그램이 대상 설계 이론의 한 사례라고 볼 수 있다. 둘째, 개발된 교수 프로그램을 대상으로 일련의 일대일 검토를 실시한다. 일대일 검토 시 학습자들의 대표성을 확보해서 실시해야 한다. 이 단계에서 연구자는 학습자가 학습을 진행할 때 질문을 통하여 교수 프로그램의 장단점을 확인하고 학습자 스스로 교수 프로그램의 개선점을 적극적으로 지적하도록 한다. 이 단계에서 발견된 결과의 타당성을 확인하기 위하여 보다 자연스러운 상태에서 일대일 검토를 실시한다.

Reigeluth와 Frick(1999)은 형성적 연구방법을 연구자에 의해 인위적으로 설계된 사례인지 아니면 자연적인 상황의 사례인지에 따라 구분하였다. 그리고 여기에서 자연적 사례는 사례가 적용되는 시점이 평가가 동시에 이루어지는 것인지 아니면 사후에 평가가 일어나는 것인지로 다시 나누어 다음과 같이 구분하였다.

- 설계된 사례: 연구를 위하여 의도적으로 이론의 적용 사례가 개발됨.
- 동시자연적 사례: 사례가 적용될 때 사례에 대한 형성적 평가가 이루어짐.
- 사후자연적 사례: 사례가 적용된 이후 사례에 대한 형성적 평가가 실시됨.

구체적으로 설명하면, 연구자가 이론 혹은 모형에 따라서 사례를 만들고 그 사례를 형성적으로 평가하게 될 때 이러한 연구는 '설계된 사례'의 연구가 된다. 이와 대조적으로 이론에 따라서 구체적으로 설계되지는 않았지만 이론이 제시하는 동일한 목적과 맥락에 부합되는 특정 사례를 선정하거나, 특정 사례가 대상 이론과 일관되고 지침을 따르는지를 분석하는 것은 '자연적 사례'의 유형이라고 할 수 있다.

Reigeluth와 Frick(1999)은 앞서 제시한 사례의 구분과 함께, 존재하지 않은 새로운 이론을 개발하는 것이 목적인지 아니면 현존하는 이론을 개선하는 것이 목적인지에 따라 연구방법을 구분하였다. 이에 Reigeluth와 Frick이 그들의 저서에서 설명하고 있는 형성적 연구의 유형은 〈표 11-1〉과 같다.

〈표 11-1〉 형성적 연구의 유형(Reigeluth & Frick, 1999)

	현존하는 이론 대상	새로운 이론 개발
설계된 사례	현존하는 이론의 설계된 사례	새로운 이론의 설계된 사례
동시자연적 사례	현존하는 이론의 동시자연적 사례	새로운 이론의 동시자연적 사례
사후자연적 사례	현존하는 이론의 사후자연적 사례	새로운 이론의 사후자연적 사례

형성적 연구방법을 활용한 연구로서 국외에는 Lim(1994), Roma(1990), Simmons(1992) 등의 연구가 있으며, 국내에는 손미(1996), 손지영(2008), 임철일(1994, 1995, 1998, 2001), 최홍숙(1996) 등의 연구가 있다. 이 중 Roma(1990)의 연구는 이해를 위한 교수 설계 이론의 강점과 개선점을 검토하기 위하여 형성적 연구방법을 처음으로 사용한 연구이며, 연구 실행 과정에서의 문제점들을 보고하면서 형성적 연구방법 절차를 구체화하였다. 그리고 Lim(1994)은 Roma가 제시한 형성적 연구 절차에서의 문제점을 고려하여 연구자와 학습자 모두의 부담을 줄이는 연구 실행 전략을 제시하면서 형성적 연구를 실시하였다. 국내에서는 최홍숙(1996)이 학습자 체험과 참여를 유도하는 클럽 활동 프로그램 개발모형을 구안하고 이를 개선하기 위하여 형성적 연구를 실시하였다. 최근에 손지영(2008)은 장애대학생을 위한 e-러닝 설계 전략을 구안하고 이를 개선하기 위해 형성적 연구방법을 사용했다. 이와 같이 국내외에서 형성적 연구를 실행한 여러 선행 연구를 살펴보면, 연구를 실행하면서 발견한 형성적 연구방법 실행의 전략을 구체적으로 제시해 주고 있다.

이러한 선행 연구(임철일, 1995; Lim, 1994; Roma, 1990)에서 제시하고 있는 형성적 연구방법의 실행 전략을 요약하면 다음과 같다.

- 형성적 연구방법에 필요한 수업시간은 학습자가 적극적으로 참여할 수 있는 시간 단위로 세분화하여 실시하는 것이 좋으며, 대체로 한 시간 이내가 적절하다. Roma(1990)의 연구에서는 1시간 30분의 수업 후에 추후 검토를 실시하였는데, 학습자가 상당한 피로를 느끼고 검토를 빨리 끝내기를 원했다고 보고하였다. 그래서 Lim(1994)은 전체 수업의 양을 두 개의 단위로 나누어 검토를 수행함으로써 더 효과적으로 추후 검토를 실시할 수 있었다고 보고하였다. 이러한 결과를 통해서 볼 때 학습자의 주의집중 정도에 따라서 수업 및 검토 시간을 구분해서 실행하는 것이 좋으며, 일반적으로 1시간 이상의 장시간 수업과 검토를 실시하는 것은 효과적이지 않음을 알 수 있다.
- 형성적 연구의 자료 수집을 위하여 추후 검토 질문을 다양하게 제공하는 것이 필요하다. 임철일(1995)에 따르면, 검토 과정에서 보다 직접적인 질문을 하기 위하여 어떤 종류의 정보가 수집되어야 하는가를 연구 전에 학습자에게 확인시켜 줄 것을 제안했다. 그리고 추후 검토할 때에 개방형 질문으로 시작하여 특정 부분에 대해서 보다 직접적인 질문을 하는 방식으로 질문 형태를 적절히 결합하여 사용하는 것이 필요하다. Lim(1994)의 연구에서는 다음과 같은 추후 검토 질문을 사용하였는데, 초기에 개방형 질문으로 교수 프로그램의 강점과 약점을 질문한 후에 구체적이며 직접적인 질문이 뒤따르는 형식을 취하였다.
  - 교수 프로그램 중 어떠한 부분이 잘 되었다고 생각하십니까?
  - 아래의 특징 중 잘된 부분은 어떠한 것이며, 그 이유는 무엇이라고 생각하십니까? (교수목적, 학습의 이점, 선수학습에 대한 진술, 진단검사 및 형성평가에 입각한 학습 순서 조언, 순서의 통제 등)
  - 교수 프로그램 중 잘못된 부분은 어떠한 것이며, 그 이유는 무엇입니까?
  - 학습에 유용한 부분은 어떠한 것이었으며, 그 이유는 무엇입니까?
  - 교수 프로그램을 수정할 수 있다면 어떻게 하시겠습니까?

- 수업이 실행되는 동안에 연구자의 역할은 학습자에게 문제점이 발생했을 때 도움을 주고 학습을 관찰하거나 의견을 기록하는 것에 그치고, 연구자와 학습자 간의 적극적 상호작용은 추후 검토 과정에서 이루어지는 것이 적절하다. Reigeluth(1989)는 초기에 형성적 연구방법을 제안할 때 연구자와 학습자 간의 지속적인 상호작용을 제안하였으나, Roma(1990)의 연구에서는 이러한 과정이 연구자와 학습자에게 모두 부담을 주는 결과를 낳는다고 지적하였다. 그래서 Lim(1994)은 연구자와 학습자 모두에게 부담을 줄이고 보다 효과적인 검토 결과를 유도하기 위해 '의견 유도를 위한 질문'을 사전에 준비하여 학습자로 하여금 시작 전에 읽게 하는 것이 필요하다고 제안했다. 따라서 연구자는 수업이 진행되는 동안에 학습자의 진행을 관찰하거나 제시된 의견을 기록하는 것에 그치며 학습자와의 적극적 상호작용은 추후 검토 과정에서 활발히 실시하는 것이 적절할 것이다.
- 학습자의 의견을 정확하게 수집하고 기록하기 위해서는 독립적인 공간에서 녹화, 녹음을 실시하는 것이 필요하다. 임철일(1995)은 형성적 연구 과정에서 학습자의 의견을 신뢰롭게 수집하고 기록하기 위해 다양한 기술적 지원이 필요하다는 것을 강조하였으며, 외부의 간섭을 배제할 수 있는 독립적 공간에서 녹화와 녹음을 실시하는 것을 제안하였다. 따라서 형성적 연구는 학습자의 행동을 관찰하고 녹화할 수 있는 독립된 공간에서 수업 및 추후 검토가 이루어져야 할 것이다.
- 형성적 연구에서 수업을 진행하는 중에 학습자로 하여금 생각나는 대로 말로 표현하도록 하는 '언어적 사고 표현(think-aloud)'은 신중을 기해서 활용해야 한다. Roma(1990)는 이러한 언어적 사고 표현이 매우 우수한 학습자들에 한하여 부분적으로 사용되었으며 나머지 학습자들에게는 유용하지 않았다고 보고했다. 이에 Lim(1994)도 언어적 사고 표현을 유도하기보다는 연구자가 준비한 의견 유도를 위한 질문을 읽게 함으로써 학습자의 사고 과정을 도와주고, 학습자가 원하는 경우에만 자연스럽게 자신의 생각을 말로 표현하도록 하였다. 따라서 형성적 연구에 참여하는 모든

학습자들에게 이러한 언어적 사고 표현을 의무적으로 사용하도록 하기보다는 학습자의 자연스러운 사고과정을 유도하는 것이 더 중요함을 알 수 있다.

2) 형성적 연구방법의 절차

교육 프로그램의 설계 이론 개선을 위해서 사용할 수 있는 형성적 연구방법의 절차에 대해 단계별로 구체적인 설명을 제시하면 다음과 같다. 이러한 절차는 형성적 연구방법의 주창자인 Reigeluth와 그의 동료 Frick의 저서에서 제시하고 있는 형성적 연구방법을 적용하는 단계를 설명한 것이다(Reigeluth & Frick, 1999).

(1) 설계 이론 선정

형성적 연구방법을 사용하는 첫 단계는 개선하고자 하는 설계 이론, 모형, 전략을 선정하는 것이다. 이것은 장애학생을 위한 교육 프로그램을 개발하거나 특정 수업을 설계하는 것에 적용될 수 있는데, 어떤 대상에게 효과적인 교육 프로그램을 개발하기 위해서는 효과성을 보장할 수 있는 설계 이론이나 전략에 근거해서 개발이 이루어져야 한다. 따라서 장애학생에게 효과적인 교육 프로그램을 개발하기 위해서 대상에 맞는 최적의 설계 전략을 필요로 하며, 이러한 설계 전략을 고안하고 개선하는 과정을 반복적으로 실시해야 한다.

이러한 과정의 첫 단계로서 형성적 평가 과정을 거쳐 개선하기 원하는 기존의 설계 이론이나 전략을 선정해야 한다. 이것은 현존하는 이론을 개선하는 것이 목적인지 아니면 존재하지 않는 새로운 이론을 개발하는 것이 목적인지에 따라 구분될 수 있다(Reigeluth & Frick, 1999). 우선, 현존하는 이론의 개선을 위해서는 설계 이론을 먼저 선정하고 이론의 해당 사례를 설계한 다음, 형성적 자료를 수집하고 분석하여 최종적으로 현 이론에 대한 개선 사항을 제안하는 방식으로 이루어진다. 그런데 현재 이론이 없어서 새로운 이론을 개발하기 위해 형성적 연구방법을 사용하기 위해서는 설계 이론을 선정하는 단계를 거치지 않고 곧바로 설계 이론의 개발을 도울 수 있는 사례를 개발하는 것부터 시작된다. 그리고 앞서 언급한 것과 같은 방식으로 사례에 대한 형성적 자료를 수집하고 분석하여 마지막에는 잠정적인 이론을 개발하는 것을 목적으로 하게 되는 것이 차이점이다.

이 장에서는 현존하는 이론을 개선하는 목적으로 형성적 연구방법을 사용하는 것을 중심으로 설명할 것이며, 설계 이론을 선정하는 단계의 유무를 제외하고는 나머지 단계는 새로운 이론을 개발하는 과정도 동일하게 진행된다고 할 수 있다. 설계 이론 선정은 주로 선행 연구를 근거로 하여 실시하지만, 실제에 대한 조사 연구를 추가적으로 실시한 후에 선행 연구에 근거한 이론을 수정, 보완하여 선정할 수도 있다.

(2) 이론을 적용한 사례 설계

두 번째 단계에서는 선정된 설계 이론이나 모형, 전략이 적용되는 하나의 상황을 선정한 후에 이것을 구체적으로 적용하는 사례를 설계하는 것이다. 이와 같은 사례 설계에서 중요한 것은, 가능한 한 해당 설계 이론만을 적용해야 한다는 것이다. 이것은 구인타당도와 관련이 되는데, 형성적 연구에서 중점적으로 보고자 하는 설계 이론만을 적용시킴으로써 각 설계요소에 의한 긍정적, 부정적 영향을 정확히 드러내는 방식으로 타당도를 확보하기 위함이다(임철일, 1995; Reigeluth, 1989).

이론을 적용한 사례의 설계는 연구자와 해당 이론의 전문가에 의하여 이루어져야 하며, 이때 설계하려는 내용 영역의 전문가의 도움을 받아야 한다. 그리고 몇 명의 이론 전문가를 더 확보하여 설계된 사례를 검토하면서 그 사례가 형성적 연구에서 다루는 이론을 제대로 반영하고 있는지를 확인해야 할 것이다.

(3) 사례에 대한 형성적 평가 실시

다음 단계는 이론을 적용하여 설계된 사례에 대해 형성적 평가를 실시하면서 평가 자료를 수집하는 것이다. 이러한 형성적 평가를 통해서 이론을 적용한 사례에서 개선이 필요한 점을 찾아나가야 한다. Reigeluth와 Frick(1999)에 따르면, 어떤 상황에서는 사례에 대한 설계와 평가가 동시에 일어날 수 있고, 또 다른 상황에서는 사례에 대한 설계와 개발이 이루어진 후에 형성적 평가가 이루어질 수도 있다. 전자의 경우에는 이론을 적용하여 설계가 이루어지는 과정에서 형성적 평가 자료가 수집될 수 있으며, 후자의 경우에는 형성적 평가 자료 수집이 설계 이후의 별도 단계가 된다. Reigeluth와 Frick(1999)은 이러한 두 가지 유형을 모두 실시할 수 있다고 설명했는데, 이론을 적용하는 사례를 설계하면서 각 부분에 대해 간단한 수준의 형성적 평가를 실시하고 설계가 완성된 이후에 보다 큰 규모의 형성평가를 수행할 수 있다.

형성적 연구에서 평가 자료를 수집하기 위해서는 다음과 같은 방법이 유용하다.

1 관찰

학습 프로그램 실행이나 수업 사례에서 학습자가 학습하는 과정을 연구자가 관찰(observation)하는 것을 통해 학습자의 외적 반응을 확인할 수 있다. 학습자가 사례를 실행하는 과정에서 행동을 관찰하면서 각 설계 이론에 대한 학습자들의 반응을 객관적으로 수집할 수 있다. 정확한 관찰 자료를 수집하기 위해서는 전체 평가 과정을 녹화해서 이후에 확인하고 기록하는 것이 좋다.

효과적인 형성적 평가 결과를 위해서 '의견 유도를 위한 질문'을 사전에 준비하여 학습자로 하여금 시작 전에 읽게 하는 것이 필요하다(Lim, 1994). 이러한 의견 유도 질문을 미리 읽게 하면, 평가 참여자가 사례를 실행하는 과정에서 어떤 부분을 중점으로 평가해야 하는지를 미리 파악하고 초점을 맞출 수 있기 때문에 유용한 결과가 산출될 수 있다. 그리고 사례가 실행되는 동안에 연구자는 학습자의 진행을 관찰하거나 제시된 의견을 기록하고, 학습자와의 적극적인 상호작용은 추후 검토 과정에서 활발히 실시하는 것이 적절하다.

형성적 평가 과정에서 각 질문은 탐구의 대상이 설계 이론에 초점이 맞추어져야 하며, 이론이 목적으로 하는 것을 잘 획득하게 하여 주는 새로운 지침을 추가하는 것과 이론에서 제시하는 구체적인 지침을 어떻게 개선할 수 있는가에 관한 자료를 수집하는 데 중점을 두어야 한다(Reigeluth & Frick, 1999). 이러한 질문을 통해서 설계된 사례가 어떤 측면에서 학습을 지원하거나 방해하는지를 확인하거나 약점을 개선할 수 있는 방법을 찾아내야 할 것이다.

형성적 평가 과정에서 사례를 실행하며 관찰할 때에 미리 제시할 수 있는 '의견 유도를 위한 질문'의 예는 다음과 같다.

- 프로그램 중 어떠한 부분이 잘되었다고 생각하십니까?
- 프로그램 중 잘못된 부분은 어떠한 것이며, 그 이유는 무엇입니까?
- 유용한 부분은 어떠한 것이며, 그 이유는 무엇입니까?
- 교수 프로그램을 수정할 수 있다면 어떻게 하시겠습니까?

또한 형성적 평가 참여자들을 효과적으로 안내, 훈련시켜서 평가 과정에서 보다 개방적으로 필요한 자료들을 제공할 수 있도록 해야 할 것이다. 이를 위해서는 연구자가 평가 참여자와 라포를 형성하고 평가 진행 도중에 생각나는 것을 말로 표현하는 '언어적 사고 표현'을 할 수 있도록 훈련을 제공하는 것이 좋다. 그러나 Roma(1990)가 언어적 사고 표현은 매우 우수한 학습자들에 한해 부분적으로 사용되었고 나머지 학습자들에게는 유용하지 않았다고 보고한 것을 볼 때, 학습자가 원하는 경우에만 자연스럽게 말로 표현하도록 유도하고 언어적 사고 표현을 의무적으로 사용하게 하지는 않는 것이 좋을 것이다.

② 면담

일반적으로 설계된 학습 프로그램이나 수업 사례가 실행되는 과정에서 연구자가 참여자와 일대일 면담(interview)을 실시하면 유용한 자료가 수집될 수 있다. 왜냐하면 사례를 실행한 이후에 면담할 때에는 학습자가 기억에 의존하게 되지만, 사례를 실행하는 도중에 실시하는 것은 그렇지 않기 때문이다. 그러나 이러한 면담이 사례 실행 과정에서 일종의 방해요인이 될 수 있기 때문에 사례를 실행한 직후에 개별 또는 소집단으로 면담을 실시하는 것이 형성적 연구에서 주로 사용된다.

사례 실행 후 사후 검토에서 기억에 의존해야 하는 제한점을 보완하기 위해서는 전체 사례 실행 과정을 녹화하여 학습자들에게 보여 주는 방법도 유용하다. 그래서 학습자들이 녹화 내용을 보면서 자신의 행동, 표정 등을 파악하여 당시의 생각이나 의견을 떠올리고 정확하게 평가 내용을 전달할 수 있도록 하는 것이다. 이를 위해서는 외부의 간섭을 배제하고 소음이 없는 독립적 공간에서 사례 실행 과정을 녹화할 수 있는 기술적 지원이 필요하다.

형성적 연구에서는 개인 면담이나 집단 면담 등을 통해 평가에 참여한 학습자들의 반응과 생각을 알 수 있다. 이론을 적용하여 설계된 사례의 강점과 약점을 확인할 뿐만 아니라 사례의 각 요소 중 개선될 필요가 있는 것을 탐색하도록 한다. 그리고 사례를 실행하는 중에 '언어적 사고 표현'을 통해서 언급하지 못한 이론의 강점과 약점을 지적하거나 다른 추가적인 의견을 제시할 수 있는 기회를 제공하게 된다.

형성적 평가에서 설계된 사례를 실행한 이후에 제시할 수 있는 개방형 질문의 예를 들면 다음과 같다.

- 사례에서 어떤 요소들을 좋아했거나 혹은 좋아하지 않았나요?
- 어떤 것에 의하여 도움을 받았나요, 혹은 어떤 것이 도움을 주지 않았나요?
- 주어진 자료와 활동이 자신이 요구한 것과 일치하나요?
- 만약에 변화가 가능하다면 어떤 것을 변화시키는 것이 좋을 것 같나요?
- 사례를 통해서 목표를 달성하였나요?

이와 같은 개방형 질문으로 시작하고 다음에는 특정 부분에 대해서 보다 직접적인 질문을 하는 방식으로 면담의 질문 형태를 적절히 결합하여 사용하는 것이 필요하다(임철일, 1995). 이에 Lim(1994)의 연구에서는 초기에 개방형 질문으로 교수 프로그램의 강점과 약점을 질문한 후에 구체적이며 직접적인 질문이 뒤따르는 형식을 취했다.

추가적으로, 형성적 평가 결과의 타당도를 향상시키기 위해서 신문, 인터넷, 문서 등 다양한 통로로 얻을 수 있는 자료들을 통해서 특정 이론의 영향, 결과, 가치 등을 파악하여 평가 결과의 삼각검증법(triangulation)[2]을 실행할 수 있다. 또한 참여자 확인(member checking)을 통해서 가능한 한 빨리 각 참여자가 자신의 면담 내용의 정확성에 대해 확인하는 절차가 이루어져야 할 것이다.

(4) 형성적 평가 자료분석

형성적 평가를 실시하여 자료를 수집하고 분석할 때에는 대상 이론을 어떻게 개선할 수 있을 것인가에 초점을 맞추어야 한다. 구체적으로 프로그램에서 어떤 것을 변화시켜야 하는지에 대한 약점 분석뿐만 아니라 어떤 것을 변화시켜서는 안 되는지와 같은 강점에도 초점을 맞추는 것이 필요하다. 그리고 약점이 발견되었을 때에 이를 해결할 수 있는 방법을 평가 참여자들이 구체적으로 제안할 수 있도록 해야 한다.

자료분석 과정에서는 학습자들의 응답에 있어 강점, 약점, 개선점으로 분류하면서 학습자들 간에 내용의 일관성을 확인하는 것이 이루어져야 한다. 구체적으로 학습자들의 관찰과 면담 내용을 통해서 해당 프로그램의 주요 강점과 약점을 확인하면서 이론에 대한 개선점을 찾아내야 한다. 이러한 자료분석은 자료축소, 자료제시, 결론 도출의 활동을 통해 이루어진다.

우선, '자료축소'는 관찰과 면담을 통해 얻어진 자료를 선정하여 단순화하고 간결하게 축소시키는 것이다. 형성적 평가 과정에서는 참여자들의 관찰 유형과 사후 검토 과정에서 면담 답변의 유형에 따라 자료들을 요약하는 데 초점을 맞춘다. 이 단계에서는 참여자의 의견을 비슷한 맥락으로 묶어서 나열한 후, 주요 용어를 중심으로 줄인다. 이때 동일한 자료에 대하여 2인 이상의 분석가가 함께 상호보완적으로 축소 과정에 참여할 경우 타당성이 높아진다. 다음으로 '자료제시' 단계에서는 이와 같이 축소되고 요약된 강점, 약점, 개선점의 정보를 일련의 매트릭스(matrix)에 배열하고 연관된 특성을 한 축으로 하여 다른 축에는 이론의 요소들을 나열하도록 한다. 여기에서 개선을 위한 제안은 매트릭스에 제시된 약점 부분 옆에 각각 기입될 수 있으며 매트릭스와는

2) 관점과 상황을 달리하여 자료와 분석 결과를 재검토하는 검증 과정.

별도로 다른 곳에서 상세하게 설명될 수 있다. 이 단계에서는 축소된 자료를 중심으로 유사한 영역의 범주화가 형성되며, 다양한 각도로 재범주화를 실시하여 자료를 표 형식으로 제시하게 된다. 마지막으로, '결론 도출' 단계에서는 최종적으로 분석된 자료를 제시하는 표에서 참여자들에 의하여 언급된 전략 측면과 그것의 해당 빈도를 동시에 일목요연하게 제시하게 되며, 최종적으로 대상 이론의 개선점을 도출하게 된다.

자료분석 과정에서 자료의 신뢰성을 확보하기 위해서는 다양한 방법을 고려해야 할 것이다. 삼각검증법은 다양한 증거 자료를 활용하여 다른 자료와 비교해 각각의 자료를 교차 확인하는 방법을 의미한다(Lincoln & Guba, 1985). 형성적 연구에서 다양한 증거 자료란 우선 다수의 참여자를 의미하는 것이고, 다음으로 반복적인 실시를 통하여 자료를 수집하여 참여자들 사이에 상당한 수준에 이르는 자료의 일관성을 확보하는 것이다. 그래서 이론이 의도하는 상황 내에서 사람의 유형과 상황을 가능한 한 다양하게 함으로써 외적 타당도를 증가시킬 수 있다(Reigeluth & Frick, 1999). 또한 자료분석의 신뢰성을 확보하기 위해서 개별 참여자로부터 다양한 증거 자료가 수집되어야 한다. 학습 관찰과 면담 외에 학습 결과물, 메모, 보고서 등의 다양한 문서들을 참고로 하여 자료분석 과정에 포함시켜 의미 있는 방식으로 사례를 평가할 수 있는 객관적 지표로 활용해야 할 것이다.

(5) 사례 수정과 개선된 이론 제시

본 단계는 형성적 연구를 통해서 도출된 평가 자료를 바탕으로 하여 설계 이론을 적용한 사례를 수정하는 것이다. 수정이 필요하면 가능한 한 빨리 수정하여 다시 형성적 평가의 자료 수집을 실시할 수 있으며, 비교 평가를 위해서 동일한 학생들에게 두 가지의 설계된 사례를 제시하여 평가를 실시할 수도 있다(Reigeluth & Frick, 1999). 이와 같이 사례를 수정한 후에 해당 이론 내에서 체계적으로 상황을 달리하여 몇 차례의 추가적인 자료 수집, 분석 과정을 반복하는 것이 필요하다. 이렇게 함으로써 연구의 타당도를 증가시키고 형성적 연구 결과에 대한 일반화 가능성을 높일 수 있다.

최종적으로, 사례 수정 및 평가 단계를 반복적으로 실시하여 확인된 결과를 통해 개선된 설계 이론을 가설화하여 제시한다. 이와 같이 형성적 평가를 통해 개선된 설계 이론에 대해서는 추후에 보다 엄격하게 타당화가 이루어지기까지 추가적인 형성적 연구가 계속 이루어지게 된다.

3) 형성적 연구방법의 적용

이 절에서는 형성적 연구방법을 적용한 구체적인 연구 사례를 알아보고자 한다. 이 사례는 손지영(2008)의「장애대학생을 위한 e-러닝 설계 전략 연구」의 일부를 요약한 것으로, 실제 장애학생을 대상으로 온라인 학습 프로그램 설계 전략을 구안하기 위해 형성적 연구방법을 적용한 사례다.

(1) 연구 대상

본 연구에서는 학습자 23명이 참여하여 설계 전략을 구현한 e-러닝 프로그램을 통해 설계 전략이 어떠한 강점과 약점을 가지고 있는지에 대한 평가를 실시하였으며, 최종적으로 e-러닝 설계 전략의 개선점은 무엇인지에 대한 해답을 도출하였다.

본 연구의 평가에 참여한 학습자는 시각장애 8명(전맹 4명, 저시력 4명), 청각장애 5명, 지체장애 5명, 비장애 대학생 5명으로 총 23명의 학생이 참여하였다. 평가 참여자를 선정하기 위해서는 사례를 통한 자료의 수집가능성, 사례에의 접근가능성 등을 고려해야 하는데(Lim, 2001), 본 연구에서는 연구 목적에 적합한 자료들을 풍부하게 제공받을 수 있도록 e-러닝 활용 경험을 가진 시각, 청각, 지체장애 대학생을 평가 참여자로 선정하였다.

평가 참여자는 장애 영역별로 5~8명씩 선정하였는데, 이는 5명 내외의 대상자가 전체에서 75% 정도의 문제를 발견할 수 있고, 특정 그룹이 있을 경우에 각 그룹의 사용자가 각각 5명 내외인 것이 이상적이라는 선행 연구에 근거한 것이다(Nielsen, 2000). 본 연구에서 평가 참여자의 선정기준은 다음과 같다. 즉, 현재 학부 또는 대학원에 재학 중인 시각, 청각, 지체장애 1~3급 진단

〈표 11-2〉 평가에 참여한 학습자들의 인적사항

구분		장애 등급	소속 대학교/ 단과대학	장애특성	인터넷 사용기간/ e-러닝 경험	사용하는 보조공학
시각장애 | 전맹	1	1급	E대학교/ 사범대학	출산 때부터 장애, 전맹	6년/ EBS 인터넷 강좌 수강	스크린 리더
시각장애 | 전맹	2	1급	B대학교/ 인문대학	조산아로 출생, 전맹	5년/ 컴퓨터 강좌, 예술 강좌 수강	스크린 리더
시각장애 | 전맹	3	1급	A대학교/ 사범대학	전맹	14년/ EBS 토플 강좌	스크린 리더
시각장애 | 전맹	4	1급	C대학교/ 사회과학대학	전맹	6년/ 사설학원 강좌	스크린 리더
시각장애 | 저시력	1	2급	A대학교/ 음악대학	망막색소변성증, 진행성 저시력장애.	7년/ EBS 인터넷 강좌 수강	휴대용 확대경
시각장애 | 저시력	2	1급	A대학교/ 미술대학	포도막염증, 중앙부만 안 보임	10년/ 인터넷 토익 강좌 수강	독서 확대기
시각장애 | 저시력	3	2급	E대학교/ 사범대학	3cm 정도의 가까운 거리에서만 보임	5년/ EBS, 고시학원 강좌 수강	Zoom Text
시각장애 | 저시력	4	3급	C대학교/ 사회과학대학	3~5cm 정도 거리에서 보임	7년/ 학원 온라인 강좌 수강	독서 확대기
청각장애	1	3급	A대학교/ 사회과학대학	오른쪽 귀 청력 소실, 잔존 청력과 독화로 의사소통	10년/ 수업에서 온라인 커뮤니티 사용	없음
청각장애	2	2급	A대학교/ 미술대학	3세 때 청력 손실, 진행형, 입모양으로 의사소통	10년/ 수업에서 온라인 커뮤니티 사용	자막수신기 사용
청각장애	3	2급	A대학교/ 사회과학대학	출생 때부터 소리를 듣지 못함, 입모양과 문자 사용	10년/ 학원 온라인 강좌	없음
청각장애	4	2급	C대학교/ 경영대학	영아 때 병으로 청력 손실, 입모양으로 의사소통	11년/ EBS 온라인 강좌	없음
청각장애	5	3급	C대학교/ 생활과학대학	잔존청력 있음, 입모양으로 의사소통	13년/ 수업에서 온라인 커뮤니티 사용	없음

지체 장애	1	뇌병변 2급	A대학교/ 공과대학	뇌성마비로 인해 독립적인 이동 어려움, 보조인 사용	9년/ 수업에서 온라인 커뮤니티 사용	없음
	2	지체 1급	A대학교/ 약학대학	하지마비	10년/ 수능강의, TEPS 강좌 수강	전동휠체어
	3	지체 1급	B대학교/ 법과대학	사고로 인한 사지마비.	10년/ 영어학원 온라인 강좌 수강	전동휠체어. 손동작 보조도구
	4	뇌병변 2급	A대학교/ 약학대학	뇌성마비로 인해 이동과 동작 불편	7년/ 온라인 토익 강좌 수강	없음
	5	뇌병변 1급	C대학교/ 인문대학	뇌성마비로 인해 이동과 동작 불편	8년/ EBS, 온라인 수능강의 수강	없음
비장애 학생	1	·	A대학교/ 공과대학	·	8년/ 온라인 수능강의	·
	2	·	A대학교/ 인문대학	·	12년/ 수업에서 커뮤니티 사용	·
	3	·	A대학교/ 미술대학	·	7년/ 온라인 미술 강좌	·
	4	·	A대학교/ 간호대학	·	8년/ EBS 온라인 강좌	·
	5	·	C대학교/ 사회과학대학	·	10년/ 온라인 토익강좌	·

을 받은 학생으로서, 교내·외에서 e-러닝 강좌를 수강한 경험이 있거나 인터넷을 통해 학습활동을 수행한 경험이 있는 장애학생으로 선정하였다. 특히, 자신이 가지고 있는 장애로 인해 e-러닝 학습, 커뮤니티 활동, 온라인 상호작용에서 실제적 어려움을 경험한 학생들을 대상으로 선정하였다. 평가 참여자에 대한 이러한 평가기준은 교육공학 박사 1인과 특수교육 박사 1인의 자문을 받아 결정하였다.

이러한 연구 대상자 선정을 위해서 서울과 경기 소재 대학교에 평가 참여자 공개 모집을 하였고 장애대학생들에게 이메일을 보내어 연구 참여 의사가 있는지 알아보고 개별적인 전화 연락을 통해 연구 대상자를 선정하였다. 이러한 절차에 의해서 총 18명의 시각, 청각, 지체장애 학생을 평가참여자로 선정하였다. 그리고 장애가 없는 대학생으로 장애학생과 비슷한 연령대의 대학생 5명을 장애학생의 평가 결과와 비교하기 위해 평가 참여자로 선정하였다. 비장애 학생을 평가 참여자로 선정한 이유는 보편적 설계 원리 기반의 e-러닝 설계 전략이 장애학생뿐만 아니라 비장애 학생의 사용성에도 긍정적 영향을 미치는지를 보기 위함이다.

(2) 측정도구

학습자 평가 실시는 총 4주간 진행되었으며, 개별적으로 프로그램 학습관찰 80분, 면담 30분으로 실시되었다. 평가는 컴퓨터를 개별적으로 사용할 수 있는 강의실이나 보조공학 소프트웨어가 설치된 장애학생의 집 등 학습자가 실제 e-러닝 프로그램을 사용하는 자연스러운 장소에서 이루어졌다.

학습자 평가방법으로서 본 연구에서는 실제 학습자들이 직접 프로그램을 통해 학습해 보고 이들의 반응을 관찰하는 행위관찰(performance observation) 방법을 사용하였다. 그리고 직접 학습자에게 프로그램에 대한 구조화된 질문을 제공하고 이 질문에 대해서 학습자들의 경험과 생각을 얻는 면담을 사용했다. 행위를 관찰하여 기록하는 방법으로서, 학습자에게 프로그램 학습을 수행하도록 한 다음에 동시다발적으로 떠오르는 학습자의 생각을 그대로 말로 표현하게 하였다. 이 방법은 실제 상황에서 사용자의 행동을 파악할 때 유용하며, 언어적 응답을 통해 프로그램을 사용하면서 직면하게 되는 문제점들을 상세하게 파악할 수 있다(Nielsen, 2000).

평가 절차는 다음과 같이 연구자가 대상 학습자의 행동과 반응을 기록하고 면담을 실시하는 과정으로 이루어졌다.

① 사전 질문지 작성 및 연구 안내

대상 학습자의 개별적 특성을 파악하기 위해 사전 질문지를 작성하도록 하였다. 우선, 학생에게 프로그램 실시 및 평가의 목적, 진행방법에 대해 구체적으로 설명하고, 학생의 소속, 전공, 장애특성, 인터넷 숙달도, e-러닝 사전 경험 등의 배경 정보 등을 조사하였다. 그리고 학생에게 연구 절차 안내문을 제공하고, 구체적인 연구 절차 및 지침에 대해 설명하였다. 또한 학생에게 '언어적 사고 표현'을 통해 평가 자료가 수집됨을 알려 주고 연구자가 직접 시범을 보여 주었다.

2 프로그램 학습 진행 및 관찰 실시

평가에 대한 안내가 끝난 후에 학생들은 곧바로 e-러닝 프로그램 학습을 실시하였다. 학생들은 e-러닝 프로그램을 살펴보면서, 실제로 구현된 설계 전략의 강점과 약점, 개선이 필요한 점을 명확하게 지적하도록 하였다. 연구자는 학생이 e-러닝 강좌를 학습하는 전체 과정을 비디오로 녹화하였고, 학습수행 중에는 대상 학생의 옆에서 행동 및 언어를 구체적으로 기록하였다. 이후에 비디오 녹화 파일을 분석할 때에 이러한 관찰 기록 자료를 참고로 하여 정확한 평가 자료를 수집하도록 하였다.

3 면담 실시

면담은 평가에 참여한 학습자의 행동관찰만을 통해 알 수 없었던 심층적 내용, 즉 행동의 이유, 만족의 이유, 심리적 변화, 인식 및 태도에 대해 구체적으로 알아내도록 하였다. 연구자는 전체적으로 행동관찰과 면담지에 근거하여 질문을 제시하였으며, 설계 전략 자체에 개선이 필요한 점이나 설계 전략을 실제 프로그램에 적용하여 개발하는 과정에서 개선이 필요한 사항들을 구체적으로 질문하였다. 또한 면담 내용을 녹음하여 이후 구체적으로 기록하고 분석하였다.

평가 안내지

본 평가는 시각, 청각, 지체장애 학생 중심의 프로그램 개발을 통해 'Universal Design 원리를 적용한 e-러닝 설계 전략'을 도출하기 위한 것으로, 이 과정에서 여러 학습자들의 의견을 수렴하는 것을 목적으로 합니다.

평가 절차는 다음의 순서로 이루어집니다.

1) 평가방법 안내
2) 사전 질문지 작성

3) e-러닝 프로그램 학습을 진행하면서 설계 전략의 강점과 약점, 개선점을 말하기

4) 면담 실시

본 평가에서는 개발된 e-러닝 프로그램을 직접 학습하면서 경험하게 된 문제점, 느끼는 생각, 변경되었으면 하는 요소들에 대해 솔직하게 말로 표현해 주시면 됩니다.

본 평가는 정확한 자료수집을 위해 평가 과정을 비디오로 녹화할 것입니다. 평가자의 얼굴은 최대한 노출되지 않게 할 것이며, 평가 결과는 본 연구 이외에 절대로 사용하지 않을 것을 약속합니다.

사전 질문지

1. 프로그램에서 어떤 것에 의하여 도움을 받았나요, 혹은 어떤 것이 도움을 주지 않았나요?
2. 프로그램의 강점은 무엇이라고 생각하나요?
3. 프로그램의 약점은 무엇이라고 생각하나요?
4. 프로그램의 전체적인 기능이 학습하기에 효과적이고 편리했습니까?
   - e-러닝 프로그램을 사용하는 것이 편리하고 쉬웠습니까?
   - 프로그램 내에서의 이동이 자유롭고 편리했습니까?
   - 프로그램을 사용할 때 인지적 부담이 적고 기억하기 쉬웠습니까?
   - 학습 정보와 메뉴의 구조화가 적절하게 이루어져 있습니까?
   - 화면 디자인은 사용하기 편리하게 이루어져 있습니까?
   - 프로그램의 기능을 학습자가 쉽게 조절할 수 있습니까?
   - 학습 정보를 제시하는 방법이 적절했습니까?

- 여러 가지 매체가 적절하게 통합적으로 사용되었습니까?

5. 만약에 변화가 가능하다면 어떤 것을 변화시키는 것이 좋다고 생각하나요?

④ 분석방법

본 연구에서 학습자 평가의 행동관찰과 면담 과정에서 수집된 자료의 분석을 위해 먼저 비디오에 녹화된 학습자의 말과 행동을 그대로 글로 옮겼다. 학습자들이 언급하거나 행동으로 보여 준 정보들을 설계 전략의 강점, 약점, 개선점으로 분류하여 각각 목록을 만들고 범주화하였다.

본 연구에서 최종적으로 설계 전략을 구안하기 위해서 평가 결과를 주제나 개념에 따라 분류하고 범주화하는 과정을 실시했다. 주요 핵심용어로 분류하여 각 문항별 일차분석표를 작성하였고, 이러한 일차분석표를 가지고 다시 재분류 작성을 실시하였다. 일차자료를 보다 의미 있는 형태로 분류하기 위하여 유사 문항을 합하여 전체 표를 압축하였다. 평가 자료의 통합 과정을 거쳐 나온 결과 중 강점과 약점, 개선점에 관한 자료는 상세 전략과 일반 전략으로 구분하였다.

〈표 11-3〉은 본 연구에 참여한 23명의 학습자들이 평가 과정에서 언급한 e-러닝 설계 전략의 개선점에 대해 보여 주고 있다. 각 학습자가 언급한 개선점을 보편적 설계의 원리로 분류하고 그 내용을 각 원리와 관련된 일반요소로 범주화하여 제시하면 다음과 같다.

〈표 11-3〉 e-러닝 설계 전략의 개선점에 대한 학습자 평가분석 결과

보편적 설계 원리	e-러닝 설계 전략의 개선점		언급한 학습자 수				
	일반요소	상세요소	전맹	저시력	청각	지체	비장애
공평한 사용	필수 이미지 대체 텍스트 제공	• 시각장애 학생이 사용하는 스크린 리더가 정보를 효과적으로 전달하기 위해서는 필수적 정보만 구별해서 대체 텍스트를 제공해야 함	4	0	0	0	0
	동영상 정보에 텍스트 설명 제공	• 동영상으로 제공하는 학습 정보는 영화 대본과 같이 행동을 구체적으로 묘사해서 화면설명을 제공해야 함 • 강사가 설명하는 동영상의 경우 행동보다 판서 내용 파일을 제공하는 것이 필요함	3	1	0	1	0
	청각정보에 다양한 대안 제시	• 음성 설명에 대한 자막뿐 아니라 수화 제공도 필요 • 동영상을 전체 화면으로 변경해도 자막이 제시되도록 해야 함	0	0	3	2	1
사용 시 융통성	학습 화면 사이즈 조절	• 학습 화면을 전체 보기로 하는 것이 좋음 • 학습할 때는 메뉴가 안 보이고 필요할 때 보이는 형식으로 이루어져 학습화면의 사이즈를 조절 가능하도록 해야 함 • 동영상 화면의 사이즈 조절이 필요함. 전체화면뿐 아니라 중간 사이즈도 선택할 수 있도록 다양한 선택권을 주어야 함	0	4	2	2	3
	학습자 진행 속도에 맞는 조절	• 해당화면의 재생, 정지, 일시정지가 가능해야 함 • 내레이션의 속도 조절이 필요함	2	2	3	2	2
	시각적 학습 자료의 크기 조절	• 사진, 그림, 표, 그래프 등의 이미지를 더블클릭하면 사이즈를 커지게 하거나 전체화면으로 확대되게 해서 정확하게 학습할 수 있도록 해야 함	0	3	1	2	2
	텍스트 설정 변경의 일관적 적용	• 새 창으로 제시되는 도움말이나 참고 자료의 텍스트도 학습화면에서 변경한 텍스트 설정이 자동적으로 적용되도록 해야 함 • 글을 입력할 때에도 변경한 텍스트 설정이 입력창에 자동적으로 적용될 수 있도록 하고 원하지 않을 경우 쉽게 초기화하도록 해야 함	1	4	0	0	1

단순, 직관적 사용	복잡한 단축키 구성 지양	• 키보드의 화살표와 같이 간단한 키들로 단축키를 구성해서 학생들이 쉽게 기억해서 사용할 수 있도록 해야 함 • 별도의 학습 없이 직관적으로 사용할 수 있도록 단축키를 구성해야 함	3	2	1	3	0
	중요도에 따른 일관된 메뉴 배치	• 시각장애 학생들의 스크린 리더는 스크린 위에서 아래로 읽어 주므로 중요한 기능 메뉴는 윗부분에 배치해야 함 • 목차에서 제목과 소제목이 시각적으로 구분 가능하도록 표시해야 함	3	3	0	1	0
	학습화면의 복잡성 제거	• 학습할 때 제시되는 메뉴를 감추어서 복잡하지 않게 구성해야 함 • 자신이 자주 사용하는 메뉴와 버튼만 보이도록 하는 방법으로 메뉴를 간소하게 유지해야 함	2	3	0	2	1
	중요 기능의 강조	• 중요 아이콘 색상이 대비가 되도록 구성해서 강조해야 함 • 가장 많이 사용하는 주요 기능들은 잘 보이는 곳에 배치하고 크기나 색상을 강조해야 함 • 새로운 요소가 나타났을 때 색상, 크기, 모양으로 강조해야 함	0	4	1	2	2
인식 가능한 정보	중요 정보에 대한 음성 안내	• 시각장애 학생이 스크린 리더 없이 접근할 수 있으므로 중요한 정보를 음성으로 제공하는 것이 좋음 • 평가문제, 보기, 정답과 오답 설명에 대해 음성 설명 필요함	2	3	0	1	1
	자막의 가독성 향상	• 자막 폰트를 좀 더 크게 했으면 함. 글씨체도 굵고 크게 해야 함 • 자막이 진행되면서 색상이 변하도록 해서 어디를 말하고 있는지를 표시하는 것이 필요 • 동영상을 전체 화면으로 변경해도 자막이 제시되어야 함	0	1	5	1	1
오류에 대한 포용성	시각적, 청각적으로 명확한 안내 제공	• 콘텐츠를 구현하기 위해 필요한 필수적인 플레이어와 기능에 대해 시청각적으로 정확하게 안내해야 함 • 아이콘이 별도로 없어서 혼동을 유발시킬 수 있는 것은 별도의 아이콘을 제공해야 함	1	3	1	1	2

(4) 연구 결과

① 설계 이론 선정

설계 이론 선정 단계에서는 문헌 연구 및 면담 결과를 토대로 하여, 장애대학생을 위한 보편적 설계 기반의 e-러닝 설계 원리를 도출하였다. 우선, Center for Universal Design(1997)의 '보편적 설계(Universal Design)' 이론을 근간으로 하고 다양한 선행 연구와 장애학생 및 전문가 면담 결과에서 도출된 e-러닝 설계 전략을 통합하였다. 그리고 장애대학생에 의해서 실제적인 필요성이 강조된 전략을 중심으로 세부 전략을 재구성하여 〈표 11-4〉와 같이 최종적인 설계 원리 및 전략을 선정하였다.

② 이론을 적용한 사례 설계

이 단계에서는 보편적 설계 원리 기반의 e-러닝 설계 전략을 구체적으로 구현하여 설계하는 데 초점이 맞추어졌으며, 인터페이스, 네비게이션, 상호작용 설계 등의 화면 설계가 이루어졌다. 이 단계에서는 선정된 설계 원리를 구체적으로 적용하였으며, 어떤 설계지침에 근거해 e-러닝 프로그램에 적용한 것인지를 구체적으로 명시하였다. Reigeluth(1989)는 연구의 타당성을 높이기 위해 연구 대상이 되는 교수 설계 이론만을 바탕으로 교수 프로그램을 설계하고 개발해야 한다고 제시했고, 임철일(1995)도 교수 프로그램을 개발할 때 어떠한 방식으로 해당 교수 설계 이론을 적용할 것인가를 분명히 해야 한다고 지적했다. 따라서 개발 이후의 평가 과정에서 자료 수집과 분석의 타당성을 높이기 위해 설계 전략과 화면 설계요소의 연관성을 명확히 명시하였다. e-러닝 프로그램을 구체적으로 설계하기 위해 학습 내용 및 전개방법을 바탕으로 구체적인 화면 설계안을 작성하는 인쇄물 형태의 스토리보드(storyboard) 작업을 수행했고, 실제 프로그래밍을 통한 개발에 들어가기 전에 화면 디자인 작업까지 실시하는 프로토타입(prototype)을 제작하였다.

본 연구의 e-러닝 프로그램이 어떻게 진행되는가를 쉽게 파악할 수 있도록 학습 흐름도를 제시하면 [그림 11-1]과 같다.

본 연구에서는 선행 연구(임철일, 2003; 조미헌 외, 2004)에 근거해서 e-러닝

〈표 11-4〉 문헌 연구와 면담을 통해 선정된 보편적 설계 기반의 e-러닝 설계 전략

보편적 설계 원리	장애대학생을 위한 e-러닝 설계 전략	
	일반 전략	상세 전략
1. 공평한 사용	시각, 청각 정보에 대한 대안적 형태의 정보 제공	1.1. e-러닝에서 사용되는 이미지(아이콘, 메뉴, 그림, 사진, 도표 등)의 시각적 정보를 설명하는 대체 텍스트(alt-text) 제공하기 1.2. 동영상에서 시각적 정보를 설명하는 화면 설명을 제공하기 1.3. 내레이션, 동영상에서 청각적 정보와 동일한 내용의 자막을 동시에 제공하기 1.4. 시각장애 학생이 보조공학을 사용하여 학습할 수 있도록 텍스트 형태의 학습 자료 제공하기
2. 사용 시 융통성	학습 환경의 조절 및 자료 형태의 선택	2.1. 학습 화면에 제시되는 텍스트의 글자체, 색상, 정보의 크기 등을 학습자가 조정할 수 있도록 하기 2.2. 동일한 학습 내용에 대해 텍스트, 이미지, 인쇄물 등으로 다양한 형태의 학습 자료 제공하기 2.3. 학생이 학습에 참여하고 상호작용할 수 있는 다양한 방식 제공하기 2.4. 학습 상황, 평가, 구조 등에서 선택권 제공하기
3. 단순성과 직관성	단순한 디자인과 간결한 제시방법	3.1. 명확히 구분이 가능한 글자체로 간결하고 명확하게 제시하기 3.2. 색상의 과도한 사용 피하기 3.3. 열리는 스크린의 수 최소로 하기 3.4. 한 페이지에 개체 수를 최소로 하기
4. 인식 가능한 정보	중요한 정보 강조 및 명확한 정보 전달	4.1. 학습정보의 중요한 특징을 강조하기 4.2. 학습내용에 대해 중요한 정보와 개요 정보를 처음 부분에 두기 4.3. 내용과 배경 간의 대조를 강화하여 학습내용을 정확하게 구분할 수 있도록 하기 4.4. 중요한 시각적 단서들은 눈에 잘 띄도록 배치하기 4.5. 색상의 사용 여부에 상관없이 정보를 전달할 수 있도록 하기
5. 오류에 대한 포용성	학습지침 및 단서의 안내	5.1. 학습 진행 및 보조공학에 대해 간략하고 명확한 지침 제공하기 5.2. 청각적, 시각적 단서가 있음을 명확하게 알려 주기 5.3. 시간제한적 반응이 요구되면, 시간을 조정할 수 있도록 하기
6. 적은 신체적 노력	학습 진행 및 참여방법의 다양성	6.1. 학습 참여, 평가방법의 선택권 제공하기 6.2. 키보드 단축키로 모든 기능을 사용할 수 있도록 하기 6.3. 반복적인 네비게이션은 생략하고 직접 원하는 곳으로 이동할 수 있도록 하기
7. 접근과 사용을 위한 크기와 공간	쉽게 선택 가능한 크기와 모양	7.1. 버튼 및 링크는 쉽게 선택할 수 있도록 충분히 크게 만들기 7.2. 네비게이션 메뉴는 눈에 쉽게 띄는 색과 모양으로 만들기

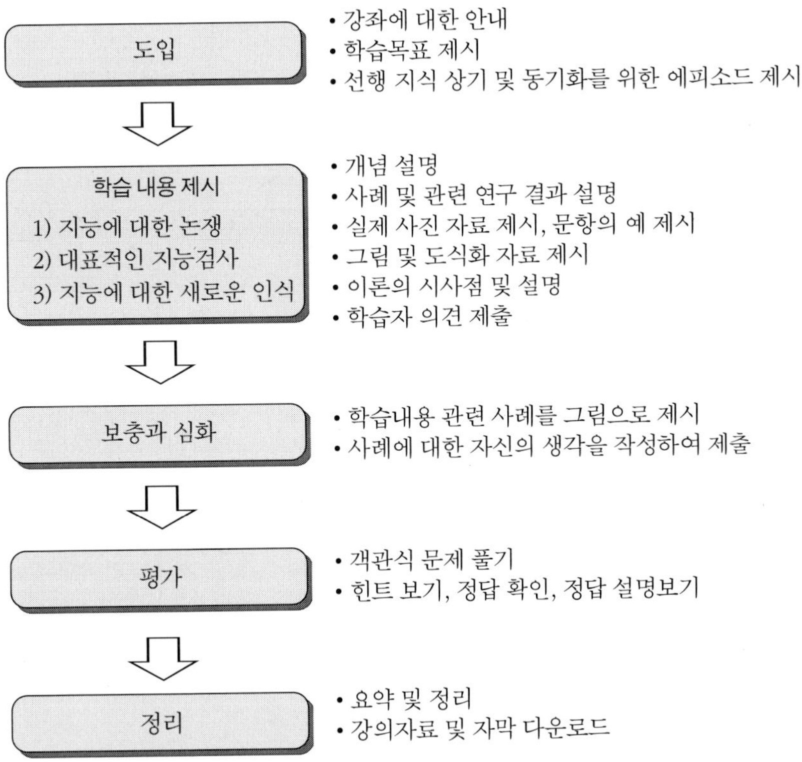

[그림 11-1] 개발 강좌의 학습 흐름도

프로그램의 설계 단계를 '공통 화면 설계'와 '화면 단위 스토리보드 설계'의 두 가지로 구분하여 단계별로 제시하였다. 우선, 공통 화면 설계 단계는 반복되는 화면 작성 작업을 간략화하고 각 화면 간의 일관성을 유지하기 위하여 설계하는 것으로서, 화면의 구성요소 선정, 배치 및 설계, 레이아웃 설계 등이 이에 해당된다. 그리고 화면 단위 스토리보드 설계는 학습 단계별로 제시되는 각 화면의 텍스트, 그래픽, 멀티미디어, 음향 등의 설계를 실시하는 것이다. 화면 설계 단계에 의해 최종적으로 만들어진 스토리보드(storyboard)는 [그림 11-2]와 같다.

네비게이션은 e-러닝 프로그램의 학습 흐름도에 근거하여 설계되었는데, 시각장애와 지체장애 학생이 키보드만으로 메뉴들을 쉽게 이동하고 선택할

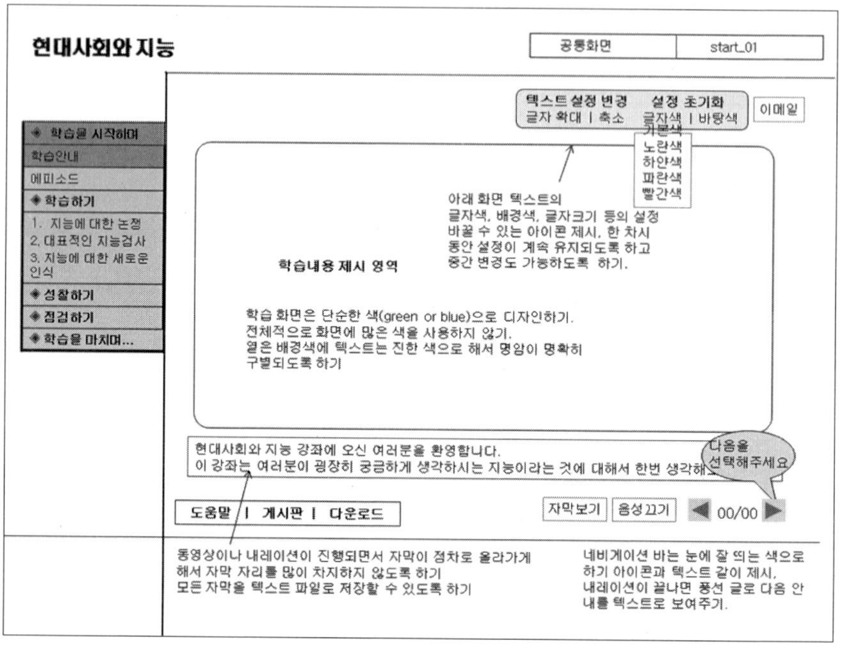

[그림 11-2] e-러닝 프로그램 화면의 스토리보드

수 있도록 간단한 네비게이션 구조로 구성했다. 우선, 손의 정교한 움직임이 불편한 지체장애(상지장애) 학생과 시각장애 학생은 마우스를 사용하는 것이

〈표 11-5〉 e-러닝 프로그램의 단축키 구성

1) 이동 단축키
   메뉴/텍스트 간 이동: 탭키(Tab)
   역순 이동: 시프트키(Shift) + 탭키(Tab)
   이전 화면: B; 다음 화면: N; 학습화면 바로가기: F
2) 메뉴 단축키
   도움말: H; 다운로드: D; 자막 보기: S; 음성 끄기: V
3) 기능성 단축키
   글자 크게: L; 글자 작게: M
   글자색 변경: C; 바탕색 변경: G
   글자 초기화: I; 라디오 버튼 사용: Alt + 숫자

어려우므로, 키보드 또는 단축키를 사용해서 네비게이션을 할 수 있도록 설계해야 한다. 이에 프로그램 사용에 필요한 모든 메뉴와 아이콘을 키보드의 탭키(Tab)나 단축키를 이용해서 이동과 선택이 가능하도록 설계하였다. 본 프로그램의 단축키 구성은 〈표 11-5〉와 같았다.

e-러닝 프로그램을 설계한 후, 설계 전략이 제대로 적용되었는지에 대한 전략 구현의 적절성에 대해 전문가 검토를 받았다. 전문가는 특수교육 및 교육공학 박사 5인, e-러닝 개발 전문가 5인으로 총 10명이었다. 검토 결과, 10명의 전문가들이 평가한 설계 전략 구현의 적절성은 〈표 11-6〉에 제시된 바와 같이 비교적 높았다. 이러한 결과를 볼 때, e-러닝 프로그램을 검토한 10명의 전문가들은 보편적 설계 원리 기반의 e-러닝 설계 전략이 실제 프로그램에 적절히 적용되어 설계되었다고 평가하는 것으로 해석할 수 있다.

〈표 11-6〉 설계 전략 구현의 적절성에 대한 전문가 검토 결과

보편적 설계 원리	장애대학생을 위한 e-러닝 설계 전략		전문가 평가 평균(5점 척도)
	일반 전략	상세 전략 번호	
1. 공평한 사용	시청각 정보에 대한 대안적 형태의 정보 제공	1.1.	4.4
		1.2.	3.6
		1.3.	4.5
		1.4.	3.6
	보조공학과의 호환성 확보	1.5.	4.2
		1.6.	4.5
		1.7.	3.8
2. 사용 시 융통성	학습 환경의 학습자 조절 기능	2.1.	4.2.
		2.2.	3.6
		2.3.	3.9
		2.4.	3.6
	학습 형태의 선택권 제공	2.5.	4.6
		2.6.	4.6
		2.7.	4.5
3. 단순성과 직관성	텍스트의 명확한 제시	3.1.	4.2
		3.2.	4.3
	단순한 색상 사용과 정보의 양 제한	3.3.	4.3
		3.4.	3.8

4. 인식 가능한 정보	중요한 정보의 시각적 강조	4.1.	4.0
		4.2.	3.6
		4.3.	4.3
	정보 및 단서를 강조하는 배치	4.4.	3.9
		4.5.	3.6
		4.6.	3.9
		4.7.	4.3
	학습 정보의 접근성 확보	4.8.	4.6
		4.9.	4.1
5. 오류에 대한 포용성	학습에 필요한 안내의 정확한 전달	5.1.	3.6
		5.2.	4.2
6. 적은 신체적 노력	학습 진행 및 참여방법의 다양성 제공	6.1.	4.1
		6.2.	4.4
		6.3.	4.1
7. 접근과 사용을 위한 크기와 공간	쉽게 선택 가능한 크기와 모양	7.1.	3.6
		7.2.	3.9
		7.3.	4.0

3 사례에 대한 형성적 평가

e-러닝 설계 전략의 개선점에 대한 학습자 평가 결과, '공평한 사용' 원리 측면에서는 필수적인 이미지에만 대체 텍스트를 제공하는 것, 동영상 정보에 대한 구체적인 설명 제공, 청각 정보에 대한 다양한 대안 제시 등이 제안되었다. 특히 시각장애 학생은 동영상에서 강사가 제공하는 판서 내용을 볼 수 없으므로 이러한 내용도 텍스트로 제공해야 한다고 지적하였다. 전맹 시각장애 학생들이 모두 지적하였지만 다른 장애학생이나 비장애 학생은 그 필요성에 대해서 전혀 인식하고 있지 못하는 것이 대체 텍스트(alt-text)를 제공하는 전략이었다. 이것은 스크린에 제시된 텍스트를 음성을 출력하는 스크린 리더를 사용하는 시각장애 학생들에게만 국한된 것이기 때문이다. 그러나 전맹 시각장애 학생이 컴퓨터를 사용할 수 있는 유일한 방법이 음성 출력 소프트웨어 사용이라는 것을 감안할 때, 스크린 리더(Screen Reader)로 음성출력이 가능하도록 필수 이미지에 대체 텍스트를 제공하는 것은 보편적 설계 이론의 '공평한 사용' 원리에 해당되는 것이다.

'사용 시 융통성' 측면에서는 학습화면 사이즈를 조절하는 것과 학습자 진행 속도에 맞추어 조절할 수 있도록 하는 것이 가장 많은 학습자들에게서 개선점으로 제시되었다. 이것은 비단 저시력 시각장애 학습자들에게만 해당되는 것이 아니고 청각, 지체, 비장애 학생들이 모두 중요하다고 언급하였다. 일반적으로 장애가 없는 학생은 청각적 정보인 내레이션과 시각적 정보를 동시에 시각과 청각으로 학습하기 때문에 활동기억 측면에서 부담이 덜하다. 그러나 청각장애 학생은 시각적으로 자막과 학습 내용을 동시에 처리해야 하므로 제한된 시각적 활동기억이 두 가지로 분산되어 비장애 학생에 비해 정보처리 부담이 많아지게 되는 것이다. 이와 같은 인지적 부하로 인해 자연히 정보의 처리 속도도 늦어지게 되므로 속도를 조절하는 것이 필요하다. 지체장애 학생들은 조작의 미숙으로 내레이션의 속도를 따라가지 못하거나 놓치는 부분이 있으면 다시 듣거나 일시정지할 수 있는 기능이 필요하다고 제안했다. 그리고 비장애 학생들도 이전에 자신이 못 들은 부분을 찾기 위해 빨리 들으면서 찾도록 하는 기능이 필요하다고 답변하였다.

④ 사례 수정과 개선된 이론 제시

지금까지의 형성적 평가 과정을 통해 나타난 보편적 설계 원리 기반의 e-러닝 설계 전략의 개선점을 통합하여 결론으로 제시하면 〈표 11-7〉과 같다.

[표 11-7] 보편적 설계 원리 기반의 e-러닝 설계 전략

보편적 설계 원리	e-러닝 설계 전략의 개선점	
	일반요소	상세요소
1. 공평한 사용	필수적 이미지를 선별하여 대체 텍스트 제공	• 시각장애 학생이 스크린 리더를 사용하여 효율적으로 정보를 학습하기 위해서는 모든 이미지에 일괄적으로 대체 텍스트(alt-text)를 제공하는 것이 아니라, 필수적인 정보에만 구별해서 대체 텍스트를 제공해야 함
	동영상 정보에 대해 구체적으로 묘사하는 화면 설명 제공	• 동영상으로 제공하는 학습 정보는 영화 대본과 같이 화면 정보를 구체적으로 묘사해서 설명해야 함. 강사가 강의하는 동영상인 경우, 판서 내용을 텍스트로 제공하는 것이 필요함
	청각 정보에 일관적인 자막 및 수화 제공	• 청각적 정보에 대해 자막을 일관적으로 전체 학습화면에서 제공해야 하며, 음성뿐만 아니라 학습과 관련된 다양한 소리도 자막으로 설명해 주어야 함. 수화로 통역하는 것도 선택할 수 있게 해야 함

2. 사용 시 융통성	학습자에 따른 학습 진행 조절	• 학습 진행(중간에 멈추기, 다시 학습하기, 빨리 진행하기, 느리게 진행하기 등)을 학습자에 따라 쉽게 조절할 수 있도록 해야 함
	시각적인 학습 자료의 크기 조절	• 사진, 그림, 표, 그래프, 동영상 등의 시각적 학습 자료를 사이즈를 좀 더 커지게 하거나 전체화면으로 확대되게 조절할 수 있도록 해야 함
	텍스트 설정 변경을 학습요소 전체에 일관적으로 적용	• 메뉴, 목차, 팝업(pop-up) 창으로 제시되는 도움말이나 참고자료, 글 입력 창도 학습화면에서 변경한 텍스트 설정이 자동적으로 적용되도록 해야 함.
3. 단순성과 직관성	중요한 기능 메뉴 및 학습 개요의 상단 배치	• 시각장애 학생들의 스크린 리더는 스크린 위에서 아래로 읽어 주므로 중요한 기능의 메뉴는 학습 화면의 윗부분에 배치해야 함
	단순한 화면 구성과 중요 기능의 강조	• 제시되는 아이콘의 수를 줄이고 크기와 간격을 늘려 단순하게 화면을 구성해야 함 • 가장 많이 사용하는 주요 기능이나 새롭게 나타난 요소들은 잘 보이는 곳에 배치하고 크기, 모양, 색상을 강조해야 함
4. 인식 가능한 정보	중요 정보에 대해 일관적인 음성 안내	• 시각장애 학생이 보조공학 없이도 사용할 수 있도록 학습, 참여, 평가 등에서 중요한 정보에 대해 일관적으로 음성 안내를 제공해야 함
	학습 텍스트 및 자막의 가독성 향상	• 학습 텍스트 및 자막에서 폰트, 굵기, 크기, 색상 등을 조절하여 가독성을 높여야 함 • 텍스트 및 자막 행의 길이를 길게 하지 않아야 함 • 자막이 진행되면서 색상이 변하도록 해서 어디를 말하고 있는지를 표시하는 것이 필요함
5. 오류에 대한 포용성	시각, 청각적 명확한 안내 제공	• 시작할 때 프로그램의 기본 요소들을 설명하는 안내 및 지시를 시각, 청각적으로 제공해야 함
6. 적은 신체적 노력	직관적으로 사용할 수 있는 간단한 단축키 구성	• 키보드의 화살표와 같이 간단한 키들로 단축키를 구성해서 학생들이 직관적으로 쉽게 기억해서 사용할 수 있도록 해야 함 • 단축키 안내를 도움말 안에 넣으면 매번 열어 보고 확인해야 하는 번거로움이 있으므로, 화면에 그대로 제시해서 쉽게 사용할 수 있도록 함
	마우스 조작을 최소로 할 수 있는 구성	• 키보드나 단축키를 사용하여 학습을 진행할 수 있도록 해야 함 • 마우스로 선택 가능한 면적을 넓혀서 정교한 마우스 조작을 위해 필요한 별도의 노력을 줄여야 함 • 자동적으로 학습이 진행되는 기능을 선택할 수 있도록 해서 마우스를 조작하는 횟수를 줄이도록 해야 함
7. 접근과 사용을 위한 크기와 공간	메뉴의 크기와 간격의 조정	• 필수적이고 자주 사용하는 메뉴의 크기와 간격을 크게 해서 쉽게 선택할 수 있도록 해야 함 • 메뉴의 크기 및 간격도 마우스를 가져가면 텍스트처럼 확대되는 조정이 필요함

지금까지 형성적 연구 과정을 통해 도출된 전략의 개선점을 토대로 하여 최종적으로 장애대학생을 위한 보편적 설계 원리 기반의 e-러닝 설계 전략을 고안하였다. 형성적 연구방법에 근거해 여러 방법으로 수집된 자료들을 축소, 분류, 범주화하여 최종적으로 개선된 설계 전략을 제시하면 [그림 11-3]과 같다.

본 연구에서 최종적으로 고안된 e-러닝 설계 전략은 다음과 같이 다섯 가지로 범주화되었으며, 각 요소별로 설계 전략이 구체적으로 제시되었다. 최종적인 설계 전략은 보편적 설계 원리의 일곱 가지 틀로 구분하지 않고 세부적인 설계 전략들을 통합하고 재분류하여 다섯 가지 일반요소로 다시 범주화한 것이다. 즉, 본 연구에서 보편적 설계 원리에 각각 포함된 상세 전략 중에 논리적인 관련성이 있거나 중복되는 것들을 다섯 가지 일반요소로 재구조화하였다.

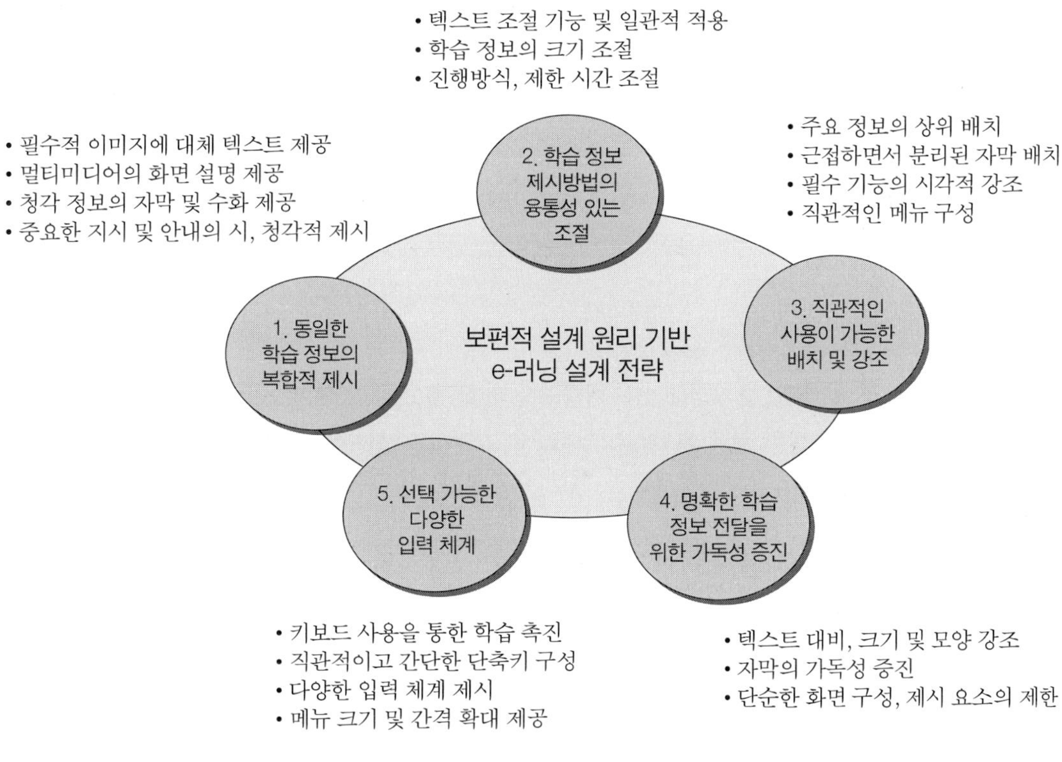

[그림 11-3] 보편적 설계 원리 기반의 e-러닝 설계 전략

3. 맺음말

장애학생을 위한 교육 프로그램이나 수업을 설계하기 위해서는 근간이 되는 설계 이론이 있어야 하며, 이러한 수업 설계 이론을 개선하기 위해서는 이를 위한 구체적인 방법을 모색해야 한다. 지금까지 제시한 형성적 연구방법은 장애학생을 위한 교육 프로그램의 설계 이론을 어떠한 방식으로 개선하여 최적의 결과를 가져오게 할 것인가를 보여 주고 있다.

이러한 형성적 연구는 장애학생을 위한 교수 이론을 반영하는 교육 프로그램을 실제적으로 개발하고, 이러한 이론이 적용되는 과정에서 발견된 약점들을 통해서 이론의 개선점을 보여 줄 수 있다. 또한 장애학생을 위한 학교 체제나 특수교육 모형을 개선하는 데에 형성적 연구가 사용될 수 있을 것이다.

✎ 참고문헌

김동일, 손지영(2008). 장애대학생의 효과적 학습 지원을 위한 e-러닝 설계 전략 연구. 특수교육학연구, 42(4), 293-312.

김동일, 이혜정, 손지영(2005). 대학교육의 질 제고를 위한 Blended e-Learning 체제 정착 방안 연구-S대학교 사례를 중심으로-. 아시아교육연구, 6(4), 97-123.

김용욱(2000). 장애대학생들을 위한 효율적인 가상강좌 연구. 난청과 언어장애연구, 23(3), 193-211

손 미(1996). 원리학습용 컴퓨터 시뮬레이션 설계 이론에 관한 형성적 연구. 교육공학연구, 12(2), 171-188.

손지영(2008). 장애대학생을 위한 e-러닝 설계 전략 연구. 서울대학교 대학원 박사학위 청구논문.

신승식(2003). 국내 원격 교육 콘텐츠의 접근성 분석 사례. 한국콘텐츠학회 춘계종합학술대회 논문집, 1(1), 92-101.

윤광보, 김용욱, 권혁철 (2002). 장애학생의 학습을 위한 보편적 설계의 실행 방안. 특수교육학연구, 37(3), 263-282.

이지선, 이병수, 장병옥(2006). 사이버교육 콘텐츠의 웹 접근성 분석 및 평가. 교육정보미디어연구, 12(3), 177-195.

임병노, 김희배, 박인우, 임정훈(2005). e-러닝을 통한 대학교육 경쟁력 강화 방안 연구. 한국교육학술정보원 연구보고 KR 2005-10.

임철일(1994). 개념적 이해를 위한 수업이론의 형성적 연구. 교육공학연구, 10(1), 45-63.

임철일(1995). 교수설계이론을 위한 대안적 연구방법론의 탐색. 교육학연구, 33(3), 207-222.

임철일(1998). 문제해결시나리오 교수학습환경 설계 모형에 관한 형성적 연구. 교육공학연구, 14(2), 137-165.

임철일(2001). 제시용 소프트웨어의 상호작용적 활용을 위한 교수설계 전략의 형성적 연구. 교육정보방송연구, 7(1), 29-57,

임철일(2003). 원격교육과 사이버교육 활용의 이해. 서울: 교육과학사.

조미헌, 김민경, 김미량, 이옥화, 허희옥(2004). e-Learning 컨텐츠 설계. 서울: 교육과학사.

최홍숙(1996). 클럽활동 프로그램 개발 모형에 관한 형성적 연구. 서울대학교 대학원 박사학위 청구논문.

한국정보문화진흥원(2006). 2006 웹 접근성 실태조사. 연구보고 06-11.

한국정보통신기술협회(2004). 한국형 웹 콘텐츠 접근성 지침 1.0.

한국통합교육학회(편)(2005). 통합교육. 서울: 학지사.

Center for Universal Design. (1997). Environments and products for all people. Raleigh: North Carolina State University, Center for Universal Design. Retrieved May 15, 2006, from http://www.design.ncsuedu/cud/univ_design/ud.htm.

Ericsson, K., & Simon, H. (1994). *Protocol analysis: verbal reports as data.* Cambridge, MA: MIT Press.

Henry, S. L. (2002). Understanding Web accessibility. Retrieved November 20, 2006, from http://www.macromedia.com/macromedis/accessibility/pub/acc_sites_chap01.pdf

Khan, B. H. (2004). 이러닝(e-learning) 성공전략(강명희, 이미화, 송상호 공역). 고양: 서현사. (원전은 2004년에 출판).

Lim, B. R. (2001). *Guidelines for designing inquiry-based learning on the web:Online professional development of educators*. Unpublished doctorial dissertation, Indiana University. Bloomington.

Lim, C. I. (1994). *Formative research on an instructional theory for conceptional understanding*. Unpublished doctoral dissertation, Indiana University Bloomington.

Lincoln, Y. S., & Guba, E. G. (1985). *Naturalistic inquiry*. Newbury Park, CA: SAGE Publications, Inc.

Nielsen, J. (2000). *Designing Web Usability*. Indiana, SA: New Riders Publishing.

Reigeluth, C. M. (1989). Educational technology at the crossroads: New mindsets and new directions. *Educational Technology Research & Development, 37*(1), 67-80.

Reigeluth, C. M. (2005). 교수설계 이론과 모형(최욱 외 공역). 서울: 아카데미프레스. (원전은 1999년에 출판).

Reigeluth, C. M., & Frick, T. W. (1999). Formative research: A methodology for creating and improving design theories. In C. M. Reigeluth (Ed.), *Instructional-design theories and models: An overview of their current status*. Hillsdale, NJ: Lawrence Erlbaum Associates, Inc.

Roh, S. Z. (2004). Designing accessible web-based instruction for all learners: Perspectives of students with disabilities and web-based instructional personnel in higher education. Unpublished doctoral dissertation, Indiana University Bloomington.

Roma, C. M. (1990). Formative evaluation research on an instructional theory for understanding. Unpublished doctoral dissertation, Indiana University, Bloomington.

Rosenberg, M. J. (2001). *E-learning : Strategies for delivering knowledge in the digital age*. New York: Mcgraw-hills.

Seale, J. K. (2006). *E-Learning and Disability in Higher Education*. New York: Routledge.

Simmons, J. L. (1991). Formative evaluation research on an instructional theory for teaching casual principles. Unpublished doctoral dissertation, Indiana University, Bloomington.

제12장
특수아동 부모교육 프로그램 평가
참가자 관점 평가척도의 개발 과정

1. 참가자 관점 평가의 개념
2. 참가자 관점 평가의 적용 사례: 참가자 관점 부모교육 평가척도의 개발
3. 맺음말

교육 프로그램에 대한 평가는 누가, 어떤 목적을 가지고, 무엇을 평가하느냐에 따라 제공자 관점 평가와 참가자 관점 평가로 나뉠 수 있다. 제공자 관점 평가가 프로그램을 실시한 결과 제공자들이 기대하는 효과를 거두었는지를 보는 것이라면, 참가자 관점 평가는 프로그램의 과정에 대한 참가자들의 다양한 의견과 만족도를 수렴하는 것이라 할 수 있다.

그동안 특수교육 프로그램 평가 연구들은 대부분 제공자 관점에서 이루어진 것으로서 피교육자의 변화 정도를 통해 프로그램의 효과성을 입증하는 데 초점이 맞추어져 있다고 볼 수 있다. 그러나 특수교육 관련 교육 프로그램의 대상이 학부모, 교사 등으로 확대되면서 참가자 관점 평가의 필요성이 제기되고 있다. 즉, 교육 프로그램은 일종의 서비스이며, 이러한 서비스의 고객이라 할 수 있는 교육 참가자들의 관점에서 프로그램의 전반적인 과정을 평가하는 것이 프로그램의 질 개선에서 중요한 역할을 차지한다는 인식이 확산되고 있는 것이다.

이 장에서는 참가자 관점 평가의 개념을 소개하고 이를 적용한 평가척도 개발 및 타당화 연구 사례를 제시함으로써 참가자 관점 평가에 대한 이해를 돕고자 한다.

1. 참가자 관점 평가의 개념

1) 참가자 관점 평가의 의미

참가자 관점 평가는 교육 프로그램을 일종의 서비스로 인식하는 데서 출발한다. 주로 효과성 평가에만 머무르던 이전의 프로그램 평가가 점점 프로그램의 품질을 포괄적으로 평가하려는 움직임으로 확산되고 있는 것도 이러한 인식에 근거한 것이라 할 수 있다. 이는 또한 교육기관에 대한 책무성의 요구가 커지고, 교육 참가자들의 위상이 높아지는 것과도 무관하지 않다(오혁진, 2000).

교육 프로그램의 품질은 평가의 주체에 따라 다른 관점으로 해석될 수 있다. 즉, 프로그램 운영자, 프로그램을 후원하는 정부나 기업, 프로그램 참가자, 교육평가 전문가 등이 모두 프로그램의 품질을 판단하는 주체로서 나름대로의 관점을 가질 수 있다. 그중에서도 직접적인 이해당사자로서 뚜렷이 대립되는 입장을 취할 수 있는 두 주체는 교육 제공자와 교육 참가자라고 할 수 있다. 이들은 공동의 목적을 가지고 교육의 장에서 만나는 것처럼 보이지만, 실제로 벌어지는 교육현상에 대한 평가에 있어서는 서로 다른 관점을 가질 수 있는 것이다.

참가자 관점의 평가관은 제공자 관점의 평가관과의 비교를 통해 보다 분명해질 수 있다. 제공자 관점의 평가관은, 교육 제공자에 의해 정해진 목표를 교육 참가자가 얼마만큼 효율적으로 달성했는가에 따라 프로그램의 품질이 결정된다고 본다. 즉, 프로그램을 통해 달성하고자 하는 목표가 성취될 때 품질 높은 교육이 이루어지고 있다고 보는 것이다. 교육의 효율성과 책무성을 강조하는 것도 주로 이러한 관점에 입각한 것이라고 할 수 있다.

반면에 참가자 관점의 평가관은 교육 참가자가 교육목표를 '얼마나' 달성했는가가 아니라, 교육내용을 포함한 교육과정 전체를 '어떻게' 받아들이고 있는가에 더 큰 관심을 가지고 있다. 그래서 Scriven(1981)은 참가자 관점의 평가자는 프로그램을 포함한 '교육 관련 제품'의 목적을 그 개발자가 제시하는 대로 받아들이기보다는 그 목적달성이 수혜자(참가자)들의 복지향상에 기여할 것인지 여부를 판단해야 한다고 하였다. 이는 곧 평가의 목적이 프로그램의 질 개선을 통한 교육 참가자의 만족도 향상에 있음을 의미하는 것이라 할 수 있다.

일반적으로 평가는 어떤 프로그램의 가치 또는 장점을 결정하기 위하여 많은 증거 자료를 수집하고 중요도를 평가하는 과정이라고 할 수 있다. 대부분의 평가모형은 다양하고 유용한 정보를 얻기 위한 방안으로서 단계별, 대상별 평가 영역을 포함시키고 있는데, '맥락-투입-반응-결과(Context-Input-Reaction-Output: CIRO) 모형'이 대표적인 예라 할 수 있다. 여기서의 '반응' 평가 영역이란 곧 교육 참가자의 반응을 평가하는 영역으로서 참가자 관점에서의 평가를 의미하는 것이다. 이에 대해 이성흠(2005)은 "참가자 관점에서의 평가는 프로그램의 변경, 내용의 재설계 등을 위한 유용한 정보를 제공한다는 점에서 형성평가(formative evaluation)의 의미를 갖는다."고 하였다.

이상에서 논의한 내용은 〈표 12-1〉과 같이 정리할 수 있다.

〈표 12-1〉 교육 제공자 관점 평가와 교육 참가자 관점 평가의 비교

구분	교육 제공자 관점 평가	교육 참가자 관점 평가
평가 준거	교육목표 달성 여부	참가자의 욕구, 동기
평가 내용	결과에 중점	과정에 중점
평가 주체	교육 제공자	교육 참가자
평가 목적	프로그램의 효과성 입증	프로그램의 개선, 참가자의 만족
평가 기능	총합평가	형성평가

2) 참가자 관점 평가의 실제와 문제점

참가자 관점 평가의 실행 과정은 대체로 '평가준거 설정-평가문항 선정-자료수집(평가)-해석'의 단계로 구성된다(이성흠, 2005). 평가준거는 평가를 수행함에 있어서 평가 대상에 관하여 무엇을 평가할 것인가를 말해 주며, 그 대상

의 성패 여부를 무엇에 근거하여 판단할 것인가를 제시해 주는 내용 및 기준을 가리킨다. 그리고 평가문항은 이러한 평가준거에 대한 평가 대상자의 반응을 담아내는 가장 작은 단위의 도구를 말한다(Keller, 1996).

참가자 관점 평가에서의 평가준거와 평가문항은 고정된 것이 아니라 프로그램의 영역 및 참가자들의 특성에 따라 달라질 수 있다(Phillips, 1997). 특히 Robinson과 Choper(1979)는 참가자 관점 평가 시 프로그램의 내용과 과정에 관한 보다 정확한 정보를 확보하기 위하여 특정 프로그램 평가를 위한 '특화된 질문(specific question)'을 포함시켜야 함을 지적하고 있다.

자료수집(평가) 단계에서는 얼마나 대표성 있는 표집을 추출할 수 있는가 그리고 얼마나 솔직한 반응을 이끌어낼 수 있는가가 핵심적인 요소라고 할 수 있다(이성흠, 2005). 예를 들어, 8회기로 구성된 교육 프로그램 참가자들을 대상으로 설문조사를 한다고 했을 때, 1회기를 마친 상태에서 조사를 하는 것과 8회기까지 다 마친 상황에서 조사하는 것은 전혀 다른 결과를 가져올 수 있을 것이다.

참가자 관점 평가의 마지막 단계인 해석 역시 중요한 요소다. 왜냐하면 프로그램의 효과성 입증뿐만 아니라, 평가준거 사이의 차이비교를 통해 해당 프로그램의 상대적 강점과 문제점을 발견하는 것 역시 평가의 목적이기 때문이다.

한편, 이상과 같은 과정을 통해 이루어지는 참가자 관점 평가의 문제점으로서 가장 빈번히 지적되는 것은 평가 결과 자료가 주관적이며, 개인적 편견이 측정을 과대 포장할 가능성이 있다는 점 등이다.

하지만 이와 같은 부정적인 견해의 상당 부분은 부적절한 평가방법, 평가자료 활용에 대한 무관심과 오해에서 비롯된 것이라는 반론도 존재한다(Bramley & Newby, 1984). 즉, 참가자 관점의 프로그램 평가 자체에 문제가 있는 것이 아니라 그것을 실행하는 과정에 문제가 있다는 것이다. 현재 수행되고 있는 교육·훈련 프로그램에 대한 참가자 평가의 문제점에 대해 Carnevale, Gainer 그리고 Villet(1990)은 "참가자를 대상으로 한 프로그램 평가 질문지가 비공식적인 평가 자료지(worksheet) 수준으로 구성되어 있으며,

이러한 평가가 프로그램의 종료를 위한 하나의 의식적 기능(ritual function) 정도로 인식되고 있다. 바로 이와 같은 이유 때문에 참가자들에 의한 프로그램 평가 결과는 주관적이고 의미 없는 자료로 평가절하되는 경우가 많다."고 지적하고 있다. 이는 참가자 관점의 프로그램 평가 연구가 제대로 인정받지 못하는 이유 중의 상당 부분이 평가도구의 문제에 있음을 직접적으로 언급한 것이라 할 수 있다. 이런 맥락에서 볼 때, "참가자 관점의 평가 연구는 평가도구의 신뢰도와 타당도뿐만 아니라 이들 측정도구의 일반적인 유용성에 초점을 맞출 필요가 있다."는 Faerman과 Ban(1993)의 주장은 매우 주목할 만하다. 참가자 관점의 프로그램 평가도구의 중요성과 관련하여, Keller(1996)는 "이러한 평가도구는 프로그램에 대한 참가자의 태도와 감정을 포함하여 프로그램 내용의 유용성, 강사의 효과성, 프로그램에서 사용한 자료의 질 등에 대한 인식의 정도를 측정하기 위하여 설계되어야 한다."고 말한 바 있다.

참가자 관점 평가도구가 유용하고 의미 있는 도구가 되기 위해서 준수해야 할 사항과 관련하여 Hamblin(1974)은 "참가자의 반응은 복잡하고 변하기 쉽기 때문에 … 평가자는 선택적이어야 하고, 선택을 위한 준거(criteria)를 가지고 있어야 한다. 만약 평가의 목적과 자료수집 방법에 대한 사려 깊은 결정이 없다면, 평가자는 참가자의 즐거움(happiness)을 측정하는 데 만족해야 한다."고 말한 바 있다. 이는 평가도구의 제작에 있어서 적절한 평가준거의 설정이 무엇보다 중요함을 강조한 말이라 할 수 있다.

이상의 논의를 통해 참가자 관점 평가의 핵심적인 두 가지 요소를 확인할 수 있는데 그것은 적절한 평가준거 설정과 참가자의 정확한 반응을 이끌어 낼 수 있는 방법에 대한 탐구라고 할 수 있다.

2. 참가자 관점 평가의 적용 사례: 참가자 관점 부모교육 평가척도의 개발[1)]

1) 연구 절차

'참가자 관점 부모교육 평가척도'의 개발은 다음과 같이 크게 세 단계의 과정을 통해 진행되었다.

첫 단계는 평가항목의 수집 단계로서 일반학교와 특수학교 학부모 그리고 전국의 청소년상담센터의 부모교육 프로그램 참가자를 대상으로 설문 및 면접 조사를 실시하였다. 이를 통해 부모교육 참가자의 관점을 반영한 평가항목을 수집하였으며, 이와는 별도로 선행 연구에서 사용한 평가척도의 문항 중 부모교육과 관련된 것들을 추가하여 총 92항목으로 구성된 평가항목 목록을 작성하는 작업을 진행하였다.

두 번째 단계는 예비설문조사 단계다. 이 단계에서는 앞에서 수집된 전체 평가항목에 대한 전문가의 평정을 통해 부모교육 평가문항으로서 적절하다고 판단되는 60문항을 선정하였으며, 이들 문항들은 내용 검토를 통해 6개의 잠정적 평가준거로 분류되었다. 이를 바탕으로 60개 문항, 5점 리커트 척도로 구성된 예비설문지를 제작하여, 전국 청소년상담센터의 부모교육 프로그램에 참여하는 부모들을 대상으로 예비설문조사를 실시하였다.

세 번째 단계는 예비설문 결과분석과 척도 개발 단계다. 이 단계에서는 예비설문 60문항을 대상으로 요인분석을 실시하여, 각 요인별로 신뢰도를 떨어뜨리는 문항과 요인부하량이 작은 문항들을 제거하는 과정을 거쳐 38문항으로 축소 정리하였다. 이렇게 정리된 38문항에 대해 두 차례의 요인분석을 실시한 결과 5개의 요인구조가 확인되었다. 이들 5개 요인은 내용 검토를 통해 '효과성' '충실성' '참여성' '신뢰성' '편의성'으로 명명되었으며, 각 요인

---

1) 이 사례는 이호준(2006)의 연구를 요약한 것임.

의 특성을 가장 잘 반영하는 문항을 최종적으로 선정하여 26문항 5점 리커트 척도로 구성된 '참가자 관점 부모교육 평가척도'를 개발하였다.

이상과 같은 과정은 [그림 12-1]에 제시되어 있다.

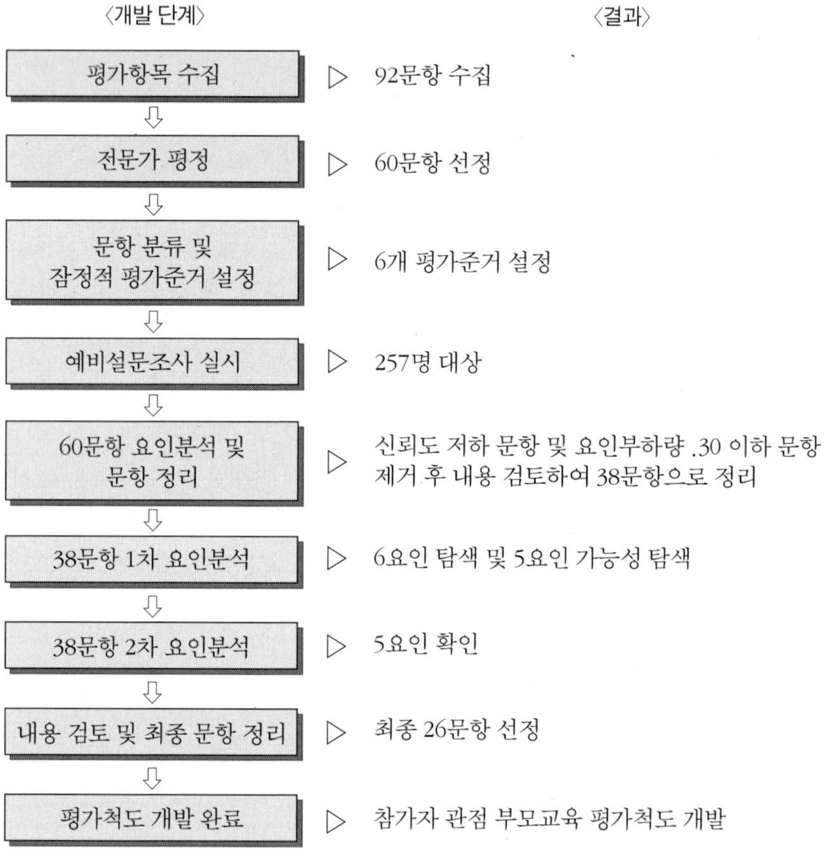

[그림 12-1] 참가자 관점 부모교육 평가척도 개발 절차

2) 평가척도 개발의 세부 과정

(1) 평가항목 수집

평가항목 수집을 위해 설문조사와 면접을 실시하였다. 면접은 설문조사에 드러나지 않은 부분을 보완하거나, 부모들의 견해가 불분명한 부분을 명확히

하기 위하여 설문조사 대상자 중 특수학교 학부모 2명, 청소년상담센터 이용 학부모 4명 등 총 6명을 대상으로 실시하였다. 이와는 별도로 기존 연구들에 제시된 평가항목 중 부모교육에 적용할 수 있는 항목도 추가하기로 하고 국회도서관 및 한국교육학술정보원의 검색 사이트를 통해 1990년 이후 부모교육 또는 프로그램 평가 관련 문헌 중 참가자 관점의 평가준거 또는 평가척도를 사용한 문헌을 검색하였다. 그 결과 국내 문헌 2건(오혁진, 2000; 이성흠, 2005)과 외국 문헌 2건(New York City Board of Education, 1994; Minnesota State Dept. of Children, Families, and Learning, 2000)에서 참가자 관점의 평가척도의 예를 찾을 수 있었다. 이들 문헌에 제시된 문항 중 이번 설문조사 및 면접을 통해 수집된 평가항목에 포함되지 않은 문항을 선별하여 평가항목 목록에 포함시켰다.

(2) 예비설문지 제작

① 평정 및 예비문항 선정

이렇게 수집된 총 92개 항목에 대한 내용타당도 검증을 위해 5명의 전문가들에게 평정을 의뢰하였다. 평정을 맡은 전문가들은 청소년상담 전문기관에 근무하는 교육학 또는 심리학 박사학위 소지자로서 부모교육 프로그램을 개발하는 과정에 참여하였거나 직접 실시한 경험이 있는 사람 3명과 사이버상담 성과척도 개발의 경험이 있는 사람 1명, 그리고 기업 교육 및 프로그램 개발 전공자 1명으로 구성되었다.

평정의 첫 단계로서 평정자들에게 92개 항목을 제시하고 이들 항목에 대해 부모교육 평가척도 항목으로서의 적절성 여부를 각자 '1: 부적절' '2: 보완 또는 논의 필요' '3: 적절'의 3수준으로 평가하도록 하였다. 이때 평정자들에게는 이전 연구들에서 검토된 문항작성 지침(이성흠, 2005)에 따라 다음과 같은 준거를 제시하였다. 첫째, 각 항목의 내용이 부모교육 평가와 직접적인 관련성이 있는가? 둘째, 질문의 내용이 구체적이고 정확한가? 셋째, 일반적인 부모교육 참가자들이 대답할 수 있는 내용인가? 넷째, 다른 항목과 중복된 내용은 아닌가?

개별적인 평정 결과를 취합한 다음, 5명 중 4명 이상이 '적절'로 평가한 항목은 우선적으로 채택하고, 3명이 '적절'로 평가한 항목은 평정자들과의 협의 후 내용을 보완하여 채택하였으며, 2명 이하가 '적절'로 평가한 항목은 제외하였다. 그 결과 예비설문 구성을 위한 총 60개의 항목이 선정되었다.

2 문항 분류 및 잠정적 평가준거 설정

이상의 과정을 통해 선정된 60개의 항목을 내용 검토를 통해 우선 크게 두 영역으로 나눌 수 있었는데, 이 중 한 영역은 교육 참가자들이 지각하는 성과와 관련된 것이었고, 나머지 한 영역은 프로그램의 과정적 측면과 관련된 것들이었다. 이에 연구자는 앞서의 예비문항 평정작업에 참여한 5명의 전문가들과 함께 이들 6개 범주에 속하는 문항들의 내용을 검토하고 이들의 공통된 특성을 바탕으로 잠정적인 평가준거를 설정하였다.

각 준거의 내용을 좀 더 자세히 살펴보면, 우선 결과 차원으로 분류된 항목은 총 15개였으며 주로 부모교육에 참여하는 목적 또는 부모교육에 참여함으로써 얻기를 바라는 바와 관련된 내용이었다.

과정 차원은 첫째, 참가자들이 강의를 듣는 것 이외에 자신의 문제를 상담하거나 다른 참가자로부터 도움을 받을 수 있는가와 관련된 내용, 둘째, 교육내용 또는 운영방식과 관련된 내용, 셋째, 강사의 능력 또는 태도와 관련된 내용, 넷째, 교육을 실시하는 기관 또는 직원들과 관련된 내용, 다섯째, 교육 장소, 시간 등의 편리함과 관련된 내용들로서, 각각의 범주를 '참여성' '교육 내용의 적절성' '강사의 전문성' '신뢰성' '편의성'으로 개념화하였다.

3 예비설문지 작성

6개의 잠정적 평가준거와 각 평가준거에 해당된 60개의 항목을 토대로 예비설문지를 구성하였다. 예비설문지의 문항은 '참가자'의 관점에서 평서문으로 꾸며졌으며, 각 문항의 내용에 대해 강한 긍정에서부터 강한 부정까지 반응하도록 하는 5점 리커트 척도를 사용하였다.

설문지 문항은 연구자가 작성한 예비설문지 시안에 대해 상담 전문가 3명이 다음과 같은 기준에서 평가한 다음 수정 보완하여 예비설문지를 제작하였다. 첫째, 부정적인 질문이나 이중부정의 질문이 있는가? 둘째, 편견이 개입된 질문이나 유도성의 질문이 있는가? 셋째, 중첩된 질문이 있는가? 넷째, 하나의 문항에 여러 개의 주제가 담겨 있는가? 다섯째, 적절한 언어를 사용하였는가?

(3) 예비설문 결과 분석 및 척도 개발

예비설문조사는 앞에서 밝힌 바와 같이 전국의 청소년상담센터 10곳에서 실시하는 부모교육에 참가한 부모 257명을 대상으로 실시하였다.

자료분석은 SPSS 12.0을 사용하여 탐색적 요인분석을 실시하였다. 요인추출 모형으로는 주축요인추출법을 사용하였으며, 회전은 직교회전(Varimax)을 사용하였다. 흔히 탐색적 요인분석에서 많이 사용하는 최대우도법은 요인구조에 대한 가설이 전혀 없는 상태에서 그야말로 '탐색적' 요인분석을 하는 경우에 사용이 권장되는 반면, 이 연구에서처럼 연구자가 요인구조에 대한 일정한 가설을 가지고 분석을 하는 경우에는 주축요인추출법이 권장되고 있다(박광배, 2000).

60개 문항을 1차 요인분석한 결과 고유근이 1 이상인 요인이 10개였으나, 이 중 요인부하량이 .30 이상인 요인은 요인 1부터 요인 6까지였다. 나머지 요인들은 요인부하량도 작을 뿐만 아니라 문항 수도 적어서 독립적인 요인으로 보기에는 무리가 있었으며, 잠정적으로 설정한 요인 수도 6이었던 점을 감안하여 요인 수를 6으로 지정하고 요인분석을 다시 실시하였다. 그 결과, 요인 1: 18문항, 요인 2: 13문항, 요인 3: 11문항, 요인 4: 7문항, 요인 5: 6문항, 요인 6: 5문항으로 분류되었다. 그러나 1차 요인분석 결과는 요인별 문항 수의 편차가 클 뿐만 아니라, 효과성과 참여성을 제외한 다른 요인에 속한 문항은 요인별로 군집을 이루기보다는 여러 요인에 혼재되어 있는 경향을 보였다. 이는 요인별 문항 내용 중에 잠정적 구인, 즉 평가준거와 맞지 않는 문항이 많이 있거나, 요인 설정에 문제가 있음을 보여 주는 것이라 할 수 있다. 이런 문제를 해결하기 위해서는 먼저 요인별로 내적 일치도를 떨어뜨리는 문항을 제거하고 요인의 특성을 가장 잘 반영하는 문항들로 다시 정리할 필요가 있다(이순묵, 1990). 그래서 잠정적 평가준거별로 신뢰도 분석을 통해 신뢰도를 떨어뜨리는 것으로 드러난 문항과 전체 요인분석에서 요인부하량이 .30 이하인 문항을 우선 검토 대상 문항으로 선정한 다음 내용 검토를 통해 평가척도의 문항을 정리하기로 하였다.

① 요인별 문항 정리

- 효과성: 효과성 요인으로 분류되었던 16개의 예비문항 전체에 대한 신뢰도는 .712로 나타났으며, 제거했을 때 신뢰도가 올라가는 문항은 두 문항으로서 이들 문항을 제거했을 때의 신뢰도는 .758로 상승했다. 또 요인분석 결과 요인부하량이 .30 이하인 문항은 네 문항이었다. 이들 여섯 문항을 제외한 10개의 문항이 '효과성' 요인으로 정리되었다.
- 참여성: 참여성 요인으로 분류됐던 10개의 예비문항 전체에 대한 신뢰도는 .791로 나타났으며, 제거했을 때 신뢰도가 올라가는 문항은 한 문항으로서 이 문항을 제거했을 때의 신뢰도는 .802로 상승했다. 또 요인분석 결과 요인부하량이 .30 이하인 문항 역시 한 문항이었다. 이들 두 문항을 제외한 8개 문항이 '참여성' 요인으로 정리되었다.
- 교육 내용의 적절성: 교육 내용의 적절성 요인으로 분류됐던 11개의 예비문항 전체에 대한 신뢰도는 .668로 나타났으며, 제거했을 때 신뢰도가 올라가는 문항은 한 문항으로서 이 문항을 제거했을 때의 신뢰도는 .699로 상승했다. 또 요인분석 결과 요인부하량이 .30 이하인 문항은 두 문항이었다. 이들 세 문항을 제외한 8문항이 '교육내용의 적절성' 요인으로 정리되었다.
- 강사의 전문성: 강사의 전문성 요인으로 분류됐던 9개의 예비문항 전체에 대한 신뢰도는 .703으로 나타났으며, 제거했을 때 신뢰도가 올라가는 문항은 없는 것으로 나타났다. 요인분석 결과 요인부하량이 .30 이하인 문항은 한 문항이었다. 이 문항을 제외한 8문항이 '강사의 전문성' 요인으로 정리되었다.

〈표 12-2〉 38문항 요인별 분류

요인명	항목
효과성	프로그램은 부모로서 공감이 가는 내용이다.
	프로그램의 내용은 실제 생활에 바로 활용될 수 있는 것이다.
	자녀의 행동을 이해하는 데 도움이 되는 정보를 얻을 수 있다.
	프로그램에 참여함으로써 위로와 지지를 받는다.
	프로그램을 통해 자녀와의 문제해결에 도움이 되는 새로운 생각들을 접할 수 있다.
	프로그램은 자녀양육과 관련하여 내가 알고 있지만 행동에 못 옮기는 것들을 일깨워 준다.
	부모로서 내가 배우고 싶었던 구체적인 기법들(예를 들면, 자녀와의 대화법)을 배울 수 있다.
참여성	참여자는 자신의 문제를 충분히 상담할 수 있다.
	프로그램에 참여한 다른 부모들의 이야기를 충분히 들을 수 있다.
	프로그램의 운영과 관련하여 참가자의 의사가 충분히 반영되었다.
	강사는 참가자가 가지고 있는 사소한 문제에도 관심을 가져 준다.
	프로그램은 다양한 실습의 기회를 제공한다.
	강사는 참가자의 질문에 성의껏 답변해 준다.
	프로그램이 진행되는 동안 집단의 전체적인 분위기가 편안하다.
교육 내용의 적절성	프로그램의 내용이 보통 부모들도 이해할 수 있는 수준이다.
	참가자의 이해를 돕기 위한 영상물 등 다양한 보조자료가 효과적으로 사용되었다.
	프로그램은 부모들의 눈높이에 맞춰 진행되었다.
	프로그램의 내용이 참신하다.
	프로그램은 자녀와의 문제해결에 도움이 되는 풍부한 사례를 제시해 준다.
	프로그램의 소요시간은 적절하다.
	프로그램의 목적과 내용이 무엇인지 구체적으로 제시되어 있다.
강사의 전문성	강사는 참가자의 요구를 제대로 파악하고 있다.
	강사는 부모교육에 대한 전문적인 지식이나 실력을 가지고 있다.
	강사는 교육 내용에 대해 충분한 준비를 하고 있다.
	강사는 효과적인 강의를 위해 적절한 유머를 구사한다.
	강사의 교수법이 훌륭하다.
	강사의 전체적인 인상(외모, 말투, 표정 등)에 호감이 간다.
	강사는 참가자들이 처한 현실에 대해 잘 이해하고 있다.
	강사는 참가자를 존중하는 태도를 갖고 있다.
신뢰성	프로그램 내용이 처음 홍보된 내용과 일치한다.
	강사 또는 직원들은 참가자와의 약속을 잘 지킨다.
	프로그램의 수강료는 적절하다.
	프로그램을 실시하는 기관은 믿을 만한 곳이다.
편의성	프로그램이 실시되는 장소는 교통이 편리한 곳이다.
	교육장소에는 멀티미디어 등 교육기자재가 잘 갖춰져 있다.
	프로그램을 실시하는 시간대가 부모들이 참여하기에 적절하다.
	프로그램에 대한 정보를 쉽게 얻을 수 있다.
	프로그램이 실시되는 장소는 편안하고 쾌적하다.

- 신뢰성: 신뢰성 요인으로 분류됐던 7개의 예비문항 전체에 대한 신뢰도는 .584로 나타났으며, 제거했을 때 신뢰도가 올라가는 문항은 두 문항으로서 이 문항을 제거했을 때의 신뢰도는 .623으로 상승했다. 또 요인분석 결과 요인부하량이 .30 이하인 문항은 한 문항이었다. 이들 세 문항을 제외한 4문항이 '신뢰성' 요인으로 정리되었다.
- 편의성: 편의성 요인으로 분류됐던 7개의 예비문항 전체에 대한 신뢰도는 .487로 나타났으며, 제거했을 때 신뢰도가 올라가는 문항은 한 문항으로서 이 문항을 제거했을 때의 신뢰도는 .501로 상승했다. 요인분석 결과 요인부하량이 .30 이하인 문항은 두 문항이었다. 이들 세 문항을 제거한 4문항이 '편의성' 요인으로 정리되었다.

그다음 과정으로는 이렇게 정리한 결과가 각 요인에 대해 상정했던 의미와 부합하는 것인지를 따져 보기 위해 내용 검토 작업을 진행하였다. 이 과정에는 예비설문지 작성을 위한 평가항목 평정 작업에 참여했던 전문가 5명 중 3명이 참여하였다. 그 결과 〈표 12-2〉에 제시된 것과 같이 효과성 7문항, 참여성 7문항, 교육 내용의 적절성 7문항, 강사의 전문성 8문항, 신뢰성 4문항, 편의성 5문항으로 정리되었다.

2 38문항 요인분석

이상의 과정을 통해 정리된 38문항에 대해 다시 요인분석을 실시하였다. 38문항에 대한 요인분석의 목적은 60문항 대상의 요인분석에서 확인되지 않은 요인구조를 명확히 밝힘으로써 잠정적으로 설정했던 평가준거의 타당성을 확인하는 것이다.

38문항 요인분석 역시 60문항 요인분석 때와 같이 주축요인추출 모형을 사용하였으며, 회전은 직교회전(Varimax)을 사용하였다.

요인분석 결과를 보면, 효과성과 참여성 요인에 속한 문항은 대부분 같은 요인으로 묶인 반면, 그 밖의 요인에 속한 문항은 같은 요인으로 묶이지 않았다. 특히 '교육 내용의 적절성' 요인에 속한 문항은 '효과성' '신뢰성' '강사의 전문성' 요인에도 포함되는 것으로 나타났다. 이 같은 결과는 '교육 내용의 적절성' 요인이 독립된 요인인가를 재검토할 필요가 있음을 시사하는 것이라 할 수 있다. 또 여섯 번째 요인으로 '교통의 편리함' 항목 하나만 잡힌 것은 요인구조가 여섯 요인이 아니라 다섯 요인일 가능성이 크다는 것을 말해 준다. 이와 같은 결과를 바탕으로 요인의 수를 5로 지정하고 요인분석을 다시 실시하였으며, 그 결과는 다음과 같다.

첫째, 요인 1은 '효과성' 문항들이 주를 이룬 가운데 '강사의 전문성' 문항 5개, '교육 내용의 적절성' 문항 2개도 포함되어 있다. 둘째, 요인 2는 '강사의 전문성' 문항 3개, '교육 내용의 적절성' 문항 2개가 주를 이룬 가운데 '신뢰성' '편의성' '효과성' 문항 1개씩이 포함되어 있다. 셋째, 요인 3은 '신뢰성' 문항 3개가 주를 이룬 가운데 '교육 내용의 적절성' 문항 2개, '편의성'과 '참여성' 문항 1개씩이 포함되어 있다. 넷째, 요인 4는 '참여성' 문항 6개로만 이루어져 있다. 다섯째, 요인 5는 '편의성' 문항 3개에 '교육 내용의 적절성' 문항 1개가 포함되어 있다.

이를 통해 확인할 수 있었던 것은 '참여성' 요인은 원래 예상했던 내용에서 크게 달라진 것이 없는 반면, 다른 요인들은 원래 설정했던 문항 구성 및 요인의 의미가 달라질 수 있다는 점이다. 특히 '교육 내용의 적절성'과 '강사의 전문성'은 개별적인 요인으로 존재하기보다는 '효과성'과 제3의 다른 요인으로 재구성될 수 있는 것으로 나타난 것은 주목할 만한 내용이다. 이에 연구자는 전문가들과 함께 '교육 내용의 적절성'과 '강사의 전문성'을 대체하는 새로운 요인에 포함된 문항(〈표 12-3〉 참조)의 내용을 검토하였다. 그 결과 새 요인에 포함된 문항은 부모교육 프로그램 자체보다는 강사의 강의능력, 특히 전달력과 관련된 내용이라는 데 의견을 모을 수 있었다. 전문가들은, 이 요인에 속한 문항 중 '프로그램은 자녀와의 문제해결에 도움이 되는 풍부한 사례를 제시해 준다' '프로그램의 내용이 참신하다' 그리고 '프로그램의 내용이 처음 홍보된 내용과 일치한다' 등의 항목을 '강사는 자녀와의 문제해결에 도움이 되는 풍부한 사례를 제시해 준다' '강의 내용이 참신하다' 그리고 '강의 내용이 처음 홍보된 내용과 일치한다'로 표현을 바꿔도 큰 무리가 없다는 점, 강사와 관

〈표 12-3〉 새 요인에 포함된 문항들

문항	예상했던 요인
• 프로그램은 자녀와의 문제해결에 도움이 되는 풍부한 사례를 제시해 준다.	교육 내용의 적절성
• 강사는 교육 내용에 대해 충분한 준비를 하고 있다.	강사의 전문성
• 강사의 교수법이 훌륭하다.	강사의 전문성
• 강사는 참가자의 요구를 제대로 파악하고 있다.	강사의 전문성
• 프로그램의 내용이 참신하다.	교육 내용의 적절성
• 프로그램의 내용이 처음 홍보된 내용과 일치한다.	신뢰성
• 프로그램에 대한 정보를 쉽게 얻을 수 있다.	편의성
• 프로그램은 부모로서 공감이 가는 내용이다.	효과성

련된 항목들 중에서도 '전문적인 지식이나 실력'이 아니라, '충분한 준비' '교수법' '사례 제시' '참가자의 요구 파악'과 관련된 항목들이 포함되었다는 점에서 부모교육에 참가하는 부모들의 분명한 평가준거가 드러난 결과라고 해석하였다. 즉, 부모들은 부모교육 프로그램을 평가함에 있어서 교육 내용의 '깊이' 못지않게 그 내용이 전달되는 과정에서의 '준비성'과 참가자에 대한 '배려'를 중시하고 있음을 보여 주는 요인이라는 것이다. 이상의 논의를 바탕으로 새 요인을 '충실성'으로 명명하기로 하였다.

한편, 다른 요인에 대해서도 문항 내용을 검토한 결과, 원래와 같이 '효과성' '참여성' '신뢰성' '편의성'의 의미를 유지하고 있다는 데 의견이 모아졌다. 이렇게 5개의 요인구조가 확인됨에 따라 각 요인의 의미를 가장 잘 반영하는 문항을 재검토하여 26문항을 선정한 뒤, 최종적으로 요인분석을 실시하였다. 그 결과, 〈표 12-4〉에서 볼 수 있는 것처럼 5개의 요인구조가 확인되었다.

〈표 12-4〉 26문항 최종 요인분석 결과

요인	내용	요인 1	2	3	4	5
효과성	자녀의 행동을 이해하는 데 도움이 되는 정보를 얻을 수 있다.	.689	.281	.224	.158	-.026
	참가자가 부모로서 배우고 싶어 하는 구체적인 기법들(예를 들면, 자녀와의 대화법)을 배울 수 있다.	.648	.308	.322	.133	.016
	프로그램을 통해 자녀와의 문제해결에 도움이 되는 새로운 생각을 접할 수 있다.	.623	.198	.272	.244	.021
	프로그램의 내용은 실제 생활에 바로 활용할 수 있는 것이다.	.604	.199	.209	.231	.131
	프로그램은 자녀양육과 관련하여 부모들이 알고 있으면서도 행동에 못 옮기는 것들을 일깨워 준다.	.586	.187	.244	.341	.014
	프로그램에 참여함으로써 위로와 지지를 받는다.	.552	.234	.251	.350	.130
참여성	프로그램에 참여한 다른 부모들의 이야기를 충분히 들을 수 있다.	.150	.676	.108	.102	-.033
	참가자는 자신의 문제를 충분히 상담할 수 있다.	.155	.663	.240	.111	.088
	프로그램의 운영과 관련하여 참가자의 의사가 충분히 반영되었다.	.307	.635	.150	.175	.114
	강사는 참가자가 가지고 있는 사소한 문제에도 관심을 가져준다.	.271	.560	.105	.348	-.029
	프로그램은 다양한 실습의 기회를 제공한다.	.157	.532	.290	.038	.211
	강사는 참가자의 질문에 성의껏 답변해 준다.	.246	.522	.179	.385	-.166
충실성	강사의 교수법이 훌륭하다.	.348	.252	.586	.226	.084
	강사는 참가자의 요구를 제대로 파악하고 있다.	.306	.264	.569	.256	.063
	프로그램의 내용이 참신하다.	.339	.264	.526	.143	.062
	강사는 교육 내용에 대해 충분한 준비를 하고 있다.	.443	.246	.512	.291	.082
	프로그램의 내용이 처음 홍보된 내용과 일치한다.	.228	.143	.443	.251	.109
	프로그램은 자녀와의 문제해결에 도움이 되는 풍부한 사례를 제시해 준다.	.381	.357	.437	.160	.031
신뢰성	프로그램의 소요시간은 적절하다.	.279	.128	.139	.505	.169
	강사 또는 직원들은 참가자와의 약속을 잘 지킨다.	.195	.206	.209	.489	.131
	프로그램을 실시하는 기관은 믿을 만한 곳이다.	.287	.182	.152	.483	.093
	프로그램의 수강료는 적절하다.	.038	.040	.226	.452	.096
	프로그램이 실시되는 시간대가 부모들이 참여하기에 적절하다.	.196	.138	.039	.425	.151
편의성	교육장소에는 멀티미디어 등 교육기자재가 잘 갖춰져 있다.	-.004	-.012	.073	.002	.610
	프로그램이 실시되는 장소는 편안하고 쾌적하다.	.209	.015	-.013	.254	.583
	프로그램이 실시되는 장소는 교통이 편리한 곳이다.	-.026	.054	.050	.101	.344

③ 평가척도 제작

이상의 과정을 통해 선정된 문항들을 바탕으로 효과성 6문항, 충실성 6문항, 참여성 6문항, 신뢰성 5문항, 편의성 3문항으로 구성된 질문지를 제작한 뒤, 전문가 2명과 일반 부모 2명의 의견을 반영하여 표현상의 수정을 거쳐 최종적으로 '참가자 관점 부모교육 평가척도' 를 개발하였다. 이렇게 개발된 부모교육 평가척도는 [부록]에 제시되어 있다.

3) 평가척도 타당화

(1) 대상 및 도구

평가척도 타당화 연구를 위한 조사 대상은 한국청소년상담원이 개발한 '자녀의 힘을 북돋우는 부모' 프로그램 참가자 69명, PET 참가자 27명, APT 참가자 26명, 청소년상담센터 주최 부모교육 강연회 참가자 119명, 장애인협회 부모교육 프로그램 참가자 25명, 그리고 특수학교 강연회 참가자 14명 등 모두 280명이었다.

타당화 연구를 위해서는 본 연구를 통해 개발된 '참가자 관점 부모교육 평가척도'와 '참가자 만족도 질문지(Client Satisfaction Questionnaire: CSQ)'가 사용되었다.

CSQ는 Larsen, Attkisson, Hargreaves 그리고 Nguyen(1979)이 개발한 것으로서 상담을 포함한 여러 분야에서 고객 만족도 평가를 위해 가장 널리 쓰이는 도구다. 이 도구는 단일 요인 8개 문항으로 구성된 4점 리커트 척도로서 본 연구에서는 '참가자 관점의 부모교육 평가척도'의 공인타당도를 검증하기 위해 사용되었다. 본 연구에서 나타난 CSQ의 신뢰도는 .91이었다.

본 연구의 자료분석 처리는 SPSS 12.0과 AMOS 5.0을 통해 이루어졌다. 이 중 SPSS 12.0은 평균, 빈도 등 기술적 통계와 신뢰도 및 공인타당도 검증에 사용되었으며, AMOS 5.0은 확인적 요인분석을 위해 사용되었다.

(2) 분석 결과

① 신뢰도

요인분석 결과 추출된 5개 요인을 설정하고 검사도구 전체의 신뢰도와 각 요인별 신뢰도를 구하였다. 그 결과 전체 신뢰도는 .921로 높게 나타났다. 또 요인별 신뢰도를 살펴보면, 효과성, 충실성, 참여성 요인은 .894~.862로 비교적 높게 나타났지만 신뢰성 요인은 .714, 편의성 요인은 .586으로 나타났다.

〈표 12-5〉 요인별 신뢰도(n=280)

요인	전체	효과성	충실성	참여성	신뢰성	편의성
Cronbach α	.921	.894	.882	.862	.714	.586

② 구인타당도

평가척도 개발 단계에서 밝혀진 5개의 요인구조를 확인하기 위해서 본 연구에서는 AMOS 5.0을 활용한 확인적 요인분석을 실시하였다.

모델을 평가하는 방법에는 χ^2검증을 이용하는 방법과 적합도 지수를 이용하는 방법이 있다. χ^2검증의 경우 너무 엄격하여 표본 크기의 영향에 민감하며 표본이 커질수록 영가설이 기각될 가능성이 높아진다는 단점이 있다(노형진, 2003). 적합도 지수는 관측된 분산공분산 행렬과 모형으로부터 재현된 분산공분산 행렬이 어느 정도 일치하는가를 판단하는 기본적인 통계량으로서 다양한 적합도 지수를 제시함으로써 구조방정식모형의 다면적 평가가 이루어지도록 하고 있다. 특히 적합도 지수는 모형이 유의한가, 유의하지 않은가만을 이분법적으로 판단하는 것이 아니라 모형 적합도를 연속량으로 판단함으로써 모형의 상대적인 비교, 검토가 가능하다는 장점이 있다.

여러 적합도 지수 중에 최악의 모형과 비교하여 이론 모형이 얼마나 자료를 잘 설명하는지를 보여 주는 상대적 적합도 지수로는 NFI(Normed fit index)와 CFI(Comparative fit index)가 있다. 그리고 이론 모형이 자료와 얼마나 잘 부합되는지를 절대적으로 평가하는 대표적인 절대적 적합도 지수로는 GFI

(Goodness of Fit Index), TLI(Tucker-Lewis Index), RMSEA(Root Mean Square Error of Approximation)가 있다. 이 중에서 표본 크기의 영향을 덜 받으면서 모델의 간명성을 고려하는 지수는 TLI와 RMSEA이다. 여기서 TLI는 NNFI(Non-Normed Fit Index)와 동일한 것으로서 그 값이 1에 가까울수록 양호한 모형으로 판단할 수 있다. 본 연구에서는 상대적 적합도 지수와 절대적 적합도 지수를 모두 구하였으며, 그 결과는 〈표 12-6〉에 제시되어 있다.

〈표 12-6〉 확인적 요인분석 적합도 지수(n=280)

	χ^2	df	χ^2/df	P	NFI	TLI	CFI	RMSEA
적합도 지수	667.832	289	2.311	.000	.888	.925	.933	.052

구조방정식모형은 일반적으로 χ^2 수치가 0에 가까울수록, 즉 영가설을 채택할수록 적합한 모형으로 간주한다. χ^2의 값은 클수록 적합도가 적절하지 않아 모형이 기각될 가능성이 크며, χ^2/df값은 5 이하면 적합한 것으로 간주한다. 본 연구에서는 χ^2/df값이 2.311로 비교적 만족할 만한 수준을 보였다.

NFI, CFI 등은 모형의 모든 변인 간에 상관이 없다고 가정하는 독립모형을 비교 대상으로 해서 연구자가 가정하는 모형의 적합도를 비율로 표시한 것으로 1에 가까울수록 적합도가 높아진다고 할 수 있다(Kline, 1998). 본 연구에서 NFI는 .888, CFI는 .933으로서 가설모형이 적합하다는 것을 뒷받침하고 있다.

RMSEA는 추정오차의 평균으로서 관찰값과 모형 분산공분산 행렬의 적합도 정도를 알려 준다. Brown과 Cudeck(1993)은 .05 이하일 때 좋음, .05～.08 사이면 다소 좋음, .08～.10 사이는 보통으로 판단하고 .10보다 크면 그 모형을 채택하는 것은 바람직하지 않다고 하였다. 홍세희(2001)와 노형진(2003)의 경우도 .08 이하면 적합도가 높으며, .10 이상이면 모형을 채택해서는 안 된다고 하였다. 본 연구에서는 RMSEA가 .052로서 양호한 것으로 나타났다.

이는 본 연구에서 설정한 26문항 5요인 구조를 실제 데이터를 통해 검증한 결과, 최악의 모형(26문항이 독립적이라고 가정하는 모형)에 비해서도 상대적으로 양호할 뿐만 아니라, 최적의 모형을 기준으로 봤을 때도 기준치 이상이거나 기준치에 근접한 것임을 보여 주는 것이라 할 수 있다.

3 공인타당도

'참가자 관점 부모교육 평가척도'의 공인타당도를 검증하기 위해 가장 널리 쓰이고 있는 참가자 만족도 질문지(CSQ)와의 상관을 구하였다. 그 결과 〈표 12-7〉에 나타난 바와 같이 .735($p<.01$)의 유의한 상관을 보였다.

〈표 12-7〉 CSQ와의 상관(n=280)

	전체	효과성	충실성	참여성	신뢰성	편의성
CSQ	.735*	.756*	.734*	.548*	.467*	.136*

* $p<.01$

공인타당도는 준거타당도의 일종으로서 현재 공존하는 어떤 기준변인과의 관계 속에서 검사도구의 타당성을 밝히는 것이라 할 수 있다. 공인타당도 검증의 방법으로 가장 널리 사용되는 것은 기준변인 측정 결과와의 상관을 구하는 것이다. 따라서 공인타당도 검증의 기본 관심은 도구 자체에 있는 것이 아니라 그 도구가 기준변인을 얼마나 잘 예언해 주는지를 밝히는 데 있다고 할 수 있다.

이런 관점에서 위의 결과를 해석한다면, '참가자 관점 부모교육 평가척도'의 전체 점수와 CSQ의 상관이 .735라는 것은 두 변인의 전체 분산 중 54%($0.735^2=0.54$)가 서로 공유되었거나 CSQ 분산의 54%가 '참가자 관점 부모교육 평가척도'에 의해 설명된다는 의미라고 할 수 있다. 하위 요인과의 상관을 살펴보면, 효과성 요인과의 상관은 .756이고, 충실성 요인과의 상관은 .734로서 이들 두 요인은 부모교육 참가자의 만족도를 가장 잘 설명해 주는 요인이라고 할 수 있다.

3. 맺음말

이 장의 목적은 참가자 관점 평가를 소개하고 이를 적용한 연구 사례를 제시함으로써 참가자 관점 평가에 대한 이해를 돕는 데 있다. 이를 위해 참가자 관점 부모교육 평가척도 개발 및 타당화 연구 사례를 제시하였다. 이 연구를 통해 개발된 '참가자 관점 부모교육 평가척도'는 '효과성' '충실성' '참여성' '신뢰성' '편의성'의 다섯 요인으로 구성되었다. 이와 같은 다섯 요인은 참가자들이 부모교육 프로그램을 평가할 때 적용하는 평가준거의 의미를 갖는다고 할 수 있다.

'효과성'은 부모교육에 참가한 부모들이 기대했던 내용이 얼마나 충족되었는가와 관련된 준거이며, '충실성'은 프로그램의 내용뿐만 아니라 이를 전달하는 강사의 준비성, 태도 등을 통해 참가자들이 느끼는 강의 전반에 대한 만족도와 관련된 준거라고 할 수 있다. '참여성'은 프로그램 참가자들이 프로그램의 내용 구성 및 운영 과정에 얼마나 주체적이고 적극적으로 참여할 수 있는가와 관련된 준거이며, '신뢰성'은 프로그램을 운영하는 기관에 대한 전체적인 신뢰도뿐만 아니라 프로그램의 운영 전반에 대한 만족도와 관련된 준거라고 할 수 있다. 끝으로 '편의성'은 주로 프로그램이 실시되는 장소의 여건과 관련된 준거라고 할 수 있다.

한편 '참가자 관점 부모교육 평가척도'와 CSQ의 비교 결과의 의미를 해석해 본다면, CSQ는 교육 제공자가 처음부터 갖고 있던 '참가자의 전반적인 만족도'라는 준거에 대한 정보를 제공하는 반면, '참가자 관점 부모교육 평가척도'는 교육 제공자가 미처 개념화하지 못했던 참가자 평가준거라는 새로운 틀로 부모교육의 과정적 측면을 평가할 수 있는 정보를 제공한다는 점이 핵심적인 차이라고 할 수 있다.

이 연구의 결과에 대해 논의하면서 언급하지 않을 수 없는 것은 이 연구가 부모를 대상으로 계획된 연구임에도 실제로는 어머니들만을 대상으로 진행되었다는 점이다. 즉, 예비설문조사 대상자 257명과 본 설문 대상자 280명 전원

이 여성이었다는 사실은 이 연구의 결과를 '부모'에게 적용하는 데 제한점으로 작용할 수밖에 없을 것이다. 따라서 후속 연구에서는 부모교육에 대한 아버지들의 평가준거가 어머니들의 평가준거와 다를 수 있음을 염두에 두고 이에 대한 깊이 있는 탐색이 이뤄져야 할 것이다.

이 연구의 의의는 우리나라 부모들이 가지고 있는 부모교육 평가준거를 확인하고 이를 바탕으로 참가자 관점 부모교육 평가척도를 개발함으로써 앞으로 부모교육 평가연구 및 부모교육 프로그램 개발을 위한 유용한 도구를 제공했다는 점에서 찾을 수 있을 것으로 보인다. 이를 통해 특수교육, 유아교육, 청소년상담 등에서 점점 중요해지고 있는 부모교육의 영역에서 프로그램 개발자와 연구자들이 제공자의 관점만이 아니라 참가자의 관점에서 프로그램을 기획, 개발, 평가하는 도구로 사용됨으로써 부모교육의 발전에 기여할 수 있을 것으로 기대된다.

[부록] 참가자 관점 부모교육 평가척도

참가자 관점 부모교육 평가척도

※ 다음은 부모교육 프로그램에 대한 평가항목입니다. 만약 귀하께서 이 항목에 따라 지금 참여하고 계신 프로그램을 평가하신다면 어떻게 평가하시겠습니까? 귀하께서 평가자라고 생각하시고 최대한 객관적인 관점에서 평가해 주시기 바랍니다.

번호	내용	전혀 아니다	별로 아니다	보통이다	약간 그렇다	매우 그렇다
		1	2	3	4	5
1	프로그램이 실시되는 장소는 교통이 편리한 곳이다.					
2	프로그램의 내용이 처음 홍보된 내용과 일치한다.					
3	프로그램의 내용은 실제 생활에 바로 활용할 수 있는 것이다.					
4	강사 또는 직원들은 참가자와의 약속을 잘 지킨다.					
5	교육장소에는 멀티미디어 등 교육기자재가 잘 갖추어져 있다.					
6	강사의 교수법이 훌륭하다.					
7	프로그램의 내용이 참신하다.					
8	참가자가 부모로서 배우고 싶어 하는 구체적인 기법들(예를 들면, 자녀와의 대화법)을 배울 수 있다.					
9	프로그램의 소요시간은 적절하다.					
10	프로그램에 참여한 다른 부모들의 이야기를 충분히 들을 수 있다.					
11	자녀의 행동을 이해하는 데 도움이 되는 정보를 얻을 수 있다.					
12	프로그램이 실시되는 장소는 편안하고 쾌적하다.					
13	프로그램의 운영과 관련하여 참가자의 의사가 충분히 반영되었다.					
14	강사는 교육 내용에 대해 충분한 준비를 하고 있다.					
15	프로그램은 다양한 실습의 기회를 제공한다.					
16	프로그램이 실시되는 시간대가 부모들이 참여하기에 적절하다.					
17	강사는 참가자가 가지고 있는 사소한 문제에도 관심을 가져 준다.					
18	프로그램을 통해 자녀와의 문제해결에 도움이 되는 새로운 생각을 접할 수 있다.					

19	프로그램의 수강료는 적절하다.					
20	프로그램은 자녀양육과 관련하여 부모들이 알고 있으면서도 행동에 못 옮기는 것들을 일깨워 준다.					
21	프로그램에 참여함으로써 위로와 지지를 받을 수 있다.					
22	강사는 참가자의 요구를 제대로 파악하고 있다.					
23	참가자는 자신의 문제를 충분히 상담할 수 있다.					
24	강사는 참가자의 질문에 성의껏 답변해 준다.					
25	프로그램은 자녀와의 문제해결에 도움이 되는 풍부한 사례를 제시해 준다.					
26	프로그램을 실시하는 기관은 믿을 만한 곳이다.					

✎ 참고문헌

노형진(2003). SPSS/AMOS에 의한 사회조사 분석: 범주형 데이터 분석 및 공분산구조분석. 서울: 형설출판사.

박광배(2000). 다변량분석. 서울: 학지사.

오혁진(2000). 성인교육 프로그램에 대한 학습자의 평가준거 연구. 서울대학교 대학원 박사학위 청구논문.

이성흠(2005). 학습자 만족도 확인을 위한 교육 · 훈련프로그램 반응평가. 서울: 교육과학사.

이순묵(1990). 요인분석 1. 서울: 학지사.

이호준(2006). 참가자 관점 부모교육 평가척도의 개발 및 타당화 연구. 서울대학교 대학원 박사학위 청구논문.

홍세희(2001). 임상심리학 이론의 경험적 검증을 위한 최신 연구방법론: 구조 방정식 모형을 이용한 매개모형과 잠재평균 모형의 분석. 한국임상심리학회 Workshop 자료.

Bramley, P., & Newby, A. C. (1984). The evaluation of training part I : Clarifying the concept. *Journal of European Industrial Training, 8*(6), 10-16.

Brown, M. N., & Cudeck, R. (1993). Alternative ways of assessing model fit. In K. A. Bollen & J. S. Long (Eds.), *Testing structure equation model*. Newbury Park, CA: Sage.

Carnevale, A. P., Gainer, L. J., & Villet, J. (1990). *Training in America: The organization and strategic role of training*. San Francisco, CA: Jossey-Bass.

Faerman, S. R., & Ban, C. (1993). Trainee satisfaction and training impact: Issues in training evaluation. *Public Productivity & Management Review. 16*(3), 299-314.

Hamblin, A. C. (1974). *Evaluation and control of training*. London: McGraw-Hill.

Keller, J. M. (1996). *Evaluating diversity training: 17 ready-to-use tools*. San Diego, CA: Pfeiffer.

Kline, R. B. (1998). *Principles and practices of structural equation modeling*. New York: Guilford Press.

Larsen, D. L., Attkisson, C. C., Hargreaves, W. A., & Nguyen, T. D. (1979).

Assessment of client/patient satisfaction: Development of a general scale, *Evaluation and Program Planning, 2*, 197-207.

Minnesota State Dept. of Children, Families, and Learning. (2000). *Early Childhood Family Education Program: Quality Indicators, Participant Questionnaire, Evaluation Forms and Resources*. St. Paul, Minnesota: Minnesota State Dept. of Children, Families, and Learning.

New York City Board of Education. (1994). *Parent Involvement Program, 1991~1992 Evaluation*. Brooklyn, NY: New York City Board of Education.

Phillips, J. J. (1997). *Handbook of training evaluation and measurement methods: Successful models and effective methods to evaluate any HRD program and make it profitable* (2nd ed.). Houston, TX: Gulf.

Robinson, J. L., & Choper, W. B. (1979). Another perspective on program evaluation: The parents speak. In E. Zigler, & J. Valentine (Ed.), *Project Head Start*. N.Y.: Free Press.

Scriven, M. (1981). Summative teacher evaluation. In J. Millman (Ed.), *Handbook of teacher evaluation*. Beverly Hills, CA: Sage.

찾아보기

《인 명》

《내 용》

저자 소개(집필순)

김동일(dikimedu@snu.ac.kr) –1장
서울대학교 교수

정광조(mrandld@hanmail.net) –2장
세종대학교 겸임교수

이기정(sarline1@gmail.com) –3장
중앙대학교 강의전담교수

박춘성(park4444@snu.ac.kr) –4장
한국과학창의재단 선임연구원

이일화(feb2@snu.ac.kr) –5장
한국교육개발원 연구원

김언아(izkim@kead.or.kr) –6장
한국장애인고용공단 책임연구원

이태수(donbosco28@hanmail.net) –7장
전남대학교 교수

최종근(jkchoi@konyang.ac.kr) –8장
건양대학교 교수

홍성두(secshsd@hanmail.net) –9장
대전대학교 교수

여승수(yssdreams@gmail.com) –10장
인제대학교 교수

손지영(sonji337@gmail.com) –11장
청주대학교 교수

이호준(hjlee@jj.ac.kr) –12장
전주대학교 교수

SNU SERI 연구총서 1

특수교육 연구의 실제

- 증거기반 교육실천을 위한 주제와 방법론 -

2012년 1월 5일 1판 1쇄 인쇄
2012년 1월 12일 1판 1쇄 발행

지은이 • 김동일 · 정광조 · 이기정 · 박춘성 · 이일화 · 김언아
이태수 · 최종근 · 홍성두 · 여승수 · 손지영 · 이호준

펴낸이 • 김진환
펴낸곳 • (주) 학지사
121-837 서울특별시 마포구 서교동 352-29 마인드월드빌딩 5층
대표전화 • 02)330-5114 팩스 • 02)324-2345
등록번호 • 제313-2006-000265호

홈페이지 • http://www.hakjisa.co.kr
커뮤니티 • http://cafe.naver.com/hakjisa

ISBN 978-89-6330-661-2 93370

정가 18,000원